시 대 에 뉴

독학사
3단계

—— 심리학과 ——

상담심리학

SD에듀
(주)시대고시기획

머리말

심리학은 결코 멀리에 있는 학문이 아닙니다. 심리학은 굳이 전문용어로 다루지 않더라도 이미 우리가 일상 속에서 늘 접하고 있고 행하고 있는 모든 행동, 태도, 현상 등의 연장선상에 있습니다.

심리학 공부란 다른 공부도 그렇겠지만, 우리가 이미 알고 있는 것을 좀 더 체계화하고 세분화하며, 나에게 입력된 지식을 말로 풀어 설명할 수 있게 하고, 더 나아가 이를 실생활에서 응용하기 위하여 필요한 것입니다.

본서는 독학사 시험에서 심리학 학위를 목표로 하는 여러분들을 위하여 집필된 도서로 3단계 전공심화 과목을 다루고 있으며, 시험에 응시하는 수험생들이 효과적인 학습을 할 수 있도록 다음과 같이 구성하였습니다.

01 본서의 구성 및 특징
본서는 독학사 3단계 심리학과를 공부하시는 독자분들을 위하여 시행처의 평가영역 관련 Big data를 분석하여 집필된 도서입니다. 내용이 방대하면서 생소한 심리학의 이론을 최대한 압축하여 가급적이면 핵심만 전달하고자 노력한 것을 특징으로 합니다.

02 빨리보는 간단한 키워드
핵심적인 이론만을 꼼꼼하게 정리하여 수록한 빨리보는 간단한 키워드로 전반적인 내용을 한 눈에 파악할 수 있습니다. 빨리보는 간단한 키워드는 시험장에서 마지막까지 개별이론의 내용을 정리하고 더 쉽게 기억하게 하는 용도로도 사용이 가능합니다.

03 핵심이론 및 실제예상문제
독학학위제 평가영역과 관련 내용을 면밀히 분석한 핵심이론을 제시하였고, 실제예상문제를 풀면서 앞서 공부한 이론이 머릿속에 잘 정리되었는지 확인해 볼 수 있도록 하였습니다. '실제예상문제'를 통해 핵심이론의 내용을 문제로 풀어보면서 3단계 객관식 문제와 주관식 문제를 충분히 연습할 수 있게 구성하였습니다.

04 최종모의고사
최신출제유형을 반영한 최종모의고사 2회분으로 자신의 실력을 점검해 볼 수 있습니다. 실제시험에 임하듯이 시간을 재고 풀어보면 시험장에서 실수를 줄일 수 있습니다.

심리학은 독자의 학습자세에 따라 흥미롭고 매력적인 학문일 수도 아닐 수도 있습니다. 사실, 어떻게 보면 심리학은 지나칠 정도로 방대하고 또한 어렵습니다. 왜 자신이 심리학이라는 분야에서 학위를 받기로 결심하였는지를 우선 명확히 하시고, 그 결심이 흔들릴 것 같으면 그 결심을 바로 세운 뒤에 계속 도전하십시오. 본서를 선택하여 주신 분들께 감사드립니다.

편저자 드림

BDES

독학학위제 소개

독학학위제란?

「독학에 의한 학위취득에 관한 법률」에 의거하여 국가에서 시행하는 시험에 합격한 사람에게 학사학위를
수여하는 제도

- ⊘ 고등학교 졸업 이상의 학력을 가진 사람이면 누구나 응시 가능
- ⊘ 대학교를 다니지 않아도 스스로 공부해서 학위취득 가능
- ⊘ 일과 학습의 병행이 가능하여 시간과 비용 최소화
- ⊘ 언제, 어디서나 학습이 가능한 평생학습시대의 자아실현을 위한 제도
- ⊘ 학위취득시험은 4개의 과정(교양, 전공기초, 전공심화, 학위취득 종합시험)으로 이루어져 있으며 각
  과정별 시험을 모두 거쳐 학위취득 종합시험에 합격하면 학사학위취득

독학학위제 전공 분야 (11개 전공)

국어
국문학

영어
영문학

***
심리학

***
경영학

법학

행정학

***
컴퓨터
공학

가정학

유아
교육학

정보
통신학

***
간호학

※ 유아교육학 및 정보통신학 전공 : 3, 4과정만 개설
※ 간호학 전공 : 4과정만 개설
※ 중어중문학, 수학, 농학 전공 : 폐지 전공으로 기존에 해당 전공 학적 보유자에 한하여 응시 가능

※ 시대에듀는 현재 4개 학과(심리학과, 경영학과, 컴퓨터공학과, 간호학과) 개설 중

독학학위제 시험안내

과정별 응시자격

단계	과정	응시자격	과정(과목) 시험 면제 요건
1	교양	고등학교 졸업 이상 학력 소지자	• 대학(교)에서 각 학년 수료 및 일정 학점 취득 • 학점은행제 일정 학점 인정 • 국가기술자격법에 따른 자격 취득 • 교육부령에 따른 각종 시험 합격 • 면제지정기관 이수 등
2	전공기초		
3	전공심화		
4	학위취득	• 1~3과정 합격 및 면제 • 대학에서 동일 전공으로 3년 이상 수료 (3년제의 경우 졸업) 또는 105학점 이상 취득 • 학점은행제 동일 전공 105학점 이상 인정 (전공 28학점 포함) → 22.1.1. 시행 • 외국에서 15년 이상의 학교교육과정 수료	없음(반드시 응시)

응시 방법 및 응시료

- 접수 방법 : 온라인으로만 가능
- 제출 서류 : 응시자격 증빙 서류 등 자세한 내용은 홈페이지 참조
- 응시료 : 20,400원

독학학위제 시험 범위

- 시험과목별 평가 영역 범위에서 대학 전공자에게 요구되는 수준으로 출제
- 시험 범위 및 예시문항은 독학학위제 홈페이지(bdes.nile.or.kr) − 학습정보−과목별 평가영역에서 확인

문항 수 및 배점

과정	일반 과목			예외 과목		
	객관식	주관식	합계	객관식	주관식	합계
교양, 전공기초 (1~2과정)	40문항×2.5점 =100점	–	40문항 100점	25문항×4점 =100점	–	25문항 100점
전공심화, 학위취득 (3~4과정)	24문항×2.5점 =60점	4문항×10점 =40점	28문항 100점	15문항×4점 =60점	5문항×8점 =40점	20문항 100점

※ 2017년도부터 교양과정 인정시험 및 전공기초과정 인정시험은 객관식 문항으로만 출제

합격 기준

• 1~3과정(교양, 전공기초, 전공심화) 시험

단계	과정	합격 기준	유의 사항
1	교양	매 과목 60점 이상 득점을 합격으로 하고, 과목 합격 인정(합격 여부만 결정)	5과목 합격
2	전공기초		6과목 이상 합격
3	전공심화		

• 4과정(학위취득) 시험 : 총점 합격제 또는 과목별 합격제 선택

구분	합격 기준	유의 사항
총점 합격제	• 총점(600점)의 60% 이상 득점(360점) • 과목 낙제 없음	• 6과목 모두 신규 응시 • 기존 합격 과목 불인정
과목별 합격제	• 매 과목 100점 만점으로 하여 전 과목(교양 2, 전공 4) 60점 이상 득점	• 기존 합격 과목 재응시 불가 • 1과목이라도 60점 미만 득점하면 불합격

시험 일정

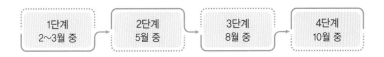

1단계 2~3월 중 → 2단계 5월 중 → 3단계 8월 중 → 4단계 10월 중

• 심리학과 3단계 시험 과목 및 시험 시간표 (2022년 기준)

구분(교시별)	시간	시험 과목명
1교시	09:00~10:40 (100분)	• 상담심리학 • 심리검사
2교시	11:10~12:50 (100분)	• 산업 및 조직심리학 • 학습심리학
중식	12:50~13:40 (50분)	
3교시	14:00~15:40 (100분)	• 인지심리학 • 중독심리학
4교시	16:10~17:50 (100분)	• 건강심리학 • 학교심리학

※ 시험 일정 및 시험 시간표는 반드시 독학학위제 홈페이지(bdes.nile.or.kr)를 통해 확인하시기 바랍니다.

※ 시대에듀에서 개설되었거나 개설 예정인 과목은 빨간색으로 표시했습니다.

독학학위제 과정

대학의 교양과정을 이수한
사람이 일반적으로 갖추어야 할
학력 수준 평가

1단계
교양과정 01

02 **2단계**
전공기초

각 전공영역의 학문을 연구하기
위하여 각 학문 계열에서 공통적
으로 필요한 지식과 기술 평가

각 전공영역에서의 보다
심화된 전문 지식과 기술 평가

3단계
전공심화 03

04 **4단계**
학위취득

학위를 취득한 사람이 일반적으로
갖추어야 할 소양 및 전문 지식과
기술을 종합적으로 평가

GUIDE

독학학위제 출제방향

국가평생교육진흥원에서 고시한 과목별 평가영역에 준거하여 출제하되, 특정한 영역이나 분야가 지나치게 중시되거나 경시되지 않도록 한다.

교양과정 인정시험 및 전공기초과정 인정시험의 시험방법은 객관식(4지택1형)으로 한다.

단편적 지식의 암기로 풀 수 있는 문항의 출제는 지양하고, 이해력·적용력·분석력 등 폭넓고 고차원적인 능력을 측정하는 문항을 위주로 한다.

독학자들의 취업 비율이 높은 점을 감안하여, 과목의 특성상 가능한 경우에는 학문적이고 이론적인 문항뿐만 아니라 실무적인 문항도 출제한다.

교양과정 인정시험(1과정)은 대학 교양교재에서 공통적으로 다루고 있는 기본적이고 핵심적인 내용을 출제하되, 교양과정 범위를 넘는 전문적이거나 지엽적인 내용의 출제는 지양한다.

이설(異說)이 많은 내용의 출제는 지양하고 보편적이고 정설화된 내용에 근거하여 출제하며, 그럴 수 없는 경우에는 해당 학자의 성명이나 학파를 명시한다.

전공기초과정 인정시험(2과정)은 각 전공영역의 학문을 연구하기 위하여 각 학문 계열에서 공통적으로 필요한 지식과 기술을 평가한다.

전공심화과정 인정시험(3과정)은 각 전공영역에 관하여 보다 심화된 전문적인 지식과 기술을 평가한다.

학위취득 종합시험(4과정)은 시험의 최종 과정으로서 학위를 취득한 자가 일반적으로 갖추어야 할 소양 및 전문지식과 기술을 종합적으로 평가한다.

전공심화과정 인정시험 및 학위취득 종합시험의 시험방법은 객관식(4지택1형)과 주관식(80자 내외의 서술형)으로 하되, 과목의 특성에 따라 다소 융통성 있게 출제한다.

독학학위제 단계별 학습법

1 단계
평가영역에 기반을 둔 이론 공부!

독학학위제에서 발표한 평가영역에 기반을 두어 효율적으로 이론 공부를 해야 합니다. 각 장별로 정리된 '핵심이론'을 통해 핵심적인 개념을 파악합니다. 모든 내용을 다 암기하는 것이 아니라, 포괄적으로 이해한 후 핵심내용을 파악하여 이 부분을 확실히 알고 넘어가야 합니다.

2 단계
시험 경향 및 문제 유형 파악!

독학사 시험 문제는 지금까지 출제된 유형에서 크게 벗어나지 않는 범위에서 비슷한 유형으로 줄곧 출제되고 있습니다. 본서에 수록된 이론을 충실히 학습한 후 '기출복원문제'와 '실제예상문제'를 풀어 보면서 문제의 유형과 출제의도를 파악하는 데 집중하도록 합니다. 교재에 수록된 문제는 시험 유형의 가장 핵심적인 부분이 반영된 문항들이므로 실제 시험에서 어떠한 유형이 출제되는지에 대한 감을 잡을 수 있을 것입니다.

3 단계
'실제예상문제'를 통한 효과적인 대비!

독학사 시험 문제는 비슷한 유형들이 반복되어 출제되므로 다양한 문제를 풀어 보는 것이 필수적입니다. 각 단원의 끝에 수록된 '실제예상문제'를 통해 단원별 내용을 제대로 학습했는지 꼼꼼하게 확인하고, 실력점검을 합니다. 이때 부족한 부분은 따로 체크해 두고 복습할 때 중점적으로 공부하는 것도 좋은 학습 전략입니다.

4 단계
복습을 통한 학습 마무리!

이론 공부를 하면서, 혹은 문제를 풀어 보면서 헷갈리고 이해하기 어려운 부분은 따로 체크해 두는 것이 좋습니다. 중요 개념은 반복학습을 통해 놓치지 않고 확실하게 익히고 넘어가야 합니다. 마무리 단계에서는 '빨리보는 간단한 키워드'를 통해 핵심개념을 다시 한 번 더 정리하고 마무리할 수 있도록 합니다.

COMMENT

합격수기

> 저는 학사편입 제도를 이용하기 위해 2~4단계를 순차로 응시했고 한 번에 합격했습니다.
> 아슬아슬한 점수라서 부끄럽지만 독학사는 자료가 부족해서 부족하나마 후기를 쓰는 것이 도움이 될까 하여
> 제 합격전략을 정리하여 알려 드립니다.

#1. 교재와 전공서적을 가까이에!

학사학위취득은 본래 4년을 기본으로 합니다. 독학사는 이를 1년으로 단축하는 것을 목표로 하는 시험이라 실제 시험도 변별력을 높이는 몇 문제를 제외한다면 기본이 되는 중요한 이론 위주로 출제됩니다. 시대에듀의 독학사 시리즈 역시 이에 맞추어 중요한 내용이 일목요연하게 압축·정리되어 있습니다. 빠르게 훑어보기 좋지만 내가 목표로 한 전공에 대해 자세히 알고 싶다면 전공서적과 함께 공부하는 것이 좋습니다. 교재와 전공서적을 함께 보면서 교재에 전공서적 내용을 정리하여 단권화하면 시험이 임박했을 때 교재 한 권으로도 자신 있게 시험을 치를 수 있습니다.

#2. 아리송한 용어들에 주의!

강화계획은 강화스케줄이라고도 합니다. 강화계획은 가변비율계획(또는 변동비율계획), 고정비율계획, 가변간격계획(또는 변동간격계획), 고정간격계획으로 나눌 수 있습니다. 또 다른 예를 들어볼까요? 도식은 스키마, 쉐마라고 부르기도 합니다. 공부를 하다보면 이렇게 같은 의미를 가진 여러 용어들을 볼 수 있습니다. 내용을 알더라도 용어 때문에 정답을 찾지 못할 수 있으니 주의하면서 공부하시기 바랍니다.

#3. 시간확인은 필수!

쉬운 문제는 금방 넘어가지만 지문이 길거나 어렵고 헷갈리는 문제도 있고, OMR 카드에 마킹까지 해야 하니 실제로 주어진 시간은 더 짧습니다. 1번에 어려운 문제가 있다고 해서 시간을 많이 허비하면 쉽게 풀 수 있는 마지막 문제들을 놓칠 수 있습니다. 문제 푸는 속도도 느려지니 집중력도 떨어집니다. 그래서 어차피 배점은 같으니 아는 문제를 최대한 많이 맞히는 것을 목표로 했습니다.
① 어려운 문제는 빠르게 넘기면서 문제를 끝까지 다 풀고 ② 확실한 답부터 우선 마킹한 후 ③ 다시 시험지로 돌아가 건너뛴 문제들을 다시 풀었습니다. 확실히 시간을 재고 문제를 많이 풀어봐야 실전에 도움이 되는 것 같습니다.

#4. 문제풀이의 반복!

여느 시험과 마찬가지로 문제는 많이 풀어볼수록 좋습니다. 이론을 공부한 후 실제예상문제를 풀다보니 부족한 부분이 어딘지 확인할 수 있었고, 공부한 이론이 시험에 어떤 식으로 출제될 지 예상할 수 있었습니다. 그렇게 부족한 부분을 보충해가며 문제유형을 파악하면 이론을 복습할 때도 어떤 부분을 중점적으로 암기해야 할 지 알 수 있습니다. 이론 공부가 어느 정도 마무리되었을 때 시계를 준비하고 최종모의고사를 풀었습니다. 실제 시험시간을 생각하면서 예행연습을 하니 시험 당일에는 덜 긴장할 수 있었습니다.

학위취득을 위해 오늘도 열심히 학습하시는 동지 여러분에게도 합격의 영광이 있으시길 기원하면서 이만 줄입니다.

이 책의 구성과 특징

01

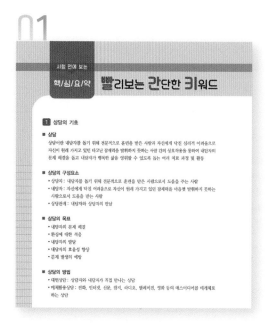

빨리보는 간단한 키워드

'빨리보는 간단한 키워드(빨간키)'는
핵심요약집으로 시험 직전까지 해당 과목의
중요 핵심내용을 체크할 수 있습니다.

02

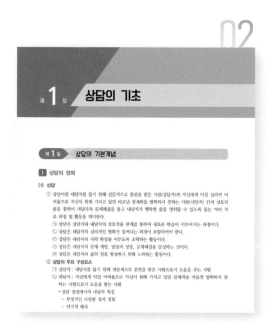

핵심이론

독학사 시험의 출제 경향에 맞춰 시행처의
평가영역을 바탕으로 과년도 출제문제와
이론을 빅데이터 방식에 맞게 선별하여
가장 최신의 이론과 문제를 시험에
출제되는 영역 위주로 정리하였습니다.

03

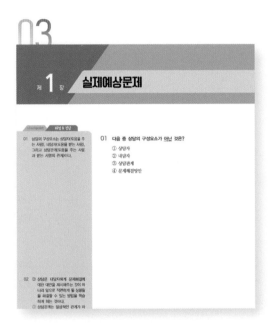

실제예상문제

독학사 시험의 경향에 맞춰 전 영역의 문제를
새롭게 구성하고 지극히 지엽적인 문제나
쉬운 문제를 배제하여 학습자가 해당 교과정에서
필수로 알아야 할 내용을 문제로 정리하였습니다.
'실제예상문제'를 통해 핵심이론의 내용을 문제로
풀어보면서 3단계 객관식 문제와 주관식 문제를
충분히 연습할 수 있게 구성하였습니다.

최종모의고사

'핵심이론'을 공부하고, '실제예상문제'를
풀어보았다면 이제 남은 것은 실전 감각
기르기와 최종 점검입니다. '최종모의고사
(총 2회분)'를 실제 시험처럼 시간을 두고
풀어보고, 정답과 해설을 통해 복습한다면
좋은 결과가 있을 것입니다.

04

제	**1** 회	독학사 심리학과 3단계

최종모의고사 | 상담심리학

제한시간: 50분 | 시작 ____시 ____분 ~ 종료 ____시 ____분

⊃ 정답 및 해설 353p

01 정상인을 대상으로 하여 교육적, 상황적 문제
해결과 의식 과정의 자극에 주력하고 설명, 정보
제공, 조언 및 지시를 더 많이 하는 것은?
① 생활지도
② 심리치료
③ 상담
④ 생활교육

02 상담심리학의 발전 과정에 대한 설명으로 옳지
않은 것은?
① 심리학의 이론적 바탕의 마련은 프로이트의
심리학에서 시작하여 왓슨의 행동주의심리
학으로 이어졌다.
② 제1차 세계대전의 영향으로, 상담심리학이
독립된 응용심리학의 한 분야로 자리 잡게
되었다.
③ 1952년 상담심리학자를 위한 공식적인 조

03 다음 중 심리검사 결과해석에 대한 내용으로
옳지 않은 것은?
① 전문적인 자질과 경험을 갖춘 사람이 해석
을 하여야 한다.
② 다른 검사나 관련 자료를 함께 고려하여 결
론을 내려야 한다.
③ 수검자에게 명령을 내리거나 낙인을 찍어서
는 안 된다.
④ 응답자의 책임에서 일어나는 원점수에 따라
해석한다.

04 다음 중 객관적 심리검사의 단점이 아닌 것은?

CONTENTS
목 차

핵심요약 빨리보는 간단한 키워드 ······························· 002

핵심이론 +
실제예상문제

제1장 상담의 기초
핵심이론 ·· 003
실제예상문제 ·· 018

제2장 상담의 이론
핵심이론 ·· 029
실제예상문제 ·· 178

제3장 상담의 과정
핵심이론 ·· 207
실제예상문제 ·· 252

제4장 상담의 실제와 적용
핵심이론 ·· 269
실제예상문제 ·· 321

최종모의고사
• 제1회 최종모의고사 ·· 341
• 제2회 최종모의고사 ·· 347

정답 및 해설
• 제1~2회 최종모의고사 정답 및 해설 ························ 353

시 험 전 에   보 는   핵 심 요 약

빨리보는 간단한 키워드

상담심리학

1 상담의 기초

■ 상담

상담이란 내담자를 돕기 위해 전문적으로 훈련을 받은 사람과 자신에게 닥친 심리적 어려움으로 자신이 원래 가지고 있던 타고난 잠재력을 발휘하지 못하는 사람 간의 상호작용을 통하여 내담자의 문제 해결을 돕고 내담자가 행복한 삶을 영위할 수 있도록 돕는 여러 치료 과정 및 활동

■ 상담의 구성요소

- 상담자 : 내담자를 돕기 위해 전문적으로 훈련을 받은 사람으로서 도움을 주는 사람
- 내담자 : 자신에게 닥친 어려움으로 자신이 원래 가지고 있던 잠재력을 마음껏 발휘하지 못하는 사람으로서 도움을 받는 사람
- 상담관계 : 내담자와 상담자의 만남

■ 상담의 목표

- 내담자의 문제 해결
- 환경에 대한 적응
- 내담자의 발달
- 내담자의 효율성 향상
- 문제 발생의 예방

■ 상담의 방법

- 대면상담 : 상담자와 내담자가 직접 만나는 상담
- 매체활용상담 : 전화, 인터넷, 신문, 잡지, 라디오, 텔레비전, 영화 등의 매스미디어를 매개체로 하는 상담

■ **상담자의 태도**
- 진실성 : 상담자의 내적 경험과 외적 표현이 일치하는 일치성, 자기 감정에 대한 책임성, 인간적 솔직성
- 투명한 관심 : 상담자 자신이 관심이 가는 곳이 아닌 내담자가 관심을 가지고 있는 곳에 관심을 기울이는 것
- 무조건적 수용 및 존중 : 내담자가 가지고 있는 욕구와 감정, 생각이 상담자 자신과 일치하지 않더라도 그것을 평가하거나 판단하지 않고 그대로 받아주는 태도
- 공감적 이해 : 상담자가 자기 본연의 자세를 잃지 않으면서 내담자의 입장이 되어 내담자의 경험과 감정을 깊게 이해해주는 것
- 일관성 : 일관적인 태도로 내담자에게 반응하는 것
- 강인함 : 정서적·신체적으로 건강한 상태를 유지하는 것
- 안정감 : 상담자가 편안하고 이완된 태도를 유지하는 것

2 상담의 이론

(1) 심리상담이론
〈정신분석〉

■ **본능이론**
- 본능 : 성격의 기본요소로서 행동을 추진하고 방향을 결정짓는 동기이며, 순수한 생물학적 욕구
- 유형
  - 성적 본능 : 성적인 것만을 이야기하는 것이 아니라 즐거움을 자극하는 것에 관심을 가지는 것과 다른 사람들과의 상호작용을 의미
  - 공격적 본능 : 적개심만을 의미하는 것이 아니라 숙달을 의미

■ **의식 구조**
- 의식 : 개인이 각성하고 있는 순간의 기억, 감정, 공상, 경험, 연상 등 현재 자각하고 있는 생각
- 전의식 : 현재는 의식 밖에 있어 인식하지 못하나 조금만 주의를 기울이면 의식될 수 있는 부분
- 무의식 : 전혀 의식되지 않지만 인간 정신에서 가장 큰 비중을 차지하여 행동을 결정하는 데 막대한 영향력을 행사하는 것

■ **성격 구조**
- 원초아 : 본능에 따라 무의식적으로 이루어지는 과정
- 자아 : 원초아의 본능과 초자아, 그리고 외부 현실 세계를 중재 또는 통제하는 역할을 하는 것
- 초자아 : 쾌락보다는 완전, 현실보다는 이상을 추구하는 것

■ **성격 발달**
- 심리성적 발달 단계 : 구강기 → 항문기 → 남근기 → 잠복기 또는 잠재기 → 생식기
- 심리사회적 발달 단계 : 유아기 → 초기 아동기 → 학령 전기 또는 유희기 → 학령기 → 청소년기
  → 성인 초기 또는 청년기 → 성인기 또는 중년기 → 노년기

■ **불안**
- 현실 불안 : 실제적이고 현실적인 불안
- 신경증적 불안 : 불안을 느껴야 할 이유가 없음에도 불구하고 본능적 충동이 의식 속으로 뚫고
  들어와 불상사가 생길 것이라 느껴지는 불안
- 도덕적 불안 : 원초아와 초자아 간의 갈등에서 비롯된 자기 양심에 대한 두려움

■ **자아방어기제**
- 자아방어기제 : 불안 상황에 처한 자아를 보호하기 위해 무의식적으로 사용하는 사고 및 행동 수단
- 유형
  - 억압 : 현실이 너무 고통스럽고 충격적이어서 자아를 위기 상황에 빠뜨릴 위험이 있는 것
    을 무의식 속으로 억눌러 버리는 것
  - 부인 : 고통스러운 현실 자체를 부정해 버림으로써 그 상황을 인식하지 않는 것
  - 투사 : 자아에 가해진 압력 때문에 자아가 불안을 느꼈을 때 그 원인을 무의식적으로 타인
    의 탓으로 돌려 자신을 보호하는 방법
  - 동일시 : 주위의 영향력 있고 중요한 사람들의 태도와 행동을 자기 것으로 만들면서 닮으
    려는 무의식적인 과정
  - 퇴행 : 불안에 빠진 자아가 불안을 감소시키기 위해 이미 지나가 버린 이전의 발달 단계로
    소급·후퇴하는 무의식적인 행동
  - 합리화 : 자기보호와 체면 유지 또는 더 이상의 실망감을 느끼지 않기 위해 나름대로 그럴
    듯한 이유를 들어 불쾌한 현실을 피해 보려는 자기방어기제
  - 승화 : 사회적으로 용납할 수 없는 본능적 욕구나 참기 어려운 충동을 사회적으로 인정되
    는 형태와 방법으로 바꾸어서 발산하는 것

- 치환 : 어떤 대상에게로 향한 자신의 감정을 그 대상에게 직접적으로 표현하지 못하고 전혀 다른 대상에게 자신의 감정을 발산하여 대상적인 만족을 얻는 것
- 반동형성 : 실제로 느끼는 감정을 직접 표현하지 못하고 정반대로 표현하는 것

■ 상담과정
초기 단계 → 전이 단계 → 통찰 단계 → 훈습 단계

■ 상담기법
- 자유연상 : 어떤 대상, 자극, 상황 등과 관련해서 내담자가 자신의 마음속에 떠오르는 생각, 감정, 기억들을 그대로 이야기하는 방법
- 전이 : 내담자가 과거에 자신에게 중요하고 의미 있던 사람에게 느꼈던 감정이나 생각을 현재의 상담자에게 느끼는 것
- 저항 : 내담자가 억압했던 생각이나 감정 등을 의식의 표면으로 떠오르지 않게 하려는 것
- 해석 : 명확하지 않은 내용에 대해 내담자가 이해할 수 있도록 지적하고 설명해 주는 것
- 훈습 : 상담 과정에서 느낀 내담자의 통찰이 현실 생활에 실제로 적용되어 내담자에게 변화가 일어나는 것

〈개인심리학〉
■ 성격이론
- 생활 양식 : 삶에 대한 개인의 기본적 지향이나 성격
- 생활 과제 : 아들러는 일, 사랑, 우정이 해결해야 할 최소한의 주요 생활 과제라고 함
- 열등감 : 성장을 위한 모든 노력의 근원으로, 자기 완성을 위해 극복해야 하는 대상
- 우월성 : 자기 완성, 자기 실현의 의미를 가진 것으로, 부족한 것은 보충하고, 미완성은 완성하는 경향성
- 사회적 관심 : 사회를 살아가는 개인의 태도
- 출생 순위 : 가족 내 관계는 세상과 상호작용하는 방식에 영향을 끼친다고 함
- 가상적 목표 : 개인의 행동을 이끄는 마음속의 중심 목표

■ 상담기법
- 즉시성 : '지금-여기'에서 무엇이 일어나고 있는지를 다루는 기법
- 역설적 의도 : 내담자가 두려워하는 행동이나 허약한 사고를 의도적으로 과장하여 행동하도록 하는 기법
- 내담자의 수프에 침 뱉기 : 내담자의 자기 패배적 행동의 감춰진 의도나 목적을 드러냄으로써 이전의 행동을 분리시키기 위한 기법

- 단추 누르기 : 내담자로 하여금 선택한 사건이나 기억에 의해 자신의 감정을 스스로 만들고 이를 적절히 통제할 수 있음을 깨닫도록 하는 기법

〈인간중심〉

■ **성격의 구성요소**
- 유기체 : 인간은 유기체로서 세계에 반응
- 자기 : 타인들이 자신에 대해 갖고 있는 조직적이며 지속적인 인식
- 현상학적 장 : 실체가 있는 세계가 아니라 개인이 주관적으로 지각한 세계

■ **자기실현 경향성**

인간의 기본적인 행동 동기로, 자신을 유지시키며 잠재력을 건설적인 방향으로 성취하려는 선천적인 성향

■ **충분히 기능하는 사람**

현재 진행되는 자신의 자아를 완전히 자각하는 사람

■ **상담자의 역할**
- 진솔성 : 상담자가 내면에서 경험하는 것과 겉으로 표현하는 것이 일치하는 것
- 무조건적인 긍정적 존중 : 내담자를 한 인간으로서 깊고 진실하게 돌봐주는 것
- 공감적 이해 : 상담자가 내담자의 감정에 빠져들지 않으면서 마치 내담자인 것처럼 내담자의 경험, 감정, 생각을 최대한 이해하는 태도

〈행동수정〉

■ **행동수정이론의 유형**
- 고전적 조건형성 : 학습된 자극에 의해 학습된 반응을 나타낸다는 이론
- 조작적 조건형성 : 행동은 보상이나 벌과 같은 강화의 원리에 의해 증가 또는 감소한다는 이론
- 사회학습이론 : 행동은 다른 사람들의 행동을 관찰하고 모방하는 간접적인 학습으로 습득된다는 이론
- 인지적 행동수정 : 학습을 겉으로 표출되는 행동의 변화라는 측면보다는 지식의 습득이라는 측면으로 보아 학습과 수행은 분리될 수 있다고 보는 이론

■ 기본 개념

- 강화 : 특정 자극을 제공하여 어떤 행동을 습득하게 하고, 그 자극이 어떠한가에 따라 반응의 빈도를 증가시키는 것
- 소거 : 어떤 반응을 일으키는 사건이나 학습된 행동을 증가 또는 유지 시켰던 강화물을 제거시킴으로써 행동 수행이 중지되는 현상
- 처벌 : 특정 행동을 제거하거나 빈도를 감소시키기 위한 것
- 변별 : 제시된 자극에 따라 다르게 반응할 수 있는 능력
- 일반화 : 특별한 상황에서 반복적인 강화를 통해 학습된 행동이 다른 유사한 상황이나 장면에서도 나타나는 현상
- 행동조성 : 목표 행동에 근접하는 행동을 보일 때마다 강화가 주어지는 것

■ 상담기법

- 혐오기법 : 바람직하지 않은 행동이 나타날 때마다 고통스러운 혐오자극을 가하여 부적응 행동을 소거시키는 방법
- 체계적 둔감법 : 내담자가 이완된 상태에서 불안을 유발하는 상황들을 생각하도록 하여 불안을 감소 또는 소거시키는 것
- 노출법 : 내담자가 두려워하는 자극 또는 상황에 반복 노출을 시킴으로써 그 자극 상황에 대한 불안을 감소시키는 방법
- 모델링 : 내담자가 다른 사람의 행동을 관찰해서 학습한 것을 활용하고 수행하는 것
- 조형 : 세분화된 목표 행동에 접근할 때마다 적절한 보상을 주어 점진적으로 특정 행동을 강화해 가는 방법
- 토큰 경제 : 바람직한 목표 행동을 구체적으로 미리 설정하고 이를 수행했을 때 약속되어 있는 토큰을 주어 내담자가 원하는 물건이나 권리와 바꿀 수 있도록 한 것

〈인지행동〉

■ 합리적 정서행동치료

- 비합리적 신념 : 타인에 대한 당위성, 자신에 대한 당위성, 조건에 대한 당위성
- 당위주의 : 파멸로 몰아넣는 근본적 문제가 비합리적 신념이며, 주어진 상황을 어떻게 생각하느냐에 따라 다른 정서적·행동적 결과를 낳는다고 보는 태도
- 조건적 자기수용 : 인간의 기본적인 가치 때문이 아닌 그들의 성취 또는 성공 여부에 따라 자신을 가치 있다고 여기는 것

- ABCDEF 모델
  - A(선행사건) : 내담자에게 의미 있는 사건
  - B(신념 체계) : 문제 장면에 대한 내담자의 태도 또는 사고방식
  - C(결과) : 정서적·행동적 결과
  - D(논박) : 비합리적 신념에 대한 치료자의 논박
  - E(효과) : 논박한 결과로 나타난 효과
  - F(감정) : 효과 때문에 나타나는 새로운 느낌

■ 인지행동치료
- 자동적 사고 : 정서적 반응으로 이끄는 특별한 자극을 경험했을 때 유발된 개인화된 생각
- 인지 도식 : 개인이 삶을 통해 자신과 세상을 이해하고 그 의미와 관계를 체계화시킨 사고의 틀
- 인지적 오류 : 잘못된 사고나 부정확하거나 비효과적인 정보처리에 근거한 잘못된 추론 등으로부터 오는 그릇된 가정 혹은 잘못된 개념화
- 스키마 : 핵심 신념을 수반하는 정신 내의 인지구조

〈게슈탈트〉

■ 기본 용어
- 게슈탈트 : 개체가 자신의 유기체 욕구나 감정을 하나의 의미 있는 행동 동기로 조직화하여 지각하는 것
- 전경과 배경 : 전경은 관심의 초점으로 부각되는 부분, 배경은 관심 밖에 놓여 있는 부분
- 자각 : 개체가 개체-환경의 장에서 일어나는 중요한 내적·외적 사건들에 대해 생각하고, 느끼고, 감지하고, 행동하는 것을 인식하는 과정
- 접촉경계 장애기제
  - 내사 : 개체가 타인의 행동이나 신념, 기준, 가치관을 자신이 가지고 있는 것과 융화함이 없이 무비판적으로 수용함으로써 자기 것을 만들지 못한 채 내면적인 갈등을 일으키는 현상
  - 투사 : 개체가 직면하기 힘든 자신의 내적 욕구나 감정 등을 회피하기 위하여 그것에 대한 책임 소재를 무의식적이고 반복적으로 타인의 것으로 지각하는 현상
  - 융합 : 밀접한 관계에 있는 두 사람이 서로 간에 차이점이 없다고 느끼도록 합의함으로써 발생하는 접촉경계 혼란
  - 반전 : 개인이 타인이나 환경에 대하여 하고 싶은 행동을 자기 자신에게 하는 것
  - 자의식 : 개체가 자기 자신에 대해 지나치게 의식하고 관찰하는 현상
  - 편향 : 부정적인 내적 갈등이나 외부 환경적 자극을 피하기 위해 자신의 감각을 둔화시킴으로써 자신 및 환경과의 접촉을 피해 버리거나 약화시키는 것

- 미해결과제 : 어떤 욕구가 개인에게 출현하였으나 해결하지 못해 게슈탈트를 완결하지 못한 것
- 회피 : 미해결 과제에 직면하거나 관련된 불안한 정서에 직면하는 것을 막는 수단

■ 상담기법
- 욕구와 감정 자각 : '지금-여기'에서의 자신의 욕구와 감정을 자각하는 것이 매우 중요
- 과장하기 : 특정 행동이나 언어를 과장하여 표현하게 하는 것
- 빈 의자 기법 : 내담자에게 현재 상담 장면에 와 있지 않은 인물이 맞은 편 의자에 앉아 있다고 상상하도록 하여 대화하게 하는 방법
- 현재화 기법 : 과거 사건이나 미래에 예기되는 부정적인 사건을 마치 '지금-여기'에서 일어나는 사건인 것처럼 현재화시켜 다룸
- 실연 : 내담자로 하여금 과거의 어떤 상황이나 미래에 일어날 수 있는 상황을 가정하여 그에 적합한 역할이나 행동을 실제로 해보도록 하는 방법
- 자각의 연속 : 가치 판단이나 비판을 배제한 채 '지금-여기'에서 일어나는 모든 것을 있는 그대로 연속해서 알아차리는 것
- 반대로 하기 : 내담자에게 평소 행동과 반대되는 행동을 해보도록 요구
- 머물러 있기 : 내담자에게 자신의 미해결 감정들을 회피하지 않고 직면하여 견뎌내도록 함

〈현실치료〉

■ 기본 욕구
- 생존 욕구 : 계속적으로 살아가기 위해 의식주를 비롯한 생존과 안전을 위한 생리적·신체적 욕구
- 소속감 욕구 : 다른 사람과 연대감을 느끼며 관계를 유지하고 사랑을 주고받고 상호작용함으로써 소속되고자 하는 속성
- 힘 욕구 : 경쟁과 성취를 통해 자신에 대한 자신감과 가치감을 느끼며 중요한 존재이고 싶어 하는 욕구
- 자유 욕구 : 자유롭게 선택하고 행동하고자 하는 속성
- 즐거움 욕구 : 새로운 것을 배우고 놀이와 학습을 통해 즐겁고 재미있고자 하는 속성

■ 좋은 세계
우리의 기본 욕구 중 하나 또는 그 이상의 욕구를 충족시키는 구체적인 방법들로 가득 찬 내면세계

■ 전체 행동의 구성요소
행동하기, 생각하기, 느끼기, 생리적 반응

■ R-W-D-E-P 과정
- R : 내담자와 상담관계 형성하기
- W : 욕구 탐색하기
- D : 현재 행동에 초점 두기
- E : 내담자가 자신의 행동 평가하기
- P : 책임 있게 행동하는 계획 세우기

〈해결중심치료〉
■ 기본 규칙

- 부서지지 않았다면, 고치지 말라.
- 일단 효과가 있는 것을 발견하면, 그것을 더 많이 하라.
- 만약에 부셔졌으면, 그것을 고치도록 시도하라. 만약에 효과가 없으면, 다시 그것을 하지 말라.

■ 기본 단계

문제 기술 → 목표 형성 → 예외 탐색 → 회기 종결 피드백 → 내담자 향상 정도 평가

■ 상담자와 내담자의 관계 유형

방문형, 불평형, 고객형

■ 상담기법 중 질문

- 상담 전 변화에 관한 질문 : 내담자가 상담을 약속한 후 상담소에 오기 전까지 경험한 변화에 대해 알아보는 질문
- 예외 질문 : 내담자가 문제로 생각하고 있는 행동이 일어나지 않는 상황에 대하여 질문
- 기적 질문 : 문제 자체를 제거하거나 감소시키지 않고 문제와 별개로 해결책을 상상해 보게 하는 것
- 척도 질문 : 숫자를 이용하여 내담자에게 자신의 문제 등의 수준을 수치로 표현하도록 하는 방법
- 대처 질문 : 어려운 상황 속에서 어떻게 견딜 수 있었고 잘 대처해 왔는지에 대하여 질문

(2) 진로상담이론

〈발달이론〉

■ 검네 긴즈버그의 직업발달이론

- 직업선택의 4가지 요인 : 가치관, 정서적 요인, 교육의 양과 종류, 실제 상황적 여건의 상호작용
- 직업선택의 과정 : 바람(Wishes)과 가능성(Possibility) 간의 타협, 비가역적
- 직업선택의 3단계 : 환상기 → 잠정기 → 현실기

■ 수퍼(Super)의 생애진로발달이론

- 주요 개념
  - 생애진로무지개 : 진로발달과정을 자기실현 및 생애발달의 과정으로 보고 여러 가지 생활 영역에 있어서의 진로발달을 나타내는 생애진로무지개를 제시하며, 진로성숙과 역할의 중 요성을 강조
  - 진로아치문모형 : 인간발달의 생물학적·지리학적 면을 토대로 아치웨이(Archway)의 기둥 은 발달단계와 삶의 역할을 의미하며, 개인(심리적 특징)을 왼쪽 기둥, 사회(경제자원, 경 제구조, 사회구조 등)를 오른쪽 기둥, 상층부 중심에는 자기(Self)를 배치
- 직업발달과정
  - 성장기(출생~14세) : 환상기 → 흥미기 → 능력기
  - 탐색기(15~24세) : 잠정기 → 전환기 → 시행기
  - 확립기(25~44세) : 시행기 및 안정화 → 공고화 및 발전
  - 유지기(45~64세)
  - 쇠퇴기(65세 이후) : 감속기 → 은퇴기
- 직업발달과업
  구체화 → 특수화 → 실행화 → 안정화 → 공고화
- 진로발달의 11가지 요소

> - 개인차
> - 직무능력의 유형
> - 적응의 계속성
> - 진로유형
> - 직무만족
> - 다양한 가능성
> - 동일시와 모델의 역할
> - 생애단계
> - 발달의 지도가능성
> - 진로유형의 역동성
> - 개인과 환경의 상호작용의 결과로서의 발달

■ **타이드만(Tiedeman)과 오하라(O'Hara)의 진로발달이론**

• 직업정체감 형성과정
  – 예상기(전직업기) : 탐색기 → 구체화기 → 선택기 → 명료화기
  – 적응기(실천기) : 순응기 → 개혁기 → 통합기

■ **터크만(Tuckman)의 발달이론**

• 자아인식, 진로인식, 진로의사결정이라는 3가지 주요 요소를 포함하는 8단계의 진로발달이론을 제시
• 진로발달 8단계
  – 1단계 : 일방적인 의존성의 단계
  – 2단계 : 자아주장의 단계
  – 3단계 : 조건적 의존성의 단계
  – 4단계 : 독립성의 단계
  – 5단계 : 외부지원의 단계
  – 6단계 : 자기결정의 단계
  – 7단계 : 상호관계의 단계
  – 8단계 : 자율성의 단계

■ **갓프레드슨(Gottfredson)의 제한-타협이론**

• 제한과 타협
  – 제한 : 자기개념과 일치하지 않는 직업들을 배제하는 과정
  – 타협 : 직업의 성역할, 사회적 지위, 흥미가 중요한 측면이며 현실적으로 가능한 것을 선택하는 과정

■ **크롬볼츠(Krumboltz)의 사회학습이론**

• 진로발달과정에 영향을 미치는 요인 : 환경적 요인, 심리적 요인, 우연적 요인
• 학습경험
  – 도구적 학습경험 : 주로 어떤 행동이나 인지적인 활동에 대한 정적인 또는 부적인 강화를 받을 때 나타나며 '선행사건 → 행동 → 결과'의 순서에 의해서 학습
  – 연상적 학습경험 : 이전에 경험한 감정적으로 중립인(Neutral) 사건이나 자극을 정서적으로 비중립적인 사건이나 자극과 연결시킬 때 일어나는 학습

〈사회인지이론〉

■ 사회인지진로이론(SCCT, Social Cognitive Career Theory)

- 3축 호혜성 인과적 모형 : 개인은 유전과 환경의 결과물이 아닌 진로발달의 역동적 주체(개인-행동-상황의 상호작용)
- 진로발달의 결정요인 : 자기효능감, 성과기대, 목표, 진로장벽
- 진로행동모형 : 흥미모형, 선택모형, 수행모형

〈요인-특성이론〉

■ 파슨스의 특성요인이론

- 진로를 결정하는 세 가지 요인 : 자기에 대한 분명한 이해, 직업에 대한 지식, 자기 이해와 직업에 대한 지식의 관계를 끌어내는 능력
- 특성과 요인
  - 특성 : 적성, 능력, 흥미, 가치관, 성격, 포부, 자원의 한계와 원인과 같은 측정할 수 있는 개인의 특성
  - 요인 : 직업의 요구 및 성공요건, 장·단점, 보수, 고용기회, 전망과 같은 성공적인 특정 직무수행에 필요한 조건

(3) 가족상담이론

〈보웬(Bowen)의 다세대 가족상담모델〉

■ 주요 개념

- 자아분화 : 사고와 감정을 분리하여 자신과 타인을 구분할 수 있는 능력
- 삼각관계 : 스트레스의 해소를 위해 두 사람 간의 상호작용 체계에 다른 가족성원을 끌어들임으로써 갈등을 우회시키는 것

■ 상담기법

- 과정질문 : 내담자의 감정을 가라앉히고 정서적 반응에 의한 불안을 낮춰 사고를 촉진하는 기법
- 치료적 삼각화 : 잠정적으로 치료자가 삼각관계에 끼어들면 가족체계와 그 성원들은 평정을 되찾아 자신들의 문제해결 방법을 찾기 시작
- 관계실험 : 삼각관계를 구조적으로 변화시키기 위해 사용하며, 가족들로 하여금 체계과정을 인식하고 그 과정 내에서 자신의 역할을 깨닫도록 학습시키는 것
- 자기입장 지키기 : 정서적 충동에 의해 반응하려는 경향을 막기 위해 자신의 견해를 피력하는 방법

- 가계도 : 3세대 이상에 걸쳐 가족구성원에 관한 정보와 그들 간의 관계를 도표로 기록하는 방법, 가족구조의 도식화·가족에 대한 정보기록·가족관계에 대한 기술 등을 작성

〈체계적 가족치료 이론〉

■ 구조적 가족치료

- 주요개념
  - 경계 : 경계가 지나치게 경직된 경우에는 다른 성원 혹은 하위체계로부터 유리, 지나치게 해이한 경우에는 밀착
  - 경계선 : 가족구성원 간의 분화정도, 즉 가족구성원 간의 허용할 수 있는 접촉의 양과 종류 또는 얼마나 자유롭게 서로 관여할 수 있는가 하는 침투성을 규정
  - 권력 : 권력구조는 상황에 따라 변화할 수 있고, 상호보완적으로 변하는 것이 바람직
- 제휴
  - 연합 : 두 사람이 제3자에 대항하기 위하여 제휴하는 경우
  - 동맹 : 두 사람이 제3자와는 다른 공동의 목적을 위해 제휴하는 것
- 합류 촉진방법 : 적응하기, 추적하기, 흉내내기
- 교류의 재구성 : 재정의, 긴장고조, 과제부여, 증상활용
- 불균형기법 : 가족구성원과의 제휴기법, 가족구성원의 무시기법, 제휴의 교체기법
- 경계선 만들기 : 가족성원 각자가 체계 내에서 적절한 위치에 있도록 가족 내 세대 간 경계를 분명히 유지하게 하는 것

■ 전략적 가족상담모델

- MRI 학파
  - 피드백 고리 : 가족이 피드백을 통해 정보를 교환하면서 서로의 행동을 통제하거나 확장
  - 정적피드백 : 현재 상태를 벗어나 새로운 변화를 시도
  - 부적피드백 : 변화에 저항하여 기본의 상태로 가족을 돌아오게 하는 피드백
- 헤일리(Haley)의 전략적 구조주의 모델
  - 권력과 통제 : 가족원이 자신의 위치에 맞는 권력과 통제를 가질 때 위계질서가 유지되며, 힘의 균형이 깨지면 위계질서에 문제가 발생
  - 위계질서 : 가족의 위계질서는 가족치료의 중요한 요인이며 가족의 위계질서 혼란이 문제를 유발
  - 치료기법 : 역설적 개입, 지시, 은유적 기법

〈포스트 모던 가족치료 이론〉

■ **해결중심단기가족치료**

• 치료자-내담자 관계유형 : 고객형, 불평형, 방문형

• 치료기법 : 면담 이전의 변화를 묻는 질문, 예외질문, 기적질문, 척도질문, 대처질문, 관계성 질문

• 메시지 전달하기 : 칭찬(Compliment), 연결문(Bridge), 과제(Task)

■ **이야기치료**

• 치료과정 4단계

 - 1단계 : 표출적 대화를 통해 내담자가 자신의 정체성에서 문제 자체를 분리하도록 도움

 - 2단계 : 외재화하기

 - 3단계 : 독특한 결과를 발견하도록 도움

 - 4단계 : 독특한 결과를 통해 개발된 대안적 이야기에 이름 붙임

• 치료기법

 - 빈약한 서술 찾아내기, 문제를 표면화하기, 문제로부터의 분리(외재화), 문제의 영향력 탐구, 문제의 영향력 평가하기, 독특한 결과의 발견, 대안적 이야기 엮어가기(스캐폴딩 지도), 정의예식

(4) 학습상담이론

〈인지학습이론〉

■ **사회인지학습이론**

• 주요개념

 - 모델링(모방) : 아동은 위대하다고 생각되는 사람의 행동을 위대하다고 생각하지 않는 사람의 행동보다 더 잘 모방

 - 인지 : 학습된 반응을 수행할 의지는 인지적 통제 하에 있는 것

 - 자기강화 : 자신이 통제할 수 있는 보상을 자기 자신에게 주어서 자신의 행동을 유지하거나 변화

 - 자기조절 : 외적인 통제가 없는 상태에서 개인 스스로의 목표달성을 위해 사고와 감정 그리고 행동을 조절하는 과정과 전략

 - 자기효율성 또는 자기효능감 : 내적표준과 자기강화에 의해 형성되는 것, 완숙경험, 각성수준, 대리경험, 사회적 설득이 자기효능감의 근원

■ 정보처리이론

• 주요 개념
  - 감각등록기 : 환경으로부터 눈이나 귀 같은 감각수용기관을 통해 정보를 최초로 저장하는 곳
  - 단기기억과 장기기억

기억유형	입력	용량	지속시간	내용	인출
단기기억 (작동기억)	매우 빠름	제한적	매우 짧음 (5~20초 정도)	단어, 심상, 아이디어, 문장	즉각적
장기기억	비교적 느림	무제한적	사실상 무제한적	명제망, 도식, 산출, 일화	표상과 조직에 따라 다름

  - 지각의 조직화 : 완결성, 유사성, 연속성, 근접성, 공동 운명
  - 형태재인 : 과거의 경험을 토대로 현재 주어진 자극의 형태에서 의미를 끌어내는 과정
  - 메타인지 : 자신의 인지과정에 대한 지식을 통해 정보를 선택하고, 분류하고, 정보에 맞는 학습방법을 동원할 수 있는 능력
  - 학습의 전이 : 학습 이전에 이미 형성된 습관이 다른 습관을 획득하거나 재학습하는 데 영향을 미칠 때 나타나는 현상

• 정보처리모형
  '자극(정보) → 감각기억 → 작업기억(단기기억) → 장기기억'의 순으로 정보가 뇌에 입력
  - 감각등록기 : 선택적 주의(Selective Attention)를 통해 많은 정보 중 선택되어 짧은 시간 동안 보존·유지되는 곳
  - 단기저장고 : 환경으로부터 입력되는 정보와 장기기억으로부터 출력되는 정보의 결합
  - 장기기억 : 부호화된 자료를 오랫동안 저장하고 정보의 양은 무제한으로 저장이 가능

〈학습동기이론〉

■ 동기

• 외재적 동기 : 동기의 근원이 외부에 있고, 보상, 사회적 압력, 벌 등과 같은 외부의 통제로부터 유발되는 동기
• 내재적 동기 : 개인의 내적 요인, 즉 욕구, 호기심, 흥미, 가치, 신념, 포부 등에 의해 유발되는 동기, 레퍼와 호델은 내재적 동기가 도전, 호기심, 통제, 상상의 네 가지 원칙을 가진다고 주장

■ **정서**
- 정서의 분류
  - 1차 정서 : 애정, 공포, 혐오, 경이, 노여움, 소극적 자아감정 등
  - 파생정서 : 자신감, 희망, 불안, 절망, 낙심 등
- 학습동기와 정서
  불안과 걱정은 작업기억의 용량을 차지하여 효율적인 정보처리를 방해
- 학습에 영향을 주는 요소
  성취동기, 피로, 연습

■ **학습의 9단계**

주의집중 → 기대 → 작동적 기억으로 재생 → 선택적 지각 → 의미론적 부호화 → 재생과 반응 → 피드백 및 강화 → 재생을 위한 암시 → 일반화

3 상담의 과정

■ **상담의 진행과정**
- 초기단계 : 상담관계의 형성, 내담자의 이해와 평가, 상담의 구조화, 목표 설정
- 중기단계 : 내담자의 자기 탐색과 통찰
- 종결단계 : 종결 시 이별의 감정 다루기, 상담 성과에 대한 평가와 문제해결력 다지기, 추수상담에 관해 논의하기

■ **상담의 구조화**
- 의의 : 상담자가 내담자에게 상담의 본질이 무엇인지, 제한조건이 어떻게 되는지, 방향은 어떠한지 등에 대하여 분명하게 설명하고 정의를 내려주는 것
- 영역 : 상담 여건, 상담 관계, 비밀보장

■ **상담과정 모형**
- 문제해결모형 : 현재의 시나리오 → 원하는 시나리오 → 행동 전략
- 공감지향모형 : 상담자–관심주기, 내담자–참여하기 → 상담자–반응하기, 내담자–탐색하기 → 상담자–내담자에게 초점 맞추기, 내담자–이해하기 → 상담자–문제해결을 위한 행동을 주도하기, 내담자–실행하기

- 중심과정지향모형 : 상담관계를 수립하고 이끌어가기 → 내담자의 마음 읽어주기 → 내담자의 현재 상태와 미래의 꿈 밝혀주기 → 내담자의 문제점 풀어나가기 → 내담자를 발전과 변화로 인도하기 → 상담관계 마무리하기

■ 접수면접
- 의의 : 내담자가 상담실을 방문하여 처음으로 자신의 문제에 대해 설명하는 면접
- 파악하는 정보 : 내담자에 대한 기본 정보, 외모 및 행동, 호소문제, 현재 및 최근의 주요 기능 상태, 스트레스 원, 사회적 지원 체계, 호소문제와 관련된 개인사 및 가족관계

■ 상담의 기본 방법
- 관심 기울이기의 기술
  - S : 내담자를 바라본다.
  - O : 개방적인 자세를 취한다.
  - L : 이따금 내담자 쪽으로 몸을 기울인다.
  - E : 시선을 부드럽게 맞춘다.
  - R : 편안하고 자연스러운 자세를 취한다.
- 질문의 유형
  - 폐쇄형 질문 : '네', '아니요'로 답하거나 짧은 사실적 답변을 하게 하는 질문
  - 개방형 질문 : 내담자의 상황과 심리에 대한 구체적인 정보를 얻을 수 있는 질문
- 감정의 반영 : 내담자의 진술에 관련된 감정을 명확하게 파악하는 것과 더불어 내담자의 감정을 중심으로 표현을 부연하는 것
- 재진술 : 내담자의 이야기를 듣고서 내담자가 했던 말을 상담자가 자신의 표현 양식으로 바꾸어 다시 말하는 것
- 직면 : 내담자의 행동, 사고, 감정에서 모순이나 불일치가 관찰될 때 상담자가 그것을 지적하고 내담자에게 되물어주는 것
- 해석 : 내담자가 진술했거나 인식하고 있는 것 이상의 의미를 설명해 주는 적극적 상담 기법
- 자기개방 : 상담자가 상담과정에서 자신의 행동, 생각, 가치, 느낌, 감정, 태도 등 여러 가지 정보를 내담자에게 드러내는 것
- 즉시성 : '지금-여기' 입장에서 상담자가 보고 관찰한 것을 드러내는 것
- 정보 제공 : 내담자에게 자료 또는 사실, 의견 자원의 형태로 정보를 제공하는 것
- 명료화 : 내담자의 이야기 중에서 애매모호한 점을 내담자가 확실히 알 수 있도록 명확하게 말해 주는 것

■ **적극적 경청**

내담자에게 초점을 맞추어 귀로 내담자가 하는 이야기를 듣는 것은 물론 내담자의 몸짓, 표정 등의 신체언어를 관찰하여 저변에 깔려 있는 심층적 의미와 감정을 감지하여 그것을 이해하고 표현하는 과정

■ **언어적 반응 기술**

• 최소의 촉진적 반응 : 내담자의 표현을 상담자가 이해하거나 동의한다는 것을 나타내는 짧은 말
• 승인 : 내담자의 생각이나 행동에 대한 지지, 승인, 안심, 강화를 나타내는 것
• 직접적 지도 : 상담자가 내담자에게 어떠한 것을 하도록 지시, 제안하거나 조언하는 것
• 비언어적 참조 : 내담자의 감정을 나타내주는 비언어적 행동을 상담자가 부연해서 지적하는 것
• 요약 : 상담 과정에서 내담자가 표현했던 중요한 내용과 상담 회기의 진행사항을 상담자의 언어로 간략하게 정리해 표현하는 것

■ **심리검사**

• 의의 : 다양한 도구를 이용하여 인간의 다양한 심리적 특성들을 양적·질적으로 측정하고자 하는 일련의 과정
• 평가방법
  – 면접 : 대화를 통해 상담자가 내담자를 이해하는 하나의 방식
  – 행동 관찰 : 자연 장면에서의 관찰과 통제된 상황에서의 관찰

■ **상담관계의 특성**

• 따뜻함 및 민감성
• 허용성 및 자유로운 감정 표현
• 행동의 한계성
• 압력 및 강요의 부재

■ **종결단계의 과정**

상담성과에 대한 평가 및 점검 → 심리검사의 실시 → 문제해결력 점검 및 작별의 감정 다루기 → 추수상담에 대하여 논의하기

4 상담의 실제와 적용

■ 집단상담의 원리

- 자기이해 : 자신의 사고, 감정, 욕구, 가치 등을 있는 그대로 표현하고 이해하는 것
- 자기수용 : 이해한 그대로의 자신을 인정하고 받아들이는 것
- 자기개방 : 자신에 대한 이해와 수용을 통해 자신을 있는 그대로 나타내 보이는 것
- 자기평가 : 현실 속에서 자신의 행동을 의미 있는 기준에 비추어 보는 과정
- 자기도전 : 새롭게 학습된 행동이나 사고, 감정 등을 소개하는 과정

■ 집단상담의 일반적 과정

시작 → 갈등 → 응집 → 생산 → 종결

■ 가족상담

상담자가 전 가족체계를 상담의 대상으로 여기고 실시하는 모든 형태의 상담

■ 가족체계의 외부와의 경계

폐쇄형, 개방형, 임의형

■ 가족체계의 경계선

- 경직된 경계선 : 격리된 가족이 갖는 경계선
- 모호한 경계선 : 밀착된 가족이 갖는 경계선
- 명료한 경계선 : 정상적인 가족이 갖는 경계선

■ 가족기능의 6가지 측면

문제해결, 의사소통, 역할, 정서적 반응성, 정서적 관여, 행동 통제

■ **가족상담의 기법**
- 가계도 : 내담자의 3세대 이상에 걸친 가족관계를 도표로 제시하여 현재 제시된 문제의 근원을 찾는 도구
- 생태도 : 가족 및 가족 구성원들과 환경 간의 상호작용을 그림으로 나타낸 것
- 가족조각 : 특정 시기의 정서적인 가족 관계를 극적으로 나타내는 것
- 가족그림 : 가족 구성원 각자에게 가족이 어떻게 조직되어 있는지 생각나는 대로 그리도록 하는 것
- 생활력표 : 각 가족 구성원들의 삶에 있어서 중요한 사건이나 중요한 시기의 전개 상황을 시계열적으로 도표화한 것
- 사회적 관계망 격자 : 내담자 개인이나 가족의 사회적 지지 체계를 사정하기 위한 도구

■ **사이버상담의 특성**
단회성, 신속성, 문자 중심의 상호 작용, 익명성, 자발성, 주도성, 시·공간의 초월성, 개방성, 경제성, 자기 성찰의 기회 제공

■ **학습문제의 유형**
- 학습부진 : 내재적 또는 환경적 원인으로 인해 학습 성취 수준이 현저히 떨어지거나 잠재적인 지적 능력에도 불구하고 기대되는 수준에 미치지 못하는 상태
- 학습장애 : 정신 지체, 정서 장애, 환경 및 문화적 결핍과는 관계없이 한 분야 이상에서 어려움을 나타내는 상태
- 학습저성취 : 일반적으로 하위 5~20%의 낮은 학습 성취 수준을 나타내는 경우
- 학습지진 : 선천적으로 지적 능력이 낮은 수준을 보임으로써 학업 수행 능력이 떨어지는 경우

■ **학습전략**
- 조직화전략 : SQ3R(개관, 질문, 읽기, 암송, 복습)의 학습 방법으로 진행
- 주의집중전략 : 집중력 부족의 원인을 파악하여 학습과 학습 이외의 관심이나 욕구들이 서로 충돌하지 않도록 조정
- 기억전략 : 심도 있는 정보 처리가 이루어지도록 함으로써 기억이 오랫동안 지속되도록 하는 전략
- 시간관리전략 : 체계적인 시간 관리를 통해 제한된 시간을 효율적으로 활용함으로써 최대의 학습 효과를 거두기 위한 것
- 시험전략 : 시험 전, 시험 중, 시험 후에 관한 전략

■ **진로문제 상담**

인생 전반에 걸친 진로 선택과 연관된 모든 상담 활동

■ **성폭력 피해자의 심리적 단계**

충격과 혼란 → 부정 → 우울과 죄책감 → 공포와 불안 → 분노 → 재수용

■ **청소년 비행**

청소년의 행동 중 실정법을 위반한 행동을 포함한 어떤 일정한 도덕적·교육적 가치의 잣대에 비추어 잘못된 것으로 판단될 수 있는 행동

■ **아노미 상태에 대한 5가지 적응 양식**

• 동조형 : 문화적 목표와 제도화된 수단 양자를 모두 수용하는 유형
• 혁신형 : 문화적 목표는 수용하지만 제도화된 수단을 거부하는 유형
• 의례형 : 문화적 목표를 거부하고 제도화된 수단을 수용하는 유형
• 도피형 : 문화적 목표와 제도화된 수단을 거부하고 사회로부터 후퇴 내지 도피하는 유형
• 반역형 : 문화적 목표와 제도화된 수단을 모두 거부하는 동시에 새로운 목표와 수단으로 대체하려는 유형

■ **와이너의 비행 분류**

• 사회적 비행 : 심리적인 문제없이 반사회적 행동 기준을 부과하는 비행하위문화의 구성원으로서 저지르는 비행
• 심리적 비행
  – 성격적 비행 : 반사회적인 성격 구조, 자기 통제 능력의 부재, 충동성, 타인 무시 등에 의하여 나타나는 비행
  – 신경증적 비행 : 자신의 요구가 거절되었을 때 급작스럽게 자신의 욕구를 표현하는 형태의 비행
  – 정신병적 비행 : 행동을 통제하기 어려운 정신분열증이나 두뇌의 기질적 손상 등에 의하여 나타나는 비행

■ **학교 폭력**

학교나 학교 주변에서 학생 상호 간에 발생하는 의도성을 가진 신체적·정서적·성적 가해 행동

여기서 멈출 거예요? 고지가 바로 눈앞에 있어요.
마지막 한 걸음까지 시대에듀가 함께할게요!

제 **1** 장

상담의 기초

제1절 상담의 기본개념
실제예상문제

I wish you the best of luck

독학사 심리학과 3단계

혼자 공부하기 힘드시다면 방법이 있습니다.
시대에듀의 동영상강의를 이용하시면 됩니다.
www.sdedu.co.kr ➔ 회원가입(로그인) ➔ 강의 살펴보기

제1장 상담의 기초

제1절 상담의 기본개념

1 상담의 정의

(1) 상담

① 상담이란 내담자를 돕기 위해 전문적으로 훈련을 받은 사람(상담자)과 자신에게 닥친 심리적 어려움으로 자신이 원래 가지고 있던 타고난 잠재력을 발휘하지 못하는 사람(내담자) 간의 상호작용을 통하여 내담자의 문제해결을 돕고 내담자가 행복한 삶을 영위할 수 있도록 돕는 여러 치료 과정 및 활동을 의미한다.

　㉠ 상담은 상담자와 내담자의 상호작용 관계를 통하여 새로운 학습이 이루어지는 과정이다.

　㉡ 상담은 내담자의 심리적인 변화가 일어나는 과정이 포함되어야 한다.

　㉢ 상담은 내담자의 자각 확장을 이루도록 조력하는 활동이다.

　㉣ 상담은 내담자의 문제 예방, 발달과 성장, 문제해결을 달성하는 것이다.

　㉤ 상담은 내담자의 삶의 질을 향상하기 위해 노력하는 활동이다.

② 상담의 주요 구성요소

　㉠ 상담자 : 내담자를 돕기 위해 전문적으로 훈련을 받은 사람으로서 도움을 주는 사람

　㉡ 내담자 : 자신에게 닥친 어려움으로 자신이 원래 가지고 있던 잠재력을 마음껏 발휘하지 못하는 사람으로서 도움을 받는 사람

　　• 상담 장면에서의 내담자 특징

　　　- 부정적인 다양한 정서 경험

　　　- 인지적 왜곡

　　　- 다양한 행동 문제

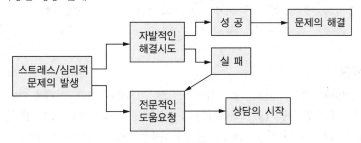

[상담에 이르기까지의 과정]

ⓒ 상담관계 : 상담이 성립되기 위해 상담자와 내담자가 맺는 전문적이고 합리적인 관계
  • 형식적 측면에서의 상담관계
    − 직접적 상담관계 : 직접적으로 얼굴을 맞대어 관계를 맺는 방식의 대면상담
    − 간접적 상담관계 : 전화, 컴퓨터 통신망, 편지, 방송, 신문, 잡지 등의 언론매체를 통한
      상담방식으로, 전화상담, 서신상담, 사이버상담, 언론매체상담 등
  • 질적 측면에서의 상담관계
    − 촉진적이고 치료적인 상담관계 : 촉진적이고 치료적인 상담관계는 우호적이고 상호 신뢰
      적이며, 존중과 이해가 있으며, 내담자의 긍정적 변화를 촉진시키는 상담관계
    − 비촉진적이고 비치료적인 상담관계 : 비우호적이고 논쟁적이며, 상호 냉담하고 비배려적
      이어서 내담자나 상담자 모두에게 도움이 되지 않음
  • 상담관계 형성 기초 방법
    − 상담 면접의 시작 : 화제유도 → 물리적 배치 → 상담에 임하는 태도의 확인 → 비밀 보
      장의 확인
    − 기초방법 : 경청하기 → 상담에 대한 동기 부여 → 감정 반영하기 → 무조건적인 긍정적
      존중하기 → 내담자 문제를 정확히 이해하기

③ **상담의 구분**
  ㉠ 구성인원에 따른 구분 : 개인상담, 집단상담
  ㉡ 연령에 따른 구분 : 아동상담, 청소년상담, 성인상담, 노인상담
  ㉢ 내담자의 조력 욕구에 따른 구분 : 문제예방 상담, 발달과 성장 상담, 문제해결 상담
  ㉣ 내담자의 문제 유형에 따른 구분 : 정신건강상담, 진로상담, 성상담, 성장상담, 비행상담, 학
    습상담, 중독상담, 가족상담, 재활상담, 위기상담, 목회상담 등
  ㉤ 조력수단에 따른 구분 : 놀이치료, 미술치료, 독서치료, 음악치료, 원예치료 등
  ㉥ 기타 : 전화상담, 사이버상담

> **더 알아두기 Q**
>
> **상담의 특징**
> • 상담은 전문적 지식과 기술을 갖춘 전문 상담자가 내담자에게 제공하는 전문적 활동이다.
> • 상담은 상담자와 내담자의 관계에 기초를 둔다.
> • 상담은 내담자가 의사를 결정하고 문제를 해결할 수 있도록 돕는 활동이다.
> • 상담은 내담자로 하여금 새로운 행동을 학습하거나 태도를 형성하도록 하는 교수−학습 과정이다.
> • 상담은 개인 존중에 기초하여 이루어지는 상담자와 내담자 간의 상호협력 활동이다.

(2) 상담의 필요성

현대사회의 급변화에 따라 인간은 삶 자체의 복합성, 가치관의 혼란, 장래에 대한 불확실성 등 여러 가지 문제들에 직면하게 되고, 그에 의한 심적 불안 등을 겪고 있다. 이러한 문제를 근본적으로 해결하지 않고 내버려 두면 더 큰 심리적 문제나 신체적 증상이 나타날 수 있다.

(3) 상담의 기본 원리

① 개별화의 원리

상담자는 개인의 개성과 개인차를 인정하는 범위 내에서 상담을 전개해야 하는데, 이 원리가 지켜지려면 상담 전개는 아래를 염두에 두어야 한다.

㉠ 내담자에 대한 편견이나 선입견을 갖지 않기

㉡ 인간행동의 유형과 원리에 대해 전문적으로 이해하려고 노력하기

㉢ 내담자의 말을 경청하고 세밀하게 관찰하기

㉣ 내담자의 보조에 맞추어 진행하기

㉤ 내담자의 감정 변화를 민감하게 포착하기

㉥ 내담자와 견해차이가 있을 때 앞을 내다보는 능력을 갖고 적절한 선택하기

② 의도적 감정 표현의 원리

사람은 누구나 정당하고 잘한 일에 대하여 표현할 수도, 자기감정 또는 부정적 감정을 표현할 수도 있다. 상담자는 이러한 기본적인 원리를 명심하면서 자유롭게 의도적인 표현을 보장 받도록 온화한 분위기를 조성해 주어야 한다. 이러한 분위기는 압력이나 긴장으로부터 내담자를 완화시켜주어 근본적인 문제에 다가가게 하기 때문에 상담자는 내담자의 감정 표현을 끝까지 인내심을 가지고 경청해야 한다.

③ 통제된 정서 관여의 원리

상담은 주로 정서 측면에 큰 비중을 두어, 내담자가 자신의 감정을 표현하도록 한다. 상담자는 내담자의 감정에 대한 민감성, 그 감정이 의미하는 것에 대한 이해, 그리고 내담자의 감정에 대한 의도적이고 적당한 반응을 하는 것이 필요하다.

④ 수용의 원리

내담자를 수용한다는 말은 내담자를 인격체로 존중한다는 의미이다. 즉 상담자는 내담자에게 따뜻하고 친절하면서 수용적이어야 한다. 만약 내담자의 의견에 상담자가 동의하지 못하는 일이 있더라도 동의하지 않는다는 사실을 분명히 전달하되, 그 표현이나 자세는 어디까지나 온화해야 한다.

⑤ 비판적 태도 금지의 원리

내담자는 자기의 잘못이나 문제에 대하여 타인이 나무라거나 책임을 추궁하거나 잘못을 질책하는 것을 두려워한다. 내담자는 죄책감, 열등감, 불만, 고독감 등을 가지고 있기 때문에 타인의 비판에 예민하여 자신을 방어하여 안전을 추구하려는 경향이 있기 때문이다. 따라서 상담자는 내담자의 행동, 태도, 가치관 등을 객관적으로 평가하여야 하며, 어떠한 문제에 대해 일방적인 판단이나 비판을 하지 않도록 한다.

⑥ 자기결정의 원리

상담은 상담자가 내담자 개인의 가치와 존엄성을 존중하고 내담자 자신의 힘으로 문제를 해결해 나아갈 수 있다는 신념에서 시작되어야 하며, 내담자는 어떠한 지도와 충고가 있더라도 이에 무조건 응하기보다는 자신의 판단을 토대로 자기 방향과 태도를 결정해야 한다.

⑦ 비밀보장의 원리

상담과정 중 명심해야 할 것은 상담자가 내담자와의 대화내용을 비밀로 보장해야 한다는 것이다. 상담은 본질적으로 내담자가 상담자를 신뢰하고 믿는 데서 이루어진다. 상담자는 내담자의 비밀을 지켜줄 윤리적 의무를 진다.

(4) 상담의 목표

상담의 목표란 내담자가 상담을 통해 얻고 싶어 하는 결과나 효과를 의미하며 상담자 및 내담자 모두에 있어 상담을 통해 무엇을 얻을 수 있고, 무엇을 얻을 수 없는지에 대한 일정한 기준을 제공해 준다.

① 상담목표
  ㉠ 일차적 목표 : 당면 문제의 해결/증상 또는 문제해결적 목표
  ㉡ 이차적 목표 : 인간적 발달과 성장/성장 촉진적 목표

② 상담목표의 기능
  ㉠ 동기적 효과 : 상담에 적극적 참여
  ㉡ 교육적 기능 : 삶의 목표세우기와 적응방식에 대해 학습
  ㉢ 평가적인 기능 : 내담자의 변화에 효과적인 상담기법을 선택하고 평가. 내담자의 변화가 어느 정도 이루어졌는지 가늠
  ㉣ 치료평가적인 기능 : 상담효과에 대한 정밀한 평가

③ 상담이론에 따른 상담목표
  ㉠ 정신분석이론 : 무의식을 의식화하여 개인의 성격 구조를 수정하고 자아의 기능을 강화한다.
  ㉡ 행동수정이론 : 바람직하지 않은 행동은 감소시키고, 바람직한 행동은 증가시킨다.
  ㉢ 인간중심상담이론 : 자아와 경험 간의 불일치를 제거하고 방어기제를 내려놓도록 함으로써 충분히 기능하는 사람이 되도록 돕는다.
  ㉣ 인지상담이론 : 자동적 사고를 변화시키고 인지 도식을 재구성하여 새롭고 합리적인 사고를 하도록 돕는다.

> **❗ 더 알아두기 🔍**
>
> **상담목표의 중요성**
> • 상담의 방향성 제시
> • 상담자 전문 능력의 평가 기회
> • 성과를 달성하려는 노력 촉진
> • 목표에 맞는 효과적인 상담전략 계획
> • 상담의 진척 상황 평가 기준
> • 자기 동기화의 효과

(5) 상담기관

① 종류
  ㉠ 대학 학생상담센터
    한국에 상담이 도입된 후 상담 발전에 가장 큰 공헌을 했다고 볼 수 있는 것이 바로 대학 학생상담센터이다. 각 대학교에 있는 학생상담센터는 상담 서비스기관뿐만 아니라 상담 전문가 양성기관의 역할도 담당하고 있다.

ⓛ 청소년상담복지센터

각 지역사회에 개소되어 있는 청소년상담복지센터는 「청소년복지지원법」을 기반으로 국가적 지원을 받아 지역사회와 가장 밀접히 연결되어 운영된다.

ⓒ 여성 관련 상담센터

여성의 권익보호를 위하여 여성 긴급상담전화 1366, 성폭력상담센터, 가정폭력상담센터, 건강가정지원센터 등이 설립·운영되고 있다. 여성상담 분야는 상담 전문가가 개입하여야 할 영역(예 가정폭력, 성폭력 등)들이 많아 여성 관련 상담기관들이 별도로 활동하고 있다.

ⓔ 사설 민간 상담센터

상담 전문가나 임상 전문가들이 개소하여 일정한 비용을 받고 상담을 해준다.

ⓜ 복지기관 상담센터

주로 사회복지사 중심으로 상담이 이루어지며, 저소득층과 부녀자, 아동, 노인, 장애인들을 보호하거나 도움을 제공하는 활동이 중심을 이룬다.

ⓗ 직업 및 진로상담센터

최근 급격히 대두된 실업자 문제를 해결하기 위해 노동부 산하 고용안정센터가 설립되어 운영 중에 있다.

ⓢ 기타 상담센터

도박중독예방치유센터, 스마일센터(범죄피해자 심리치유기관), 군상담기관, 기업 내 상담기관 등이 있다.

💡 더 알아두기 🔍

• **상담의 유사용어**

– 생활지도

생활지도란 학생들의 생활 적응을 위해 적절한 계획을 수립·실천할 수 있도록 돕는 학교 전체의 활동과 봉사 프로그램을 의미한다. 상담은 생활지도의 일부로 포함되어 이루어진다.

– 심리치료

심리치료는 상담관계보다 정서적인 표현이 더 강하며, 개인의 성격에 더 깊게 관여하고 좀 더 심각한 행동의 교정에 초점을 두고 있다.

• **상담 vs 심리치료**

구분	상담	심리치료
대상자	비교적 정상적 사람	심리적 장애를 가진 사람
기초	현재의 의식적인 자료	무의식적 과정
실시기관	학교, 대학, 지역봉사기관, 교회 등	병원과 같은 진료기관
초점	개인적·사회적 상황에의 적응	문제의 진단과 치료
시간 소요	상담 < 심리치료	
목표	발달, 교육, 예방	교정, 적응, 치료

2 상담심리학의 발전과정과 학문적 성격

(1) 과학적 학문으로서의 심리학의 기원

① **구성주의((Structuralism)**

㉠ 분트(Wundt)가 1862년 실험심리학 창시를 선언

㉡ 1879년 독일의 라이프치히 대학교에 세계 최초로 심리학 실험실 세움

㉢ 현대 심리학의 아버지라고 불리는 분트는 의식을 감각과 감정 두 종류에 속하는 심적 요소로 조직되었다고 주장하고 요소관에 바탕을 둔 구성심리를 제창

㉣ 분트와 그의 제자들은 인간을 이해하기 위해서는 인간의 정신 내용을 구성하는 요소를 찾아내야 하는데 의식 속에 있는 구성요소들은 타인이 관찰해서는 잘 알 수 없고 의식을 하는 본인이 자신을 관찰할 때만 알 수 있다고 하는 내성법(자신의 의식의 내용을 스스로 관찰하여 언어로 보고하는 객관적 접근 방법)을 훈련시킴

㉤ 이후 구성주의는 세계대학으로 전파

② **기능주의(Functionalism)**

㉠ 기능주의는 구성주의처럼 의식을 연구대상으로 했으나 의식이 어떻게 기능하는가를 규명하고자 함

㉡ 인간을 이해하기 위해서는 의식의 내용 분석이 아닌 의식의 전체적 기능, 즉 의식의 흐름에 따른 의식작용 과정과 의식의 기능을 연구해야 한다고 주장

㉢ 기능주의의 대표자는 미국의 제임스(James)로 그는 인간의 모든 행동을 기능적인 것으로 보았으며 유기체가 지각능력을 가지고 환경에 어떻게 기능하는가에 관심을 가짐

㉣ 제임스는 1896년 최초의 심리학 교과서라 할 수 있는 「심리학의 원리」를 출간

㉤ 기능주의 심리학은 미국의 시카고를 중심으로 듀이(Dewey), 안젤(Angell)에 의해 확장·발전

③ **행동주의(Behaviorism)**

㉠ 자연과학처럼 심리학도 객관적 방법을 사용하여 의식·무의식처럼 보이지 않는 개념 대신 객관적인 관찰과 측정이 가능한 행동만을 연구대상으로 할 것을 주장

㉡ 인간의 모든 행동은 자극(Stimulus)에 대한 반응(Response)과의 관계라고 설명함으로써 S-R 이론이라고 부르기도 함

㉢ 행동주의 심리학은 왓슨(Watson), 손다이크(Thorndike), 스키너(Skinner) 등에 의해 1950-1960년대까지 미국을 중심으로 활발하게 전개

④ **형태주의(Gestaltism)**

㉠ 형태주의는 사람들이 어떻게 대상을 전체적인 양식으로 지각하고 경험하는가를 연구하는 심리학파로 구성주의와 행동주의를 비판하면서 독일을 중심으로 베르트하이머(Wertheimer), 코프카(Koffka), 쾰러(Köhler) 등에 의해 제기

㉡ 이들은 지각(Perception), 특히 지각에 관여하는 정신작용에 관심을 가졌으며 지각이 어떻게 사고와 문제해결에 영향을 미치는지를 연구하는 데 초점

㉢ 형태주의자들은 학습, 기억, 문제해결 등에서 지각 중심적 해석을 강조

ⓐ 학습은 행동주의자들이 말하는 것처럼 단순한 기계적 반복 연습이나 행동적 시행착오가 아닌 통찰(Insight)을 통해 이루어진다는 통찰학습을 주장

ⓑ 독일의 형태주의자들은 1930년대 나치를 피해 미국으로 건너가 역학설(力學設)과 장이론(場理論)을 도입·발전시켰으며 이들의 지각 중심적 해석은 인지심리학 발달의 발판이 됨

⑤ **정신분석(Psychoanalysis)**

㉠ 정신분석학의 창시자인 프로이트(Freud)는 인간의 행동이나 사고는 의식보다도 무의식의 지배를 받으므로 인간 이해를 위해서는 무의식을 분석해야 한다고 주장

㉡ 인간의 행동 대부분이 숨겨진 동기와 무의식적 욕망에 의해 지배받으며 이러한 무의식적 욕망, 충동에는 항상 성적 속성이 있다고 생각했고 무의식적 동기와 욕구가 계속 늘어나고 이를 적절히 억압하지 못하게 될 때 신경증적 증상이나 행동으로 나타나게 된다고 주장

㉢ 정신분석학은 20세기 심리학, 정신의학뿐만 아니라 예술, 종교, 도덕, 문화 등 여러 분야에 적용되면서 큰 영향을 미침

⑥ **인본주의(Humanism)**

㉠ 인본주의 심리학은 행동주의와 정신분석적 입장에 반대하는 심리학적 조류에서 시작

㉡ 인본주의자들은 인간의 고유성과 특유성을 인정하여, 피동적 행위보다 능동적·솔선적 행위에 더 중점을 두었으며 인간의 주관적인 경험과 인간적 가치를 중시

㉢ 인본주의는 인간의 잠재능력을 신뢰하고 인간의 기본적인 동기로 성장 동기를 강조

㉣ 1960년대 초 미국에서 창설되었으며 대표적인 학자는 매슬로우(Maslow)와 로저스(Rogers) 등

학파	주요 관심대상	주요 연구방법	대표 학자
구성주의 (Structuralism)	의식(감각)	내성법	분트(Wundt), 티체너(Titchener)
기능주의 (Functionalism)	의식과정과 의식의 기능	내성법 행동관찰법	제임스(James), 듀이(Dewey), 안젤(Angell)
행동주의 (Behaviorism)	행동(S-R)	행동관찰법	왓슨(Watson), 손다이크(Thorndike), 스키너(Skinner), 스키너(Hull)
형태주의 (Gestaltism)	지각	내성법 행동관찰법	베르트하이머(Wertheimer), 코프카(Koffka), 쾰러(Köhler), 르윈(Lewin)
정신분석 (Psychoanalysis)	무의식	임상적 방법(꿈의 분석, 자유연상법)	프로이트(Freud), 융(Jung), 아들러(Adler), 호나이(Horney)
인본주의 (Humanism)	인간 자체, 성장 가능성, 주체성	자기 인식 통찰	매슬로우(Maslow), 로저스(Rogers)

(2) 상담심리학의 태동기

① 프로이트(Freud)의 정신분석

프로이트는 신경증의 원인과 치료에서 최초로 심리적 요인의 중요성을 강조하였다. 이전까지는 무당, 성직자, 외과의사에게 맡겨진 '정신의 병'에 대해 체계적 심리학 방법을 사용하였으나, 프로이트는 무의식적 갈등의 분석을 통해 '마음의 병'을 치료하고자 하였다.

② **로저스(Rogers)의 인본주의 심리학**

로저스는 정신분석이 비인간화된 의학적 모형의 방법이고 해석 중심의 지시적 접근이라고 비판하고, 내담자는 자율 능력이 있기 때문에 분석 및 해석이 아닌 비지시적 방법으로 대하여야 한다고 주장하였다. 이 때부터 내담자의 문제와 증상의 치유보다 근본적으로 인간이 지닌 신뢰와 자기실현적 속성의 촉진 등과 같은 비의학적이고 인간 중심적인 개념의 사용이 활발해졌다. 이러한 로저스의 주장은 많은 상담자들에게 지론이 되고 있다. 또한 로저스는 1940년대 말과 1950년대 초에 자신의 상담면접 축어록을 공개하여 상담과정을 객관적으로 연구하고 평가할 수 있도록 하였으며, 상담과 심리학이 통합되는 계기를 마련하였다.

③ **직업보도운동의 전개**

20세기 초, 적성과 흥미에 맞는 직업을 선택하는 것이 사람들의 주 관심사로 대두되면서 파슨스(Parsons)를 중심으로 직업보도운동이 전개되었다. 이를 통해 상담의 필요성이 일반인에게도 자연스럽게 인식되었고, 이후 상담심리학이 전문적인 분야로 발전하는 계기가 되었다.

④ **비어스(Beers)의 수용소 생활 폭로**

비어스라는 정신분열증 환자가 수용소 생활을 폭로하면서 정신위생운동이 일어나게 되었고, 이는 상담 분야가 부각되는 데 큰 영향을 미쳤다.

⑤ **전국 정신위생위원회**

전국 정신위생위원회는 심한 성격적 장애로 입원하는 환자들의 보호 및 치료의 개선과 장애들을 예방하는 활동을 전개하고, 아동생활지도 상담소의 설립을 계획하였다. 이 상담소에서는 문제에 대처할 수 있는 전문 인력이 필요하였는데, 이는 상담 훈련을 받은 사람들이 전문적으로 활동할 수 있는 장을 마련해 준 계기가 되었다.

⑥ **심리검사**

비네(Binet)와 시몽(Simon)은 표준화된 개인 지능검사를 개발하였는데, 이는 응용심리학 분야에 있어서 발전의 중요한 계기가 되었다. 제1차 세계대전 당시 심리학자들이 군 충원방법에 대한 개발 과제를 수행하게 되었는데, 이를 위해 집단지능검사, 면접, 평정척도 등을 개발하여 육군의 업무배치방법을 개발하였다.

(3) 상담심리학의 형성기

① **제2차 세계대전의 영향**

제2차 세계대전을 전후하여 정신과적 문제를 지닌 병사들이 증가하면서 상담 및 임상 분야에 관심을 둔 응용심리학자들이 병사의 심리적 치료 및 재활을 위한 전문 서비스를 제공하게 되었다. 전쟁 이후에도 퇴역 군인들의 사회 적응과 정서적 문제의 치료 및 재활이라는 사회적 문제가 대두되었고 이들을 교육하기 위한 전문가인 상담심리학자를 위한 공식 조직이 1952년에 결성되었다. 이 시기에 상담심리학이라는 명칭이 사용되기 시작하였다.

> **상담심리학과 임상심리학의 구분**
> 상담심리학은 비교적 정상적인 개인들의 정서적 문제의 해결과 생활상의 적응 문제, 성격 평가, 다양한 개인 및 집단검사에 관심을 보이는 반면, 임상심리학은 심각한 정신병리를 보이는 정신과 환자들에 대한 평가와 심리치료적 개입을 주된 임무로 한다.

② **1950년대**

로저스의 내담자 중심 치료에 대한 초기 이론이 확장되었고, 심리치료에 대한 연구 및 평가방법론의 발전에 공헌을 한 행동주의 심리학이 발전하였다.

③ **1960년대**

1960년대는 상담심리학의 양적 팽창이 두드러진 시기이다.

④ **1970년대**

아이젱크(Eysenck)가 '전통적인 심리치료가 효과가 있는가?'라는 의문을 제기하면서, 상담 및 심리치료의 과정, 효과 입증에 대한 연구가 활발하게 진행되었다.

⑤ **1980년대 이후**

상담방법의 측면에서는 절충적 입장에 대한 선호가 증가하고 있으며, 상담의 실제적인 측면에서는 상담이 단기화(10회 미만) 되고 있다.

(4) 국내 상담심리학의 발전

① **태동기**

휴전 후인 1950년대에 유엔 사절단이 우리나라에 교육연구기관이 필요하다는 것을 인식하여 서양의 교육관과 이론을 중심으로 한 상담이 도입되었다. 처음 도입되기 시작한 이 시기의 상담은 생활지도의 의미가 강한 가이던스(Guidance)라는 용어로 소개되었다. 카운슬러(Counselor)라는 용어는 1953년에 중앙교육연구소가 설립되면서 사용되기 시작하였다. 또한 1957년 서울시교육위원회가 카운슬러를 교육·배출하기 시작하였지만, 이 시기는 아직 상담에 대한 개념과 상담의 역할에 대해 혼란이 있었던 시기라고 할 수 있다.

② **상담교육과정의 성립**

중·고등학교 및 대학교에 학생생활연구소가 개소되면서 상담 활동의 정착이 더욱 활발해졌다. 이와 더불어 학생생활연구소의 증가는 상담자 양성에 대한 필요성을 느끼게 했고, 이러한 필요성에 의해 대학에 상담심리학 과목이 개설됨으로써 상담자 양성에 더욱 박차를 가할 수 있었다.

③ **상담학의 독립과 발전**

1946년에 설립된 '조선심리학회'를 시작으로 상담의 발전을 위한 전문적인 학회의 활동이 이루어졌다. 이후 1976년 한국대학카운슬러연구협의회, 1997년 가톨릭대학교 상담전문대학원 및 2000년에 설립된 한국상담학회 등 전문교육기관의 설립 및 활동은 상담의 독립과 발전을 이루는 데 이바지하였다.

④ **한국적 상담으로의 변화와 발전의 필요성**

우리나라에서 활용되는 상담이론은 대부분 서양으로부터 도입된 것이다. 하지만 상담은 내담자가 생활하고 있는 사회, 문화, 정치 등 다양한 측면에 대한 이해가 고려되어야 하는 과정 중심의 접근이라는 점에서 동양의 사상이 결합된 한국식 상담이론이 마련되어야 할 것이다.

(5) 학문적 성격

현대적 의미의 '상담'은 '조언'보다 확장적 성격을 가지며, 언어 및 비언어적 커뮤니케이션을 통해 내담자의 행동 변화를 목적으로 한다. 상담심리학은 전문적으로 훈련을 받은 상담자가 도움을 필요로 하는 내담자로 하여금 자신의 문제를 스스로 해결하고 스스로 성장할 수 있도록 돕는 과정에 대한 것으로서 실천적·실용적인 학문적 특성을 가진다.

3 상담자의 자질과 태도

(1) 상담자의 자질

① **전문적 자질**

㉠ 상담이론에 대한 이해와 활용

상담은 인간에 대한 총체적 이해를 바탕으로 하는 활동이므로 상담자는 인간에 대한 생물학적·심리학적 지식과 다양한 상담이론을 잘 알고 내담자에 맞게 적절히 활용할 수 있어야 한다. 상담자는 모든 지식을 바탕으로 한 상담이론에 입각하여 인간을 어떻게 볼 것인지, 즉 인간에 대한 기본적 관점을 세울 수 있어야 한다. 또한 이상행동이나 정신병리적인 행동의 원인을 설명할 수 있어야 하며, 여러 가지 상담기법들과 상담 진행 방법, 상담관계를 맺는 방법, 상담에서 발생할 수 있는 난관을 극복하는 방법 등 내담자에게 변화를 일으키는 구체적인 방법들을 알고 있어야 한다.

㉡ 상담기술(방법)에 대한 이해와 훈련

상담기술을 익히기 위해서는 이론을 익히는 것뿐만 아니라 실제로 상담을 진행하면서 슈퍼비전을 받는 등 상담기술 훈련을 거쳐야 한다.

> 💡 **더 알아두기** 🔍
>
> **슈퍼비전**
> 슈퍼비전은 슈퍼바이저와 사례 지도를 받는 수련자가 함께 실제로 진행한 상담의 축어록, 녹음 또는 녹화 자료 등을 통해서 상담 진행과정에 대한 여러 가지 상황들을 지도해 나가는 과정이다.

㉢ 문화적 차이에 대한 이해

상담자는 내담자가 성장한 환경이 가지고 있는 가치관이나 행동의 차이, 즉 문화적 특징을 파악하고 이해하여 내담자를 좀 더 잘 이해할 수 있어야 한다.

ⓛ 상담자의 윤리

상담자는 내담자를 보호하고 내담자의 이익을 최우선으로 하며 높은 윤리의식을 가지고 있어야 한다. 상담자는 전문가로서의 태도, 내담자에 대한 존중, 상담관계, 비밀보장 등에 관한 내용을 준수하여야 한다.

② **인간적 자질**

㉠ 인간에 대한 이해와 존중

상담자는 내담자를 한 인간으로 존중하고, 그에게 고통을 가져 오게 한 내면세계를 이해할 수 있어야 한다. 사람들의 인생경험, 행동방식, 가치관 및 태도 등이 다르다는 것을 받아들이고, 내담자와의 차이를 수용할 수 있는 포용성이 있어야 한다.

㉡ 상담에 대한 열의

상담자는 자신의 개인적 욕구를 배제하고 순수한 열정으로 내담자를 돕기 위해 상담활동에 몰입할 수 있어야 한다. 또한 장기목표를 가지고 일할 수 있는 끈기가 있어야 하며, 자신이 한 활동의 즉각적인 효과나 보상을 유보할 수 있어야 한다.

㉢ 다양한 경험과 상담관 정립

상담자는 내담자의 입장을 보다 쉽게 이해할 수 있도록 다양한 경험을 하고, 자기 자신만의 상담관을 정립하여야 한다.

㉣ 상담자 자신에 대한 이해와 수용

상담자 역시 하나의 인간이므로 자신의 인간적인 욕구를 충족하고 인간으로서의 자신을 존중하며 사랑하는 태도를 가질 때 진정으로 내담자를 도울 수 있다.

㉤ 상담자의 가치관

상담자는 자신이 가지고 있는 가치관을 정확히 파악하고 올바른 가치관을 지니도록 노력하여야 한다. 가치관의 차이가 어떤 갈등을 유발할 수 있는지 예상하고, 내담자와의 사이에서 발생할 수 있는 가치 충돌 시 중립적일 수 있어야 한다. 상담에서 상담자가 가치중립적이어야 한다는 것은 자신의 가치관을 배제하여 노출시키지 말아야 한다는 의미가 아니라 자신의 가치관을 내담자에게 강요해서는 안 된다는 것이다.

더 알아두기

유능한 상담자의 인간적 특성
• 정체감을 가지고 있다.
• 자신을 존중하며 높이 평가한다.
• 자신의 힘을 인식하고 수용할 줄 안다.
• 변화에 개방적이다.
• 자신과 타인에 대한 인식을 넓히려 노력한다.
• 불확실성을 잘 견디어 낸다.
• 자신만의 독특한 상담 양식을 개발한다.
• 내담자의 세계를 이해하지만, 비소유적으로 공감한다.
• 활기가 있으며, 생명지향적 선택을 한다.
• 성실하고 진실되며 정직하다.

안심Touch

- 실수를 기꺼이 수용할 줄 안다.
- 유머를 쓸 줄 알고, 주로 현재에 산다.
- 문화의 영향을 인식하고 있다.
- 자신을 재창조할 수 있다.
- 자신의 삶을 자신이 선택한다.
- 타인들의 복지에 대한 진정한 관심을 가지고 있다.
- 일을 열심히 하며 일에서 의미를 찾는다.

(2) 상담자의 태도

① 공감적 이해

공감적 이해는 상담자가 내담자의 행동이나 말을 겉으로 드러나는 것만 피상적으로 이해하는 것이 아니라 이면의 감정을 마치 자신의 감정인 것처럼 느끼면서 내담자의 경험세계를 주관적으로 경험하는 것을 말한다. 즉 이것은 상담자가 내담자의 내면세계를 마치 자신의 것처럼 생각하고 느끼는 것을 말한다. 상담자가 내담자를 공감적으로 이해하고 있음이 전달되었는지는 내담자의 반응을 통해 확인할 수 있다. 상담자가 내담자 이야기의 내용뿐만 아니라 의미를 정확하게 전달했을 때 내담자는 종종 놀라움이나 안도의 반응을 보여주곤 한다. "네, 그래요. 바로 그게 내가 느끼는 거예요." "네, 바로 그거예요."와 같은 내담자의 반응은 상담자의 공감적 전달이 잘 이루어졌음을 보여주는 것이다. 이와 같이 내담자에 대해 상담자의 공감적 이해가 이루어지면 내담자는 자신이 이해받고 있다는 느낌을 갖게 되고, 상담자를 보다 신뢰하게 되어 자신을 깊이 드러내 보이게 되면서 상담관계가 상담자와 내담자의 촉진적인 관계 혹은 진실한 관계로 형성된다.

② 무조건적 긍정적 존중

무조건적 긍정적 존중이란 내담자를 하나의 인격체로서 조건 없이 존중하고, 있는 그대로의 모습을 따뜻하게 받아들이며, 내담자의 감정, 사고, 행동 등에 대해 어떠한 판단이나 평가도 하지 않는 태도를 말하며 '수용'이라고도 한다. 로저스는 무조건적 긍정적 존중을 내담자의 행동, 태도, 지위, 외모 등과 같은 외적인 요소를 고려하지 않고 존엄성과 선천적인 가치를 가진 인간으로 내담자를 간주하는 것으로 정의했다. 현재의 관점에서 긍정적 존중은 내담자를 인간적인 존재로서 긍정적으로 확인하는 것이라 할 수 있다. 내담자에게 긍정적으로 존중하는 상담자는 내담자가 갖고 있는 관점을 반영할 뿐만 아니라 내담자의 세계관을 받아들일 수 있다.

③ 진정성

진정성이란 내담자에 대해 진심으로 관심을 가짐과 아울러 순수하고 투명하게 자신을 열고 대하려는 자세를 말한다. 로저스는 상담관계의 필요충분조건으로 공감적 이해, 무조건적 긍정적 존중(수용), 진정성을 들고 있는데, 특히 다른 두 가지 조건의 필수 전제라고 할 정도로 진정성을 중시하고 있다. 내담자에 대한 진지한 관심과 순수한 자세가 선행되어야 상담자의 공감적 이해와 수용이 비로소 제 기능을 다할 수 있다고 본 것이다. 진정성은 내담자와의 상담관계뿐만 아니라 일상생활에서 우리가 대인관계를 맺는 데 있어서도 시사하는 바가 크다. 우리가 힘들고 어려울 때 찾는 사람이 누구인가? 아마도 자신을 진정한 마음으로 항상 걱정해 주고 위로해 주는 신뢰감 있는 사람일 것이다.

④ **일관성**

상담자는 자신의 기분이나 감정 혹은 자신의 환경에 따라 내담자에게 반응해서는 안 되며, 일관적인 태도로 내담자에게 반응하여야 한다. 상담자의 반응에 일관성이 있을 때 내담자가 자신을 객관적인 시각으로 바라 볼 수 있게 된다. 그렇다고 해서 일관성에 조금의 융통성도 허용되지 않는 것은 아니다. 상담자의 주관적인 상태가 아닌 내담자의 객관적 상태에 따라 융통성을 적용할 수 있다.

⑤ **강인함**

상담자는 정서적으로 건강함을 유지해야 할 뿐만 아니라 신체적으로도 건강한 상태를 유지하여야 한다. 내담자는 자신의 도전에 상담자가 강인하고 견고하게 버텨 줄 때 상담자를 신뢰하고 문제를 함께 풀어가고자 한다.

⑥ **안정감**

상담자는 자신의 마음을 안정되게 유지할 수 있는 방법을 강구하여 편안하고 이완된 태도를 유지하여야 한다. 상담자가 안정된 태도를 취할 때 내담자가 정서적 긴장을 풀고 적극적으로 자신을 드러낼 수 있다.

---

4 상담 윤리와 법

(1) 상담의 윤리원칙

Kitchener(1984)와 Meara, Schmidt와 Day(1996)는 여러 학자들의 주장에 기초하여 상담자가 전문직업인으로서 지켜야 할 윤리 수준의 토대가 되는 여섯 가지 도덕원칙을 제시하였다.

① **자율성(Autonomy)** : 내담자가 자기 삶의 방향을 스스로 선택하고 자발적으로 의사결정을 하는 것과 관련된 것으로, 타인의 권리를 해치지 않는 한 내담자가 원하는 것을 선택하고 그것을 할 수 있는 권리가 보장되어야 한다.

② **선의(Beneficence)** : 내담자들이 자신이 속한 사회와 문화권 안에서 성장하고 발전하는 데 기여하도록 하는 것과 관련된 것으로, 상담자는 내담자를 돕고 촉진함으로써 내담자의 안녕과 복지를 증진하는 선한 일을 해야 한다.

③ **무해성(Non-maleficence)** : 내담자에게 해롭거나 고통을 줄 수 있는 행동을 피해야 한다.

④ **공정성(Justice)** : 내담자의 연령, 성별, 인종, 재정상태, 문화적 배경, 종교 등에 의한 편향됨 없이 모든 내담자를 평등하고, 공평하게 대해야 한다.

⑤ **충실성(Fidelity)** : 정직한 약속을 하고 그것을 지키기 위해 책임을 다하는 것과 관련된 것으로, 상담자는 내담자에게 충실하고 존중을 보여주어야 하며 상담관계에도 충실하여야 한다.

⑥ **진실성(Veracity)** : 정확한 근거에 입각하여 상담을 이끌고 내담자를 진실로 대하면서 서로 공감하고 이해·수용하는 태도를 통해 신뢰를 기반으로 하는 관계를 형성해야 한다.

(2) 상담자의 윤리강령

① **제1장 – 전문적 태도**

　　㉠ 상담자는 상담에 대한 지식, 실습, 교수, 임상, 연구를 통해 전문성을 발달시키기 위해 지속적으로 노력해야 한다. 정기적으로 전문가로서의 능력과 효율성에 대해 자기반성과 자기평가를 하며, 필요한 경우 자신의 효율성을 증진시키기 위해 지도감독을 받아야 한다.

　　㉡ 상담자는 자기 능력 및 기법의 한계를 인식하고, 전문적 기준에 위배되는 활동을 하지 않는다. 만일, 개인 문제 및 능력의 한계 때문에 도움을 주지 못하리라고 판단될 경우에는 내담자에게 동의를 구한 후 다른 동료 전문가 및 관련 기관에 의뢰한다.

　　㉢ 상담자는 자신의 질병, 사고, 이동, 또는 내담자의 질병, 사고, 이동, 재정적 한계 등의 요인으로 상담을 중단할 경우, 이에 대한 적절한 조치를 취해야 한다.

　　㉣ 상담자는 상담을 종결하는 데 있어서 어떤 이유보다도 우선적으로 내담자의 관점과 요구를 고려해야 하며, 내담자가 다른 전문가를 필요로 할 경우에는 적절한 과정을 통해 의뢰한다.

② **제2장 – 정보의 보호**

　　㉠ 상담자는 사생활과 비밀유지에 대한 내담자의 권리를 최대한 존중해야 할 의무가 있다.

　　㉡ 상담자는 내담자 또는 내담자의 법정대리인에게 비밀보장의 예외와 한계에 대해 설명해야 한다.

　　㉢ 상담자는 '비밀보장의 한계'를 제외하고는, 내담자의 서면 동의 없이는 제3자에게 상담기록을 공개하거나 전달해서는 안 된다.

　　㉣ 비밀보장의 한계 : 상담자는 다음과 같은 내담자 개인 및 사회에 임박한 위험이 있다고 판단될 때 내담자에 관한 정보를 사회 당국 및 관련 당사자에게 제공해야 한다.

> - 내담자가 자신이나 타인의 생명 혹은 사회의 안전을 위협하는 경우
> - 내담자가 감염성이 있는 치명적인 질병이 있다는 확실한 정보를 가졌을 경우
> - 미성년인 내담자가 학대를 당하고 있는 경우
> - 내담자가 아동학대를 하는 경우
> - 법적으로 정보의 공개가 요구되는 경우
> - 상담자는 내담자의 사적인 정보의 공개가 요구될 때 기본적인 정보만을 공개한다. 더 많은 사항을 공개하기 위해서는 사적인 정보의 공개에 앞서 내담자에게 알리고 동의를 얻어야 한다.

③ **제3장 – 내담자의 복지**

　　㉠ 상담자의 최우선적 책임은 내담자의 존엄성을 존중하고 내담자의 복지를 증진시키는 것이다.

　　㉡ 상담자는 내담자에게 전문적인 도움을 주는 것이 어렵다고 판단되면 상담관계를 시작하지 말아야 하며, 이미 시작된 상담관계인 경우는 즉시 종결하여야 한다. 이 경우 상담자는 내담자에게 적절한 다른 대안을 제시해 주어야 한다.

　　㉢ 상담자는 상담관계에서 오는 친밀성과 책임감을 인식하고, 전문가로서의 개인적 욕구충족을 위해서 내담자를 희생시켜서는 안 되며, 내담자로 하여금 의존적인 상담관계를 형성하지 않도록 노력하여야 한다.

ㄹ 상담자는 모든 인간의 기본적인 권리, 존엄성, 가치를 존중하며 연령이나 성별, 인종, 종교, 성적 선호, 장애 등의 어떤 이유로든 내담자를 차별하지 않는다.

ㅁ 상담자는 내담자의 발달단계와 문화에 적합한 방식으로 정보를 전달한다.

ㅂ 상담자는 자신의 고유한 가치, 태도, 신념, 행위가 사회에서 어떻게 적용되는지를 인식하고, 내담자에게 자신의 가치를 강요하지 않는다.

④ 제4장 - 상담관계

ㄱ 상담자는 내담자와의 친밀한 관계를 인식하고, 내담자에 대한 존중감을 유지하며, 내담자를 이용하여 상담자 개인의 필요를 충족하고자 하는 활동 및 행동을 하지 않는다.

ㄴ 다중 관계(이중관계) : 상담자는 객관성과 전문적인 판단에 영향을 미칠 수 있는 다중 관계를 피해야 한다. 상담자가 내담자를 지도하거나 평가를 해야 하는 경우라면 그 내담자를 다른 전문가에게 의뢰한다. 단, 내담자의 복지를 위해 상담자와 내담자가 사전 동의를 한 경우와 그에 대한 자문이나 감독이 병행될 때는 상담관계를 맺을 수도 있다.

ㄷ 상담자는 특별한 경우를 제외하고는 내담자와 상담실 밖에서 사적인 관계를 맺지 않는다.

ㄹ 상담자는 내담자와의 관계에서 상담료 이외의 어떠한 금전적·물질적 거래관계를 맺지 않는다.

ㅁ 성적 관계 : 상담자는 내담자 또는 내담자의 가족들과 성적 관계를 갖거나 어떤 형태의 친밀한 관계를 갖지 않는다. 내담자 또는 내담자의 가족과 성적 관계를 맺었거나 유지하는 경우 상담 관계를 형성하지 않는다.

> **더 알아두기**
>
> **상담사 윤리강령의 의의**
> • 내담자를 보호하고 상담자에게 지침을 제공한다.
> • 상담에서 요구되는 최소한의 기준을 지키도록 하기 위한 조항들로 구성되어 있다.
> • 내담자의 상담 참여 및 지속 여부를 스스로 선택할 권리에 관한 조항이 포함되어 있다.
> • 상담자의 책무에 관하여 중대한 의문을 발견했을 경우, 옳고 그름을 판단하여 그러한 상황을 시정하려는 노력을 해야 한다.

01 상담의 구성요소는 상담자(도움을 주는 사람), 내담자(도움을 받는 사람), 그리고 상담관계(도움을 주는 사람과 받는 사람의 관계)이다.

01 다음 중 상담의 구성요소가 아닌 것은?

① 상담자
② 내담자
③ 상담관계
④ 문제해결방안

02 ② 상담은 내담자에게 문제해결에 대한 대안을 제시해주는 것이 아니라 앞으로 직면하게 될 상황들을 해결할 수 있는 방법을 학습하게 하는 것이다.
① 상담관계는 일상적인 관계가 아니라 전문 상담자에 의해 제공되는 전문적인 관계이다.
③ 상담은 내담자로 하여금 새로운 행동을 학습하거나 새로운 태도를 형성하도록 하는 것이다.
④ 상담은 상담자와 내담자가 대등한 위치에서 상호 협력하는 활동이다.

02 다음 중 상담의 특징을 설명한 것으로 옳지 않은 것은?

① 상담은 일상적인 관계가 아니다.
② 상담으로 내담자에게 문제에 대한 대안을 제시해 주어야 한다.
③ 상담으로 내담자는 새로운 태도를 형성할 수 있다.
④ 상담 시 상담자가 내담자의 우위에 위치한다고 볼 수는 없다.

정답 01 ④ 02 ②

03 다음 사례에 대한 상담목표를 설정하고자 할 때 적합하지 <u>않은</u> 것은?

> 태경이는 고등학교에 입학하면서 열심히 노력했지만 성적이 항상 하위권에 머물렀다. 1학년이 지나 2학년이 되어 학원도 열심히 다녔지만 성적은 좀처럼 변하지 않았다. 곧 3학년이 되는 태경이는 자신의 성적에 대해 크게 불안해졌고, 고민 끝에 상담실을 찾았다.

① '성적 향상'을 상담목표로 한다.
② '지난 시험보다 평균 10점을 올리겠다.'라는 목표를 세운다.
③ '모든 과목에서 만점을 받겠다.'라는 목표를 세운다.
④ 시험에 대한 불안을 해소하기 위한 심리적 안정을 목표로 한다.

03 ③ 상담목표는 실현 가능해야 하는데, 태경이는 현재 성적이 하위권이므로 '모든 과목에서 만점을 받겠다.'라는 목표는 실현 가능성이 매우 낮은 것으로 적합하다고 볼 수 없다.
① 상담목표는 내담자가 호소하는 문제로서 상담자가 내담자를 객관적으로 보았을 때 해결해야 할 문제이어야 한다. 따라서 태경이와 상담자가 합의한 상담목표는 '성적 향상'이 될 수 있다.
② 상담목표는 구체적이어야 하므로 '지난 시험보다 평균 10점을 올리겠다.'라는 구체적인 목표는 적합하다.
④ 상담목표는 내담자의 문제를 전반적으로 설명할 수 있어야 하므로, 내담자의 심리적 증상이나 문제를 모두 다룰 수 있는 공통적인 내용을 상담목표로 정할 수 있다.

04 다음에서 설명하는 것은 무엇인가?

> 주로 개인의 긍정적인 측면을 강조하며, 지지적·상황적·문제해결·의식적 인식에 초점을 두어 개인이 명확한 정체감을 가질 수 있도록 돕는다.

① 상담
② 심리치료
③ 생활지도
④ 정신과학

04 상담은 주로 개인의 긍정적인 측면을 강조하여 개인이 개인적·사회적 상황에 잘 적응하고 명확한 정체감을 가질 수 있도록 돕지만 심리치료는 개인의 내적 갈등에 대한 문제를 진단하고 치료하는 것에 초점을 둔다. 상담, 생활지도, 심리치료는 중복되는 부분이 있지만, 일반적으로 생활지도는 진로 및 교육에 관련된 정보를 제공하며, 상담은 지지적·상황적·문제해결·의식적 인식·현재에 초점을 맞추어 단기적 문제를 다루고, 심리치료는 재구성·심층분석·과거 경험에 초점을 두고 장기적인 문제를 다룬다고 본다.

정답 03 ③ 04 ①

안심Touch

05 상담은 현재의 의식적인 자료를, 심리치료는 무의식적인 과정을 그 기초로 한다.

05 다음 중 상담과 심리치료의 차이점을 설명한 것으로 옳지 <u>않은</u> 것은?

① 상담은 무의식적인 과정을 기초로 하나, 심리치료는 현재의 의식적인 자료를 그 기초로 한다.
② 상담은 심리치료에 비하여 비교적 단기간의 시간이 소요된다.
③ 상담은 심리치료에 비하여 비교적 정상적인 사람을 그 대상으로 한다.
④ 심리치료는 상담에 비하여 정서적인 표현이 더 강하다.

06 대면상담은 상담자와 내담자가 직접 만나서 얼굴을 마주 보면서 하기 때문에 내담자의 비언어적 요소들을 관찰하여 상담에 활용할 수 있다.

06 다음 (   ) 안에 들어갈 알맞은 상담방법은?

(   )은 내담자의 비언어적 요소들을 관찰하여 상담에 이용할 수 있다.

① 대면상담
② 사이버상담
③ 전화상담
④ 편지상담

07 로저스는 내담자의 문제 및 증상의 치유보다는 근본적으로 인간이 지닌 신뢰성과 자기실현적 속성이 발휘되도록 촉진해야 한다고 주장하였다.

07 로저스의 인본주의 심리학에 관한 설명으로 옳지 <u>않은</u> 것은?

① 정신분석이 비인간적이고 지시적 접근이라고 비판하였다.
② 내담자의 문제 및 증상의 치유를 중시하였다.
③ 근본적으로 인간이 지닌 신뢰성과 자기실현적 속성이 발휘되도록 촉진해야 한다고 하였다.
④ 상담심리학의 기초를 닦는 데 공헌했다.

정답   05 ①   06 ①   07 ②

08 상담자는 상담 서비스를 제공하기 위한 능력을 충분히 갖추고 있어야 한다. 이에 관한 내용으로 옳은 것은?

① 상담자는 상담 종결 시에는 내담자의 요구를 논의할 필요가 없다.
② 상담자는 내담자와 이중적인 관계를 맺어야 한다.
③ 상담자는 교육이나 훈련을 받은 분야에 대해서만 상담해야 한다.
④ 상담자는 내담자에게 무해하다면 임의로 내담자의 정보를 공개할 수 있다.

09 상담자의 자질에 대한 다음의 설명 중 옳지 <u>않은</u> 것은?

① 상담자는 상담자로서의 인격적 자질과 전문적인 능력을 갖추어야 한다.
② 상담자는 되도록 한 가지 상담이론만으로 내담자를 상담하여야 한다.
③ 상담자는 인격적으로 완성된 사람일 것을 전제조건으로 하지 않는다.
④ 상담자는 자신의 가치관을 무리하게 배제할 필요는 없다.

10 상담자의 바람직한 자세 및 역할 중 내담자를 판단하지 않고 온전하게 받아들이는 것은?

① 무조건적 긍정적 존중
② 공감적 이해
③ 경청하기
④ 진실성

08 ③ 상담자는 전문가로서의 책임을 준수해야 하므로 교육이나 훈련이 이루어진 부분에 대해서만 상담 활동을 하여야 한다.
① 상담자는 성실해야 한다. 따라서 상담을 종결할 때에도 내담자의 요구가 논의되어야 한다.
② 상담자는 될 수 있는 한 내담자와 이중적인 관계를 피하여야 한다.
④ 상담자는 무해한 정보라 할지라도 내담자의 허락이 없다면 어떠한 내용도 공개해서는 안 된다.

09 상담자는 한 가지 상담이론만으로 내담자를 대할 것이 아니라 내담자의 특성 및 상황에 따라 적절한 것을 적용하여 상담하여야 한다.

10 ② 공감적 이해는 내담자가 경험하는 방식으로 내담자의 세계를 경험하는 것이다.
③ 경청하기는 내담자로 하여금 생각이나 감정을 자유롭게 표현할 수 있도록 북돋아준다. 이때 상담자가 내담자의 말을 주목하여 듣고 있음을 전달하는 것이 중요하다.
④ 상담자의 진실된 태도는 내담자 자신의 가치를 느끼게 하며, 상담관계를 강화함으로써 상담을 효과적으로 이끌 수 있다.

정답 08③ 09② 10①

11 자신이 가지고 있는 심리적인 문제를 해결하고자 상담자에게 도움을 받으러 오는 사람을 내담자라고 한다.

12 심리검사는 개인 내, 개인 간 비교를 통해 개인의 행동이나 성격을 이해하고 이를 바탕으로 하여 개인의 문제해결에 도움을 주고자 한다.

13 수용은 인간의 가치와 존엄에 대한 인식으로부터 시작하여 내담자의 인간적인 결점, 죄악 및 과오의 여부를 떠나 내담자를 성장 가능한 가치 있는 존재로 인정하는 것이다. 그러나 이러한 수용이 사회적으로 용납되지 않는 태도나 행동까지 인정하는 것을 의미하지는 않는다.

11 자신이 가지고 있는 심리적인 문제를 해결하고자 도움을 받으러 오는 사람을 의미하는 용어는?

① 상담자
② 의사
③ 내담자
④ 환자

12 다음 중 심리검사의 목적에 대한 설명으로 옳지 <u>않은</u> 것은?

① 인간에게서 공통적으로 나타나는 일반원리를 바탕으로 하여 개인 문제해결에 도움을 주고자 한다.
② 내담자의 치료에 따른 반응을 검토한다.
③ 내담자의 임상적 진단을 명료화한다.
④ 내담자의 치료 효과를 평가한다.

13 다음 중 상담자의 태도 중 수용에 대한 내용으로 가장 옳지 <u>않은</u> 것은?

① 사회적으로 용납되지 않는 내담자의 태도나 행동도 인정한다.
② 내담자의 인간적인 결점이나 죄악에 대해 비난하거나 적의의 감정을 가져서는 안 된다
③ 내담자가 행한 행동의 원인과 결과에 대해 객관적인 자세를 취한다.
④ 내담자의 존엄성과 그의 인격적 가치가 유지되어야 한다.

정답 11 ③ 12 ① 13 ①

14 상담자가 윤리적으로 상담을 실행하기 위한 지침으로 옳지 <u>않은</u> 것은?

① 상담자는 자신의 욕구와 행동이 내담자에게 어떠한 영향을 미치는지를 알아야 한다.

② 상담자는 자신의 평가와 중재 전략에 필요한 훈련 및 경험을 하여야 한다.

③ 상담자는 내담자와의 사이에 치료관계를 명백히 위협하는 관계를 피하여야 한다.

④ 상담자는 내담자의 치료에 한계를 느낄 때에도 자신과의 상담 과정을 유지한다.

14 상담자는 능력의 한도 내에서 일해야 하며 내담자의 치료에 한계를 느낄 때에는 다른 전문가에게 의뢰해야 한다.

15 다음 중 상담자가 지켜야 할 비밀보장에 관한 설명으로 옳은 것은?

① 상담자는 어떠한 경우에도 상담 기록을 공개하거나 전달해서는 안 된다.

② 상담자는 사생활과 비밀유지에 대한 내담자의 권리를 최대한 존중해야 할 의무가 있다.

③ 원칙적으로 가족상담에서 한 가족 구성원에 대한 정보는 다른 구성원에게 공개될 수 있다.

④ 상담의 성격상 상담자는 임의로 녹음 및 기록을 할 수 있다.

15 ① 비밀보호의 예외가 존재하는 경우를 제외하고는 개인이나 단체에게 상담 기록을 공개하거나 전달해서는 안 된다.
③ 가족상담에서 한 가족 구성원에 대한 정보는 허락 없이는 다른 구성원에게 공개될 수 없다.
④ 상담자는 녹음 및 기록에 관해 내담자의 동의를 구해야 한다.

16 다음 중 상담자가 비밀유지를 파기하거나 비밀을 노출해도 되는 경우로 가장 적합한 것은?

① 기혼인 내담자의 외도 사실을 알았을 때

② 성인인 내담자가 초등학교 시절 물건을 훔친 사실을 알았을 때

③ 말기암 환자인 내담자가 구체적인 자살 계획을 보고할 때

④ 우울장애를 지닌 내담자가 "지구상의 모든 인간이 다 죽었으면 좋겠다."라고 보고할 때

16 내담자, 상담자 또는 그 밖의 사람들을 상해로부터 보호하기 위한 경우 비밀 정보를 최소한으로 노출할 수 있다.

정답　14 ④　15 ②　16 ③

checkpoint **해설 & 정답**

17 유능성은 상담자가 자신의 강점과 약점, 자신이 가지고 있는 기술과 그것의 한계에 대해 자각해야 한다는 것이다. 그리하여 지속적인 교육 수련으로 최신의 기술을 습득하며, 이를 통해 사회의 변화에 민첩하게 대응해야 한다는 점을 강조한다.

17 상담자가 개인적인 심리적 문제를 갖고 있다든지, 너무 많은 부담 때문에 지쳐 있다든지, 교만하여 더 이상 배우지 않고 배울 필요가 없다고 생각하거나, 해당되는 특정 전문 교육 수련을 받지 않고도 특정 내담자군을 잘 다룰 수 있다고 여긴다면, 이는 다음 중 어느 항목의 윤리적 원칙에 위배되는 것인가?

① 유능성
② 성실성
③ 권리의 존엄성
④ 사회적 책임

18 로저스(Rogers)는 상담을 효과적으로 진행하기 위해서 상담자에게 진실성, 공감적 이해, 그리고 무조건적인 긍정적 존중이라는 세 가지 기본적 특성이 필요하다고 하였다.

18 다음 중 로저스(Rogers)가 이야기한 상담자의 기본적인 세 가지 특성에 해당하지 <u>않는</u> 것은?

① 창의성
② 진실성
③ 공감적 이해
④ 무조건적인 긍정적 존중

정답 17 ① 18 ①

✅ **주관식 문제**

01 다음 설명에서 괄호 안에 들어갈 내용을 순서대로 적으시오.

> • 내담자가 자기감정 또는 부정적 감정을 자유롭게 표현할 수
> 있는 분위기를 조성해주는 것을 (㉠)의 원리라고 한다. 자
> 유로운 표현을 보장받는 분위기는 압력이나 긴장으로부터
> 내담자를 완화시켜주어 근본적인 문제에 다가가게 한다.
> • 상담자가 개인의 개성과 개인차를 인정하는 범위 내에서 상
> 담을 전개해야 한다는 것을 (㉡)의 원리라고 한다. 내담자
> 에 대한 편견이나 선입견을 갖지 않고, 내담자의 감정변화
> 를 민감하게 포착하여 보조를 맞추어 상담을 진행하며 인간
> 행동의 유형과 원리에 대해 전문적으로 이해하려고 노력해
> 야 한다는 것이다.

01

정답 ㉠ 의도적 감정 표현
　　 ㉡ 개별화

안심Touch

02
정답 ㉠ 전이
 ㉡ 역전이

02 상담장면에서 나타날 수 있는 심리적 현상에 대한 내용이다. 빈칸에 들어갈 용어를 순서대로 쓰시오.

> • (㉠)는(은) 내담자가 자신의 삶에서 중요한 사람들에게 향했던 과거의 감정이나 태도를 상담자에게 투사시키는 무의식적인 현상을 말한다.
> • (㉡)는(은) 상담자가 자신의 삶에서 중요한 사람들에게 향했던 과거의 감정이나 태도를 내담자에게 투사시키는 무의식적인 현상을 말한다.

제 **2** 장

상담의 이론

제1절 심리상담이론
제2절 진로상담이론
제3절 가족상담이론
제4절 학습상담이론
실제예상문제

I wish you the best of luck

독학사 심리학과 3단계

합격의 공식
온라인 강의

잠깐!

혼자 공부하기 힘드시다면 방법이 있습니다.
시대에듀의 동영상강의를 이용하시면 됩니다.
www.sdedu.co.kr ➜ 회원가입(로그인) ➜ 강의 살펴보기

제 2 장 상담의 이론

제 1 절 **심리상담이론**

1 정신분석

(1) 정신분석이론의 기본 가정

① **정신적 결정론 또는 심리결정론(Psychic Determination)**
  ㉠ 인간의 모든 심리적 현상은 그에 선행하는 어떤 원인에 의해 결정된다.
  ㉡ 인간의 기본적 성격구조는 대략 5세 이전의 과거 경험에 의해 결정된다. 특히 5세 이전의 성(性)과 관련된 심리적 외상(Trauma)에 의해 성격이 형성되거나 신경증적 증상이 나타난다.
  ㉢ 그러나 인간은 자신의 행동을 결정하는 심리적 원인의 극히 일부만을 의식할 뿐 그 대부분은 자각하지 못한다.

② **무의식적 동기(Unconscious Motivation)**
  ㉠ 정신적 결정론이 의미하는 인간행동의 원인은 바로 무의식적 동기에 있다.
  ㉡ 인간의 행동은 의식적 요인보다는 무의식적 요인에 의해 훨씬 더 강력한 영향을 받는다.

[Sigmund Freud]

  ㉢ 무의식에 의해 인간의 많은 행동이 결정되므로, 개인이 스스로의 힘으로 이해할 수 없는 수많은 행동과 현상이 나타나게 된다.

③ **성적 추동(Sexual Drive)**
  ㉠ 프로이트는 성적 에너지를 인간 삶의 원동력으로 보았다.
  ㉡ 성적 추동은 성인의 경우 성행위를 비롯한 다양한 형태로 표현될 수 있으며, 아동의 경우 양육자, 특히 어머니와의 관계에서 나타난다.
  ㉢ 프로이트는 성적 욕구와 함께 공격적 욕구도 인간의 기본적인 욕구로 간주하였다.

④ **어린 시절의 경험**

㉠ 어린 시절의 경험, 특히 양육자로서 부모와의 상호작용 경험이 개인의 성격형성의 기초를 이루게 된다.

㉡ 성인의 행동은 어린 시절의 경험을 통해 형성된 무의식적 성격구조가 발현된 것으로 볼 수 있다.

㉢ 따라서 개인의 행동을 이해하기 위해 어린 시절의 경험과 기억에 대한 탐구가 이루어져야 한다.

(2) 이중본능이론

① **본능의 의의**

본능이란 성격의 기본요소로 행동을 추진하고 방향 짓는 동기이며, 순수한 생물학적 욕구이다. 인간의 본능은 동물의 본능과 구분되며, 추동(Drive)이나 충동이라고 칭해진다. 프로이트는 본능을 에너지 형태로 보고 그것이 신체적 욕구와 정신적 소망을 연결한다고 보았다.

② **본능의 유형**

㉠ 성적 본능

성적 본능(리비도, 삶의 본능)은 성적인 것만을 이야기하는 것이 아니라 즐거움을 자극하는 것에 관심을 가지는 것과 다른 사람들과의 상호작용을 의미한다.

㉡ 공격적 본능

공격적 본능[타나토스(Thanatos), 죽음의 본능]은 적개심만을 의미하는 것이 아니라 숙달을 의미한다.

(3) 마음의 지형학적 모델

프로이트는 인간의 자각 수준을 의식, 전의식, 무의식으로 구분하였다.

① **의식**

의식(Conscious)이란 개인이 각성하고 있는 순간의 기억, 감정, 공상, 경험, 연상 등 현재 자각하고 있는 생각을 의미한다. 프로이트는 인간은 자각하고 있는 것보다 자각하지 못하고 있는 부분이 훨씬 많다고 하였다.

② **전의식**

전의식(Preconscious)이란 현재는 의식 밖에 있어 인식하지 못하나 조금만 주의를 기울이면 의식될 수 있는 부분을 의미한다.

③ **무의식**

무의식(Unconscious)이란 전혀 의식되지 않지만 인간 정신에서 가장 큰 비중을 차지하여 행동을 결정하는데 막대한 영향력을 행사하는 것을 의미한다.

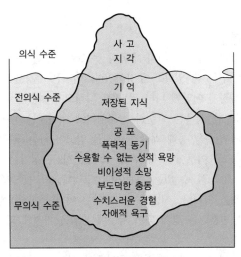

[마음의 지형학적 모델]

(4) 성격의 삼원구조 이론

① 원초아

원초아(Id)는 '쾌락의 원칙'에 따라 일차과정의 사고를 한다. 원초아는 본능에 따라 무의식적으로 이루어지는 과정이며, 욕구 실현을 위한 사고가 아닌 비논리적이고 맹목적인 욕구 충족을 꾀한다.

② 자아

자아(Ego)는 '현실의 원칙'에 따라 현실적이고 논리적인 사고를 하며, 원초아의 본능과 초자아, 그리고 외부 현실 세계를 중재 또는 통제하는 역할을 한다. 자아는 주관적 욕구와 외부 현실을 구별하여 환경에 적응할 줄 아는 현실 검증 능력을 가지고 있다.

③ 초자아

초자아(Superego)는 쾌락보다는 완벽, 현실보다는 이상을 추구한다. 초자아는 도덕에 위배되는 원초아의 충동을 억제하고 자아의 현실적 목표를 도덕적이고 규범적인 기준에 맞추어 이상적인 목표를 세우도록 요구한다.

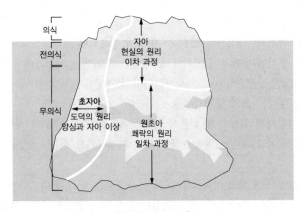

[성격의 삼원구조]

(5) 성격 발달

① **심리성적 발달이론**

- ㉠ 프로이트(Freud)는 유아기 성적 추동의 목표는 다양한 방식으로 성감대를 적절하게 자극함으로써 만족을 얻는 데 있다고 주장하였다. 이러한 주장을 통해 성적 추동(Sexual Drive)이 유아의 성장 과정에 어떻게 나타나는지를 밝히고자 하였다.
- ㉡ 프로이트가 제시한 성욕은 단순히 성교행위로 이어지는 종(種)의 보전을 목표로 하는 것이 아닌, 타인과의 접촉을 통해 쾌락과 애정을 얻고자 하는 욕구를 말한다.
- ㉢ 신체에서 점막으로 이루어진 세 부위, 즉 입, 항문, 성기는 다수의 신경이 분포되어 감각과 쾌감을 민감하게 느낄 수 있는 기관이다. 그러나 이 기관들은 단순히 식욕, 배설욕, 성욕만을 의미하는 것은 아니다. 예를 들어, 유아는 어머니의 젖꼭지를 빨면서 쾌감을 느끼다가 좀 더 성장하여 배변훈련을 받게 되어 항문에 관심을 가지게 되고, 이후 그 관심은 돌출된 성기로 향하게 된다.
- ㉣ 결국 입, 항문, 성기는 부모와의 상호작용이 일어나는 주된 신체기관으로서, 프로이트는 그와 같은 점에 착안하여 신체 부위에 초점을 둔 심리성적 발달이론을 제안하였다.

② **고착(Fixation)**

- ㉠ 프로이트는 인간의 성격이 심리성적 발달단계에 따라 형성된다고 보았다. 이때 심리성적 발달단계는 정신에너지인 리비도(Libido)가 신체 부위 중 어디에 집중되어 있느냐에 따라 다섯 단계, 즉 '구강기(구순기)', '항문기', '남근기', '잠복기(잠재기)', '생식기'로 구분된다.
- ㉡ 인간이 출생하여 이와 같은 다섯 단계에 따라 성격을 형성하지만, 경우에 따라 어떤 사람은 지나친 만족 혹은 좌절로 인해 특정 단계에 머물러 있는 경우도 있다.
- ㉢ 프로이트는 이와 같은 욕구의 만족 혹은 좌절의 경험이 성격형성에 중대한 영향을 미친다고 보았다. 즉, 특정한 심리성적 발달단계에서 욕구가 과도하게 충족되거나 좌절될 경우, 리비도가 그 단계에 머물게 되어 성인이 된 후에도 그 단계의 만족을 추구하는 성격특성을 나타내게 된다는 것이다.
- ㉣ 이와 같이 리비도가 신체의 다른 부위로 이동하지 않는 것을 '고착(固着, Fixation)'이라고 한다.

③ **발달 5단계**

- ㉠ 구강기 또는 구순기(0~1세)
  - 아동의 리비도는 입, 혀, 입술 등 구강에 집중되어 있다.
  - 구강기 전기에는 빨기·삼키기에서, 구강기 후기에는 깨물기에서 자애적 쾌락을 경험한다.
  - 생후 8개월 무렵 이가 나기 시작하면서 공격성이 발달하게 되며, 이유에 대한 불만에서 어머니에 대한 최초의 양가감정을 경험한다.
  - 다른 사람에게 과도하게 의존하고 그들에게 인정을 받고자 하는 '구강수동적 성격', 논쟁적·비판적이고 다른 사람을 이용하거나 지배하려고 하는 '구강공격적 성격'으로 나타나기도 한다.
  - 이 시기에 신체적·정서적으로 부모의 보살핌을 받지 못하거나 박탈감을 느끼게 되는 경우 성인이 되어서 충족되지 못한 보살핌에 대해 갈망하게 되며, 타인에 대한 불신으로 인해 대인관계에 문제가 발생할 수 있다.

© 항문기(1~3세)
- 아동의 리비도는 배설과 관련된 항문 영역에 집중되어 있다.
- 배변으로 생기는 항문 자극에 의해 쾌감을 얻는 동시에 배변 훈련을 통한 사회화의 기대에 직면하는 시기이기도 하다.
- 부모나 사회의 요구에 의한 갈등을 경험하여 오히려 자신의 본능적 충동이나 반항의 의사를 외부로 표출해 보이는 '항문폭발적 성격', 반대로 부모의 거칠고 강압적인 배변 훈련에 대한 저항의 의도로서 변을 배출하려고 하지 않는 '항문보유적 성격'으로 나타나기도 한다.
- 항문폭발적 성격은 무질서하고 무절제하며, 주변을 어지럽히고 사치와 낭비를 일삼는다. 반면, 항문보유적 성격은 질서정연하고 절약을 하며, 다른 사람에게 인색하고 쌓아두려는 양상을 보인다.
- 아동은 항문기를 거쳐 부모에 대한 전적인 의존에서 점차적으로 벗어나며, 창조성의 기초가 되는 자립과 자존을 배우게 된다.

© 남근기(3~6세)
- 아동의 리비도는 성기 부위에 집중되어 있다.
- 성기를 자극하고 자신의 몸을 보여주거나 다른 사람의 몸을 보면서 쾌감을 얻는다.
- 남아는 '오이디푸스 콤플렉스(Oedipus Complex)'로 인해 거세불안을 경험하는 반면, 여아는 '엘렉트라 콤플렉스(Electra Complex)'로 인해 남근선망을 경험한다.
- 아동은 부모와의 동일시 및 적절한 역할 습득을 통해 양심과 자아이상을 발달시키며, 이 과정에서 초자아가 성립된다.
- 이 시기에 고착된 성인 남성의 경우 경솔하고 과장되며, 강한 자부심과 자기증오를 나타내 보인다. 반면, 성인 여성의 경우 유혹적이고 경박하며 성적으로 난잡한 양상을 보인다.

② 잠복기 또는 잠재기(6~12세)
- 아동의 리비도는 억압되어 성적 충동이 잠재되어 있다.
- 다른 단계에 비해 평온한 시기로서 리비도의 승화를 통해 지적인 호기심을 표출한다.
- 잠복기 아동의 에너지는 지적인 활동, 운동, 친구와의 우정 등에 집중된다.
- 초자아가 강화됨으로써 오이디푸스적 욕망을 보다 능숙하게 제지한다.
- 리비도의 대상은 동성 친구로 향하고 동일시 대상도 주로 친구가 된다.

⑩ 생식기(12세 이후)
- 잠복되어 있던 성적 에너지가 되살아나는 시기이다.
- 리비도의 대상이 동성 친구에서 또래의 이성 친구에게로 옮겨 간다.
- 이 시기에 2차 성징이 나타나며, 남자는 턱수염이 나는 반면, 여자들은 가슴이 발달한다.
- 이 단계는 사춘기에서부터 시작하여 노쇠할 때까지 지속된다.

※ **참고**
프로이트(Freud)의 심리성적 발달단계의 각 단계별 명칭은 교재에 따라 약간씩 다르게 제시되기도 합니다. 예를 들어, 3단계의 'Phallic Stage'를 '남근기' 혹은 '성기기'로, 5단계의 'Genital Stage'를 '생식기' 혹은 '성기기'로 번역하기도 합니다. 문제는 번역상의 차이로 인해 '성기기'가 3단계 혹은 5단계의 명칭으로 혼용되고 있다는 점입니다. 일례로, 노안영은 3단계의 명칭으로 '남근기' 대신 '성기기'를 사용하는 이유에 대해, 그것이 심리성적 단계에서 여성을 배제하는 의미로 받아들여질 수 있다는 것입니다. 그러나 그의 지적에도 불구하고 여전히 '성기기'를 3단계 대신 5단계의 명칭으로 사용하는 경우가 많습니다.
또한 프로이트의 심리성적 발단단계의 각 단계별 연령 구분도 교재에 따라 약간씩 다르게 제시되기도 합니다. 즉, 구강기를 '0~1세', 항문기를 '1~3세' 또는 '2~3세', 남근기를 '4~5세', 잠복기를 '5세~사춘기' 또는 '6~12세', 생식기를 '청소년기~성인기' 또는 '13세 이후'로 소개하는 교재도 있습니다.
이와 같은 프로이트의 심리성적 발달단계의 각 단계별 명칭 및 연령 구분은 교재에 따라 약간씩 차이가 있으므로, 이 점 유념하여 학습하시기 바랍니다.

❗ 더 알아두기 🔍

심리사회적 발달이론

에릭슨의 심리사회적 발달이론은 인간의 성격이 전 생애에 걸쳐 변화하며 8개의 발달단계를 따른다고 전제하였다. 이 이론에 따르면 모든 인간은 자신이 처한 사회역사적 환경과 그것으로부터 주어지는 각 단계의 심리사회적 과제를 해결하고 위기를 극복해 나감에 따라 성숙을 이루게 된다. 심리사회적 발달단계의 순서는 고정불변한 것으로, 각각의 단계는 그 순서에 따라 점진적으로 전개되어 간다. 모든 단계가 순서대로 진행되고, 각 단계에서 주어지는 심리사회적 위기를 각 개인이 적절하게 해결할 때 가장 완전한 기능을 하는 성격이 형성된다고 보았다.

① 발달 8단계
  ㉠ 유아기(기본적 신뢰감 대 불신감 - 희망 대 공포)
    • 유아기는 출생부터 18개월까지 지속되며, 프로이트의 구강기에 해당한다.
    • 부모의 보살핌의 질이 결정적이며, 특히 일관성이 중요하다.
    • 부모의 자신감 결여에 의해 유아가 자신의 부모에 대해 모호한 느낌을 가지게 되는 경우 유아는 불신감을 느끼며, 이는 유아가 이후에 다른 사람과의 신뢰관계를 형성하는 데 문제를 일으킨다.
    • 이 시기의 발달은 생의 의욕과 긍정적 세계관을 기르는 데 기초가 된다.
    • 기본적 신뢰감 대 불신감의 갈등이 성공적으로 해결되어 얻어진 심리사회적 능력이 곧 외부 세계에 대한 신뢰에서 비롯되는 희망이며, 실패의 결과는 불신에서 비롯되는 공포이다.
  ㉡ 초기 아동기(자율성 대 수치심·회의 - 의지력 대 의심)
    • 초기 아동기는 18개월부터 3세까지 지속되며, 프로이트의 항문기에 해당한다.
    • 배변 훈련의 과정에서 부모가 아동에게 강압적인 태도를 고수하는 경우 아동은 단순한 무력감을 넘어 수치심을 느끼게 된다. 만약 그러한 과정이 어느 정도 아동의 자기 의사를 존중하는 방향으로 전개된다면, 이후 아동은 자기통제 감각을 통해 사회적 통제에 잘 적응하게 된다.
    • 이 시기의 발달은 독립심과 존중감을 기르는 데 기초가 된다.
    • 자율성 대 수치심·회의의 갈등이 성공적으로 해결되어 얻어진 심리사회적 능력이 곧 의지력이며, 실패는 자신의 의지력에 대한 불신 및 다른 사람의 자기 지배에 대한 의심이다.

ⓒ 학령전기 또는 유희기(주도성 대 죄의식 - 목적의식 대 목적의식 상실)
- 학령전기는 3세부터 5세까지 지속되며, 프로이트의 남근기에 해당한다.
- 아동은 언어능력 및 운동기술의 발달로 외부세계와 교류하고 사회적 놀이에 참여하면서 목적의식·목표설정과 더불어 목표에 도달하고자 노력하는 주도성이 생긴다.
- 이 시기에는 사회화를 위한 기초적인 양심이 형성되는데, 그것이 때로 극단적인 양상으로 나타나 과도한 처벌에 의한 자신감 상실 또는 죄의식을 불러오기도 한다.
- 주도성 대 죄의식의 갈등이 성공적으로 해결되어 얻어진 심리사회적 능력이 곧 목적의식이며, 실패는 지나친 처벌이나 의존성에 의해 야기되는 목적의식 상실이다.
ⓓ 학령기(근면성 대 열등감 - 능력감 대 무능력감)
- 학령기는 5세부터 12세까지 지속되며, 프로이트의 잠복기에 해당한다.
- 아동은 가정에서 학교로 사회적 관계를 확장함으로써 부모의 도움 없이 다른 사람과 경쟁하는 입장에 선다.
- 아동은 사회화로의 결정적인 도전에 임하여 주위 또래집단이나 교사 등의 주위 환경을 지지기반으로 하여 사회의 생산적 성원이 되기 위해 한걸음 나아간다.
- 성취 기회와 성취 과업의 인정과 격려가 있다면 성취감이 길러지며, 반대의 경우 좌절감과 열등감을 가지게 된다.
- 근면성 대 열등감의 갈등이 성공적으로 해결되어 얻어진 심리사회적 능력이 곧 능력감이며, 실패는 자신감 상실에 따른 무능력감이다.
ⓔ 청소년기(자아정체감 대 정체감 혼란 - 성실성 대 불확실성)
- 청소년기는 12세부터 20세까지 지속되며, 프로이트의 생식기 이후에 해당한다.
- 청소년은 다양한 역할 속에서 방황과 혼란을 경험하며, 이는 '심리사회적 유예기간(Psychosocial Moratorium)'이라는 특수한 상황에 의해 용인된다.
- 심리사회적 유예기간 동안 청소년은 자신의 역할과 능력을 시험할 수 있으며, 사회적·직업적 탐색을 통해 정체감을 형성한다.
- 자아정체감 혼란은 직업 선택이나 성역할 등에 혼란을 가져오고, 인생관과 가치관의 확립에 심한 갈등을 일으킨다.
- 자아정체감 대 정체감 혼란의 갈등이 성공적으로 해결되어 얻어진 심리사회적 능력이 스스로의 약속을 지킬 수 있는 성실성이며, 실패는 정체감 혼란에서 비롯되는 불확실성이다.
ⓕ 성인 초기 또는 청년기(친밀감 대 고립감 - 사랑 대 난잡함)
- 성인 초기는 20세부터 24세까지 지속된다.
- 청소년기에 자아정체감이 확립되면 자신의 정체성을 타인의 정체성과 연결·조화시키려고 노력함으로써 사회적 친밀감을 형성할 수 있게 된다.
- 성인 초기에는 자아정체감에 의한 성적·사회적 관계 형성이 이루어지며, 이를 통해 개인의 폭 넓은 인간관계가 형성된다.
- 친밀감 대 고립감의 갈등이 성공적으로 해결되어 얻어진 심리사회적 능력이 곧 사랑이며, 실패는 사랑에 있어서 책임과 존중을 무시하는 난잡함이다.
ⓖ 성인기 또는 중년기(생산성 대 침체 - 배려 대 이기주의)
- 성인기는 24세부터 65세까지 지속된다.
- 가정과 사회에서 중요한 역할을 수행하는 시기로서, 다음 세대를 양육하는 과업에서 부하직원이나 동료들과의 긴밀한 관계 유지의 필요성을 경험하는 때이기도 하다.
- 자기중심적인 사고에서 벗어나 다른 사람을 보호하거나 스스로 양보하는 미덕을 보인다.
- 생산성 대 침체의 갈등이 성공적으로 해결되어 얻어진 심리사회적 능력이 곧 다른 사람에 대한 배려이며, 실패는 자기중심적 사고에 의한 이기주의이다.

◎ 노년기(자아통합 대 절망 – 지혜 대 인생의 무의미함)
- 노년기는 65세 이후부터 사망에 이르는 기간으로서 인생을 종합하고 평가하는 시기이다.
- 신체적·사회적 상실에서 자신이 더 이상 사회가 필요로 하는 사람이 아님을 인식함으로써, 죽음을 앞둔 채 지나온 생을 반성하게 된다.
- 이때 지나온 사람에 대한 긍정적·낙관적인 인식을 통해 자신의 삶을 수용하는 경우 죽음에 맞설 용기를 얻기도 하며, 반대로 자신의 실패나 실망과 같은 부정적인 인식을 통해 자신의 삶을 수용하지 못하는 경우 절망에 이르게 된다.
- 자아통합 대 절망의 갈등이 성공적으로 해결되어 얻어진 심리사회적 능력이 곧 한 시대를 살면서 얻은 지식으로서의 지혜이며, 실패는 삶에 대한 회환, 즉 인생의 무의미함이다.

② 심리성적 발달단계 이론과 심리사회적 발달단계 이론의 비교

정신분석적 입장에서 성격의 형성 및 발달을 설명하고 있는 이론으로는 프로이트의 심리성적 발달단계 이론과 에릭슨(Erikson)의 심리사회적 발달단계 이론을 대표적으로 이야기할 수 있다. 이 두 이론은 다음의 점에서 차이가 있다.

심리성적 발달단계 이론	심리사회적 발달단계 이론
• 무의식과 성적 충동이 인간 행동의 기초가 된다. • 인간의 행동은 개인의 심리적 요인에 의해 결정된다. • 인간이 무의식에 의해 지배된다는 수동적 인간관을 가진다. • 자아는 원초아에서 분화되며, 원초아의 욕구 충족을 조정한다. • 아동의 초기 경험(생후 6년)이 성격을 결정하므로 부모의 영향이 특히 강조된다. • 발달에 있어서 환경의 중요성을 강조하지 않는다. • 성격 발달은 구강기에서 생식기에 이르기까지 5단계에 걸쳐 이루어진다.	• 의식과 사회적 충동이 인간 행동의 기초가 된다. • 인간의 행동은 개인의 심리적 요인과 사회문화적 영향의 상호작용에 의해 형성된다. • 인간의 창조성과 잠재력을 강조하는 능동적 인간관을 가진다. • 자아는 그 자체로 형성되어 독립적으로 기능한다. • 성격은 자아통제력과 사회적 지지에 의해 형성되며, 전 생애에 걸쳐 발달한다. • 사회적 환경이 개인의 발달에 지속적으로 영향을 미친다. • 성격 발달은 유아기에서 노년기에 이르기까지 8단계에 걸쳐 이루어진다.

④ **불안**

불안은 원인에 대한 명확한 대상 없이 두려움을 느끼는 것으로, 자아, 원초아, 그리고 초자아 간에 갈등이 생기면 불안이 야기된다.

㉠ 현실 불안

현실 불안(Reality Anxiety)이란 실제적이고 현실적인 불안으로, 실제 외부 세계에서 받는 위협, 위험에 대한 인식 기능으로 불안을 느끼는 것을 의미한다.

㉡ 신경증적 불안

신경증적 불안(Neurotic Anxiety)이란 불안을 느껴야 할 이유가 없음에도 불구하고 본능적 충동이 의식 속으로 뚫고 들어와 불상사가 생길 것이라 느껴지는 불안이다. 신경증적 불안은 원초아의 쾌락(예 성적 충동, 공격적 충동)을 그대로 표현하였을 때 현실에서 처벌이나 제재를 받은 경험으로 인하여 이러한 충동이 지각되기만 하여도 두려움을 느끼게 되는 것이다.

ⓒ 도덕적 불안

도덕적 불안(Moral Anxiety)이란 원초아의 충동이 자신의 도덕적 원칙에 위배되어 충족을 얻으려고 할 때 죄책감이나 수치심을 통해 초자아의 위협을 느껴 두려움을 갖는 것을 말한다. 즉, 도덕적 불안은 원초아와 초자아 간의 갈등에서 비롯된 자기 양심에 대한 두려움이다.

⑤ **자아방어기제**

㉠ 의의

자아방어기제란 불안 상황에 처한 자아를 보호하기 위해 무의식적으로 사용하는 사고 및 행동 수단을 의미한다.

㉡ 대표적 방어기제

- 억압(Repression)

죄의식이나 괴로운 경험, 수치스러운 생각을 의식에서 무의식으로 밀어내는 것으로서 선택적인 망각을 의미한다.

⑩ 부모의 학대에 대한 분노를 억압하여 부모에 대한 이야기를 무의식적으로 꺼리는 경우

- 부인 또는 부정(Denial)

의식화되는 경우 감당하기 어려운 고통이나 욕구를 무의식적으로 부정하는 것이다.

⑩ 애인이 교통사고로 사망했음에도 불구하고 그의 죽음을 인정하지 않은 채 여행을 떠난 것이라고 주장하는 경우

- 합리화(Rationalization)

현실에 더 이상 실망을 느끼지 않기 위해 또는 정당하지 못한 자신의 행동에 그럴듯한 이유를 붙이기 위해 자신의 말이나 행동을 정당화하는 것이다.

⑩ 여우가 먹음직스러운 포도를 발견하였으나 먹을 수 없는 상황에 처했을 때 "저 포도는 신 포도라서 안 먹는다."라고 말하는 경우

- 반동형성(Reaction Formation)

자신이 가지고 있는 무의식적 소망이나 충동을 본래의 의도와 달리 반대되는 방향으로 바꾸는 것이다.

⑩ 미운 놈에게 떡 하나 더 준다.

- 투사(Projection)

사회적으로 인정받을 수 없는 자신의 행동과 생각을 마치 다른 사람의 것인 양 생각하고 남을 탓하는 것이다.

⑩ 자기가 화가 난 것을 의식하지 못한 채 상대방이 자기에게 화를 낸다고 생각하는 경우

- 퇴행(Regression)

생의 초기에 성공적으로 사용했던 생각이나 감정, 행동에 의지하여 자기 자신의 불안이나 위협을 해소하려는 것이다.

⑩ 대소변을 잘 가리던 아이가 동생이 태어난 후 밤에 오줌을 싸는 경우

- 주지화(Intellectualization)

위협적이거나 고통스러운 정서적 문제를 피하기 위해 또는 그것을 둔화시키기 위해 사고, 추론, 분석 등의 지적 능력을 사용하는 것이다.

⑩ 죽음에 대한 불안감을 덜기 위해 죽음의 의미와 죽음 뒤의 세계에 대해 추상적으로 사고하는 경우

- 전치 또는 치환(Displacement)

  자신이 어떤 대상에 대해 느낀 감정을 보다 덜 위협적인 다른 대상에게 표출하는 것이다.

  예 종로에서 뺨 맞고 한강에서 눈 흘긴다.

- 전환(Conversion)

  심리적인 갈등이 신체 감각기관이나 수의근육계의 증상으로 바뀌어 표출되는 것이다.

  예 글쓰기에 심한 갈등을 느끼는 소설가에게서 팔의 마비가 나타나는 경우

- 상징화(Symbolization)

  의식적으로 인정받을 수 없는 무의식적 욕망이나 충동을 어떠한 상징적 표현으로 전치하는 것이다.

  예 아이를 가지고 싶은 강렬한 소망을 품은 여인의 꿈에 새의 알이 보이는 경우

- 해리(Dissociation)

  괴로움이나 갈등상태에 놓인 인격의 일부를 다른 부분과 분리하는 것이다.

  예 지킬 박사와 하이드

- 격리(Isolation)

  과거의 고통스러운 기억에서 동반된 부정적인 감정을 의식으로부터 격리시켜 무의식 속에 억압하는 것이다.

  예 직장 상사와 심하게 다툰 직원이 자신의 '상사살해감정'을 무의식 속으로 격리시킨 채 업무에 있어서 잘못된 것이 없는지 강박적으로 서류를 반복하여 확인하는 경우

- 보상(Compensation)

  어떤 분야에서 탁월하게 능력을 발휘하여 인정받음으로써 다른 분야의 실패나 약점을 보충하여 자존심을 고양시키는 것이다.

  예 작은 고추가 맵다.

- 대치(Substitution)

  받아들여질 수 없는 욕구나 충동 에너지를 원래의 목표에서 대용 목표로 전환시킴으로써 긴장을 해소하는 것이다.

  예 꿩 대신 닭

- 승화(Sublimation)

  정서적 긴장이나 원시적 에너지의 투입을 사회적으로 인정될 수 있는 행동방식으로 표출하는 것이다.

  예 예술가가 자신의 성적 욕망을 예술로 승화하는 경우

- 동일시(Identification)

  자기가 좋아하거나 존경하는 대상과 자기 자신 또는 그 외의 대상을 같은 것으로 인식하는 것을 말한다.

  예 좋아하는 연예인의 옷차림을 따라하는 경우

- 취소(Undoing)

  자신의 공격적 욕구나 충동으로 벌인 일을 무효화함으로써 죄의식이나 불안 감정에서 벗어나고자 하는 것이다.

  예 전날 부부싸움 끝에 아내를 구타한 남편이 퇴근 후 장미꽃 한 다발을 아내에게 선물하는 경우

- 신체화(Somatization)

  심리적인 불안이나 스트레스가 감각기관이나 수의근계통 이외의 신체증상으로 표출되어 나타나는 것이다.

  ⑩ 사촌이 땅을 사면 배가 아프다.

- 행동화(Acting-out)

  무의식적 욕구나 충동이 즉각적으로 충족되지 않은 채 연기됨으로써 발생하는 내적 갈등을 피하기 위한 목적으로 그와 같은 욕구나 충동을 보다 직접적으로 표출하는 것이다.

  ⑩ 남편의 구타를 예상한 아내가 먼저 남편을 자극하여 매를 맞는 경우

- 상환(Restitution)

  무의식적 죄책감으로 인한 마음의 부담을 줄이기 위해 일종의 배상행위를 하는 것이다.

  ⑩ 자신의 반평생을 돈벌이를 위해 살았던 사람이 자신이 모은 돈을 자선사업에 기부하는 경우

(6) 상담목표와 기법

① 상담목표

ⓒ 성장의 촉진

- 가장 중요한 것은 인간의 기본적인 신뢰감과 안정감을 회복시키는 것이다. 그래서 정신분석치료에서는 초기장애에 대한 연구 및 유아연구가 다양하게 진행되고 있으며 적극적인 치료기법이 개발되어 활용되고 있다.
- 초자아로부터 어느 정도 자유로워진 건전한 양심을 형성해야 한다.
- 자신의 공격성에 대한 불안을 극복하고 공격성을 건설적으로 활용할 수 있는 능력을 함양한다.
- 성(性)에 대한 미숙한 환상을 극복하고 성숙한 사랑을 할 수 있는 통합된 인격체가 되어야한다.

ⓛ 자기체계의 성숙

- 자기행동, 느낌, 결단 등에 대해서 스스로 책임지고자 하는 사람은 결코 실수나 실패를 두려워하지 않는다.
- 시공을 넘어 자기를 자기로 체험하는 굳은 심지가 느껴지고, 갈등과 변화, 좌절, 고난 속에서도 탄력 있는 자기동일성을 유지하게 된다.
- 건강한 자기가치 감정은 자기와 남을 있는 그대로 받아들이고 존경할 수 있는 기본적인 조건이다.

ⓒ 인간관계의 성숙

- 자기중심적 인간관계를 극복하고, 부모에 대한 비현실적인 기대, 좌절, 왜곡된 지각이나 판단 등에 대한 깊은 깨달음을 통해 부모도 부족한 인간임을 받아들이게 된다.
- 세대 간의 경계를 받아들여 부모 사이에 끼지 않고 그들의 부부관계를 인정하게 된다.
- 동료관계가 원만해지며 집단의 한 구성원으로서 만족스러운 집단생활이 가능해 진다.

- 친밀한 관계와 그렇지 않은 관계를 구별할 줄 알게 되고, 타인에 대한 의존이 적어지고, 혼자라는 것에 대한 불안이 줄어들어 서로 주고받는 친밀한 관계를 통해 삶의 의미가 채워지게 된다.
- 후세를 생각하며 물질적, 정신적으로 가치 있는 것을 전수하고 싶고, 이웃과 세계에의 공동체적 관심으로 좀 더 폭넓은 사랑을 베풀고자 한다.

② 현실수용
- 감사하는 마음이 생긴다. 제대로 이루어진 종결에 가까워 오면 거의 모든 내담자들이 상담자에게 깊이 감사하는 마음을 표현하게 된다.
- 떠나보낼 수 있고, 할 수 있으며, 동경할 수 있는 능력이 키워진다.
- 추동을 통제하는 힘과 좌절을 이겨내는 능력이 키워진다.
- 편안하게 마음을 놓을 수 있는 여유가 생긴다.
- 정확한 현실검증 능력이 생긴다.

③ 성숙한 대처방안
- 일상생활에서 어떤 문제가 일어나기만 하면 분열, 투사적 동일시, 폐쇄적으로 돌아서는 것, 수동적 공격성 등과 같이 발달 단계적으로 미숙한 방어를 경직되게 사용하는 것을 극복하게 된다.
- 방어는 심리 내적으로 혹은 사회적으로 어려운 상황에 적응하기 위하여 임시로 활용되는 것이 이상적인데 이런 식의 대처방안을 사용할 수 있게 된다.

④ 체험의 충만감과 생동성
에너지 관리를 잘 하고 기쁨과 슬픔, 편안함 등과 같은 근본적인 생활 감정을 정확하게 느끼고 어떤 감정인지 알고 명명할 수 있는 능력이 생긴다.

⑤ 통합적 능력의 수용
- 자신과 남을 이상화하거나 평가절하 하는 경향을 포기하고 현실을 있는 그대로 받아들이게 된다.
- 선과 악, 그리고 흑백논리에 대한 통찰과 통합이 이루어진다.
- 인지능력을 효율적이고 경제적으로 관리하게 된다.
- 합리적인 것과 비합리적인 것 사이의 긴장감을 견뎌 낼 수 있게 된다.

⑥ 자기분석 능력
- 자기통찰을 키우게 된다.
- 통찰한 것을 행동으로 옮기는 능력을 키우게 된다.
- 전이신경증을 극복하게 된다.

② **상담자의 역할**
전통적인 정신분석 치료의 상담자는 익명의 위치를 취하는데, 이것은 때로 텅빈 장막(Blank-Screen) 접근법이라고 불린다. 이 접근에서 상담자는 긴 치료과정 동안에도 자신을 거의 공개하지 않고 중립적인 감정을 지녀야 한다. 왜냐하면 그들은 전이관계(Transference Relationship)를 만들어야 하기 때문이다. 전이관계에서 내담자는 상담자에게 투사를 하게 된다. 내담자는 면담을 통해 상담자에게서 자신에게 유익한 어떤 것을 얻기를 기대할 권리가 있다. 또한 면담으로부터 내담자는 자신이 누구이며 어떻게 살고 있는가, 또 그들의 삶에 어떤 지식을 적용시켜야

보다 효과적인가에 대해 학습하기를 기대할 권리가 있다. 궁극적으로 상담자의 중심 기능은 내담자가 사랑하고 일할 수 있는 자유를 얻도록 돕는 것이다.

ⓒ 상담자는 내담자의 마음속에 떠오르는 생각, 심상, 느낌, 감정 등을 자유롭게 표현하도록 한다.

ⓒ 상담자는 내담자로 하여금 전이가 일어나도록 만드는 동시에 해석을 통하여 전이를 좌절시킨다.

ⓒ 상담자는 내담자가 보이는 심리적 저항을 관찰하고, 적절히 다룬다.

ⓒ 상담자는 내담자를 있는 그대로 비추는 거울처럼 행동해야 한다.

ⓒ 상담자는 내담자가 이해한 것을 현실에 적용할 수 있도록 격려한다.

③ **내담자의 역할**

전통적인 정신분석 치료에서 내담자는 집중적이고 장기적인 치료과정에 기꺼이 자기 자신을 맡길 수 있어야 한다. 보통 내담자는 3~5년 동안 매주 수차례 치료를 받는다. 내담자는 치료비, 일정 기간의 치료, 집중적 치료과정에 전심전력할 것을 치료자와 합의하여야 한다.

④ **상담기법**

ⓒ 자유연상(Free Association)

어떤 대상, 자극, 상황 등과 관련해서 내담자가 자신의 마음속에 떠오르는 생각, 감정, 기억들을 그대로 이야기하는 방법을 의미한다. 상담자는 내담자의 연상에 귀를 기울여, 그것을 통해 내담자의 무의식 속에 숨어 있는 자료를 수집하고 해석하여 내담자의 통찰을 도와야 한다.

ⓒ 꿈의 분석(Dream Analysis)

수면 중에는 내담자의 방어기제가 약해져 무의식 속의 충동, 욕구, 상처 등 억압된 욕망과 갈등이 의식의 표면으로 쉽게 떠오른다. 상담자는 이러한 꿈을 분석하고 해석함으로써 문제의 원인이 무엇인지 밝히고, 내담자가 자신의 내면을 통찰할 수 있도록 돕는다.

ⓒ 전이(Transference)

내담자들이 과거에 자신에게 중요하고 의미 있던 사람에게 느꼈던 감정이나 생각을 현재의 상담자에게 느끼는 것을 의미한다. 상담자는 내담자의 전이를 유도하고 분석함으로써 내담자가 무의식적 갈등을 통찰할 수 있도록 돕는다.

ⓒ 저항(Resistance)

현 상태를 유지시키고 변화를 막기 위해 내담자가 억압했던 생각이나 감정 등을 의식의 표면으로 떠오르지 않게 하려는 것을 말한다. 따라서 상담자는 내담자의 저항에 대한 분석과 해석을 통해 내담자가 무의식적으로 숨기고자 하는 것이 무엇인지, 피하고자 하는 것은 무엇인지 혹은 불안해하거나 두려워하는 것은 무엇인지 등에 대한 의미를 파악하여 내담자가 통찰을 얻도록 돕는다.

ⓒ 해석(Interpretation)

상담자가 꿈, 자유연상, 저항, 전이 등에서 나타나는 내용 중 명확하지 않은 부분에 대해 내담자가 이해할 수 있도록 지적하고 설명해 주는 것을 의미한다.

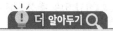

해석의 원칙
• 무의식적 갈등에 대한 해석보다는 저항에 대한 해석이 우선시되어야 한다.
• 해석은 내담자가 자신의 무의식적 충동이나 갈등을 견뎌낼 수 있거나 수용할 수 있을만한 준비가 되어 있을 때 이루어져야 한다.
• 해석은 겉으로 드러나 있는 표면적인 것에서부터 시작하여 조금씩 깊이 들어가도록 한다.

   ⓑ 훈습(Working-through)
      상담 과정에서 느낀 내담자의 통찰이 현실 생활에 실제로 적용되어 내담자에게 변화가 일어나는 것이다. 통찰은 그 자체로 최종 목표가 아닌 하나의 과정에 불과하다. 즉, 통찰이 아무리 심도가 깊다고 해도 그것이 실천으로 옮겨지지 않는 경우 상담의 궁극적인 목표에 도달할 수 없다. 따라서 상담자는 내담자가 상담을 통해 얻은 통찰을 현실에 적용하여 자신의 갈등을 해결하려는 노력을 할 때 적절한 강화를 제공할 필요가 있다.

   ⓢ 버텨주기(Holding)
      내담자가 막연하게 느끼지만 스스로는 직면할 수 없는 불안과 두려움에 대해 상담자의 이해를 적절한 순간에 적합한 방법으로 전해주면서, 내담자에게 의지가 되어주고 따뜻한 배려로 마음을 녹여주는 것이다.

   ⓞ 간직하기(Containing)
      내담자가 불안과 두려움을 느끼는 충동과 체험에 대해 상담자가 즉각적으로 반응하는 대신 이를 마음속에 간직하여 적절히 통제함으로써 위험하지 않도록 변화시키는 것이다.

⑤ **상담과정**
   ㉠ 초기단계
      상담자는 내담자와 신뢰관계를 형성하며, 자유연상과 꿈의 분석을 통해 내담자의 심리적 문제를 드러내어 치료동맹을 맺는다. 이러한 치료동맹은 상담자가 내담자에게 수용과 이해의 자세를 보임으로써 맺어지며, 그 과정에서 내담자의 전이에 대한 욕구가 촉진된다.

   ㉡ 전이단계
      내담자는 유아기 때 중요한 대상에게 가졌던 감정을 상담자와의 관계에서 반복하려고 한다. 상담자는 이러한 내담자의 전이 욕구에 대해 중립적인 자세를 취하고 해석 및 참여적 관찰자의 역할을 함으로써 내담자의 욕구를 좌절시킨다. 또한 상담자의 역전이에 대한 분석 및 해결도 병행되어야 한다.

   ㉢ 통찰단계
      내담자는 상담자에게 자신의 의존 욕구나 사랑 욕구의 좌절 때문에 생기는 적개심 등의 감정을 표현하면서 자신의 부정적인 감정이 애정과 의존 욕구의 좌절에서 비롯된 것임을 깨닫게 된다. 그리고 내담자는 상담자에게 자신의 욕구가 좌절된 것에 대한 반감을 표시할 수도 있다. 상담자는 내담자의 이와 같은 욕구를 다루게 됨으로써 그로 인해 야기된 감정을 보다 쉽게 다룰 수 있다.

㉣ 훈습단계

훈습단계에서 상담자는 내담자가 통찰한 것을 토대로 내담자로 하여금 자신의 행동과 태도를 변경하도록 유도하고, 실제 생활로 옮기도록 돕는다. 상담자는 훈습단계를 통해 내담자의 변화된 행동이 어느 정도 안정 수준에 이르게 되면 종결을 준비한다.

초기단계	상담자와 내담자가 신뢰관계를 형성하여 치료동맹 관계를 맺는 단계이다.
전이단계	상담자는 내담자의 전이욕구에 중립적 태도로 포용과 존중의 마음으로 이해한다.
통찰단계	내담자의 의존욕구와 사랑욕구의 좌절에 대한 감정을 이해하고 통찰하는 단계이다.
훈습단계	내담자가 통찰한 내용을 실제생활로 옮겨가는 과정의 단계이다. 훈습단계를 통해 내담자의 행동변화가 어느 정도 안정되면 종결을 준비한다.

⑥ 정신분석이론의 공헌 및 한계

공헌	• 인간은 개인이 인지하지 못한 충동에 의해 사고나 행동이 동기화된다는 것을 밝혔다. • 체계적인 성격이론과 효과적인 심리치료의 기술을 개발했다. • 유아기의 중요성을 강조하여 자녀양육의 중요성에 대해 일깨워 관련 연구를 자극하였다. • 신경증 치료과정에서 불안의 기능을 확인하고 해석, 저항, 전이의 중요성을 강조하였다.
한계	• 모든 인간에게 근친상간의 쾌락적인 충동이 있다고 보았다. • 인간의 현재 상태를 설명하기 위하여 유아기의 경험과 억압된 무의식의 내용을 중요시함으로써 인간을 결정론적이고 비합리적인 존재로 보고 인간의 자율성과 책임성, 합리성을 무시하였다. • 인간의 모든 문제의 근원을 성(性)에 관련시켰으나 이 이론을 뒷받침해 줄 연구 자료는 불완전하다.

2 개인심리학

(1) 개인심리이론의 기본 가정

① 총체적 존재

아들러(Adler)는 성격은 통합적이고 분리할 수 없는 전체로 보아야 한다고 하며, 인간은 목표를 향해 일정한 패턴을 가지고 삶을 지속해 나가는 역동적이고 통합된 유기체라고 하였다. 인간을 의식과 무의식, 원초아와 자아, 초자아로 구분한 프로이트의 입장을 반대하면서 인간은 더 이상 분류·분리·분할할 수 없는 완전한 전체라고 하였다. 아들러는 이러한 자아일치된 통합된 성격구조를 개인의 생활양식이라고 칭한다.

[Alfred Adler]

② 사회적 존재(사회적 관심)

아들러는 인간은 본질적으로 사회적 존재이며, 인간의 행복과 성공은 대개 사회적 유대와 관련되어 있다고 본다. 따라서 인간의 행동은 사회적 맥락 속에서 이해되어야 한다. 사회적 관심은 가르치고, 배우고, 사용하면 발달할 수 있는 부분으로, 사회적 관심이 발달할수록 열등감과 소외감은 감소한다.

③ **목표 지향적·창조적 존재**

아들러는 성격 형성에 있어 유전과 환경의 중요성을 인정하면서도, 인간을 그 두 요인을 능가하는 제3의 힘인 창조력을 가지고 있는 존재라고 하였다. 아들러는 목표를 지향하는 인간은 자신의 삶을 창조하고 선택할 수 있으며 자기결정을 내릴 수 있는, 즉 창조적인 힘을 가지고 자기 인생을 좌우할 수 있는 존재로 본다.

④ **주관적 존재**

아들러는 현상학적 관점을 수용하여 개인이 자신과 자신을 둘러싼 환경을 어떻게 인식하고 해석하느냐에 따라 그의 행동 방식이 결정된다고 하였다.

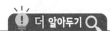

> **허구적 최종목적론**
> 허구 또는 이상이 현실을 보다 더 효과적으로 움직인다는 바이힝거(Vaihinger)의 영향을 받은 개념이다. 아들러는 인간의 행동이 과거 경험보다는 미래에 대한 기대에 의해서 더 좌우된다고 믿었다. 인간의 궁극적 목적은 허구로서 최종 목적에 무엇으로 수용할 것인가, 어떻게 행동할 것인가, 어떻게 해석할 것인가를 위한 창조적 힘을 갖는다.

(2) 개인심리학의 주요 개념

① **열등감과 보상**

아들러는 열등감은 자기완성을 위한 필수적인 요소로 인간의 심리 깊숙이 자리 잡고 있는 열등감이 모든 병리현상의 일차적 원인이며, 많은 정신병리현상은 열등감에 대한 이차적 반응이라고 보았다. 보상은 열등감 극복을 위한 시도로 인간이 높은 단계로 발전을 위하여 노력할 수 있도록 한다. 보상은 인간 발달의 동기를 부여하는 데 있어서 중요한 요소이기도 하다.

② **우월성의 추구**

열등감에 대한 보상의 노력은 우월성의 추구라는 개념으로 연결된다. 아들러는 인간이 추구하는 궁극적인 목적을 우월성의 추구라고 보고, 이는 단지 열등감을 극복한다는 소극적 입장이 아니라 보다 적극적인 향상과 완성을 지향하는 것이라고 하였다.

㉠ 우월성 추구의 특징
- 유아기의 무능과 열등에 근거한 기초적 동기
- 동기는 정상인과 비정상인 공통적 존재
- 목표는 긍정적 또는 부정적 방향
  - 긍정적 : 사회적 관심, 타인의 복지 추구
  - 부정적 : 이기적 목표 추구 → 신경증적 증상
- 항상 긴장을 낳음(많은 힘과 노력소모)

- 개인 및 사회 수준에서 동시에 일어남
  - 개인 : 완성을 위한 노력
  - 사회 : 사회의 문화를 완성하기 위한 노력

③ 생활양식 및 생활양식의 4가지 유형

생활양식이란 성격을 움직이는 체계적 원리로서 부분에 명령을 내리는 전체의 역할을 하는 것으로, 삶에 대한 개인의 기본적 지향이나 성격을 의미한다. 즉, 삶의 목적, 자아개념, 가치, 태도 등 개인의 독특성으로 삶의 목적을 달성하는 독특한 방법들이다. 생활양식은 생의 초기인 4~5세경 그 틀이 형성된 후에는 거의 변하지 않는다.

- ㉠ 지배형 : 부모가 지배하고 통제하는 독재형
  - 가부장적 가족문화, 유교문화, 권위중시
  - 독단적이고 공격적이며 활동적
  - 지배적이며 반사회적 유형
  - 더 활동적일수록 더 직접적으로 공격
- ㉡ 기생형 : 의존형
  - 부모가 자녀를 지나치게 과잉보호할 때 나타남
  - 자녀가 원하면 무엇이든 들어주면 자녀는 기생형으로 성숙
  - 활동성이 낮고 사회적 관심저조
  - 타인으로부터 모든 것 기대, 주는 것 없음
  - 수동적 대인관계, 자선에 의존(기금모금)
- ㉢ 회피형 : 매사에 소극적이며, 부정적 태도
  - 사회적 관심결핍, 활동성 낮음
  - 삶의 문제를 노력하기보다 회피
  - 현실세계로부터 후퇴
  - 성공보다 실패를 더 두려워함
- ㉣ 사회적 유용형
  - 긍정적 태도, 활동성이 높고 사회적 관심이 높음, 성숙한 사람
  - 타인의 욕구 의식, 지역사회 이익기여(사회공헌)

④ 인생과제

아들러는 인간은 최소한 일, 사랑, 우정이라는 최소한의 세 가지 주요 생활과제를 해결해야 한다고 하였다.

⑤ 사회적 관심

사회를 살아가는 개인의 태도를 의미하는 사회적 관심은 보다 나은 미래를 추구하는 관심을 포함한다. 사회적 관심이 발달할수록 열등감과 소외감은 감소된다.

⑥ 출생 순위와 형제관계

- ㉠ 개인심리학은 인간적 문제를 사회적인 관점에서 보기 때문에 가족 내 관계를 중요시한다.
- ㉡ 출생 순위에 따른 일반적 특징

- 첫째

  첫째는 잠시 동안 부모의 사랑을 독차지하나, 동생이 태어나면서 그 사랑을 빼앗기게 되고, 그것을 되찾으려고 노력하지만 실패한다. 그 결과 스스로 고립해서 적응해 나가며, 타인의 애정이나 인정을 얻고자 하는 욕구에 초연해 혼자 생존해 나가는 전략을 습득한다. 일반적으로 타인들과 좋은 관계를 맺으며, 타인의 기대에 쉽게 순응하고, 사회적 책임을 잘 감당하는 특징을 보인다.

- 둘째

  둘째는 태어날 때부터 형 또는 누나라는 경쟁자를 만나게 되므로, 그들의 장점을 넘어서기 위한 자극과 도전을 받아 첫째보다 훨씬 빠른 발전을 보이기도 한다. 그로 인해 경쟁심이 강하고 야망을 가진 성격이 되기 쉽고, 자신이 첫째보다 낫다는 것을 증명하기 위해 노력하는 생활양식을 보인다.

- 막내

  막내는 동생에게 자리를 빼앗기는 경험을 하지 않아 귀염둥이로 자랄 수도 있지만, 때로는 전혀 관심을 받지 못할 수도 있다. 또한 자신보다 힘세고 특권을 가진 형들에게 둘러싸여 독립심 부족과 함께 강한 열등감을 경험하기 쉽고, 누군가 자기 대신 자기의 생활을 만들어 주기를 바라는 경향을 보인다.

- 독자

  독자, 즉 외동아이는 경쟁할 형제가 없으므로 응석받이가 되기 쉬워 의존심과 자기중심성이 현저하게 나타난다. 다른 아이와 나누어 가지거나 협동하는 것을 배우지 못하는 반면, 어른들을 어떻게 다루어야 하는지는 잘 배운다. 또한 항상 무대의 중앙에 위치하기를 원하고, 그 위치가 도전을 받으면 불공평하다고 느낀다.

- 중간 아이

  중간 아이는 삶이 불공평하다고 확신할 수 있으며, 속았다는 느낌을 받아 자기 자신을 불쌍히 여기는 태도를 가질 수 있다.

⑦ **가상적 목표**

가상적 목표란 개인의 행동을 이끄는 마음속의 중심 목표를 의미한다. 아들러에 의하면 우리의 궁극적 목표는 현실에서 검증되거나 확인될 수 없는 가상의 목표라고 한다. 가상적 목표는 미래에 실재할 것이라기보다는 여기와 지금에 존재하는 주관적·정신적으로 현재의 행동에 영향을 주는 이상으로, 어떤 상황에서 개인이 추구하는 안전한 상태의 자기상이다. 이러한 가상적 목표는 우월성의 추구 및 생활양식의 지침이 된다.

⑧ **창조적 자기**

창조적 자기 또는 창조적 자아는 아들러의 개인심리이론을 특징짓는 개념으로, 인간이 스스로 자신의 삶을 만들어 나간다는 것을 의미한다. 이는 자유와 선택을 강조하는 개념으로, 개인이 생의 의미로서 목표를 설정하고 이를 달성하기 위해 노력을 기울이는 과정을 담고 있다. 자아의 창조적인 힘이 인생의 목표와 목표 추구 방법을 결정하며, 사회적 관심을 발달시킨다. 개인은 유전과 경험을 토대로 창조적 자기를 형성하며, 자신의 고유한 생활양식을 형성한다.

💡 더 알아두기 🔍

프로이트와 아들러 이론의 비교

구분	프로이트(Freud)	아들러(Adler)
에너지의 원천	성적 본능(Libido)	우월에 대한 추구
성격의 개념	원초아, 자아, 초자아의 역동	생활양식
성격의 구조	원초아, 자아, 초자아로의 분리	분리할 수 없는 전체
성격결정의 요인	과거, 무의식	현재와 미래, 의식
성격형성의 주요인	성(Sex)	사회적 관심
자아의 역할	원초아와 초자아의 중재	창조적 힘
부적응의 원인	• 5세 이전의 외상경험 • 성격구조의 불균형	• 열등 콤플렉스 • 파괴적 생활양식 및 사회적 관심 결여

(3) 상담목표와 기법

① 상담목표

내담자의 콤플렉스와 잘못된 생활양식의 발달과정에 대한 이해를 통하여 잘못된 생활태도를 변화시켜서 바람직한 생활양식을 구성하게 하는 한편 사회적 관심을 갖도록 돕는 것을 목표로 한다.

💡 더 알아두기 🔍

Mosk(1984)에 의해 제안된 상담목표
• 내담자의 사회적 관심 증폭시키기
• 내담자의 패배감을 극복하고 열등감을 감소시키는 방향으로 돕기
• 내담자의 생활양식을 수정하기
• 내담자의 잘못된 동기 수정하기
• 내담자가 보통의 다른 사람과 동등한 감정을 갖도록 돕기
• 내담자가 사회의 한 구성원으로 기여할 수 있도록 돕기

ⓐ 사회적 관심 증폭시키기 : 내담자로 하여금 심리적으로 건강하고, 기꺼이 사회에 기여할 수 있으며, 주어진 상황과 과제를 긍정적으로 바라볼 수 있는 용기를 갖추게 한다.

ⓑ 잘못된 기본가정 및 목표의 수정 : 내담자의 건강과 전인적 생활양식 계발을 위해 삶의 초기에 잘못 형성된 내담자의 기본가정과 목표를 수정할 수 있도록 돕는다.

ⓒ 타인과 평등관계 경험 : 내담자의 자기개념을 변화시키고, 자신과 관련된 제반 문제에 기꺼이 책임을 질 수 있도록 하며, 자신의 잘못된 생활양식에의 통찰과 직면을 촉진하도록 하여 심리적 건강을 회복할 수 있도록 촉진한다.

ⓓ 열등감 극복 : 내담자를 병든 존재나 치료받아야 할 존재로 보지 않기 때문에 상담의 목표도 증상 제거보다는 열등감을 극복할 수 있도록 하는 것이다.

② 상담자의 역할

내담자의 잘못된 신념 혹은 목표와 같은 인지적인 측면에서의 잘못된 점을 발견하는 것이 중요하다고 가정한다. 그리고 내담자 가족구성 정보, 초기회상 파악 등에 관한 정보를 수집하여 이를 분석함으로써 내담자의 생애에 있어 성공 및 실패, 중요하게 영향을 미친 사건 등을 파악한다. 이를 통해 내리게 되는 내담자 기능에 대한 종합적인 진단을 치료의 출발점으로 삼는다. 또한 치료의 시작부터 내담자와 대등한 입장의 협동적 관계를 수립할 수 있도록 노력한다.

③ 내담자의 역할

내담자는 치료 과정에서 '사적 논리'를 탐색하는데, 사적 논리란 어떤 개인의 생활양식의 기초가 되는 철학을 구성하는 '자기, 타인, 인생에 대한 개념'이다. 내담자에게 문제가 생기는 것은 이 사적 논리를 통한 결론이 현실과 동떨어져 있는 경우로 개인심리학 치료의 핵심은 내담자 스스로가 이를 깨닫고 (사적 논리에 의한) 잘못된 가정 혹은 (사적 논리에서 도출된) 결론을 교정할 수 있도록 하는 것이다.

④ 상담기법

㉠ 생활양식 분석

생활양식 분석은 매우 구조화된 것에서부터 덜 구조화된 것까지 다양한데, Walton(1998)은 내담자의 생활양식을 파악하기 위하여 아래의 다섯 가지 물음을 제시하고 있다.
- 다음 문장을 완성하라. "나는 항상 ~한 아이였다."
- 형제, 자매 중 당신과 가장 다른 사람은 누구이며 어떻게 다른가?
- 어린 시절에 당신은 부모님의 어떤 면이 가장 긍정적이라고 생각했는가? 부모님에 대해서 거부감을 느꼈던 것은 무엇이었나?
- 잊을 수 없는 성장과정의 중요한 결심 : "당신이 성장하면서 인생에 관해 내린 중요한 결론 중 가장 기억에 남는 것은 무엇인가? 예를 들어, 어른이 된다면 나는 반드시 무엇을 할 것이다. 또는 나는 결코 이런 일은 일어나지 않도록 할 것이다."
- 두 가지의 초기기억 알아내기 : "당신이 기억할 수 있는 가장 어린 시절의 사건은 무엇인가?" "어떤 순간이 가장 생생하게 기억되는가? 그 사건과 관련해서 어떤 느낌을 지니는가?"

㉡ 격려
- 상담자의 격려는 내담자가 문제를 다루도록 지원하는 중요한 부분으로 본다.
- 내담자를 격려함으로써 내담자의 생활양식에 접근하고 긍정적 관계를 형성하는 데 유용하게 사용할 수 있다.
- 격려는 내담자의 반복적 절망감을 단절시키는 데 도움을 주는 주요한 원천으로 작용한다.

㉢ 즉시성

여기와 지금에서 무엇이 일어나고 있는지를 다루는 기법으로, 이를 통해 내담자는 상담 과정에서 일어나는 것이 그의 일상생활에서 일어나는 생활양식의 표본이라는 것을 깨닫게 된다.

㉣ 역설적 의도

내담자가 두려워하는 행동이나 허약한 사고를 의도적으로 과장하여 행동하도록 하는 기법으로, 체계규정 또는 반암시라고도 한다. 역설적 의도를 통해 자신이 어떻게 하고 있는가에 대한 현실을 극적으로 자각하게 되면, 그런 자신의 행동의 결과에 대한 책임이 자신에게 있으므로 수용해야 한다는 것을 깨닫게 된다.

ⓜ 내담자의 수프에 침 뱉기

내담자의 수프에 침 뱉기는 내담자의 자기패배적 행동의 감춰진 의도나 목적을 드러냄으로써 이전의 행동을 분리시키기 위한 기법이다. 상담자는 내담자의 부정적인 행동이 전체적으로 자신에게 손해되는 행동이라는 사실을 내담자에게 지적하고, 내담자가 이후 그와 같은 행동을 수행하려고 할 때 이전과 같은 편안한 감정을 느끼지 못하도록 한다. 또한 그 행동을 함으로써 치러야 할 대가를 내담자에게 보여준다.

ⓑ 마치 ~인 것처럼 행동하기

실제로는 그렇지 않지만, 무엇이 이루어진 것처럼 가정하여 행동하거나 또는 내담자가 부담스러워하지 않는 다른 것처럼 행동하는 것으로 내담자가 새로운 시도를 어려워할 경우에 유용한 기법이다.

ⓢ 단추 누르기

- 내담자가 자신이 원하는 감정은 무엇이든지 만들어 낼 수 있다는 사실을 인지하기 위한 것이다.
- 내담자에게 내적 통제감을 부여하는 기법이다.
- 내담자가 유쾌하거나 불쾌한 혹은 고통스러운 경험을 번갈아 가면서 생각하고 자신이 원하는 감정을 느낄 수 있다는 경험을 갖게 하는 것이다.
- 유쾌함 단추와 불쾌함 단추 중에 어떠한 단추를 누르냐에 따라 감정이 달라지며 이는 내담자가 통제할 수 있다고 믿게 하는 것이 중요하다.

ⓞ 초기 기억(어린 시절의 회상)

초기 기억은 생후 6개월부터 9세까지의 선별된 기억들로서 내담자의 생활양식, 잘못된 신념, 사회적 상호작용, 행동 목표에 관한 의미 있는 단서를 제공한다. 상담자는 내담자의 초기 기억에 관심을 보이면서 내담자로 하여금 "가능한 한 어렸을 때의 일들을 말해 주세요.", "그것을 떠올리니 지금 어떤 기분이 듭니까?" 등의 질문을 통해 내담자의 태도, 희망, 행동, 투쟁을 이해하도록 한다.

⑤ 상담 과정

㉠ 제1단계 : 상담관계의 형성 및 목표설정

상담관계를 형성하기 위해서는 우선 첫 면접에서 내담자가 상담에 대해 어떠한 기대를 가지고 있으며, 자신의 문제를 어떠한 방식으로 보고 있는지 살펴보아야 한다. 또한 그 동안 자신의 문제를 극복하기 위해 어떠한 노력을 펼쳐왔으며, 지금 상담을 받으러 오게 된 계기가 무엇인지 파악해야 한다.

㉡ 제2단계 : 개인 역동성의 탐색

상담자는 내담자의 생활양식과 가족환경, 개인적 신념과 부정적 감정, 자기 파괴적인 행동 양상 등을 파악하여, 그것이 현재 생활의 문제에 있어서 어떻게 기능하는지 이해해야 한다. 이를 위해서는 내담자의 개인 역동성에 대한 심층적인 탐색이 필요하며, 특히 가족구조, 출생 순위, 꿈, 최초 기억, 행동 패턴 등에 주의를 기울여야 한다.

    ⓒ 제3단계 : 해석을 통한 통찰

      상담자는 내담자에 대한 지지와 격려를 지속적으로 보내는 한편, 해석과 직면을 통해 내담자
로 하여금 자신의 생활양식을 자각하며, 자신의 외면적 행동을 통해 나타나는 내재적 원인에
대해 통찰할 수 있도록 해야 한다.

    ⓔ 제4단계 : 재교육 혹은 재정향

      재교육 또는 재정향은 통찰을 행동으로 전환시키는 것으로, 내담자로 하여금 회피해왔던 위
험을 감수하는 것이 생각보다 나쁘지 않다는 사실을 발견하도록 하는 것이다. 상담자는 해석
을 통해 획득된 내담자의 통찰이 실제 행동으로 전환될 수 있도록 다양한 능동적 기술을 사
용한다.

⑥ **개인심리이론의 공헌 및 한계**

공헌	• 의학적 모델이 아닌 성장모델에 기초하므로 부모–아동 상담, 부부상담, 가족상담, 집단상담, 문화적 갈등 등 다양한 영역에서 채택 가능하다. • 융통성이 있는 이론적 접근으로 다양한 이론들을 통합·절충하였다. • 중다문화적 관점에 기여 : 여성 평등, 문화 및 종교의 다양성 존중, 소수 집단에 대한 배려 등을 강조하였다. 즉, 개인차를 존중할 것을 강조하였다.
한계	• 이 이론을 지지하는 경험적 연구가 부족하다. • 이 이론에서 전제하는 개념들이 충분하고 명확하게 정의되어 있지 않다. • 성격 형성에서 심리·사회적인 측면만 지나치게 강조하고 생물·유전적 측면에 대하여서는 무시하였다. • 인간 본성을 지나치게 낙관적으로 보고 있다. • 치료가 급한 경우 이 이론에 따른 치료법은 도움이 되지 못한다.

3 인간중심

(1) 인간중심이론의 기본 가정

① 로저스(Rogers)는 인간이 스스로 자신의 삶의 의미를
능동적으로 창조하며, 주관적 자유를 실천해 나간다고
말했다.

② 개인의 독특하고 주관적인 경험을 강조하는 이론으로,
모든 인간에게 있어서 객관적 현실세계란 존재하지 않
으며 주관적 현실세계만이 존재한다고 주장한다.

③ 인간은 자신의 사적 경험체계 또는 내적 준거체계와
일치하는 방향으로 객관적 현실을 재구성한다.

④ 한 개인이 생각하고 느끼고 행동하는 고유한 방법을
이해하기 위해서는 그가 객관적 현실을 어떻게 지각하
고 해석하는지 그 내적 준거체계를 명확히 파악해야
한다.

[Carl Rogers]

⑤ 인간이 지닌 기본적 자유는 그에 따른 책임을 전제로 한다.

⑥ 인간은 유목적적인 존재인 동시에 합리적이고 건설적인 방향으로 지속적으로 성장해 나가는 미래지향적 존재이다.

⑦ 자기실현 경향성(실현화 경향성)은 인간행동의 가장 기본적인 동기이며, 인간은 자기실현을 위한 끊임없는 도전과 투쟁의 과정에서 발생하는 고통을 기꺼이 감내한다.

⑧ 로저스의 인간관에는 자유, 합리성 그리고 자기실현 경향성이 서로 연결되어 있다.

⑨ **여기와 지금(Here & Now)** : 로저스는 지금, 그리고 여기에서 사람이 어떻게 생각하고 느끼느냐에 행동을 결정하는 유일한 요소라고 보았다. 즉, 이 이론에서 존재의 의미는 현재의 자기 속에서 참된 가치와 의미를 발견하는 것으로 과거는 별로 중요하지 않다.

(2) 인간중심이론의 주요 개념

① 유기체(Organism)

㉠ 로저스는 현상학에 영향을 받아 인간을 조직화된 전체로서 기능하는 유기체로 본다.

㉡ 경험은 어떤 주어진 순간에 유기체 내에서 진행되는 잠재적으로 자각에 이용될 수 있는 모든 것으로서, 그와 같은 경험의 전체가 현상학적 장(Phenomenal Field)을 이루게 된다.

㉢ 개인은 외적 현실로서 자극 조건이 아닌 자신의 현상학적 장에 의존하여 행동한다.

㉣ 로저스는 개인이 자신의 개별적 경험과 관련하여 그것이 얼마만큼 자신을 유지시키고 증진시키는가에 따라 평가한다고 주장하였으며, 이를 '유기체적 가치화 과정(Organismic Valuing Process)'이라 불렀다.

㉤ 만약 자신을 유지시키거나 증진시키는 것으로 지각된 경험은 긍정적으로 평가되어 개인으로 하여금 적극적으로 추구하도록 하는 반면, 자신을 유지시키거나 증진시키는 것을 방해하는 것으로 지각된 경험은 부정적으로 평가되어 이를 회피하게 된다.

② 현상학적 장(Phenomenal Field)

㉠ '경험적 세계(Experiential World)' 또는 '주관적 경험(Subjective Experience)'으로도 불리는 개념으로, 특정 순간에 개인이 지각하고 경험하는 모든 것을 의미한다.

㉡ 로저스는 동일한 현상이라도 개인에 따라 다르게 지각하고 경험하기 때문에 이 세상에는 개인적 현실, 즉 현상학적 장만이 존재한다고 보았다.

㉢ 현상학적 장에는 개인이 의식적으로 지각한 것과 지각하지 못한 것까지 포함되지만, 개인은 객관적 현실이 아닌 자신의 현상학적 장에 입각하여 재구성된 현실에 반응한다.

㉣ 동일한 사건을 경험한 두 사람도 각기 다르게 행동할 수 있으며, 그로 인해 모든 개인은 서로 다른 독특한 특성을 보이게 된다.

㉤ 현상학적 장은 의식의 장과 다르다. 현상학적 장은 상징화 과정을 거치는 의식적 경험은 물론 상징화 과정을 거치지 않는 무의식적 경험으로 구성되기 때문이다. 이를 통해 개인은 상징화되지 않는 어떤 경험을 변별하고 그러한 경험에 반응할 수 있다.

③ 자기(Self)와 자기개념(Self-concept)

㉠ 자기(Self)는 로저스의 성격이론에서 핵심적인 구조적 개념이다. 로저스는 자기가 조직화되고 일관된 게슈탈트로 상황이 변함에 따라 끊임없이 형성되는 과정에 있다고 보았다.

ⓒ 자기는 자기 자신에 대해 가지고 있는 조직적이고 지속적인 인식, 즉 '자기상(Self Image)'을 말하며, '자기개념(Self-concept)'은 자기의 여러 가지 특성들이 하나로 조직화된 것, 즉 자기에 대한 여러 가지 지각된 내용들의 조직화된 틀을 말한다.

ⓒ 자기는 '주체로서의 나(I)'와 '객체로서의 나(Me)'의 의식적 지각과 가치를 포함한다.

ⓒ 현재 자신의 모습에 대한 인식으로서 '현실적 자기(Real Self)'와 함께, 앞으로 자신이 나아가야 할 모습에 대한 인식으로서 '이상적 자기(Ideal Self)'로 구성된다. 현실적 자기는 현재 있는 그대로 자신의 상태에 대한 지각을 의미하는 반면, 이상적 자기는 자신이 바라는 이상적인 모습 혹은 상태를 의미한다.

ⓒ 로저스는 현재 경험이 자기구조와 불일치할 때 개인은 불안을 경험한다고 보았다. 즉, 자기구조와 주관적 경험이 일치할 경우 적응적이고 건강한 성격을 가지게 되는 반면, 이들 간의 불일치가 심할 경우 부적응적이고 병적인 성격을 가지게 된다. 따라서 자기는 개인의 심리적 적응에 있어서 가장 중요한 역할을 한다고 볼 수 있다.

ⓒ 자기의 발달은 자신이 세상에서 경험하는 것에 대해 어떻게 지각하는가를 바탕으로 하여 변화하는 역동적인 과정이라고 볼 수 있다.

④ **실현화 경향성(Actualizing Tendency)과 자기실현 경향성(Self-actualizing Tendency)**

ⓒ '실현화'는 유기체가 단순한 실체에서 복잡한 실체로, 의존성에서 독립성으로, 고정성 혹은 경직성에서 유연성 혹은 융통성으로 변화하고자 하는 유기체의 경향성을 의미한다.

ⓒ 유기체에게서 '자기'가 형성될 때 자기실현 경향성이 나타나게 되는데, 이러한 자기실현 경향성은 자신을 성장시키고 발전시키기 위해 자신의 모든 잠재력을 발휘하는 인간의 선천적 경향성을 의미하는 것으로 볼 수 있다.

ⓒ 모든 인간은 성장과 자기증진을 위해 끊임없이 노력하며, 그 노력의 와중에서 직면하게 되는 고통이나 성장방해요인을 극복해 나갈 수 있는 성장지향적 유기체이다.

ⓒ 자기실현 경향성은 성장과 퇴행 중에 어느 하나를 선택하여야 하는 상황에 처하게 되면 더욱 강하게 작용한다.

ⓒ 로저스는 모든 인간이 퇴행적 동기를 가지고 있기는 하지만 그보다는 성장지향적 동기, 즉 자기실현 욕구가 기본적인 행동동기라고 보았다.

ⓒ 자기실현 과정은 자신을 창조하는 과정이므로, 이러한 과정을 통해 모든 인간은 삶의 의미를 찾고 주관적인 자유를 실천해 나감으로써 점진적으로 완성되어 간다.

⑤ **충분히 기능하는 사람(Fully Functioning Person)**

ⓒ 현재 진행되는 자신의 자아를 완전히 자각하는 사람을 의미한다.

ⓒ 최적의 심리적 적응, 최적의 심리적 성숙, 완전한 일치, 경험에 대한 완전한 개방을 갖춘 사람이다.

ⓒ 현재 진행되는 자신의 자아를 완전히 자각하는 사람이다.

ⓒ 경험의 개방성, 실존적인 삶, 자신의 유기체를 신뢰, 창조적이고 자유로운 특성을 가진다.

(3) 심리적 문제의 발생과정

인간중심상담이론에서는 심리적 문제의 발생은 사람들이 살아가는 동안 자신의 경험을 있는 그대로 받아들이지 못하고 왜곡 혹은 부정하기 때문이라는 것을 가정하고 있다.

① **긍정적 존중의 욕구와 자기개념**
　　㉠ 사람들은 세상에 태어난 후 성장을 해나가는 과정에서 '나는 어떤 사람인가'에 관한 물음을 가지게 되는데 이 물음에 대하여 스스로 내린 답이 그 사람의 자기개념이 된다.
　　㉡ 보통사람들은 '나는 괜찮은 사람'이라는 생각을 유지하려는 생각이 경향이 있고, 이것은 자기에 관해 긍정적인 생각을 하려는 욕구이기도 하다.
　　㉢ 자신을 긍정적인 존재로 여길 수 있기 위해서는 다른 사람으로부터 긍정적 존중을 받는 것이 필요하다. 즉, 자기개념을 형성하는 데 있어 중요한 것은 자신을 대하는 타인의 태도이다.
　　㉣ 타인이 자신을 긍정적으로 대하면 자기개념 또한 긍정적일 수 있으며, 타인으로부터 부정적인 평가를 받게 되면 자기개념은 부정적으로 형성된다.

② **가치조건(Conditions of Worth)**
　　㉠ 이것은 가치가 있고 없음을 규정짓는 외부적인 조건들을 말하는 것으로 외적으로 규정된 조건들에 들어맞을 때 가치가 있는 것이며, 조건에 부합되지 않으면 가치가 없는 것이다.
　　㉡ 어린 시절 영향력이 큰 부모나 보호자로부터 긍정적 존중을 얻기 위해 노력한 결과물로 어른의 가치가 아이의 내면에 형성되는 현상을 말한다.

③ **자기와 경험의 불일치**
　　㉠ 개인이 자신의 유기체적 경험을 자기 개념과 일치하는 것으로 통합할 때 건강한 심리적 적응이 가능하다.
　　㉡ 자기와 경험의 불일치 즉, 개인이 유기체로서 소망하며 경험하는 것들과 자기존중감을 느끼게 하는 것들 간에 불일치가 생기게 되면 심리적 부적응이 발생하게 된다.
　　㉢ 불일치가 많을수록 '여기와 지금'에서 부정되는 경험들이 많게 되며, 이러한 과정이 되풀이될수록 잠재력을 실현할 수 없음을 물론이고 심리적 문제와 부적응이 커지게 된다.

④ **심리적 증상의 의미**
　　㉠ 심리적 문제는 일반적으로 스스로 타고난 가능성과 잠재력을 발견하지 못하고 외적으로 부여된 가치 조건들에 맞춰 살려고 할 때 생겨나게 된다.
　　㉡ 외적으로 부여된 가치조건에 따라 형성된 자기개념이 여기와 지금에서의 경험을 부정하고 왜곡하게 되면 심리적 문제가 발생한다.
　　㉢ 다시 말해서 외적으로 부여된 가치조건에 따라 형성된 자기개념이 자신의 긍정적이고 창조적인 성장에의 힘을 위축시키거나 약화시킴으로써 심리적 문제가 발생하게 된다.

(4) 상담목표와 기법

① **상담목표**

- ㉠ 내담자의 자기개념과 유기체적 경험 간의 불일치를 제거하여 충분히 기능하는 사람이 되도록 돕는다.
- ㉡ 자신의 잠재력을 최대한 발휘하여 자기실현의 방향으로 나아가게 한다.
- ㉢ 상담의 궁극적 목표는 내담자가 가진 문제해결에 그치지 않고 내담자의 성장과정을 도와 앞으로의 문제까지 잘 다룰 수 있도록 돕는 것이다.

② **상담자의 역할**

- ㉠ 상담자는 단순히 정보를 제공하고 문제해결을 돕는 것만이 아니라 내담자의 내적 자원을 개발하도록 돕는 촉진자 역할을 수행한다.
- ㉡ 내담자 스스로 상담회기를 이끌어 갈 능력이 있다고 보기 때문에 상담자의 직접적이고 적극적인 개입 없이도 내담자가 자신의 심리적인 어려움을 해결할 수 있다고 간주한다.
- ㉢ 상담자는 진단, 해석, 지시하지 않고 내담자 자체에 초점을 맞춘다.
- ㉣ 내담자의 준거에 대하여 공감적 이해를 경험해야 한다.

③ **내담자의 역할**

- ㉠ 치료가 진행됨에 따라 내담자들은 자신의 감정을 더 잘 탐색할 수 있게 되고 자신과 관련된 갈등과 혼란된 감정을 더 잘 수용하고 더 잘 통합하게 된다.
- ㉡ 내담자가 이해 받고 수용 받고 있음을 느낄 때 자신의 경험에 더 개방적으로 된다.
- ㉢ 치료에 있어서의 경험은 내담자가 자신이 믿는 방향으로 변화하도록 하는 기회를 제공한다.

> **더 알아두기**
>
> • **촉진적 치료관계를 위한 상담자와 내담자 관계(로저스)**
> - 진솔성
>   진솔성은 상담자가 진실하다는 의미로, 회기 동안에 상담자는 거짓된 태도를 보여서는 안 되며, 자신의 내적 경험과 외적 표현이 일치되어야 하며, 내담자와의 관계에서 일어나는 감정을 솔직하게 표현하여야 한다.
>   진실한 상담자는 자발적이며 긍정적이건 또는 부정적이건 자신의 행동이나 감정에 솔직해야 하는데, 부정적 감정을 표현함으로써 상담자는 내담자와 정직한 대화를 할 수 있다.
>   그러나 이것은 상담자가 모든 감정을 충동적으로 표현하거나 내담자와 모든 감정은 공유하여야 한다는 것을 의미하는 것은 아니며, 적정 수준의 자기표현이 이루어져야 한다는 의미이다.
> - 무조건적 긍정적 관심과 수용
>   상담자는 내담자를 하나의 인격체로서 온화하고 진실하게 보호(Caring)해야 한다. 보호한다는 것은 내담자의 감정이나 생각, 행동의 좋고 나쁨에 대한 판단에 의해 영향을 받지 않는다는 점에서 무조건적이다.
>   상담자는 내담자를 수용함에 있어서 특별한 규정을 하지 않고 무조건적으로 존중하고 있는 그대로의 모습을 따뜻하게 수용하여야 한다. 이러한 수용적 분위기가 형성되었을 때 내담자는 자신의 감정이나 경험 등을 자유롭게 표현할 수 있고, 상담자와 공유할 수 있게 된다.

－ 정확한 공감적 이해

치료 순간의 상호작용에서 나타나는 내담자의 경험과 감정들을 민감하고 정확하게 이해하는 것이다. 상담자는 내담자의 주관적인 경험, 특히 여기와 지금의 경험을 감지하려고 노력해야 한다. 공감적 이해란 상담자가 내담자의 감정에 빠져들지 않으면서 감정을 자신의 감정인 것처럼 느끼는 것을 의미한다.

• **촉진적 치료관계의 결과(로저스)**
① 억압했던 측면들을 경험하고 이해하게 된다.
② 더욱 통합되고, 효과적으로 가능하게 된다.
③ 자신의 되고 싶었던 인물에 더욱 가까워진다.
④ 자기 지향적이며 자기 확신을 갖게 된다.
⑤ 더욱 인간적이고, 독특하고, 자기 표현적인 사람이 된다.
⑥ 타인을 더 잘 이해하고, 수용할 수 있다.
⑦ 생활상의 문제에 보다 적절하고 편안하게 대처할 수 있다.

④ **상담기법**

인간중심상담에서는 기법보다는 상담자의 인간성, 신념, 태도 및 상담관계가 상담의 성패를 좌우하는 요소라고 본다. 따라서 인간중심상담에서 상담자는 기법의 의식적인 사용을 최대한 억제하고, 수용·존경·이해를 표현하고 전달하며, 생각하고 느끼고 탐색함으로써 내담자의 내적 준거의 틀을 발달시킬 수 있도록 돕는다.

㉠ 진실하려고 노력하기

상담자 스스로의 내면세계를 깊이 자각하고 수용하고자 하는 끊임없는 노력이 필요하며 내담자를 돕고자 하는 진정한 관심을 전달할 수 있어야 진실한 마음을 전할 수 있으며 내담자에게 신뢰를 심어 줄 수 있다.

㉡ 적극적인 경청하기

내담자의 내면세계를 이해하기 위해서는 그가 말하고 행동하는 것에 주의를 기울이며 경청하는 적극적인 태도가 필요하다.

㉢ 공감적으로 반영하기

상담자가 내담자의 내면세계에 대하여 이해한 바를 전달하는 것으로 상담 초기에는 언어적 전달내용에 근거하여 가장 두드러진 생각과 감정을 반영하나, 상담자가 내담자를 더 잘 알게 될수록 내담자가 인식하지 못하고 있는 감정들을 인식하고 전달하는 것도 가능하여 정서적 변화를 잘 포착하고 깊은 교감이 이루어 질 수 있게 된다.

㉣ '여기와 지금'의 즉시성

내담자를 변화시키는 가장 강렬한 상호작용은 상담자와 내담자 사이에서 직접적으로 경험되는 감정과 생각을 다루는 것이다. 이것은 '여기와 지금'에서 경험되는 생생한 체험을 다루는 것으로 즉각적으로 탐색·확인·논의하는 것이 가능하다.

㉤ 자기노출하기

상담자가 의도적으로 자신의 생각과 경험을 내담자에게 내보이는 것으로 상담자-내담자 상호 간 내면세계를 이해하게 하여 지지적이고 공감적인 관계를 형성할 수 있다.

ⓗ 치료자의 개성 살리기

상담자의 성격과 스타일에 따라 다양하고 창조적 방식으로 치료하는 것을 권장하며 이는 내담자의 바람과 성향에 맞추기 위한 창조적 노력과 유연성을 전제로 한다.

⑤ **상담 과정**

㉠ 초기

상담자가 내담자를 있는 그대로 이해하고 수용할 때 내담자가 자신도 스스로 이해하고 수용하게 되면서 통찰이 증가하고 성격의 통합이 이루어진다.

㉡ 중기

내담자가 자신을 보다 잘 이해하고 수용하면서 긍정적이고 건설적인 행동을 취하게 된다.

㉢ 종결

내담자가 전에 부인하였던 감정을 수용하고 현실을 왜곡하지 않고 있는 그대로 받아들이며, 스스로 자신의 문제를 해결하며 성장해 나간다.

초기	상담관계의 형성이 이루어진다.
중기	내담자는 보다 긍정적이고 건설적인 행동을 취하게 된다.
종결	내담자는 현실을 왜곡 없이 받아들이며 스스로 자신의 문제를 해결하며 성장하게 된다.

⑥ **인간중심상담이론의 공헌 및 한계**

공헌	• 인간 내면의 주관적 경험을 다룰 수 있는 새로운 과학적 연구모델을 고안함으로써, 치료자 자신의 치료방식과 신념을 검토하도록 했다. • 상담자들이 자신의 상담스타일을 개발해 나갈 수 있도록 촉진하였다. • 상담에서 상담자와 내담자 사이의 관계의 중요성을 강조하였다. • 내담자가 스스로 중요한 결정을 할 수 있는 인격체로 인정하였다. • 인간행동에서 정서와 감정의 역할이 중요함을 인식하도록 하였다 • 로저스는 상담회기를 녹음하여 기록으로 남긴 최초의 상담자이자 심리치료사였다.
한계	• 지나치게 현상학적 측면을 강조하며 무의식적 요인을 무시하는 경향이 있다. • 지적이고 인지적 요인을 무시하는 경향이 있다. • 심리검사 등의 객관적인 정보를 사용하여 내담자를 도와주는 면이 부족하다. • 상담자의 기술수준을 초월하는 사람 됨됨이가 중요하므로 상담자의 인격과 수양이 요구되나 이는 결코 쉽지 않다. • 인간중심상담이론이 내담자 자신의 문제를 집어내지 않기 때문에, 상담자가 무엇을 지향하고 있는지를 이해하지 못하는 경우가 생길 수 있다. • 지적 능력이 낮거나 자기표현 능력에 한계가 있는 사람 혹은 어린아이들에게는 적용의 한계가 있다. • 로저스 이론에선 저항과 감정 전이 등이 무시된다.

4 행동수정

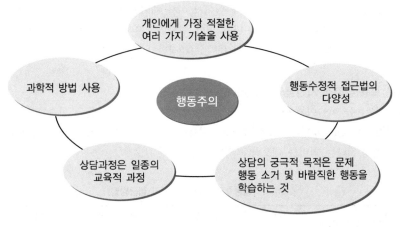

[행동주의의 기본적 개념]

(1) 행동수정이론의 기본 가정

① **개인의 성격특성은 관찰 가능한 구체적인 행동으로 분석 및 이해될 수 있다.**

개인의 성격은 그의 내면적 특성에 의해 규정되기보다는 그가 다양한 상황에서 반복적으로 나타내는 독특한 행동패턴에 의해 이해될 수 있다.

② **인간이 나타내는 대부분의 행동은 후천적으로 학습된 것이다.**

인간은 '백지상태'와 같은 존재로서 잠재적인 가능성을 지니고 태어날 뿐 선천적으로 결정된 행동패턴을 가지고 태어나는 것은 아니다.

③ **인간의 모든 행동은 학습을 통해 습득된 것이다.**

영아는 학습 과정을 통해 환경 자극에 대한 행동적 반응을 배우게 된다. 영아가 선천적으로 가지고 있는 반사행동 이외에 인간으로서 사회적 삶을 위한 중요한 행동들은 대부분 후천적인 학습에 의해 습득된 것이다.

④ **인간의 행동 변화도 학습의 원리를 응용하여 성공적으로 이루어질 수 있다.**

개인의 부적응적 문제 행동을 제거하거나 바람직한 적응적 행동을 습득하도록 하는 데에도 학습의 원리가 적용된다.

⑤ **학습 원리는 여러 동물 종(種)에 똑같이 적용될 수 있어야 한다.**

행동주의자들은 인간과 동물이 유사한 방식으로 학습한다는 사실을 가정한다. 그들은 쥐나 고양이, 비둘기와 같은 동물의 연구에서 나온 원리들을 종종 인간 학습에 적용한다. 따라서 학습에 대해 논의할 때 인간과 동물을 구분하는 대신 이를 총칭하기 위해 종종 유기체(Organism)라는 용어를 사용한다.

⑥ **학습 과정은 연구의 초점을 자극과 반응에 둠으로써 객관적으로 연구될 수 있다.**

행동주의자들은 환경 내의 자극과 그 자극에 대한 유기체의 반응에 초점을 두고 자극(S : Stimulus)과 반응(R : Response)의 관계를 기술한다. 그로 인해 행동주의 심리학을 종종 'S-R 심리학'이라고 부른다.

⑦ **보통 내적 과정은 과학적 연구에서 제외된다.**

대체로 행동주의자들은 사고, 동기, 정서 등 인간의 내적 과정의 경우 직접 관찰하거나 측정할 수 없으므로 학습 과정을 설명하는 데 있어서 이를 제외시켜야 한다고 믿는다. 다만, 몇몇 신행동주의 심리학자들은 동기나 자극-반응 연합 강도와 같은 유기체(O : Organism) 내의 요인도 학습 과정을 이해하는 데 있어서 중요하다고 주장한다. 그로 인해 그들을 'S-O-R 이론가'로 부른다.

⑧ **학습은 보통 환경적 사건들의 결과이다.**

행동주의이론을 학습이론이라 부르기도 하지만, 정작 행동주의자들은 학습이라는 용어 대신 조건형성(Conditioning)이라는 용어를 널리 사용한다. 이는 유기체가 환경적 사건들에 의해 조건화(조건형성)된다는 의미를 내포하고 있다.

[행동주의이론의 세 가지 접근방법]

고전적 조건형성 (Classical Conditioning)	• 인간이 환경 자극에 수동적으로 반응하여 형성되는 행동인 반응적 행동을 설명한다. • 대표적인 학자 : 파블로프(Pavlov), 왓슨(Watson) 등
조작적 조건형성 (Operant Conditioning)	• 인간이 환경 자극에 능동적으로 반응하여 나타내는 조작적 행동을 설명한다. • 대표적인 학자 : 손다이크(Thorndike), 스키너(Skinner) 등
인지적 학습 (Cognitive Learning)	• 인간행동에 영향을 미치는 인지적 요인의 역할을 설명한다. • 대표적인 학자 : 반두라(Bandura), 마이켄바움(Meichenbaum), 로터(Rotter) 등

(2) 고전적 조건화 이론

① 파블로프(Pavlov)의 개 실험

㉠ 고전적 조건형성은 파블로프에 의해 처음 연구된 것으로서, 개에게 종소리를 들려준 후 먹이를 주자, 이후 종소리만 들려주어도 개가 침을 흘리는 실험 과정에서 비롯되었다.

㉡ 파블로프의 개 실험에서 먹이는 '무조건 자극(UCS, Unconditioned Stimulus)', 먹이로 인해 나오는 침은 '무조건 반응(UCR, Unconditioned Response)', 조건화되기 이전의 종소리는 '중성 자극(NS, Neutral Stimulus)', 조건화된 이후의 종소리는 '조건 자극(CS, Conditioned Stimulus)', 종소리로 인해 나오는 침은 '조건 반응(CR, Conditioned Response)'에 해당한다.

ⓒ 고전적 조건형성이 이루어지는 과정은 다음과 같다.

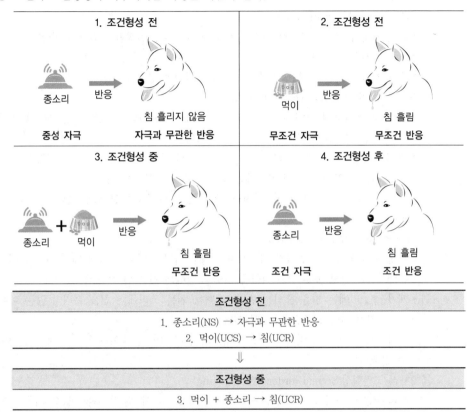

조건형성 전
1. 종소리(NS) → 자극과 무관한 반응
2. 먹이(UCS) → 침(UCR)

⇓

조건형성 중
3. 먹이 + 종소리 → 침(UCR)

⇓

조건형성 후
4. 종소리(CS) → 침(CR)

ⓔ 어떠한 조건 자극이 조건 반응을 유도하는 힘을 가지게 된 후 다른 제2의 자극과 연결되는 경우, 제2의 자극에 대한 무조건 자극으로써 새로운 조건반응을 야기할 수 있다. 이를 2차적 조건형성(Second-order Conditioning)이라고 한다. 이러한 과정이 다른 조건 자극들과 연결됨으로써 고차적 조건형성(Higher-order Conditioning)도 가능하다.

ⓜ 조건 자극에 대한 조건 반응으로 유사한 다른 자극에도 반응을 일으키는 자극 일반화(Stimulus Generalization), 조건화가 완전해짐으로써 다른 유사한 자극에 대해 반응을 일으키지 않는 자극 변별(Stimulus Discrimination)도 가능하다.

ⓗ 학습은 체계적·과학적 방법에 의해 외부로부터 유도될 수 있으며, 그 결과는 예측이 가능하다.

ⓢ 파블로프는 행동이 학습되는 방식을 과학적 연구를 통해 밝힘으로써 인간의 언어와 지식, 이상행동 등에 대한 설명의 기초를 마련하였다.

② **주요 개념**
　㉠ 획득 또는 습득(Acquisition)
　　• 조건 자극과 무조건 자극이 연합하기 위해 요구되는 일정한 기간을 의미한다.
　　• 학습이 확립된 후 조건 자극만으로도 조건 반응을 일으킬 수 있다.
　　• 학습 효과는 처음 낮은 상태에서 시작하여 급격한 상승을 보이다가 이후 천천히 감소한다.
　㉡ 자극 일반화(Stimulus Generalization)
　　• 특정 조건 자극에 대해 조건 반응이 성립되었을 때 그와 유사한 조건 자극에 대해서도 똑같은 조건 반응을 보이는 학습 현상을 말한다.
　　• 이 경우 뒤이은 조건 자극은 앞선 조건 자극과 매우 유사해야 한다. 만약 종소리 대신 손뼉을 치는 소리를 들려준다면, 개는 침을 흘리지 않을 것이다.
　　• 자극 일반화의 대표적인 예로 "자라 보고 놀란 가슴 솥뚜껑 보고 놀란다"는 속담을 들 수 있다.
　㉢ 자극 변별(Stimulus Discrimination)
　　• 특정 자극에 대한 조건화가 완전해지는 경우 다른 유사한 자극에 대해 반응을 일으키지 않는데, 이와 같이 둘 이상의 자극을 서로 구별하는 것을 말한다.
　　• 개가 종소리에는 침을 흘리는 반면, 손뼉을 치는 소리에는 침을 흘리지 않는 이유는 개가 이 두 가지 자극을 구별하기 때문이다.
　　• 자극 변별과 자극 일반화는 동전의 양면과 같다. 이 둘 사이는 훈련을 통해 균형이 조정될 수 있다.
　㉣ 2차적 조건형성(Second-order Conditioning)
　　• 어떠한 조건 자극이 조건 반응을 유도하는 힘을 가지게 된 후 다른 제2의 자극과 연결될 수 있다. 이 때 제2의 자극에 대한 무조건 자극으로써 새로운 조건 반응을 야기할 수 있다.
　　• 2차적 조건형성은 고전적 조건형성이 이루어진 후 두 번째 조건 자극을 첫 번째 조건 자극과 짝지어 여러 차례 반복함으로써 두 번째 조건자극에 대해서도 동일한 조건 반응을 유발하는 것이다. 예를 들어, 종소리와 함께 손뼉을 치는 소리를 짝지어 반복적으로 제시할 경우 손뼉을 치는 소리만으로도 개는 침을 흘리게 될 것이다.
　　• 첫 번째 조건 자극을 다른 조건 자극들과 연결함으로써 고차적 조건형성(Higher-order Conditioning)도 가능해진다.
　㉤ 편향적 연합(Associative Bias)
　　• 일반적으로 중성 자극은 밝기나 크기 혹은 강도가 두드러질수록 무조건 자극과 함께 제시될 때 더 잘 조건 자극이 되는 경향이 있으나, 그와 관련 없이 어떠한 자극이 특정 무조건 자극과 잘 연합되는 경우도 있다.
　　• 편향적 연합은 어떤 자극들 간의 연합이 다른 자극들 간의 연합보다 더 잘 이루어지는 경향을 말한다. 예를 들어, 음식은 빛이나 소리보다 메스꺼움과 연합된 조건 자극이 되기 쉽다.

③ **고전적 조건형성의 적용**

　㉠ 고전적 조건형성의 응용

　　• 부정적 정서로서 공포와 불안의 형성

　　　고전적 조건형성은 공포와 불안과 같은 정서 반응을 형성하는 데 중요한 영향을 미친다.

　　　㉠ 덩치가 크고 사납게 생긴 개를 보고 놀란 경험이 있는 어린아이는 강력하고 일반화된
　　　　개 공포증을 학습함으로써 이후 어떤 개에게도 접근하기를 두려워하게 된다.

　　• 긍정적 정서로서 유명연예인 광고모델

　　　광고업자들은 어떤 상품을 긍정적 정서를 불러일으키는 무조건 자극(UCS)과 교묘하게 짝
　　　지음으로써 상품이 좋은 감정을 불러일으키는 조건 자극(CS)이 되기를 희망한다.

　　　㉠ 광고업자들은 상품을 매력적인 인물(유명연예인, 운동선수, 저명인사 등)이나 즐거움을
　　　　주는 배경(아름다운 경치, 음악 등)과 연합시켜 보여준다.

　㉡ 볼페(Wölpe)의 상호억제원리(Principle of Reciprocal Inhibition)

　　• 파블로프의 고전적 조건형성의 원리에 입각하여 볼페가 확립한 이론으로서 '상호제지이론'
　　　또는 '역제지이론'이라고도 한다.

　　• 볼페는 신경계의 특징으로서 이완과 흥분(불안 반응)이 동시에 작동할 수 없음을 관찰하
　　　였다.

　　• 불안이나 공포 등의 신경증적 반응은 그것과 대립된 강력한 반응에 의해 제지 또는 억제될
　　　수 있다고 본다.

　　• 상호제지 또는 상호교호적 억제(Reciprocal Inhibition)는 제거 대상 반응(불안)과 양립할
　　　수 없는 반응(이완)을 끌어냄으로써 이들 간의 상호 방해로 인해 두 가지 연상 중 하나를
　　　기억할 수 없도록 하는 것이다.

　　• 신경증적 행동은 학습에 의해 비롯된 것이므로, 이를 소거하기 위해 이미 학습된 것을 억
　　　제·제지할 수 있는 다른 행동이 필요하다.

　　• 볼페의 상호억제원리는 특히 불안 자극에 대해 체계적인 이완을 통한 심리적인 직면을
　　　시도하는 '체계적 둔감법(둔감화) 또는 체계적 탈감화(Systematic Desensitization)'로 구
　　　체화되었다.

　㉢ 바람직하지 않은 조건 반응의 수정

　　• 소거(Extinction)

　　　– 파블로프의 개는 종소리가 울린 후에 음식이 나온다는 것을 학습하였다. 그러나 종소리
　　　　가 계속 울리지만 정작 음식이 나오지 않는 상황을 반복적으로 경험하게 된다면, 즉 무
　　　　조건 자극 없이 조건 자극만 반복해서 제시하게 된다면 조건 반응은 점차 약해지게 된
　　　　다. 파블로프는 이와 같은 현상을 '소거'라 불렀다.

　　　– 그러나 소거는 바람직하지 않은 조건 반응을 제거하기 위한 수단으로 신뢰롭지 못한 것
　　　　으로 알려져 있다. 그 이유는 소거가 일어나는 속도를 예측하기 어렵고, 보통 사람들은
　　　　공포 반응을 불러일으키는 학습된 자극을 회피하는 경향이 있으므로 소거할 기회를 가
　　　　지지 못하며, 반응이 소거되었다고 해도 자발적 회복(Spontaneous Recovery)에 의해
　　　　다시 나타날 수 있기 때문이다.

- 역조건형성(Counterconditoning)
  - 역조건형성은 바람직하지 않은 조건 반응을 보다 생산적이고 새로운 반응으로 대체하는 것으로서, 소거보다 더욱 효과적인 것으로 알려져 있다.
  - 존스(Jones)는 토끼를 두려워하는 소년 피터(Peter)의 공포 반응을 제거하기 위한 실험을 하였다. 그는 피터를 의자에 앉혀 놓고 사탕을 주었고, 피터가 사탕을 먹는 동안 토끼를 방 안 구속 쪽으로 데리고 왔다. 다른 상황이었다면 피터는 토끼를 보고 울음을 터뜨렸을 것이다. 그러나 피터가 사탕을 먹는 동안 느끼는 즐거움의 강도가 토끼가 나타났을 때 느끼는 공포의 강도를 압도하였으므로, 피터는 눈물을 흘리지 않았다. 이후 피터에게 사탕을 주고 토끼를 이전보다 약간 더 가까이 데려다 놓는 절차를 두 달 정도 반복하자, 피터는 더 이상 토끼에 대해 공포를 느끼지 않게 되었다.
- 체계적 둔감법 또는 체계적 둔감화(Systematic Desensitization)
  - 역조건형성을 이용한 치료방법으로, 특정한 상황이나 상상에 의해 조건형성된 불안이나 공포를 극복하도록 하기 위한 것이다.
  - 혐오스런 느낌이나 불안한 자극에 대한 위계목록을 작성한 다음, 낮은 수준의 자극에서 높은 수준의 자극으로 상상을 유도함으로써 불안이나 공포에서 서서히 벗어나도록 한다.
  - 불안이나 공포, 혐오증, 강박관념 등이 있는 내담자로 하여금 그로 인한 부적응 행동이나 회피행동을 치료하는 데 효과가 있다.
- 혐오치료(Aversion Therapy)
  - 바람직하지 못한 행동에 혐오 자극을 제시하여 부적응적인 행동을 제거하는 방법이다. 주로 흡연, 폭음, 과식 등의 문제를 해결하기 위해 사용되며, 부적응적이고 지나친 탐닉이나 선호를 제거하는 데 효과적이다.
  - 체계적 둔감법이 불안이나 공포의 반응을 유발하는 자극을 보다 긍정적인 자극으로 변화하도록 조건형성을 실시하는 것인 반면, 혐오치료는 특정 자극이 더욱 혐오적인 것이 되도록 조건형성을 실시한다.
  - 예를 들어, 술을 끊고자 하는 사람에게 술을 맛보도록 하는 동시에 전기 쇼크나 구토를 일으키는 약물을 부여함으로써 점차적으로 술에 대해 혐오적인 반응을 보이도록 할 수 있다.
- 홍수법(Flooding)
  - 불안이나 공포를 유발하는 자극들을 계획된 현실이나 상상 속에서 지속적으로 제시하는 치료방법이다.
  - 혐오스런 느낌이나 불안한 자극에 대해 미리 준비를 갖추도록 한 후 가장 높은 수준의 자극에 오랫동안 지속적으로 노출시킴으로써 시간이 경과함에 따라 혐오나 불안을 극복하도록 한다.

더 알아두기

체계적 둔감법(체계적 둔감화)의 시행 절차
- 제1단계 – 근육이완훈련(Relaxation Training)
  근육이완 상태에서는 불안이 일어나지 않는다는 원리를 토대로 한다. 치료자는 수회에 걸쳐 내담자가 근육의 긴장을 이완할 수 있도록 훈련시킨다.
- 제2단계 – 불안위계목록 작성(Creating an Anxiety Hierarchy)
  치료자는 내담자가 가지고 있는 불안과 공포에 대한 구체적인 정보와 함께 각각의 증상과 관련된 행동들을 파악한다. 불안과 공포를 일으키는 유발 상황에 대한 위계목록은 대략 10~20개 정도로 작성한다.
- 제3단계 – 불안위계목록에 따른 둔감화 또는 실제적 둔감화 실행(Actual Desensitization)
  치료자는 역조건형성을 통해 내담자로 하여금 이완상태에서 불안을 유발하는 상황을 상상하도록 유도한다. 이때 불안을 유발하는 상황을 상상하는 순서는 위협을 가장 적게 느끼는 상황에서부터 시작하여 가장 위협적인 상황으로 옮겨가는 것이 바람직하다. 이 과정은 불안유발 자극과 불안 반응의 관계가 완전히 소거될 때까지 반복적으로 실시한다.

(3) 조작적 조건화 이론

① 스키너(Skinner)의 쥐 실험

㉠ 스키너는 조작적 조건형성의 원리를 체계화하였다.

㉡ 그는 자신이 고안한 '스키너 상자(Skinner Box)'를 이용하여 쥐 실험을 하였다. 상자 내부에 지렛대를 누르면 먹이가 나오도록 한 장치에 배고픈 쥐를 집어넣고 쥐의 행동을 관찰하였다. 쥐가 상자 안을 배회하다가 우연히 지렛대를 누르게 되자 먹이가 한 조각 나왔고, 쥐는 그 먹이를 먹었다. 여전히 배가 고팠던 쥐는 다시 상자 안을 배회하다가 지렛대를 누르게 되어 먹이를 얻게 되었다. 이와 같은 일이 반복되면서 쥐는 지렛대를 누를 때 먹이가 나온다는 것을 학습하게 되었고, 자기가 배가 고플 때면 지렛대를 누르는 행동을 보였다.

㉢ 스키너 상자에서 먹이는 '무조건 자극(UCS)', 먹이를 먹는 것은 '무조건 반응(UCR)', 지렛대는 '조건 자극(CS)', 지렛대를 누르는 것은 '조건 반응(CR)'에 해당한다.

㉣ 사실 스키너의 쥐 실험은 파블로프의 개 실험에 비해 혁신적인 것은 아니었으나 스키너의 쥐 실험이 가지는 가치는 쥐가 지렛대를 밟을 때 먹이가 나온다는 사실을 우연히 발견한 후에 그 보상을 토대로 우연한 일을 의도적으로 만든다는 것을 보여준 것이며, 또한 보상을 주지 않거나 보상의 횟수를 달리 하는 실험을 통해 반복 가능하고 보편적인 행동의 법칙을 발견했다는 데 있다.

㉤ 스키너의 조작적 조건형성은 보상에 의한 강화를 통해 반응 행동을 변화시키려는 방법이므로 '강화이론(Reinforcement Theory)' 혹은 '조작적 강화이론(Operant Reinforcement Theory)'이라고도 불린다.

㉥ 스키너는 자신의 연구를 통해 특정한 행동이 강화물을 제시하는 시간간격 및 방법에 따라 어떻게 학습되고 소거되는지를 정교하게 밝히고 있다. 그리고 이와 같은 조작적 조건형성의 원리가 인간행동을 긍정적으로 변화시킬 수 있으며, 효과적인 교육 및 사회적 변화에 활용될 수 있을 것으로 기대하였다. 그리하여 스키너는 이후 자신의 학술적 연구를 '행동공학(Behavior Engineering)'으로 지칭하였다.

[스키너(Skinner)의 쥐 실험]

② **주요 개념**

  ㉠ 유관성 또는 수반성(Contingency)

    • 반응과 그것의 결과 간에 확립될 수 있는 특별한 관계를 의미한다.

    • 예를 들어, 아이가 방을 청소하면 용돈을 받게 된다고 가정할 때, 아이가 용돈을 받는 것은 방을 청소함으로써 이루어지게 된다.

    • 조작적 조건형성에서 중요하게 다루어지는 유관성(수반성)의 세 가지 구성요소는 자극(Stimulus), 행동(Behavior), 결과(Consequence)이다. 자극은 반응 혹은 행동이 일어나는 환경적 혹은 상황적 사건을 말하고, 행동은 자극에 의해 유발되는 구체적인 행동 그 자체를 의미하며, 결과는 행동에 뒤따르는 환경 자극에 해당한다.

  ㉡ 강화(Reinforcement)

    • 강화는 어떤 행동에 뒤따르는 결과가 그 행동을 다시 야기할 가능성을 증가시킬 때 일어난다.

    • 행동은 그 행동의 결과에 의해 지배를 받게 되어 유기체가 한 행동이 만족스러운 결과를 가져올 때 더욱 강한 행동의 반복을 가져온다.

    • 강화 자극(보상)이 따르는 반응은 반복되는 경향이 있으며, 조작적 반응이 일어나는 비율을 증가시킨다.

  ㉢ 처벌(Punishment)

    • 처벌은 어떤 행동에 뒤따르는 결과가 그 행동을 다시 야기할 가능성을 감소시킬 때 일어난다.

    • 강화가 반응의 빈도를 증가시키는 것과 달리, 처벌은 반응의 빈도를 감소시킨다.

    • 처벌의 원리는 혐오 자극(불쾌 자극)의 제시나 긍정 자극(유쾌 자극)의 제거가 행동에 뒤따를 때 반응의 빈도가 감소하는 것을 말한다.

  ㉣ 소거(Extinction)

    • 소거는 일정한 반응 뒤에 강화가 주어지지 않는 경우 해당 반응이 사라지는 현상을 말한다.

    • 예를 들어, 하급자가 공손하게 인사를 해도 윗사람이 인사를 받아주지 않고 무시해버린다면 인사하는 빈도는 줄어들게 되고, 마침내 인사행동은 사라지게 된다.

- 소거의 원리는 주어진 상황에서 개인이 이전에 강화된 반응을 방출하고 이때 그러한 반응이 강화되지 않는 경우, 이후 유사한 상황에 직면할 때 다시 같은 반응을 하지 않을 가능성이 높은 것을 말한다.
- 일반적으로 조건 자극과 조건 반응이 연합된 정도가 강할수록 소거에 저항하는 힘이 크므로, 소거 절차는 조건형성의 강도를 알아보기 위한 지표로 종종 사용된다.

ⓜ 자발적 회복(Spontaneous Recovery)
- 일단 습득된 행동은 만족스러운 결과가 주어지지 않는다고 하여 즉시 소거되지는 않는다.
- 자발적 회복은 한 번 습득된 행동에 대해 보상이 주어지지 않더라도 동일한 상황에 직면하는 경우 소거된 반응이 다시 나타나는 현상을 말한다.
- 만약 부적응적인 행동이 과거에 여러 번 강화되었다면, 그 행동은 소거에 매우 저항적이 되어 좀처럼 제거되지 않는다. 이는 "세살 버릇 여든까지 간다."는 속담과도 연관된다.

ⓗ 변별(Discrimination)
- 변별은 보다 정교하게 학습이 이루어지는 것으로서, 유사한 자극에서 나타나는 조그만 차이에 따라 다른 반응을 보이는 것이다.
- 유기체는 이전에 학습한 것을 토대로 자극 변별(Stimulus Discrimination)을 학습한다. 즉, 어떤 자극에서 행동이 강화(혹은 처벌)될 것인지 다른 자극에서 행동이 강화(혹은 처벌)되지 않을 것인지를 구분하는 것이다.
- 변별 조건형성에서 조건 자극에는 강화물이 주어지는 반면, 변별해야 할 자극에는 강화물이 주어지지 않는다.
- 스키너 상자 안에서 전구에 불이 들어올 때에만 먹이가 나오게 하자, 쥐는 불이 들어온 상태에서는 지렛대를 누르는 반응을 보이는 한편, 불이 들어오지 않은 상태에서는 지렛대를 누르지 않게 되었다.

ⓢ 행동조성 또는 조형(Shaping)
- 행동조성은 목표행동에 근접하는 반응들을 강화함으로써 새로운 행동을 가르치는 것을 말한다.
- 일련의 복잡한 행동을 학습시키기 위해서는 목표행동에 점차적으로 근접하는 행동을 보일 때마다 강화를 하여 최종적으로 목표행동에 도달하도록 할 수 있다.
- 예를 들어, 수족관의 돌고래가 재주를 부리는 행동, 서커스 단원이 묘기를 부리는 행동 등은 이와 같은 조형을 통해 형성된 것이다.

! 더 알아두기 Q

강화와 처벌

(1) 강화와 처벌의 유형
　① 정적 강화(Positive Reinforcement)
　　유쾌 자극을 부여하여 바람직한 반응의 확률을 높인다.
　　예 교실 청소를 하는 학생에게 과자를 준다.
　② 부적 강화(Negative Reinforcement)
　　불쾌 자극을 제거하여 바람직한 반응의 확률을 높인다.
　　예 발표자에 대한 보충수업 면제를 통보하여 학생들의 발표를 유도한다.
　③ 정적 처벌(Positive Punishment)
　　예 장시간 컴퓨터를 하느라 공부를 소홀히 한 아이에게 매(회초리)를 가한다.
　④ 부적 처벌(Negative Punishment)
　　유쾌 자극을 제거하여 바람직하지 못한 반응의 확률을 감소시킨다.
　　예 방청소를 소홀히 한 아이에게 컴퓨터를 못하게 한다.

[강화와 처벌의 구분]

구분	행동 증가	행동 감소
자극 제시	① 정적 강화(예 과자)	③ 정적 처벌(예 회초리)
자극 제거	② 부적 강화(예 보충수업 면제)	④ 부적 처벌(예 컴퓨터 금지)

(2) 강화의 원칙
　① 강화는 바람직한 행동 변화를 이끌어낼 수 있을 만큼 적절히 부여해야 한다.
　② 강화는 일관성 있게 이루어져야 한다.
　③ 사람마다 강화 자극의 영향력이 다르므로 적절한 강화 자극을 선정해야 한다.
　④ 강화는 즉시 이루어져야 하며, 지난 행동에 대한 강화는 그 효과를 기대할 수 없다.
　⑤ 강화는 바람직한 목표행동과 직접적으로 연관된 것에 부여해야 한다.
　⑥ 강화계획은 체계적·점증적인 단계들로 이루어져야 한다.

(3) 처벌의 원칙
　① 처벌은 바람직하지 못한 행동을 중단시킬 수 있을 만큼 최소화해야 한다.
　② 처벌은 일관성 있게 이루어져야 한다.
　③ 처벌은 짧고 간결하게 해야 한다.
　④ 처벌은 즉시 이루어져야 하며, 지난 행동에 대한 처벌은 삼가야 한다.
　⑤ 처벌의 부작용에 대해 고려해야 한다.
　⑥ 반복적인 처벌에도 불구하고 효과가 없는 경우 다른 방법을 강구해야 한다.

(4) 강화계획 또는 강화스케줄
　① 계속적 강화계획(Continuous Reinforcement Schedule)
　　㉠ 반응의 횟수나 시간에 상관없이 기대하는 반응이 나타날 때마다 강화를 부여한다.
　　㉡ 학습 초기단계에는 효과적이지만, 일단 강화가 중지되는 경우 행동이 소거될 가능성도 있다.

ⓒ 강화요인의 연속적인 적용으로 인해 강화요인의 유인가치가 감소하는 포만효과(Satiation Effect)의 부작용이 발생한다.

ⓔ 일상생활에서보다는 실험실에서 적용 가능한 방법에 해당한다.

② 간헐적(부분적) 강화계획[Intermittent(or Partial) Reinforcement Schedule]

ⓐ 반응의 횟수나 시간을 고려하여 간헐적 또는 주기적으로 강화를 부여한다.

ⓑ 계속적 강화계획에 비해 상대적으로 학습된 행동을 유지하는 데 효과적인 방법이다. 이는 연속적으로 강화된 행동에 비해 간헐적으로 강화된 행동이 소거되기 어렵기 때문이다.

ⓒ 시간의 간격을 기준으로 '고정간격계획', '가변(변동)간격계획', '고정비율계획', '가변(변동) 비율계획' 등으로 구분된다.

ⓓ 반응률이 높은 강화계획 순서는 '가변비율계획(VR) > 고정비율계획(FR) > 가변간격계획(VI) > 고정간격계획(FI)' 순이다.

ⓔ 강화계획 중 학습속도는 느리지만 소거에 대한 저항이 가장 큰 것은 가변(변동)비율계획이다.

고정간격계획 (Fixed-interval Schedule)	• 요구되는 행동의 발생빈도에 상관없이 일정한 시간 간격에 따라 강화를 부여한다. • 지속성이 거의 없으며, 강화시간이 다가오면서 반응률이 증가하는 반면, 강화 후 떨어진다. 예 주급, 월급, 일당, 정기적 시험 등
가변(변동)간격계획 (Variable-interval Schedule)	• 일정한 시간 간격을 두지 않은 채 평균적으로 확인할 수 있는 시간 간격이 지난 후에 강화를 부여한다. • 느리고 완만한 반응률을 보이며, 강화 후에도 거의 쉬지 않는다. 예 1시간에 3차례의 강화를 부여할 경우, 25분/45분/60분으로 나누어 강화를 부여한다.
고정비율계획 (Fixed-ratio Schedule)	• 행동중심적 강화방법으로서, 일정한 횟수의 바람직한 반응이 나타난 다음에 강화를 부여한다. • 빠른 반응률을 보이지만 지속성이 약하다. 예 옷 공장에서 옷 100벌을 만들 때마다 1인당 100만원의 성과급을 지급한다.
가변(변동)비율계획 (Variable-ratio Schedule)	• 반응행동에 변동적인 비율을 적용하여 불규칙한 횟수의 바람직한 행동이 나타난 후 강화를 부여한다. • 반응률이 높게 유지되며, 지속성도 높다. 예 카지노의 슬롯머신, 복권 등

(4) 사회학습이론

① 반두라(Bandura)의 보보인형 실험

ⓐ 반두라는 행동에 영향을 미치는 직접적인 강화의 중요성을 부인하지는 않았으나, 직접적인 강화만이 행동의 학습을 가능하게 하고 행동의 변화를 가져오는 것은 아니라고 생각하였다. 그는 인간행동의 상당부분이 의도적이든 우연적이든 어떤 표본을 보고 학습한 것이라고 판단한 것이다. 그의 이와 같은 생각은 모델링(Modeling)에 관한 일련의 연구로 이어졌으며, 그중 보보인형 실험(Bobo Doll Experiment)이 유명하다.

ⓛ 보보인형 실험에서는 크기가 4피트(약 1m 20cm) 정도 되는 플라스틱으로 만들어진 인형이 사용되었다. 3~6세의 아동 앞에서 한 성인이 그 인형을 발로 차고 마구 때리고 집어던지는 등 폭력적인 행동을 연출하였다. 이와 같이 공격적인 행동을 보여준 후 자리를 떠나자, 그 광경을 지켜보았던 아동이 어른의 공격적인 행동을 그대로 반복하였다. 그리고 그 현상은 성인의 공격적인 행동을 직접 관찰하지 못한 비교집단과 비교해 볼 때 현저한 차이를 보였다.

ⓒ 반두라는 보보인형 실험을 통한 아동의 학습 과정을 '모델링(Modeling)'이라 명명하였으며, 긍정적 행동은 물론 부정적 행동 또한 모두 모델링에 의해 학습될 수 있다고 주장하였다.

ⓔ 반두라의 실험은 아동의 사회화에 있어서 모델링의 영향력을 강조하고 있다. 요컨대, 아동은 발달 과정에서 다양한 모델들을 통해 사회적인 학습을 하게 된다. 처음에는 부모나 교사가 하는 행동을, 이후로는 사회에서 요구하는 적합한 행동을 모델로 사회화를 하게 된다. 만약 누군가 사회적 규범에서 벗어난 행동을 한다면, 그는 그 사회에서 부적절한 것으로 간주되는 행동을 모방한 것뿐이다. 따라서 반두라는 사회가 아동 및 청소년에게 바람직한 모델을 제시해 주어야 할 책임이 있다고 강조하였다.

[실제 보보인형과 보보인형 실험]

② **주요 개념**

ⓐ 모방학습 또는 모델링(Modeling)

- 흔히 아이는 어른이 하는 행동을 흉내 내어 따라하는 과정을 통해 어른의 행동을 학습하게 된다.
- 모방학습은 가장 단순한 형태의 사회학습으로서, 보통 인지적 요인의 개입 없이 자동적으로 이루어지는 경향이 있다.

  예 아동은 불량한 또래친구들과 함께 어울려 다닐 때 난폭한 말을 하거나 폭력적인 행동을 하는 등 그들의 불량스러운 행동을 모방하게 된다.

ⓑ 대리학습(Vicarious Learning)

- 대리학습은 다른 사람들이 어떤 새로운 행동을 시도할 때 그 결과가 어떻게 나타나는지를 관찰함으로써 자기 자신 또한 그와 같은 행동을 할 경우 초래될 결과를 예상하는 학습방법이다.

- 보통 어떤 행동이 보상의 결과를 가져오는 경우 그 행동의 빈도가 증가하는 반면, 처벌의 결과를 가져오는 경우 그 행동의 빈도는 감소한다.
  - 예 아동은 선행을 한 또래친구가 선생님에게 칭찬을 받는 것을 본 후, 자신도 그와 같은 선행을 하게 된다.
© 관찰학습(Observational Learning)
  - 관찰학습은 사회적 상황에서 다른 사람의 행동을 관찰한 후에 그와 유사한 행동을 나타내는 학습방법이다
  - 직접적인 보상이나 처벌에의 경험 없이 타인의 행동에 대한 관찰을 통해 행동을 습득하는 것으로서, 이는 인간행동이 개인적 변인(내적 요인)과 환경적 변인(외적 요인)의 계속적인 상호작용의 결과임을 나타낸다.
    - 예 사회에 불만을 가진 사람이 인터넷에 유포되고 있는 테러집단의 테러 현장 관련 영상을 유심히 관찰한 후에 그와 유사한 방법으로 테러행위를 저지른다.

더 알아두기

반두라에 따른 관찰학습 4단계

주의과정		저장과정		동기화과정		운동재생과정
관찰대상의 행동에 관심을 갖고 그 대상을 정확하게 지각	→	관찰대상이 하는 행동을 관찰하여 그 내용을 기억	→	특정한 상황에서 행동하기로 결정	→	관찰한 행동을 재생

---

(5) 상담목표와 기법

① 상담목표

㉠ 행동주의 상담의 일반적인 목표는 학습의 새로운 조건을 창출해내는 것으로 상담의 기본 목표는 학습을 위해 새로운 조건을 만드는 것이다.

㉡ 학습 경험이 문제 행동을 해결 혹은 개선시킬 수 있으며, 행동주의 상담의 목적은 바람직하지 못한 행동을 소거시키고 바람직한 행동을 학습시키는 것이다.

㉢ 행동주의 상담의 근본 목표는 바람직한 행동은 증강시켜 주며 바람직하지 못한 행동은 약화 또는 경감시킴으로써 이상 행동자의 적응력을 높이는 것이다.

㉣ 행동주의 상담의 목표는 내담자가 결정하며 한 상담목표는 구체적인 세부목표로 나뉜다. 행동주의 상담에서는 이 목표들이 달성된 정도를 계속적 평가로 결정한다.

㉤ 행동주의 상담에서는 상담자-내담자 간의 인간적인 관계를 강조하지는 않지만 좋은 상담관계는 행동절차 개선에 도움을 줄 수 있다.

② 상담자의 역할

㉠ 행동주의 상담자는 행동적이고 지시적이며 내담자가 보다 효율적인 행동을 학습하도록 돕는 조언자 혹은 문제해결자로서의 역할을 담당한다.

㉡ 내담자를 위한 역할모델이 된다.

③ 내담자의 역할

　㉠ 새로운 행동을 과정과 실험 속에서 행동화하려고 하는 내담자의 적극적인 자세가 필요하다.

　㉡ 내담자의 적극적인 참여와 자각이 중요하다.

④ 상담기법

　㉠ 바람직한 행동에 대한 학습 기법

　　• 정적 강화

　　　바람직한 행동이 계속될 때마다 그것에 상응하는 보상을 줌으로써 그 행동을 강화시키는 기법이다.

　　• 부적 강화

　　　바람직한 행동에 대한 보상으로 혐오자극인 어떠한 자극을 제거해 줌으로써 특정한 반응이 일어날 가능성을 증가시키는 기법이다.

🔔 더 알아두기 🔍

부적 강화의 부작용

부적 강화는 혐오자극을 내포하고 있어 공격, 공포, 또는 학습을 방해하는 바람직하지 못한 정서적 행동을 유발할 수 있기 때문에, 정적 강화가 적용될 수만 있다면 사용을 자제하는 것이 바람직하다.

　　• 토큰 강화

　　　- 토큰 강화의 정의와 원리 : 원래는 강화하는 힘이 없지만 다른 강화물과 적절히 짝지워짐으로써 강화력을 얻는 자극을 조건 강화 자극이라고 하는데, 이 조건 강화 자극의 대표적인 기법이 토큰 강화이다.

　　　- 토큰 강화의 장점 및 사용 시 주의점 : 토큰 강화는 바람직한 행동을 구체적으로 미리 정해 놓고, 이를 수행했을 때, 약속되어 있는 토큰을 줌으로써 행동을 강화시키는 방법이다. 이때 토큰은 그 자체로서는 강화물로서의 성격을 가지지 못하지만, 토큰으로 교환할 수 있는 강화물과의 교량 역할을 하기 때문에 바람직한 행동을 한 직후의 강화물이 없을 때 편리하게 사용할 수 있다.

　　• 조성(Shaping)

　　　내담자가 이전에 시행한 적이 없는 행동을 하게 하기 위해 사용되는 행정수정 방법으로, 출발점 행동을 찾아 이 행동을 하면 즉각적으로 강화해 주는 방식으로 출발하여 점진적으로 목표 행동에 가까이 갈 수 있도록 유도하는 기법이다.

　　• 행동계약법

　　　상담자와 내담자가 어떠한 행동을 어느 정도로 할 것이며, 성공적으로 수행한 행동에 대하여 어떤 보상을 줄 것인가에 대한 계약을 맺고 그대로 시행하는 기법이다.

　　• 모방학습(Modeling)

　　　- 모델링 기법을 활용하여 내담자가 모델을 관찰하여 그 모델의 행동을 모방하도록 함으로써 시행착오 없이 그대로 해낼 수 있도록 하는 것이다.

    – 효과적인 모방학습을 위한 조건

> ⓐ 본보기가 되는 행동이 내담자의 행동수준에 부합해야 한다.
> ⓑ 모방학습 시 지시를 함께 사용한다.
> ⓒ 강화는 본보기가 되는 행동을 정확히 따라했을 때에만 주어진다.
> ⓓ 모방학습의 에피소드는 쉬운 것부터 어려운 것까지 연속되어야 한다.
> ⓔ 모망학습 장면은 될 수 있는 한 현실성이 있어야 한다.

- 프리맥의 원리(Premack's Law)

  빈도가 높은 행동은 빈도가 낮은 행동에 대해서 강화력을 갖는다는 원리로 반응을 제거하는 것이 아니라, 현재 가지고 있는 행동의 발생빈도를 높이는 데 효과가 있다.

  예 수학을 싫어하는 학생에게 수학 숙제를 마치면 좋아하는 축구를 할 수 있게 한다.

- 용암법(Fading)

  한 행동이 다른 상황에서도 발생할 수 있도록 그 조건을 점차적으로 변경하는 과정을 말한다.

  예 아이에게 원을 그리게 할 때 처음엔 진한 원 자국을 따라 그리게 하고 다음엔 희미한 원 자국을 따라 그리게 하는 방식으로 여러 상황에 적응시킨 뒤 "원을 그려 봐."라는 말에 흰 종에 위에서도 원을 그릴 수 있도록 한다.

- 간헐 강화(Intermittent Reinforcement)

  어떤 행동이 발생할 때마다 강화하지 않고 부분적으로 강화하는 것을 말한다. 일단 이를 통한 행동이 학습되면 소거에 대한 저항이 더 강해져서 오래도록 유지된다.

- 자기주장훈련

  자신의 감정을 표현하지 못하는 사람을 대상으로 할 때 매우 유용하며, 내담자가 어떤 상황에서 자신의 의사를 정확하게 표현할 수 있는 행동을 할 수 있도록 하는 데 목적이 있다.

- 역할연기

  내담자에게 현실적 장면 혹은 극적 장면을 통하여 역할행동을 시킨 뒤, 그것을 연습시켜 이상행동을 적응행동으로 바꾸는 기법이다.

ⓛ 바람직하지 않은 행동 없애기

- 상반행동의 강화

  바람직하지 못한 행동 대신에 바람직한 행동을 강화하면 나쁜 행동은 차츰 감소하고 바람직한 새로운 행동을 학습하게 된다는 원리에 근거하고 있다.

- 소거

  바람직하지 않은 행동을 없애는 데 사용되는 기법으로 하나의 반응이 정적 강화를 받아 발생 빈도가 증가되었는데 정적강화가 중단되면 발생 빈도가 감소되는 원리에 근거하고 있다.

- 벌

  주어진 상황에서 어떤 행동을 하면 즉시 '어떤 결과(벌)'가 뒤따라온다. 그러면 다음에 유사한 상황에서 같은 행동을 할 가능성이 적어진다. 이와 같은 '어떤 결과'를 벌이라고 한다.

• 체계적 둔감법

특히 공포나 불안 반응을 제거하기 위한 방법인데 공포와 불안을 일으키는 자극에 대해서 이완상태를 끌어낸 다음 점차 수준을 높여 감으로써 공포나 불안을 제거하는 기법이다.

⑤ 상담 과정

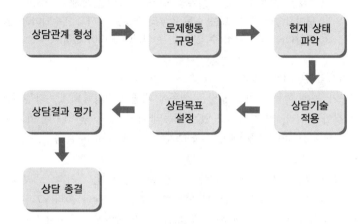

㉠ 상담자와 내담자 간 관계가 어느 정도 형성된 후에 상담기술을 적용한다.

㉡ 내담자의 문제행동을 명확하게 규명한다.

㉢ 내담자가 나타내는 문제행동을 분석하여 내담자의 현재 상태를 파악한다.

㉣ 내담자의 어떤 행동을 변화시킬지에 대한 상담목표를 설정한다.

㉤ 내담자에게 바람직한 행동을 할 수 있도록 지지할 수 있는 상담기술을 적용한다.

㉥ 상담의 효과 및 상담기술이 제대로 적용되었는지 등에 대한 상담결과를 평가한다.

㉦ 상담을 종결한다.

(6) 행동수정이론의 공헌 및 한계

공헌	• 학습과정에 대한 지식을 상담과정에 적용하고 연구를 수행함으로써, 상담 분야를 과학으로 발전하게 하였다. • 상담의 목표가 특정 행동의 소거, 특정 행동의 획득과 같이 구체적이기 때문에 이것의 달성 여부에 대하여 명확히 알 수 있고, 따라서 이에 대한 객관적인 평가가 가능하다. • 내담자와 상담자의 합의에 따라 각자에 알맞은 구체적인 상담기술을 다양하게 적용할 수 있다.
한계	• 상담자와 내담자와의 관계를 경시하는 반면 기술적인 측면을 지나치게 강조하였다. • 내담자의 문제 행동이 행동수정접근법에 의해 일시적으로 사라진다고 해도, 이 접근에 의해 일시적으로 사라진 행동은 곧 다른 형태로 나타날 수 있다. 즉, 문제의 근원은 해결하지 못하는 경향이 있다. • 상담과정에서 감정과 정서의 역할 및 내담자의 현재 문제에 대한 배경적 정보를 경시하는 측면이 있다. • 근본적으로 이 접근법은 동물을 대상으로 한 연구에서 나왔기 때문에, 실험실 밖의 일상생활에서나 동물이 아닌 인간에게는 적절하지 않을 수 있다.

5 인지행동

(1) 인지행동이론의 기본 가정

① 인간은 합리적이고 올바른 사고를 할 수 있는 존재이지만 한편으로 비합리적이고 왜곡된 사고도 할 수 있다.

② 인간의 왜곡된 사고는 특히 어린 시절의 부모양육 태도에 의하여 획득된 비논리적인 학습에서 기인한다.

③ 인간은 왜곡된 사고 및 비합리적 신념이나 행동을 합리적인 것으로 변화시킬 힘이 있으며 이를 통해 성숙한 사람이 될 수 있다.

④ 인지적 재구성에 초점을 둔 이론으로 인지적 재구성이란 사람들이 생각하는 내용과 방식을 재구성하는 것으로 인지를 변화시키는 것을 뜻한다.

⑤ 문제상황에 대처하는 기술을 교육 및 훈련시키는 것을 강조한 이론으로 문제상황에 적절한 대처행동을 가르쳐 심리적 부적응 문제를 해결하고자 한다.

⑥ 심리적 부적응을 해소하는 데 인지적 재구성과 대처기술훈련을 복합적으로 사용한다.

⑦ 문제라고 판단되는 정서나 인지를 바꾸기보다는 그것과 싸우고 회피하는 것을 변화시키고자 하는 수용적 접근법을 취한다.

(2) 엘리스의 합리-정서행동상담

① 비합리적 신념

사람들의 정서적 문제는 일상생활의 사건을 비합리적인 방식으로 지각하고 받아들이기 때문에 발생한다.

> **더 알아두기** 🔍
>
> **사람들이 가지고 있는 11가지 비합리적인 신념**
> - 나는 내가 만나는 모든 사람에게 사랑이나 인정을 받아야 한다고 생각한다.
> - 나는 완벽할 정도로 유능하고 합리적이며 가치 있고 성공한 사람으로 인식되어야 한다.
> - 어떤 사람들은 나쁘고 사악하고 악랄하기 때문에 비난과 벌을 받아야 한다.
> - 내가 원하는 대로 일이 되지 않는 것은 내 인생에서 큰 실패를 의미한다.
> - 불행은 내가 통제할 수 없는 상황에 의해 발생한다.
> - 위험하거나 두려운 일들이 내게 일어나 큰 해를 끼칠 것이 항상 걱정된다.
> - 어떤 난관이나 책임은 부딪혀 해결하려 하기보다 피하는 것이 더 쉽다.
> - 나는 다른 사람들에게 어느 정도는 의존해야 하며 나를 돌봐 줄 수 있는 사람들이 주위에 있어야 한다.
> - 과거의 영향은 결코 사라지지 않고, 과거의 경험과 사건들은 현재 나의 행동을 결정한다.
> - 나는 다른 사람들의 문제나 고통을 나 자신의 일처럼 아파해야 한다.
> - 모든 문제에는 완벽한 해결책이 있으므로 그 해결책을 찾아야 한다. 그렇지 않으면 결국 큰 혼란이 생길 것이다.

② ABCDE 모형

　㉠ A(Activating Event ; 선행사건 또는 촉발사건)
- 내담자의 감정을 동요시키거나 내담자의 행동에 영향을 미치는 사건을 의미한다.
- 치료자는 내담자에게 부정적인 감정을 유발한 촉발사건이 무엇인지를 포착하여 이를 구체적으로 확인한다.

　㉡ B(Belief System ; 신념체계 또는 비합리적 신념체계)
- 선행사건에 대한 내담자의 신념체계 혹은 사고체계를 의미한다. 내담자의 신념체계는 합리적인 것일 수도 비합리적인 것일 수도 있으며, 여기서는 특히 비합리적 신념체계가 문제시된다.
- 치료자는 내담자의 비합리적 신념체계를 명료하게 확인하고 이를 평가한다.

　㉢ C(Consequence ; 결과)
- 선행사건을 경험한 후 자신의 비합리적 신념체계를 통해 그 사건을 해석함으로써 느끼게 되는 정서적·행동적 결과를 말한다.
- 실제 치료 장면에서는 내담자가 호소하는 부정적 감정(C)에서 출발하여 그와 같은 감정을 촉발한 사건(A)을 확인하고, 그 사건과 부정적 감정을 매개한 신념체계(B)를 찾아내는 순서로 진행된다.

　㉣ D(Dispute ; 논박)
- 내담자가 가지고 있는 비합리적 신념이나 사고에 대해 그것이 사리에 부합하는 것인지 논리성·실용성·현실성에 비추어 반박하는 것으로서, 내담자의 비합리적 신념체계를 수정하기 위한 것이다.
- 논박은 마치 철학자들이 토론을 펼치듯이 어떤 신념의 타당성을 다양한 관점에서 평가하는 대화 과정으로 볼 수 있다.

　㉤ E(Effect ; 효과)
- 논박으로 인해 나타나는 효과로, 내담자가 가진 비합리적 신념을 철저하게 논박하여 합리적인 신념으로 대체한다.
- 치료자는 논박을 통해 내담자로 하여금 비합리적 신념을 포기하고 새로운 신념체계로써 효율적인 철학(Effective Philosophy)을 형성하도록 돕는다.

　㉥ F(Feeling ; 감정)
- 내담자는 합리적인 신념으로 인해 새로운 감정과 행동(New Feelings and Behaviors)을 나타내게 된다.
- 과거 부정적인 감정을 느꼈던 사건에 대해서도 보다 적절하고 긍정적인 감정을 경험하게 되며, 효과적인 행동을 나타내 보임으로써 적응적인 성격을 가지게 된다.

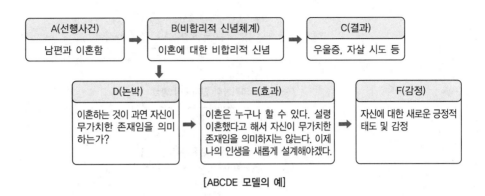

[ABCDE 모델의 예]

※ **참고** : 엘리스의 'ABCDE 모델'은 'ABCDEF 모델'로도 불립니다.

---

(3) 벡의 인지행동상담

① 역기능적 인지도식

㉠ 인지도식

- 아주 어린 시절부터 시작해서 삶을 사는 과정에서 하나의 체계화된 지식의 덩어리로 발전하게 된다. 이 체계화된 지식의 덩어리가 인지도식이다.
- 인지도식의 내용은 사람마다 다를 수 있다.
- 개인의 인지도식은 그 사람이 살아온 삶을 응축해서 보여주는 것이다.

㉡ 역기능적 인지도식

- 개인의 인지도식의 내용 중 부정적인 성질의 것을 의미한다.
- 이것은 심리적 문제를 초래하는 근원이 된다.
- 이것은 부정적인 자동적 사고를 활성화시키는 방식으로 작용하게 된다.
- 살아오는 과정에서 부정적인 내용들로 인지도식을 구성하게 된 사람의 경우 심리적 문제에 매우 취약하게 된다.

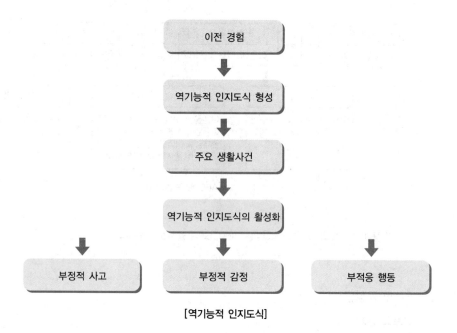

[역기능적 인지도식]

ⓒ 역기능적 인지도식의 예
- 사람이 돈 없고 못생겼다면 행복해질 수 없다.
- 다른 사람에게 도움을 요청하는 것은 나약함의 표시다.
- 완전하게 성공하지 못하면 전부 실패한 거나 다름없다.
- 한 인간으로서의 나의 가치는 나에 대한 타인의 평가에 달려 있다.

② **자동적 사고**
ⓐ 어떤 사건에 접하게 되면 자동적으로 떠올리게 되는 생각과 심상을 의미한다.
ⓑ 자동적 사고는 사람들이 자신의 경험으로부터 생생한 신념과 가정을 반영한다.
ⓒ 심리적 장애를 가진 사람의 자동적 사고는 흔히 왜곡돼 있거나, 극단적이거나, 부정확하다.

③ **인지적 오류(혹은 인지적 왜곡)**
ⓐ 현실을 제대로 지각하지 못하거나 사실이나 그 의미를 왜곡하여 받아들이는 것을 의미한다.
ⓑ 인지적 오류의 종류(Beck)
- 임의적 추론(Arbitrary Inference)
  어떤 결론을 지지하는 증거가 없거나 그 증거가 결론에 위배됨에도 불구하고 그와 같은 결론을 내린다.
  ⑩ 자신의 메시지에 답변이 없다고 하여 상대방이 의도적으로 회피하는 것이라고 판단하는 경우
- 선택적 추상화(Selective Abstraction)
  다른 중요한 요소들은 무시한 채 사소한 부분에 초점을 맞추고, 그 부분적인 것에 근거하여 전체 경험을 이해한다.
  ⑩ 필기시험에서 우수한 성적을 거두었으나 실기시험의 결과에 스스로 만족하지 못하는 사람이 전체 시험을 망쳤다고 판단하는 경우

- 과도한 일반화 또는 과잉일반화(Overgeneralization)

  한두 가지의 고립된 사건에 근거해서 일반적인 결론을 내리고 그것을 서로 관계없는 상황에 적용한다.

  예 맞선으로 처음 만난 사람에게서 좋은 인상을 받았다고 하여 그 사람의 모든 됨됨이가 올바르고 선하다고 판단하는 경우

- 개인화(Personalization)

  자신과 관련시킬 근거가 없는 외부사건을 자신과 관련시키는 성향으로, 실제로는 다른 것 때문에 생긴 일에 대해 자신이 원인이고 자신이 책임져야 할 것으로 받아들인다.

  예 자신이 시험을 망쳤기 때문에 여자 친구와 헤어졌다고 판단하는 경우

- 이분법적 사고 또는 흑백논리적 사고(Dichotomous Thinking)

  모든 경험을 한두 개의 범주로만 이해하고 중간지대가 없이 흑백논리로써 현실을 파악한다.

  예 완벽하지 않은 것은 곧 잘못된 것이라고 판단하는 경우

- 과장/축소 또는 의미확대/의미축소(Magnification/Minimization)

  어떤 사건 또는 한 개인이나 경험이 가진 특성의 한 측면을 그것이 실제로 가진 중요성과 무관하게 과대평가하거나 과소평가한다.

  예 어떤 학생이 한두 번 지각했다고 해서 그 학생이 게으르다고 판단하는 경우 혹은 시험에 수석으로 합격하고도 단지 운이 좋아서 좋은 결과에 이르렀다고 보는 경우

- 정서적 추론(Emotional Reasoning)

  자신의 정서적 경험이 마치 현실과 진실을 반영하는 것인 양 간주하여 이를 토대로 그 자신이나 세계 또는 미래에 대해 그릇되게 추리한다.

  예 자신이 부적절하다는 느낌을 통해 아무런 쓸모없는 사람이라고 단정하는 경우

- 긍정 격하(Disqualifying the Positive)

  자신의 긍정적인 경험이나 능력을 객관적으로 평가하지 않은 채 그것을 부정적인 경험으로 전환하거나 자신의 능력을 낮추어 본다.

  예 자신의 계획이 성공에 이르렀음에도 불구하고 이를 자신의 실력이 아닌 운에 의한 것으로 돌리는 경우

- 재앙화(Catastrophizing)

  어떠한 사건에 대해 자신의 걱정을 지나치게 과장하여 항상 최악을 생각함으로써 두려움에 사로잡힌다.

  예 길을 걷다가 개에게 물린 사람이 이제 곧 광견병으로 목숨을 잃게 될 것이라 생각하는 경우

- 잘못된 명명(Mislabelling)

  어떠한 하나의 행동이나 부분적 특성을 토대로 사람이나 사건에 대해 완전히 부정적이고 단정적으로 명명한다.

  예 한 차례 지각을 한 학생에 대해 '지각대장'이라는 이름표를 붙이는 경우

(4) 상담목표와 기법

① **상담목표**

㉠ 엘리스의 합리-정서행동상담

- 합리적 정서행동치료에서는 궁극적으로 내담자가 가지고 있는 삶의 철학 자체를 변화시키는 데 목적을 둔다.
- 상담자는 내담자가 가지고 있는 자기파괴적이고 자기패배적인 신념을 최소화하는 데에만 관심을 두는 것이 아니라, 내담자가 현실적이고 관대한 신념과 가치체계를 가지도록 돕는다.
- 삶에 있어서 바람직하지 못한 결과가 나오더라도 그 원인을 스스로의 무기력이나 무능력 또는 다른 사람의 탓으로 돌리지 않으며, 자신의 삶에 대한 책임을 받아들임으로써 문제에 직면하도록 돕는 것이다.

> **💡 더 알아두기 🔍**
>
> **합리적 정서행동치료의 구체적 목표**
> - **자기에 대한 관심(Self-interest)** : 정서적으로 건강한 사람은 자기 자신에게 완전히 빠져버리지 않으면서도 자신에게 관심을 가질 수 있다.
> - **사회에 대한 관심(Social-interest)** : 건강한 사람은 소외된 실존을 택하지 않으며, 사회 집단에서 다른 사람과 조화롭게 사는 데 관심을 가진다.
> - **자기 지시(Self-direction)** : 건강한 사람은 다른 사람과의 행동이나 지지를 좋아할지 모르지만, 그러한 지지를 요구하는 것은 아니다. 그들은 자신의 삶에 책임을 느낄 수 있으며 혼자서 자신의 문제를 독립적으로 해결할 수 있다.
> - **관용(Tolerance)** : 성숙한 개인은 다른 사람이 실수하거나 잘못한 것을 수용하며 그러한 행동을 경멸하지 않는다.
> - **유연성(Flexibility)** : 건강한 사람은 사고가 유연하고 변화에 개방적이며 다른 사람들에 대해 고집스럽지 않은 관점을 가지고 있다.
> - **불확실성의 수용(Acceptance of Uncertainty)** : 성숙한 개인은 자신이 불확실한 세상에 살고 있음을 인식한다. 비록 질서정연함을 좋아하지만, 이런 질서나 확실성에 대한 감각을 투덜대며 요구하는 것은 아니다.
> - **몰입(Commitment)** : 건강한 개인은 자기 외부의 어떤 일에 적극적인 관심을 가진다.
> - **과학적 사고(Scientific Thinking)** : 성숙한 개인은 깊이 느끼고 확실하게 행동한다. 그러나 또한 자신과 결과에 대해 반성함으로써 그러한 감정과 행동들을 조절해 나간다.
> - **자기 수용(Self-acceptance)** : 건강한 개인은 그가 살아있다는 것만으로도 자신을 수용하며 자신의 가치를 외적 성취나 다른 사람과의 비교로 평가하지 않는다.
> - **위험 무릅쓰기(Risk Taking)** : 정서적으로 건강한 개인은 어리석게 빠져들지는 않지만 모험적인 경향을 지닌다.
> - **비이상주의(Non-utopianism)** : 성숙하고 정서적으로 건강한 사람은 자신이 유토피아적인 실존을 할 수 없다는 사실을 받아들인다. 그는 자신이 얻고자 하는 모든 것들을 다 얻을 수는 없으며, 원하지 않는 모든 것들을 다 회피할 수 없다는 것을 인식한다.

ⓛ 벡의 인지행동상담
- 자동적 사고를 변화시키고 인지도식을 재구성하여 새로운 사고를 하도록 하는 것이다.
- 처음에는 증상완화를 다루지만 궁극적인 목표는 인지적인 오류를 제거하는 것이다.

② **상담자의 역할**

㉠ 엘리스의 합리−정서행동상담
- 내담자에게 많은 장애 행동을 유발하는 기본적 비합리적인 사고를 찾아내도록 격려한다.
- 내담자가 그런 자신의 신념들을 확인할 수 있도록 도전하게 돕는다.
- 내담자의 사고가 비합리적인 본질을 지녔다는 것을 보여준다.
- 내담자의 비합리적 사고를 공격하기 위해 논리적인 분석을 하여 제시한다.
- 내담자의 이런 신념들의 비효율성과 그것이 내담자의 미래에 정서적·행동적인 장애를 가져다주는 방식을 설명한다.
- 내담자에게 현재 혹은 앞으로의 비합리적·비논리적 신념에 대해 어떻게 과학적인 사고방식을 적용하는지를 가르친다.
- 내담자가 감정의 작용 기제와 장애에 대하여 스스로 대처할 수 있도록 돕기 위해 여러 가지 인지적·정서적·행동적 방법들을 사용한다.

㉡ 벡의 인지행동상담
- 상담자는 촉매자 및 안내자 역할을 한다.
- 상담자는 내담자가 능동적 역할을 하도록 돕는 독려자 역할을 한다.
- 상담자는 내담자와 끊임없이 능동적이고 의도적인 상호작용을 하는 협력관계를 유지하는 협력자이기도 하다.
- 때론 교사처럼 내담자들에게 자신이 심리, 상담치료자가 되도록 가르치거나 내담자 문제의 본질과 과정에 대해, 인지치료의 과정에 대해 교육하고 어떤 사고가 내담자의 정서와 행동에 영향을 미치는지에 대해서 교육한다.

③ **내담자의 역할**

엘리스의 합리−정서행동상담과 벡의 인지행동상담 모두 내담자의 능동적인 역할을 강조하고 있다.

㉠ 탐색적 주제의 선정, 왜곡된 사고 인식, 협력적 과제 수행 등을 통해 내담자의 능동적 역할을 촉진하고자 한다.

㉡ 내담자 자신이 심리상담자 혹은 심리치료자가 되도록 가르치고자 한다.

④ **상담기법**

㉠ 엘리스의 합리−정서행동상담
- 인지적 기법
  - 비합리적 신념 논박하기 : 상담자는 내담자로 하여금 사건이나 상황이 아닌 자신이 가지고 있는 비합리적 신념 때문에 장애를 느낀다는 것을 깨닫게 한다.
  - 인지적 과제 주기 : 내담자에게 자신의 문제 목록을 만들고, 당위론적 신념을 밝히며 논박하게 하고 비합리적 신념을 줄이기 위한 과제를 부여한다.

- 정서적 기법
  - 합리적 정서 상담 : 내담자 자신에게 일어날 수 있는 최악의 상황을 상상하게 하여 그 상황에 맞지 않는 부적절한 감정을 적절한 감정으로 변화시키는 방법이다.
  - 유머의 사용 : 내담자가 필요 이상으로 심각하게 받아들이는 것에 대하여 반박하고, 틀에 박힌 생활 철학을 논박하도록 조언하는 데 유머를 사용한다.
- 행동적 기법
  내담자에게 어떤 행동을 하게 함으로써 그의 신념체계를 변화시키고, 증상에서 벗어나 보다 생산적인 행동을 할 수 있도록 돕는 기법이다.

ⓒ 벡의 인지행동상담
- 인지적 기술
  상담자는 내담자의 자동적 사고를 유도하고, 그 생각 뒤에 있는 논리를 분석하고, 역기능적인 가정을 확인하여 그 가정들의 타당성을 검토한다.
  - 재귀인 : 자동적 사고 및 가정을 검증한다.
  - 재정의 : 자신이 통제할 수 있는 범위에 대하여 재정의할 수 있도록 한다.
  - 탈중심화 : 자신이 관심의 중심이 아니라는 것을 점진적으로 각성할 수 있도록 한다.
- 행동적 기술
  내담자의 기술훈련, 점진적 이완, 활동 계획하기, 행동시연, 노출치료 등이 사용된다.

⑤ **상담과정**
ㄱ 엘리스의 합리-정서행동상담
- 상담관계 수립 : 내담자가 자유롭게 이야기할 수 있는 분위기를 조성한다.
- 부적절한 정서 및 행동 확인 : 내담자의 문제 및 이와 관련하여 현재 경험하고 있는 정서 및 구체적 행동을 분명하게 밝혀낸다.
- 성격의 ABCDE 이론 확인 : 성격의 ABCDE 이론을 내담자가 확실히 알 수 있도록 한다.
- 비합리적인 사고 확인 : 내담자의 비합리적인 사고와 그 사고에 근거한 자기언어를 찾는다.

더 알아두기

자기언어
스스로에게 주는 메시지를 말하며, 이것의 왜곡을 수정하도록 도움으로써 습관적인 사고방식을 변화시켜 문제가 되는 감정이나 행동을 효과적으로 통제할 수 있다고 가정한다.

- 비합리적 생각에 대한 논박 : 부적절한 정서와 관련된 생각이 아무런 합리적 근거가 없음을 밝힌다.
- 합리적 생각의 확인 : 내담자에게 비합리적 생각과 대치되는 합리적 생각을 하도록 유도하고, 그 생각을 자기언어로 진술해 보도록 한다.
- 합리적 생각 적용 : 자기언어로 진술된 합리적 생각이 실제 행동에 적용되도록 한다.
- 합리적 인생관 확립 : 이상의 결과를 보다 일반화 될 수 있도록 하여 내담자가 합리적인 사고와 자기언어에 근거해서 삶을 살아갈 수 있도록 한다.

ⓛ 벡의 인지행동상담

- 1단계 : 상담의 구조화 단계

  상담자는 무엇보다도 내담자와의 친밀한 상담관계 형성을 위해 노력해야 하며 신뢰롭고 협조적인 상담환경을 만들어야 한다.

- 2단계 : 역기능적 사고에 대한 통찰

  상담자는 내담자와 함께 내담자의 의식 속에 뿌리박혀 있는 자동적 사고와 핵심적 신념, 인지적 오류들을 찾아내어야 한다.

- 3단계 : 역기능적 사고와 핵심신념에 대한 논박

  여러 가지 기법을 사용하여 내담자의 주관적인 역기능적 사고의 내용과 핵심적 신념을 논박하여 보다 객관적이고 타당한 대안적 해석을 탐색하며 합리적으로 사고할 수 있도록 도와준다.

- 4단계 : 상담종결

  - 이 시기는 내담자가 가지고 있던 기존의 자동적 사고와 비합리적 신념을 스스로 수정하여 자기감정에 대한 통제력을 회복하는 시기이다.
  - 급박하게 이루어지지 않고 서서히 준비하면서 종결이 이루어지도록 한다.
  - 내담자가 현실적이고 합리적인 인지적 구조를 내면화 할 수 있도록 유도한다.

⑥ **인지행동이론의 공헌 및 한계**

	공헌	한계
합리-정서행동상담	• 내담자 스스로 치료를 이행할 수 있는 방법을 교육할 수 있다. • 내담자가 상담자에게 지나치게 의존하지 않고 스스로 변화 가능한 존재라고 가정한다. • 포괄적이고 통합적인 치료 기법을 사용한다.	• 합리적 신념에 대한 명확한 규정과 평가가 부재한다. • 적극적이고 지시적인 접근법으로 상담자가 권한을 남용할 소지가 있다.
인지행동상담	• 성격장애를 포함하는 광범위한 임상적 문제에 대하여 인지적 치료의 효율성이 입증되고 있다. • 다양한 기법과 개입방법은 다른 치료접근법 입장에서도 따르는 것이 가능한 기준과 유용한 아이디어를 제공한다.	• 긍정적 사고의 힘을 지나치게 강조하고 있다. • 피상적이고 단순한 기법에 의존하고 있다. • 증상의 제거에만 관심을 기울이고 있어 문제 근원 탐색에는 관심이 없다. • 무의식의 역할을 무시하고 인간에 있어 감정의 역할을 부정하는 측면이 있다.

6 게슈탈트

(1) 게슈탈트상담의 기본 가정

① 인간을 현재 중심적이며 전체적이고 자신의 자유로운 선택에 의해 잠재력을 각성할 수 있는 존재로 본다.

② 인간의 행동을 육체·정신·환경 등이 역동적으로 상호관련되어 나타나는 하나의 전체로 이해한다.

③ 게슈탈트상담에서는 '전체', '형태', '모습' 등의 뜻이 있는 게슈탈트라는 개념을 치료영역에 확장하여 사용하고 있는데, 여기서 게슈탈트란 '개체에 의해 지각된 자신의 행동 동기'를 뜻한다.

(2) 게슈탈트상담의 주요 개념

① 전경과 배경(Figure & Ground)

　㉠ 어느 한 순간에 관심의 초점이 되는 부분을 전경이라고 하고, 관심 밖의 부분을 배경이라고 한다.

　㉡ 건강한 개체에서는 자연스러운 전경과 배경의 교체가 일어나게 되는데, 이를 '게슈탈트의 형성과 해소'라고 부른다.

② 여기와 지금(Here & Now)

　㉠ 게슈탈트상담에서는 현재를 가장 중요하게 본다.

　㉡ 하지만 과거, 미래를 무시하는 것은 아닌데, 개인의 과거에 대한 기억과 미래에 대한 기대는 오직 현재의 시기에서만 경험할 수 있기 때문에 '과거의 현재화'나 '미래의 현재화'도 동시에 요구한다.

③ 미해결 과제(Unfinished Business)

　㉠ 개체가 어떤 게슈탈트를 형성하였지만 상황적 여건에 따라 이를 해결하지 못하였거나 아니면 게슈탈트 형성 자체가 방해를 받았을 때 그것은 배경에 남아 있으면서 계속 전경으로 떠오르려고 노력한다.

　㉡ 이러한 완결되지 않은 게슈탈트를 '미해결 과제'라고 칭한다.

　㉢ 미해결 과제가 늘어날수록 개체는 심리적, 신체적 장애를 일으킬 가능성이 높아지게 된다.

　㉣ 게슈탈트상담은 이 미해결 과제를 완결짓는 일을 매우 중요한 목표로 생각한다.

　㉤ 미해결 과제를 해결할 수 있는 방법은 '여기 그리고 지금'을 알아차리는 것이다.

④ 알아차림(Awareness)과 접촉(Contact)

　㉠ 알아차림은 게슈탈트의 형성을 촉진하여 명료한 전경으로 떠올리는 행위이고, 접촉은 게슈탈트의 해소를 증진하기 위해 환경과 상호작용하는 행위를 의미한다.

　㉡ 알아차림-접촉 주기 : 게슈탈트가 생성되고 해소되는 반복적인 과정(6단계) 물러남(배경) → 감각 → 알아차림 → 에너지 동원 → 행동 → 접촉 → 배경 → 물러남(배경)

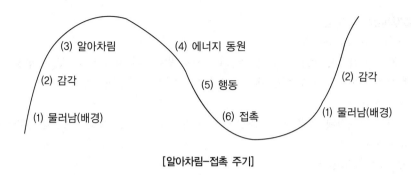

[알아차림-접촉 주기]

(3) 게슈탈트상담의 정신병리이론

① 정신병리의 일반적인 원인

ㄱ 배경으로부터 감각이 나타나는 과정의 장애
- 배경으로부터 유기체의 욕구나 감정이 신체감각의 형태로 느껴지는데, 이것이 차단되어 내부 혹은 외부 사건들이 지각이 되지 않는 상태이다.
- 이러한 상태를 겪는 사람은 에너지 회복에 문제를 경험하며 우울증에 빠질 수 있다.

ㄴ 감각과 알아차림 사이의 장애
- 이 장애가 생기면 개체가 어떤 신체감각을 지각은 하되 잘못 해석하는 일이 발생한다.
- 이는 자신의 욕구를 오랫동안 억압해왔기 때문에 나타나게 된다.

ㄷ 알아차림과 에너지 동원 사이의 장애
- 게슈탈트 형성에는 성공했지만 이를 해소하기 위한 에너지 혹은 '흥분'에는 실패한 경우 나타난다.
- 이 장애는 내담자 자신의 분노, 성적인 감정, 부드러움, 사랑의 감정, 자기주장, 혹은 자신감 등 자신의 유기체적 에너지와 접촉하는 것에 대한 두려움과 밀접한 관계가 있다.

ㄹ 에너지 동원과 행동 사이의 장애
동원된 에너지를 행동으로 옮기지 못하고 에너지를 차단해 버리는 것이다.
예 에너지를 분노를 느끼는 대상에게 표출하는 대신, 자신에게로 향하게 하여 스스로를 질책하는 행동으로 바꾸어 버리는 경우

ㅁ 행동과 접촉 사이의 장애
에너지를 동원하여 행동으로 옮기지만 접촉에 실패함으로써 게슈탈트를 완결하지 못하는 경우이다.

ㅂ 접촉과 물러남 사이의 장애(리듬 장애)
- 접촉이 끝난 개체는 만족해서 쉬게 되는데 이 경우의 개체는 항상 긴장하여 정상에 머물러 있으려고 한다.
- 이 경우의 사람은 만족을 모르며 물러나 쉴 줄을 모른다.

ㅅ 접촉경계혼란
- 게슈탈트상담에서 접촉-경계 혼란은 인간과 환경이 직접 만나지 못하도록 둘 사이에 마치 중간층 같은 것이 끼여 있는 현상이라고 설명한다.
- 이 경우 여러 가지 정신병리현상이 나타날 수 있다.

② **접촉경계혼란의 원인**

㉠ 내사(Introjection)

다른 개체의 행동이나 가치관을 무비판적으로 받아들여 자신의 것으로 소화하지 못하여 이물질로 남게 되는 경우 이는 내면적 갈등을 일으키는데 이 현상을 의미한다.

㉡ 투사(Projection)

자신의 문제인데 환경 속에 있는 어떤 사람이나 사물의 탓으로 책임을 전가시키는 것을 의미한다.

㉢ 반전(Retroflection)

자신이 타인에게 해주고 싶은 것을 스스로에게 하거나 타인이 자신에게 해주기를 바라는 행동을 스스로에게 하는 것을 의미한다.

㉣ 융합(Confluence)

- 밀접한 관계에 있는 두 사람이 서로 간에 차이점이 없다고 느끼도록 합의함으로써 발생하는 것으로, 내면적으로 서로 독립적으로 행동하지 못하고 의존관계에 빠지게 된다.
- 이 경우 개체는 자신의 욕구나 감정을 제대로 해소할 수가 없고 미해결 과제를 축적시키게 된다.

㉤ 자의식

자의식은 개체가 자신에 대해 지나치게 의식하고 관찰하는 현상을 의미하며 자신에 대한 타인의 반응을 지나치게 의식하기 때문에 생기게 된다.

㉥ 편향(Deflection)

- 감당하기 힘든 내적 갈등 혹은 외부 자극에 노출 될 때, 이러한 경험으로부터 압도당하지 않기 위해 자신의 감각을 둔화시킴으로써 자신 및 환경과의 접촉을 약화시키는 것을 의미한다.
- 편향을 사용하면 현재의 고통을 덜 느낄 수 있고 만일의 경우에 발생할 수 있는 좌절을 피할 수 있다.

(4) 상담목표와 기법

① **상담목표**

㉠ 내담자가 체험을 확장할 수 있도록 촉진한다.

㉡ 내담자의 인격을 통합한다.

㉢ 내담자의 자립능력을 증진시킨다.

㉣ 내담자가 자신의 삶에 대한 책임감을 자각할 수 있도록 돕는다.

㉤ 내담자의 실존적인 삶을 촉진한다.

더 알아두기 Q

징커(Zinker)의 게슈탈트상담목표(1978)
- 자신에 대한 자각을 넓히고 자신의 감정, 신체, 환경에 대한 지식을 확장한다.
- 자신의 체험을 투사하지 않고 수용하는 방법을 익힌다.
- 타인에게 상처를 입히지 않으면서 자신의 욕구를 해소하는 기술을 배운다.
- 모든 감각과 감정을 지각하고 접촉하는 방법을 배운다.
- 타인을 비난하거나 책임을 전가하여 자신에게 유리하게 이용하려고 하지 말고 스스로 독립한다.
- 주위에 함몰되지 않으면서 주변에서 일어나는 사건을 수용할 수 있는 감수성을 키운다.
- 자신의 행동에 대해 책임을 지는 자세를 증진시킨다.
- 자신의 환경 및 세계에 대하여 지각하고 표현하는 데 어려움을 느끼지 않는 사람이 되도록 촉진한다.

② **상담자의 역할**
　㉠ 내담자가 자신의 욕구와 감정을 분명히 알아차리고 환경과의 접촉을 통해 이것을 잘 해소할 수 있도록 도와야 한다.
　㉡ 내담자가 자신의 내적 상태를 알아차릴 수 있도록 도와야 한다.
　㉢ 내담자와의 면담을 최대한 접촉적인 관계로 끌어올리기 위해 노력해야 한다.
　㉣ 내담자의 건강한 측면을 찾아내어 지지해 줌으로써 자신감을 회복할 수 있도록 돕는다.

③ **내담자의 역할**
　㉠ 상담과정에서 스스로 해석하고 의미를 부여할 수 있는 적극적인 참여자가 되도록 노력한다.
　㉡ 상담과정에서 내담자 성장의 3단계[폴스터(Polster), 1987]
　　• 발견
　　　'여기와 지금'에서 일어나고 있는 경험에 대하여 알아차린다.
　　• 조절
　　　선택권은 내담자 자신에게 있다는 것을 인식한다.
　　• 동화
　　　중요한 문제에 대하여 자신의 입장에서 행동하게 되고, 자신감을 가지며, 스스로가 원하는 것을 얻는 선택을 할 수 있다.

④ **상담기법**
　㉠ 욕구와 감정의 자각
　　'여기와 지금'에서의 욕구와 감정을 자각한다.
　㉡ 신체자각
　　'여기와 지금'에서의 억압된 감정의 에너지가 집중되는 신체감각에 대해 자각하게 한다.
　㉢ 환경자각
　　내담자의 감정과 욕구의 자각을 위해 주위 환경에서 체험되는 것, 즉, 자연경관, 사물의 모습, 맛, 냄새, 소리, 촉감 등을 자각하게 한다.

ⓔ 언어자각

내담자가 사용하는 언어에서 행동의 책임 소재가 불명확한 경우, 자신의 감정과 동기에 대해 책임을 지는 형식의 문장으로 바꾸어 말하게 함으로써 자신의 욕구나 감정에 대한 책임의식을 높여 줄 수 있다.

ⓜ 과장하기

내담자가 어떤 상황에서 감정의 정도와 깊이가 미약하여 명확히 자각하지 못하고 있을 때는 내담자의 특정 행동이나 언어를 과장하여 표현하게 한다.

ⓗ 빈의자기법

현재 상담에 참여하지 않은 사람과 직접 대화를 나누는 형식을 취함으로써 그 사람과의 관계를 직접 탐색해 볼 수 있고, 자기 자신의 억압된 부분 혹은 개발되지 않은 부분들과의 접촉이 가능하다.

ⓢ 꿈작업

- 내담자의 욕구나 충동, 감정이 외부로 투사된 것으로 보고, 내담자에게 꿈의 각 장면을 연기하게 하여 투사된 부분들과 접촉하게 한다.
- 억압과 회피의 감정들과 만나게 한다.

ⓞ 자기 부분들 간의 대화

내담자의 인격에서 분열된 부분들을 찾아서 그것들 간의 대화를 이끌어 분열된 자기 부분들은 통합될 수 있다.

⑤ **상담과정**

㉠ '여기와 지금'에 대한 자각을 도와 내담자의 자세를 경험하고 자세의 실존적 의미를 말로 표현하게 한다.

㉡ 심리적 욕구 좌절에 대한 자각을 하여 내담자의 잠재력을 자각할 수 있도록 촉진한다.

㉢ 내담자가 자신을 자각하고 상황에 새로운 견해를 얻고, 선택, 학습, 조절할 수 있는 자아 통합의 과정을 거친다.

⑥ **게슈탈트상담의 공헌 및 한계**

공헌	• 개인에게 실존적 의미를 실제로 경험하게 한다. • 과거를 현재와 관련되는 사건으로 가져와서 생생하게 처리한다. • 내담자의 문제해결과 성장을 돕는다. • 꿈의 실존적 메시지를 발견하도록 돕는다.
한계	• 통합적인 이론체계가 아직 정립되지 않았다. • 성격의 인지적 측면을 무시하고 있다. • 상담자가 높은 수준의 인간적 성숙을 통해 자기를 통합하여 기법만 사용하는 상담자가 되는 것을 지양한다.

7 현실치료

(1) 현실치료의 기본 가정

① 인간을 기본적으로 자유롭고 자신의 목표를 스스로 선택하며, 행동에 책임을 질 수 있는 존재로 본다.

② 인간의 행동은 기본적 욕구인 사랑과 소속, 힘, 자유, 즐거움이라는 심리적 욕구와 생존이라는 생리적 욕구를 충족시키기 위한 것이다.

③ 선택이론은 인간의 동기와 행동에 대한 이론으로 인간의 모든 행동이 다섯 가지 욕구를 충족하기 위한 선택으로 본다.

(2) 현실치료의 주요 개념

① 현실치료의 5가지 원리

㉠ 인간은 욕구와 바람을 달성하도록 동기화되어 있다.

㉡ 인간은 자신이 바라는 것과 환경으로부터 얻고 있다고 지각하는 것과의 불일치로 인해 각자에게 필요한 구체적인 행동을 수행하게 된다.

㉢ 인간의 모든 행동은 행위, 사고, 느낌, 생물학적 행동으로 구성되며 목적이 있다.

㉣ 행위, 사고, 느낌, 생물학적 행동은 서로 분리될 수 없고, 내부로부터 생성되며 선택에 의한 것이다.

㉤ 인간은 지각체계를 통해서 세상을 본다.

② 인간의 기본 5욕구

우리의 뇌는 다섯 가지 기본 욕구를 충족시키기 위해 우리의 행동을 통제한다.

㉠ 소속감의 욕구(사랑, 우정, 돌봄, 관심, 참여 등)

인간이 사회적 동물로서 가정, 학교, 직장, 사회에 소속되어 다른 사람들과의 관계를 유지하면서 사랑을 주고받고자 하는 속성을 말한다.

㉡ 힘의 욕구(성취감, 존중, 인정, 기술, 능력 등)

인간은 각자 경쟁하고 성취하고 중요한 존재로 여김 받고 싶어 하는 속성을 지닌다.

㉢ 즐거움의 욕구(흥미, 기쁨, 학습, 웃음 등)

인간은 많은 새로운 것을 배우고 놀이를 통해 즐기고자 하는 속성을 가지고 있다.

㉣ 자유의 욕구(선택, 독립, 자율성 등)

이동하고 선택하는 것을 마음대로 하고 싶어 하며 내적으로 자유롭고 싶어 하는 속성이다.

㉤ 생존의 욕구(호흡, 소화, 땀 흘리는 것, 혈압조절 등 신체구조를 움직이고 건강하게 유지하도록 하는 것 등)

생물학적 존재로서 생존에 대한 욕구이다.

③ 인간의 행동체계

㉠ 인간의 전행동(Total Behavior)은 행위, 사고, 느낌, 생물학적 행동으로 구성된다.

㉡ 행동선택을 자동차에 비유한다면, 기본적 욕구는 엔진에 해당하고, 바람은 핸들, 행위와 사고는 앞바퀴가 되며 느낌과 생물학적 행동은 뒷바퀴가 된다.

ⓒ 행동체계를 구성하는 4가지 요소는 서로 유기적으로 관련되어 인간의 기본 욕구를 충족시키려고 한다.

④ 3R

내담자가 바람직한 방법으로 자신의 욕구를 충족할 수 있도록 하는 데 있어 책임감, 현실성, 옳은 방식으로 충족되어야 함을 강조한다.

ⓐ 책임감(Responsibility) : 다른 사람이 그의 욕구를 충족시키는 것을 방해하지 않으면서 자신의 욕구를 충족시키는 능력

ⓑ 현실(Reality) : 내담자가 자신의 현실을 직면하는 것

ⓒ 옳고 그름(Right or Wrong) : 타인에게 해가 되지 않는 옳은 판단을 통해 자신의 욕구를 충족할 수 있는 것

(3) 상담목표와 기법

① **상담목표**

ⓐ 내담자가 정서적으로 강하고 합리적이 될 수 있도록 돕는다.

ⓑ 내담자가 자율성을 가지고 스스로의 행동에 책임을 질 수 있도록 돕는다.

ⓒ 내담자가 무엇을 의식하고 있는가에 초점을 두며 이런 자각수준을 증진시키도록 돕는다.

ⓓ 내담자 자신의 좋은 세계에서 자신이 선택한 사람들과 관계를 맺을 수 있도록 돕는다.

ⓔ 내담자가 타인에게 피해를 주지 않으면서 현실적인 방법으로 욕구를 충족시킬 수 있도록 돕는다.

② **상담자의 역할**

ⓐ 내담자가 정신질환을 앓고 있다는 개념을 부정한다.

ⓑ 내담자의 과거나 미래보다는 현재의 행동에 초점을 둔다.

ⓒ 상담자는 전이의 대상이 아니며, 따뜻하고 인간적인 위치에서 내담자와 친밀한 치료관계를 맺는다.

ⓓ 무의식적 갈등이나 그 원인을 배제하며, 행동의 진단보다는 내담자의 욕구와 바람과 비교해서 행동 선택을 평가한다.

ⓔ 행동의 도덕성과 책임감을 강조한다.

ⓕ 현실치료는 처벌을 배제한다.

ⓖ 내담자의 책임감을 강조한다.

③ **내담자의 역할**

ⓐ 내담자는 심리치료자·상담자와 함께 있는 것만으로도 좋은 경험으로 느낄 수 있어야 한다.

ⓑ 내담자는 심리상담·치료를 절박하게 경험하도록 해야 한다.

④ **상담기법**

　㉠ 유머

　　• 적절한 유머를 사용하여 내담자의 긴장감을 풀어주는 것이 좋다.

　　• 이 기법은 내담자의 상황이 생각보다 심각하지 않다는 것을 깨닫게 하기 위하여 사용하는 기법이다.

　　• 비합리적 행동이나 책임감 결여와 같은 문제에 대한 직면에 효과적일 수 있다.

　　• 내담자로 하여금 현재 자신의 문제에 대한 새로운 시각을 가질 수 있도록 한다.

　　• 내담자와의 상담관계가 형성되기 전에 유머를 사용하는 것은 바람직하지 않다.

　㉡ 역설적 기법

　　• 일종의 언어충격 기법으로, 내담자에게 계획을 계속해서 실행하지 말 것을 요구하거나, 천천히 수행하게 하거나, 계속해서 계획을 어기게 하는 등의 경우 효과적이다.

　　• 이 기법은 강력하기 때문에 전문적인 훈련을 받은 상담자가 사용해야 한다.

　㉢ 계약

　　• 행동변화에 대한 내담자와의 약속을 문서로 작성하는 기법이다.

　　• 내담자에게 행동변화를 구체적으로 인식시키는 구속력을 가진다.

　㉣ 역할연기

　　• 대인관계에 어려움을 겪고 있거나 새로운 행동을 실천에 옮기고자 할 때 사용된다.

　　• 내담자의 과거 혹은 미래를 현재로 가져와서 행동을 다르게 할 경우 삶이 어떻게 달라질 것인지에 대하여 평가하게 한다.

　㉤ 과제

　　• 회기와 회기 사이의 연속성을 유지하고, 회기 간의 문제들을 해결하도록 내담자를 격려하는 것이다.

　　• 새로운 행동 시도, 현 행동의 감소 혹은 중단, 현 행동의 기록 또는 구체적인 문제해결 방안 모색 등이 이에 속한다.

　㉥ 직면

　　• 내담자의 책임감을 강조하며 변명을 허용하지 않는 것이다.

　　• 상담자는 내담자가 현실적인 책임에서 벗어나는 행동을 하는 경우 내담자에게 책임 있는 행동을 할 것을 촉구한다.

　　• 직면은 내담자의 저항을 유발할 수 있으므로 사용상 주의가 필요하다.

⑤ **상담과정**

　㉠ 현실치료의 8단계 원리[글래서(Glasser)]

　　• 제1단계 : 관계 형성 단계

　　　상담자가 상담을 시작하기 위해 내담자와 개인적인 접촉을 하면서 관계를 형성하는 것은 필수적이다.

　　• 제2단계 : 현재 행동에 대한 초점화 단계

　　　상담자는 내담자의 성격과 관련된 과거 기록을 강조하지 않으며, 그것이 현재 행동과 관련되어 있는 경우에 한해 논의한다.

- 제3단계 : 자기 행동 평가를 위한 내담자 초청 단계

  상담자는 내담자로 하여금 자신의 행동이 스스로에게 어떠한 도움이 되는지 자기 행동에 대해 평가하도록 해야 한다.

- 제4단계 : 내담자의 행동 계획 발달을 위한 원조 단계

  상담자는 내담자에게 행동 계획을 세우도록 하여 그 계획에 따라 반드시 실천하겠다는 약속을 다짐받는다.

- 제5단계 : 내담자의 의무 수행 단계

  상담자는 내담자에게 일상생활에서 계획을 실행하도록 위임하여 내담자 스스로 자발성과 책임감을 통해 자기존중감을 느낄 수 있도록 한다.

- 제6단계 : 변명 거부 단계

  상담자는 내담자의 변명을 거부함으로써 내담자 스스로 자신의 변화에 대한 보다 큰 책임감을 가지도록 하는 동시에 계획을 수행할 수 있는 능력을 발달시키도록 돕는다.

- 제7단계 : 처벌 금지 단계

  내담자에 대한 처벌은 내담자의 정체감을 약화시키고 상담자와 내담자 간의 관계를 손상시키는 부정적인 결과를 초래한다. 따라서 상담자는 내담자에게 벌을 사용하는 대신 그 행동에 따르는 당연한 결과를 있는 그대로 받아들이도록 요구하는 것이 바람직하다.

- 제8단계 : 포기 거절 단계

  상담자는 내담자가 적응 행동을 받아들이는 데 상당한 시간이 걸리더라도 내담자의 변화 능력을 굳게 믿고 인내심을 가지고 지켜보며, 내담자의 포기를 받아들이지 않음으로써 내담자 스스로 변화에 적극적인 의지를 가질 수 있도록 한다.

ⓒ 행동 변화를 위한 상담과정(R-W-D-E-P 모형)

- 1단계(R) : 내담자와 상담관계 형성하기

  내담자가 상담관계에 자발적으로 참여하도록 상담자와 내담자 간의 친밀한 관계(Relationship ; R)를 형성한다.

- 2단계(W) : 욕구 탐색하기

  내담자가 원하는 것(Want ; W)이 무엇인지 인식하도록 질문함으로써 내담자가 원하는 것을 얻기 위해 무엇을 어떻게 해 왔었는지를 탐색하고 내담자의 욕구를 충족시킬 수 있는 방법을 발견할 수 있도록 돕는다.

- 3단계(D) : 현재 행동에 초점 두기

  '당신은 무엇을 하고 있습니까?'라는 질문을 통해 내담자의 감정보다는 현재 행동(Doing ; D)을 파악한다. 상담자는 내담자의 행동, 사고, 감정, 생리적 반응과 같은 전체행동을 탐색하는 데 중점을 두고, 내담자가 통제할 수 있는 활동을 스스로 탐색할 것을 강조한다.

- 4단계(E) : 내담자가 자신의 행동 평가하기

  내담자의 행동을 평가하는 것(Evaluation ; E)은 내담자 스스로 자신의 행동이 자신의 욕구를 충족시키는 데 효과적인지를 점검하도록 하는 것으로, 현실치료에서 가장 핵심이 되는 부분이다.

•5단계(P) : 책임 있게 행동하는 계획 세우기

욕구 충족과 관련된 내담자의 현재 행동 중에서 비효과적이고 부정적인 것들을 찾아 이를 효과적이고 긍정적인 것으로 바꾸는 계획(Planning ; P)을 세운다. 이 단계에서 상담자는 내담자가 자신의 욕구나 바람을 충족시키기 위해 현실적이며 새로운 전체행동을 계획하고 실천하도록 돕는다.

> ※ 참고
> R-W-D-E-P 모형은 교재에 따라 R 단계를 빼고 WDEP 모형으로 제시되기도 합니다.

⑥ 현실치료의 공헌 및 한계

공헌	•책임을 강조하여 문제행동의 원인이 내담자 자신에게 있음을 깨닫게 한다. •내담자 스스로 실행결과를 평가한다. •비교적 단기간에 효과를 볼 수 있다. •청소년에게 많은 도움이 된다.
한계	•무의식의 동기 및 과거를 지나치게 무시하는 경향이 있다. •책임을 강조한 나머지 부적격자에게 강요할 가능성이 있다. •표면적 문제를 중시하기 때문에 근본적 문제를 간과할 수 있다. •상담자의 영향력 행사가 우려된다.

8 해결중심치료

(1) 해결중심치료의 기본 가정

① 인간은 근본적으로 건강하고 능력이 있으며, 누구나 자신의 문제를 해결할 수 있는 능력을 가지고 있다.
② 내담자를 문제를 지닌 사람이 아닌 자원과 강점을 활용하지 못하고 있는 사람으로 규정한다.
③ 문제의 원인 규명보다는 내담자의 자원을 활용하여 문제를 해결하는 것에 중점을 둔다.
④ 병리적인 것 대신에 건강한 것에 초점을 둔다.
⑤ 변화는 항상 일어나며 불가피한 것이다.
⑥ 현재와 미래를 지향한다.
⑦ 탈이론적, 비규범적이며 내담자의 견해를 존중한다.
⑧ 상담자-내담자 관계는 협동적인 동료관계이다.
⑨ 내담자의 자율적인 협력을 중시한다.

(2) 해결중심치료의 주요 개념

① 문제중심 접근과 해결중심 접근

㉠ 해결중심치료는 삶의 문제를 성공적으로 해결하지 못한 것을 문제의 근원으로 여기기 때문에 그 문제에 대한 근원을 찾기보다 새로운 해결방안을 찾는 것을 중시한다.

ⓛ 문제해결을 위해 문제가 없는 경우 혹은 문제가 안 되는 상황에 대해 더 많이 아는 데 중점을 둔다.

② **긍정적 관점 지향**

    ㉠ 내담자에 대하여 문제가 있는 존재라기보다는 긍정적 존재로 규정하기 때문에 문제해결을 위해 내담자의 강점 및 자원을 적극 활용하는 기법을 사용한다.

    ㉡ 해결중심치료의 긍정적 관점(정문자 외, 2008)

        • 임파워먼트(Empowerment) : 개인, 집단, 가족, 지역사회가 내부 또는 외부에 있는 자원과 도구를 발견하고 확장하도록 돕는 과정으로 내담자 스스로 자신의 문제를 해결할 수 있도록 돕는 방법이다.

        • 소속감 : 인간은 지역사회에서 책임과 가치가 있는 구성원이 되고자 하는 욕구를 가지고 있다.

        • 탄력성(Resilience) : 시련이 닥쳐도 좌절하거나 포기하지 않고 다시 일어서는 능력을 말한다.

        • 치유 : 어려움에 당면했을 때 무엇이 자신에게 정당하고 무엇을 해야 하는지를 판단할 수 있는 능력을 말한다.

        • 대화와 협동적 관계 : 상담자와 내담자의 협동적인 관계는 내담자의 자율적인 참여와 독립적인 결정, 문제해결 능력을 촉진시키는 역할을 한다.

        • 불신 종식 : 상담자는 내담자 이야기의 진실성 여부에 초점을 두기보다 내담자의 내적인 힘이 될 수 있는 강점과 자원을 신뢰하는 것에 가치를 두어 이를 상담에 활용하는 것을 의미한다.

③ **상담자와 내담자의 관계 유형**

    ㉠ 방문형

        • 방문형은 법원, 보호관찰소, 학교, 가족에 의해 오게 된 비자발적 내담자 유형이다.

        • 문제에 대한 책임감이 결여되어 있고 자신의 문제를 인정하지 않으려 한다.

        • 자신의 문제는 상담자나 상담자의 해결방법과 무관하며 오로지 타의에 의해 상담을 받게 되었다고 여긴다.

        • 내담자들은 상담자의 수용적이고 지지적인 반응에 의해 점차 새로운 경험을 하게 된다.

    ㉡ 불평형

        • 문제는 자신에게 있는 것이 아니라 부모, 배우자, 자녀 등 타인에게 있다고 불평하는 유형이다.

        • 이 유형 내담자의 생각을 바꾸기 위해 토론을 피하고 본인이 문제의 주체임을 깨닫게 해야 한다.

        • 내담자는 본인은 타인에 의한 희생자이며 자신의 입장과 역할에 대해 상담자의 이해나 지지를 받기 원한다.

    ㉢ 고객형

        • 구체적 상담목표와 해결책을 찾고자 하는 유형으로 자신이 문제해결의 주체임을 알고 있는 유형이다.

        • 스스로의 상담목표를 표현하고 행동변화를 위해 많은 방법을 제시한다.

        • 이 유형은 단계적 과정이 필요하며 상담자가 내담자를 다루는 방법이 구체적이어야 한다.

• 내담자는 상담목표를 달성하기 위해 상담절차에 협조하며 자신이 목표달성을 위한 능력을 가지고 있음을 확신한다.

방문형	불평형	고객형	그 외 : 잠재적 고객형
자신의 의사와 상관없이 상담을 받으러 온 유형	문제와 해결의 필요성은 자세히 인식하고 설명할 수 있으나 스스로를 문제해결의 대상으로 여기지 않으며 오히려 다른 사람의 변화를 원하는 유형	스스로를 문제해결의 대상으로 생각하여 문제해결을 위한 의지를 가진 유형	세 가지 유형의 측면을 모두 가진 유형

(3) 상담목표와 기법

① 상담목표

㉠ 내담자가 이미 문제해결의 자원과 장점을 가지고 있다고 규정하기 때문에 이를 활용하여 상담목표를 이룰 수 있도록 돕는다.

㉡ 내담자와 함께 내담자가 원하는 목표를 세우는 것을 중요하게 생각한다.

㉢ 목표설정의 원칙
  • 내담자에게 중요하며 유익한 것을 목표로 삼는다.
  • 작은 것을 목표로 삼는다.
  • 구체적이고 명확하며 행동적인 것을 목표로 삼는다.
  • 문제행동을 없애는 것에 초점을 두기보다는 내담자가 원하는 긍정적인 행동의 시작에 초점을 둔다.
  • '여기와 지금'에서 시작하는 것을 목표로 삼는다.
  • 현실적이고 성취 가능한 것을 목표로 삼는다.

② 상담자의 역할

㉠ 해결중심적 대화
  • 내담자가 문제를 다른 각도에서 바라볼 수 있도록 해서 예외적인 상황을 발견할 수 있도록 돕는다.
  • 상담자는 내담자가 문제를 인식하는 방식을 파악하여 '한 발짝 뒤에서' 인도한다.

㉡ 알지 못함의 자세
  • 상담자가 언어적, 비언어적 행동을 통해 내담자에게 풍부하고 진실한 호기심을 전달하는 것을 의미한다.
  • 알지 못함의 자세를 위한 의사소통기술
    - 경청하기
    - 내담자가 사용하는 핵심용어 반복하기
    - 침묵 활용
    - 내담자의 비언어적 행동에 주목하기
    - 상담자의 자기노출
    - '과정'에 주목하기

- 칭찬 및 공감하기
- 내담자의 지각에 대하여 확인하기
- 내담자의 초점 돌리기
- '해결중심적 대화' 확대하기

③ **내담자의 역할**

㉠ 내담자는 자기 자신이 무엇을 변화시키기를 원하고 무슨 노력을 해야 하는지 아는 전문가이다.

㉡ 상담치료의 책임을 내담자에게 두어 내담자가 치료목표를 가능한 한 확실하게 설정할 수 있도록 한다.

④ **상담기법**

㉠ 상담 전 변화에 관한 질문
  - 내담자가 상담 스케줄링 후 상담 장소로 오기까지 경험한 변화에 대한 질문이다.
  - 문제해결에 중요한 단서를 제공할 수 있다.

㉡ 예외질문
  - 내담자가 문제로 생각하고 있는 행동이 일어나지 않는 상황에 대한 질문이다.
  - 중요한 예외를 찾아내어 그것을 계속 강조하면 상담의 성공이 강화될 수 있다.
  - 내담자가 행한 우연적인 성공을 계속하도록 지지한다.

㉢ 기적질문
  - 문제와 동떨어져서 해결책을 상상하도록 한다.
  - 문제에 대한 집착에서 벗어나 해결중심적으로 볼 수 있도록 한다.

㉣ 척도질문
  - 문제의 심각성, 문제의 우선순위, 문제해결에 대한 희망, 자아존중감, 변화에 대한 확신, 변화하기 위한 의지, 상담에 대한 평가 정도를 매기도록 하는 질문이다.
  - 내담자의 문제해결에 대한 태도를 보다 정확하게 알 수 있다.

㉤ 대처질문
  - 미래를 매우 절망적으로 인식하여 아무런 희망이 없는 내담자에게 사용하는 질문이다.
  - 어려운 상황 속에서 어떻게 견딜 수 있었고 잘 대처해 왔는지 질문한다.
  - 내담자에게 성공의 감정을 느끼게 할 수 있다.
  - 내담자 자신이 대처방안의 기술을 가지고 있다는 것을 인식시킨다.

㉥ 관계성질문
  - 내담자와 중요한 관계에 있는 사람들이 갖고 있는 생각, 의견 등에 대한 질문이다.
  - 중요한 타인의 눈으로 보게 되므로 없었던 가능성을 만들어 낼 수 있다.

㉦ 악몽질문

  내담자에게 더 나쁜 일이 일어나야만 내담자가 무언가를 하려고 하거나 문제에서 벗어날 수 있을 것으로 판단될 때 사용하는 질문이다.

㉧ 간접적인 칭찬
  - 내담자의 어떤 측면이 긍정적이라는 것을 암시한다.
  - 내담자로 하여금 자신의 장점이나 자원을 스스로 발견하도록 하므로 직접적인 칭찬보다 더 바람직하다.

⑤ **상담과정**

　㉠ 일반적으로 회기를 1회에서 10회로 제한하는데 6~10회기가 가장 흔하다.

　㉡ 상담과정이 구조화되어 있는데, 먼저 문제에 대한 기본가정, 내담자의 목표설정, 적절한 시기에 질문기법 사용, 내담자 유형에 대한 개별적인 치료적 접근, 마지막으로 메시지와 과제 부여 등으로 치료과정이 체계적으로 짜여 있다.

　㉢ 상담과정은 1회 치료시간 60분 중 면담(45~50분)+상담팀과 의논+피드백과 메시지 주기(5~10분)로 진행된다.

　㉣ 해결중심상담에서는 보통 상담자가 두 명 이상으로 구성되어 있다.

　㉤ 치료개입의 5단계 모형(5-step Treatment Model)

　　• 제1단계 : 내담자와 함께 일하기

　　　– 상담자는 내담자와 첫 면담에서부터 "알고 싶어 하는 자세"를 취하고, 내담자가 자신의 문제에 대해 어떻게 지각하고 있는지 묻고, 경청하고, 긍정하며, 내담자가 사용하는 언어에 주목하는 방식으로 접근하여 상담관계를 수립한다.

　　　– 상담관계가 수립되면 상담자는 문제중심적인 대화를 해결중심적인 대화로 유도한다.

　　　– 상담자는 내담자의 유형(방문형, 불평형, 고객형)을 파악하고, 유형에 따라 적절한 관계를 발전시킨다.

　　• 제2단계 : 잘 형성된 치료목표의 설정을 위한 협상

　　　– 상담을 효과적으로 진행하기 위하여 분명한 목표의 설정한다.

　　　– 내담자가 바라는 해결책이나 목표를 파악하고 내담자와 협의하여 목표를 설정할 수 있도록 한다.

　　• 제3단계 : 해결책으로 내담자를 이끌기

　　　– 여러 가지 질문을 통해 내담자가 자신을 최대한 표현하고 내담자 자신이 대처방안의 기술을 가졌음을 깨닫게 한다.

　　　– 상담 전 변화에 관한 질문, 예외질문, 기적질문, 척도질문, 대처질문 등을 활용한다.

　　• 제4단계 : 해결중심적 개입

　　　– 잠시 치료를 중단하고 나와서, 관찰실에서 일방경(매직미러 : 한쪽에서만 보이는 거울)을 통해 치료과정을 관찰하고 있던 치료팀과 함께 해결중심의 전략을 짠다.

　　　– 피드백 메시지는 내담자의 장점이나 강점을 인정해 주기 때문에 강한 동기 부여와 문제해결에 대한 자신감을 부여할 수 있다.

　　• 제5단계 : 목표 유지

　　　– 개입을 통해 이루어진 변화를 어떻게 계속 유지시킬 것인가에 대한 전략에 초점을 맞춘다.

　　　– 내담자에게 일단 일어난 작은 변화를 계속 유지시키고, 다음 단계를 향해 계속 나아가게 하기 위해서는 나아진 사실을 더 확장시킬 수 있는 질문을 해야 하고, 나아가서 더 나아진 상황이나 사건을 지각하고 있는 내담자에게 상담자가 적절한 강화를 보여 주어야만 한다.

　　　– 내담자의 상황이 나아지거나 달라질 아무런 조짐이 보이지 않는다면, 상담자는 지금까지와는 다른 방식으로 접근해야 한다.

⑥ **해결중심치료의 공헌 및 한계**

공헌	• 상담이 단기로 끝나므로 경제적이다. • 내담자에게 예외와 희망을 볼 수 있도록 돕는다. • 내담자와의 관계형성에 주목한다. • 목표설정을 중시하여 목표달성이 용이하게 한다. • 모델과 기법의 설명이 간단하고 명료하여 배우기가 쉽다. • 단기치료 접근방법이면서 장기치료와 비슷한 치료의 효과가 있다.
한계	• 문제의 원인을 해결하기 위한 기법이라기보다는 임시방편의 기법일 수 있다. • 비용효과에 대비하여 비현실적인 기대를 갖고 있다. • 단시간에 더 효과적인 문제해결을 가져올 수 있을 것이라 여기지만 사실 많은 시간과 노력이 들어간다.

제 2 절   진로상담이론

1 발달이론

(1) 긴즈버그의 직업발달이론

① **기본 가정**

　　㉠ 직업선택은 하나의 발달과정으로, 단일결정이 아니라 장기간에 걸쳐 이루어지는 결정이며, 따라서 나중에 이루어지는 결정은 그 이전 결정의 영향을 받게 된다.

　　㉡ 직업선택은 4가지 요인인 가치관, 정서적 요인, 교육의 양과 종류, 실제 상황적 여건의 상호작용으로 결정된다.

　　㉢ 직업선택의 과정은 바람(Wishes)과 가능성(Possibility) 간의 타협이기 때문에 비가역적이라고 주장하였다.

② **직업선택의 3단계**

　　㉠ 환상기

　　　이 시기는 자기가 원하는 직업이면 무엇이든 하고 싶고, 하면 된다는 식의 환상 속에서 비현실적인 선택을 하는 경향을 갖게 된다. 즉, 이 단계는 직업선택의 문제에서 자신의 능력이나 가능성, 현실여건 등을 고려하지 않고 욕구를 중시한다(11세 이전).

　　㉡ 잠정기

　　　• 이 시기에 개인은 자신의 흥미, 능력, 취미에 따라 직업선택을 하려는 경향을 갖는다. 이 시기의 후반기에 가면 능력과 가치관 등의 요인도 조금 고려하지만, 현실상황을 별로 고려하지 않기 때문에 직업선택의 문제에서 다분히 비현실적인 성격을 띤다.

• 이 시기의 특성은 잠정적이라 볼 수 있으며, 다음의 4가지 하위단계로 나뉜다.

흥미단계 (11~12세)	자신의 흥미나 취미에 따라 직업을 선택하려고 한다.
능력단계 (13~14세)	• 자신이 흥미를 느끼는 분야에서 성공을 거둘 수 있는 능력이 있는지 시험해보기 시작한다. • 다양한 직업이 있고 직업에 따라 보수나 훈련조건, 직업조건 등이 다르다는 것을 처음으로 의식하게 된다.
가치단계 (15~16세)	직업선택 시 다양한 요인을 고려해야 함을 인식한다. 따라서 자신이 좋아하는 직업에 관련된 모든 정보를 알아보려고 하며, 그 직업이 자신의 가치관 및 생애 목표에 부합하는지 평가한다.
전환단계 (17~18세)	주관적 요소에서 현실적인 외부요인으로 관심이 전환되며, 이것이 직업선택의 주요인이 된다.

ⓒ 현실기

직업에서 요구하는 조건과 자신의 개인적 요구와 능력을 고려하여 현명한 선택을 하고자 한다. 이 시기는 다음의 3가지 하위단계로 나누어진다(18세 이후).

탐색단계	취업기회를 탐색하고 직업선택을 위해 필요하다고 판단되는 교육이나 경험을 쌓으려고 하는 단계이다.
구체화(결정화)단계	자신의 직업목표를 구체화하고 직업선택의 문제에서 내·외적 요인들을 두루 고려하게 되며, 이 단계에서는 타협이 중요한 요인이 된다.
특수화단계	자신의 결정을 구체화하고 더 세밀한 계획을 세워 고도로 세분화·전문화된 의사결정을 하게 된다.

(2) 수퍼(Super)의 생애진로발달이론

① 기본가정

ⓐ 개인은 능력, 흥미, 성격 등에 있어서 각각 차이가 있다.

ⓑ 개인의 진로유형의 본질은 부모의 사회경제적 수준, 개인의 지적 능력, 성격 특성, 진로성숙도, 기회, 직업계획 등에 의해 결정된다.

ⓒ 개인과 사회적 요인과의 타협, 즉 자아개념과 현실 간의 타협은 직업발달에서 역할수행의 과정이며, 이러한 역할은 환상이나 상담, 면접 또는 학급, 클럽, 여가활동, 취업활동 등에서 수행된다.

ⓓ 직업과 인생에 대한 만족도는 개인이 그의 능력과 적성, 성격특성, 가치관에 맞는 진로를 찾아 종사했느냐에 달려있으며, 자아개념을 충족시킬 수 있는 정도에 비례한다.

ⓔ 환경과 조직의 요구에 상응하는 성공은 어떤 주어진 생활, 즉 진로단계가 내담자의 진로의식 성숙이라는 요구에 상응하는 개인의 준비도에 의존한다.

ⓕ 일과 직업은 대부분의 사람들에게 삶의 중심이 된다.

② **주요 개념**

　㉠ 자기개념

　　• 진로발달이란 진로에 관한 자기개념의 발달이며, 인간은 자아 이미지와 일치하는 직업을 선택한다. 즉, '나는 이런 사람이다.'라고 느끼고 생각하던 바를 살릴 수 있는 직업을 택한다는 것이다.

　　• 진로발달에서 본질적인 역할을 하는 자기개념은 유아기에서부터 형성, 전환, 실천의 과정을 거쳐서 사망에 이르기까지 계속 발달·보완된다.

　　• 청년기 이후에는 대개의 경우 자기개념에 큰 변화가 오지 않는다.

　㉡ 재순환

　　• 진로발달은 가역적이기 때문에 재순환이 발생한다.

　　• 재순환은 전 생애에 걸쳐서 이루어지며 생물학적인 발달의 과정과 속도에 일치하지 않는다.

　　• 성인기의 진로위기는 변화하는 환경에 적응하도록 재순환을 촉진한다.

　　• 같은 조직에서 다른 영역의 직무를 새로 수행하는 것도 재순환의 일종이다.

　㉢ 진로성숙도

　　• 진로발달이란 자기에 대한 이해와 일과 직업세계에 대한 이해를 바탕으로 자신의 진로계획과 선택을 통합하고 조정해 나가는 과정이며, 이러한 이해와 조정·통합이 어느 정도 수준인가를 나타내는 것이 진로성숙도이다.

　　• 진로성숙의 정도는 진로발달의 연속선상에서 개인이 도달한 위치를 의미한다.

　　• 진로성숙은 진로발달과업에 성공적으로 대처하기 위한 개인의 심리적 자원이다.

　　• 진로성숙은 진로계획, 직업탐색, 의사결정, 직업세계에 대한 지식 등이 하위요인으로 구성된다.

　　• 진로성숙도의 측정은 진로계획 '태도'와 진로계획 '능력'의 두 가지 지표를 포함한다.

　　• 진로성숙도는 가설적 구인이며, 단일한 특질이 아니다.

　　• 진로성숙도의 구성 6가지

진로결정성	자신의 진로선택과 진로방향 설정에 대한 결정에 확신이 드는 정도
진로확신성	자신감이라고도 표현할 수 있으며, 자신의 진로선택 문제에 대한 믿음과 확신을 가지고 있는 정도
진로목적성	자신의 욕구와 현실 사이에서 타협이 이루어지는 정도(구체적으로 추구하려는 내용이 무엇인지 선택한 진로를 통하여 알아보는 것)
진로준비성	진로를 결정하는 데 필요한 사전 이해·준비·계획 정도 또는 참여와 관심 정도
진로독립성	진로를 선택할 때, 자신이 독립적으로 결정하는지 아니면 타인에 의존하여 결정하는지에 대한 태도를 측정하는 정도
가족일치성	자신의 진로와 가족 간의 의견 일치 정도(가족과의 친밀감 및 상호간의 믿음이 바탕)

> **!! 더 알아두기 Q**
>
> **진로성숙의 하위요인**
> • 선택하고자 하는 직업의 일관성 : 선택하고자 하는 직업의 분야 및 수준의 일관성
> • 선택하고자 하는 직업에 관한 **정보수집 및 계획성** : 직업에 대한 정보수집의 면밀함 및 진로계획의 치밀성과 진로계획의 참여도
> • **진로선택에 대한 태도** : 진로문제에 대한 관심도 및 진로 선택에 필요한 자료 이용의 효율성
> • **진로문제에 있어서의 이해** : 능력과 흥미의 일치도
> • **자기 특성의 구체적 이해** : 흥미의 성숙과 유형화, 진로문제에서의 독자성, 진로계획에 대한 책임감 수용 및 일로부터의 보상에 관한 관심, 직업선택 시 능력, 활동, 흥미와 선호직업이 일치하는지를 판단할 수 있는 현실성

ⓒ 진로적응성
  • 끊임없이 변하는 일의 세계와 자신을 둘러싼 환경의 요구에 대처하는 준비도이자 다양한 생애 역할과 자신을 둘러싼 직업환경의 변화에 대한 준비도를 말한다.
  • 진로적응은 성인에게 진로성숙이라는 개념을 적용하기 위해 제안된 것이다.

③ **기본 요소**
적절한 진로발달이론은 '선행 연구결과의 통합', '진로 발달 연속성 고려', '흥미·능력·가치 및 기회가 조절하는 과정의 기술'이라는 3가지 조건을 만족시켜야 한다고 보았다. 선행연구의 검토를 통해 이러한 조건을 만족시키는 진로발달이론의 11가지 요소를 확인하였는데, 이를 제시하면 다음과 같다.

> • 개인차
> • 직무능력의 유형
> • 적응의 계속성
> • 진로유형
> • 직무만족
> • 개인과 환경의 상호작용의 결과로서의 발달
> • 다양한 가능성
> • 동일시와 모델의 역할
> • 생애단계
> • 발달의 지도가능성
> • 진로유형의 역동성

> **!! 더 알아두기 Q**
>
> **후기 발달이론의 변화 중 큰 특징**
> • 일생에 걸쳐 경험하는 성장기, 탐색기, 확립기, 유지기, 쇠퇴기라는 일련의 진로발달단계를 대순환이라 하였다.
> • 각각의 발달단계마다 다시 반복적으로 탐색기, 확립기, 유지기, 쇠퇴기가 존재한다는 가정하에 이를 소순환이라 하였다.
> • 경제 불황과 과학기술 발전은 개인에게 소순환 단계를 촉발할 수 있고, 소순환은 개개인에 따라 탐색기로 복귀하여 새롭게 순환하는 것을 의미한다.

④ **직업발달과정과 과업**

　㉠ 발달과정

성장기 (Growth Stage, 출생~14세)	• 욕구와 환상이 지배적이나, 사회참여 활동이 증가하고 현실검증이 생김에 따라 흥미와 능력을 중시하는 단계 • 환상기(4~10세) : 욕구가 지배적이며 자신의 역할수행을 중시 • 흥미기(11~12세) : 개인의 취향에 따라 목표와 내용을 결정 • 능력기(13~14세) : 능력을 보다 중시
탐색기 (Exploration Stage, 15~24세)	• 학교·여가생활, 시간제의 일 등을 통한 경험으로 자신에 대한 탐색과 역할에 대해 수행해야 할 것을 찾으며, 직업에 대한 탐색을 시도하려는 단계 • 잠정기(15~17세) : 자신의 욕구, 흥미, 능력, 가치, 직업적인 기회 등을 고려 • 전환기(18~21세) : 개인이 직업세계나 교육, 훈련에 들어갈 때 필요한 과정을 훈련받음 • 시행기(22~24세) : 개인이 자신에게 적합해 보이는 직업을 선택
확립기 (Establishment Stage, 25~44세)	• 자신에게 적합한 직업분야를 발견하고 자신의 생활의 안정을 위해 노력하는 단계 • 확립기의 초반과 중반에는 정착 또는 안정화, 확립기 후반부터는 공고화와 발전이 주된 과업임 • 시행기 및 안정화(25~30세) : 자신이 선택한 직업의 세계가 자신에게 어울리지 않을 경우 자신에게 적합한 일을 발견할 때까지 몇 차례의 변화를 경험 • 공고화 및 발전(35세 이후) : 자신의 진로에 대한 유형이 분명해짐에 따라 직업세계에서의 안정과 만족, 소속감을 가짐
유지기 (Maintenance Stage, 45~64세)	• 직업세계에서 자신의 위치가 확고해지고 자신의 자리를 유지하기 위해 노력하며 안정된 삶을 살아가는 시기 • 개인은 유지, 보존, 혁신의 진로발달 과제를 가지는 시기이며, 만일 이 기간에 현재의 직업 혹은 조직을 유지하기로 결정을 내리면 개인은 자신이 성취한 것을 유지하고 지식과 기술을 새롭게 하며, 일상적인 일을 하는 새로운 방법을 고안해 냄
쇠퇴기 (Decline Stage, 65세 이후)	• 감속기(65~70세) : 일의 수행속도가 느려지고, 직무에 변화가 오거나 혹은 일의 능력이 쇠퇴하는 데 따른 적절한 변화가 요구됨 • 은퇴기(71세 이후) : 시간제 일, 자원봉사 혹은 여가활동 등으로 이직함

　㉡ 직업발달과업

과제	연령	특징
구체화	14~17세	• 자원, 우연성, 흥미, 가치에 대한 인식과 선호하는 직업에 관한 계획을 통해 일반적인 직업목표를 형식화하는 인지적 단계의 과업 • 선호하는 진로에 대한 계획을 세우고 그것을 어떻게 수행할 것인가를 고려하는 것
특수화	18~21세	시험적인 직업선호에서 특정한 직업선호로 바뀌는 시기의 과업
실행화	22~24세	직업선호를 위한 훈련을 완성하고 고용에 참가하는 시기의 과업
안정화	25~35세	• 직업에서 실제 일을 수행하고 재능을 활용함으로써 진로선택이 적절한 것임을 보여주고 자신의 위치를 확립하는 단계의 과업 • 개인이 진로를 확립하고 진로상황에 안정감이 생겼을 때 이루어짐
공고화	35세 이후	승진, 지위, 경력개발 등에 의해 진로를 확립하는 시기의 과업

⑤ 수퍼(Super)의 생애공간이론

㉠ 생애진로무지개

개념	• 수퍼는 개인의 진로발달과정을 자기실현 및 생애발달의 과정으로 보고 여러 가지 생활영역에 있어서의 진로발달을 나타내는 생애진로무지개를 제시하며, 진로성숙과 역할의 중요성을 강조하였다. • 양적인 평가방법으로 다양한 생애역할을 평가한다.
다양한 생애역할	• 삶의 다양한 역할 속에서 자신의 가치관을 추구하면서 살 수 있는 방법을 찾도록 한다. 즉, 사회적 관계 속의 다양한 생애역할이 부각되도록 하였다. • 일생동안 9가지 역할(예 아동·학생·여가인·일반시민·근로자·가장·주부·부모·연금생활자)을 수행한다고 보고, 이러한 역할들이 상호작용하며 이전의 수행이 이후의 수행에 영향을 미치게 된다고 하였다.
종담적 과정과 횡단적 과정	전 생애 동안 이어지는 진로발달의 종단적 과정(역할이 필요한 시간/기간)과 특정 시기의 횡단적 과정(활동의 왕성함 정도를 표시하는 면적/공간)을 표현한다.
역할 간의 갈등	전 생애 발달과정 중 특정시기에 생애역할들 간 갈등을 겪을 수도 있다.
중요한 생애역할의 개념	참여(Participation), 전념(Commitment), 지식(Knowledge), 가치기대(Value Expectations) 등이 있다.

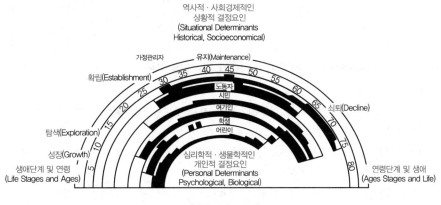

[생애진로무지개]

㉡ 진로아치문모형

- 인간발달의 생물학적·지리학적 면을 토대로 한 것으로, 아치웨이(Archway)의 기둥은 발달단계와 삶의 역할을 의미하며, 개인(심리적 특징)을 왼쪽 기둥, 사회(경제자원, 경제구조, 사회구조 등)를 오른쪽 기둥으로 세웠다. 상층부 중심에는 자기(Self)를 배치하였다.
- 개인은 사회의 단위로서 성장하고 기능하면서 사회에서 자신의 교육적·가족적·시민적·여가적 생애를 추구하며, 사회는 개인에게 영향을 준다.

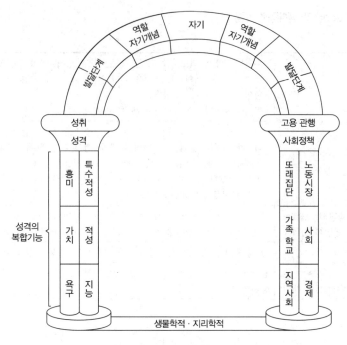

[진로아치문모형]

(3) 타이드만(Tiedeman)과 오하라(O'Hara)의 진로발달이론

① **의의**

  ㉠ 진로발달을 직업정체감을 형성해가는 과정으로 보았으며, 새로운 경험을 쌓을수록 개인의 정체감은 발달한다고 하였다.

  ㉡ 개인의 자아정체감은 분화와 통합의 과정을 거치면서 형성되어 가며, 자아정체감은 직업정체감 형성의 기초요인이 된다.

  ㉢ 진로발달은 자신을 동일시하면서 계속적으로 분화하고 통합하는 과정이라고 볼 수 있다. 분화는 분리된 경험의 문제이고, 통합은 확장된 경험을 모아 구조화하는 문제이다.

  ㉣ 분화와 통합은 논리적으로는 분리되지만 실제경험에서는 분리되지 않으며, 연령이 증가하고 경험이 쌓일수록 발달하게 된다.

② **직업정체감 형성과정**

  ㉠ 개인은 어떤 문제에 직면하거나 어떤 결정을 내려야 할 때 의사결정의 단계에 접어들게 된다. 이러한 단계들을 '예상기'와 '적응기(실천기)'로 구분하고 있다.

  ㉡ 예상기(Anticipation Period) : 전직업기(Preoccupation Period)라고도 불리며, 다음과 같이 4가지 하위단계로 나누어진다.

탐색기	자신의 진로목표를 설정하고 대안을 탐색해보며, 그것을 성취할 수 있는 능력과 여건이 갖추어져 있는지에 대해 예비평가를 한다.
구체화기	가치관과 목표, 가능한 보수나 보상 등을 고려하면서 개인은 구체적으로 자신의 진로를 준비하기 시작한다.
선택기	자기가 하고 싶어 하는 일과 그렇지 않은 것을 확실히 알게 되며, 구체적으로 의사결정에 임하게 된다.
명료화기	이미 내린 결정을 신중히 분석·검토하는 과정이다.

ⓒ 적응기(Adjustment Period) : 실천기(Implementation Period)라고도 한다. 이 단계는 앞에서 내린 잠정적 결정을 실천에 옮기는 과정으로 다음의 3가지 하위단계로 구분된다.

순응기	개인은 새로운 상황에 들어가서 인정과 승인을 받고자 한다. 새 집단이나 조직의 풍토에 적응하기 위해서 개인은 자신의 일면을 수정하거나 버리기도 한다.
개혁기	개인이 수용적인 자세로 새로운 상황에 임한 후, 일단 인정을 받으면 자신의 의견이나 주장을 강력하게 드러낸다.
통합기	개인이 집단이나 조직의 욕구와 자신의 욕구들을 균형 있게 조절할 수 있게 되어 타협과 통합을 이루게 된다.

(4) 터크만(Tuckman)의 발달이론

① 의의

㉠ 터크만은 자아인식, 진로인식, 진로의사결정이라는 3가지 주요 요소를 포함하는 8단계의 진로발달이론을 제시하였다.

㉡ 이 이론은 기능훈련을 제외한 진로교육의 목표 및 내용구축의 기저를 제공하고 있다.

② 진로발달 8단계

발달단계	시기	특징	진로발달내용
1단계	유치원~ 초등학교 1학년	일방적인 의존성의 단계	가정에서 사용하는 도구들을 중심으로 하여 진로의식을 하게 됨
2단계	초등학교 2학년	자아주장의 단계	점차 자율성을 형성하고, 단순한 형태의 선택이 이루어지며, 일에 대한 간단한 지식이나 개념을 이해함
3단계	초등학교 3학년	조건적 의존성의 단계	자아를 인식하게 되고 독립적인 존재가 되며 동기, 욕구, 탐구와의 관계형성에 초점을 맞춤
4단계	초등학교 4학년	독립성의 단계	일의 세계를 탐색하고 진로결정에 대해 관심을 가짐
5단계	초등학교 5~6학년	외부지원의 단계	직업적 흥미와 목표, 작업조건, 직무내용 등에 관심을 가짐
6단계	중학교 1~2학년	자기결정의 단계	직업관을 갖기 시작하며 진로결정의 기본요인들을 현실적인 시각에서 탐색
7단계	중학교 3학년~ 고등학교 1학년	상호관계의 단계	동료집단의 문화와 교우관계를 중시, 직업선택의 가치, 일에 대한 기대와 보상, 작업풍토, 의사결정의 효율성 등에 대한 관심을 가지기 시작
8단계	고등학교 2~3학년	자율성의 단계	진로문제에서 자신의 적합성 여부, 교육조건, 선택 가능성 등에 초점을 두기 시작

(5) 갓프레드슨(Gottfredson)의 제한-타협이론(직업포부 발달이론)

① **의의**

    ㉠ 갓프레드슨은 사람들의 진로기대가 어릴 때부터 성별, 인종별, 사회계층별로 차이가 나는 이유를 설명하기 위해 제한-타협이론을 개발하였다.

    ㉡ 개인의 자기개념이나 흥미 등 주로 내적인 요인에만 관심을 두었던 기존의 발달이론과 달리, 성(性), 인종, 사회계층 등 사회적 요인과 함께 개인의 언어능력, 추론능력 등 인지적 요인을 추가로 통합하여 직업포부의 발달에 관한 이론을 개발하였다.

    ㉢ 사람은 누구나 자기의 자아 이미지에 맞는 직업을 원하기 때문에 자아개념은 직업선택에서 중요한 요인이다.

    ㉣ 갓프레드슨은 이러한 자아발달의 과정에서 포부에 대한 점진적인 제한을 가하는 것이 직업선호를 결정하게 되며, 자신의 포부를 실현하고자 할 때 개인이 현실과 조화를 이루는 과정에 관심을 두었다.

    ㉤ 진로선택 과정은 축소와 조정을 통해 진로포부가 변화하는 과정이다.

    ㉥ 수퍼와는 달리 직업선택은 일차적으로는 사회적 자아의 실현이고, 이차적으로는 심리적 자아의 실현으로 보았다.

    ㉦ 성역할은 흥미나 가치와 같은 심리적 변인에 의해 제한받지 않는다.

② **포부의 제한과 타협**

제한	• 자기개념과 일치하지 않는 직업들을 배제하는 과정으로 자기개념의 발달단계에 따라 이루어진다. • 직업의 사회적 지위와 성역할을 기준으로 진로포부를 제한한다. • 수용 가능한 진로대안 영역을 축소하는 과정이다.
타협	• 직업의 성역할, 사회적 지위, 흥미가 중요한 측면이며 타협되는 과정이다. • 제한을 통해 선택된 선호하는 직업 대안들 중 자신이 극복할 수 없는 문제를 가진 직업을 어쩔 수 없이 포기하고, 자신에게 덜 적합하지만 현실적으로 가능한 것을 선택하는 과정이다.

💡 **더 알아두기** 🔍

1. 타협의 4가지 원칙
- 자기개념에 대응되는 직업조건인 성 유형, 명성, 흥미는 상대적 중요성을 갖고 있으며, 이들은 직업대안들을 타협할 때 우선순위가 된다.
- 타협 시 최고(Best)의 선택을 추구하기보다는 최선(Good)의 선택을 하려 한다.
- 자신의 직업대안들의 집합인 사회적 공간 안에서 이루어진 선택에 대해 만족하지 못한다면, 그 직업에 관여하는 것 자체를 회피한다.
- 흥미를 타협한 경우에 심리적으로 잘 적응하나, 사회적 위상을 위협하는 명성에 대해 타협한 경우에는 이보다 약간 덜 적응하려고 하며, 자신의 성 유형을 타협한 직업선택의 경우 심리적으로 가장 큰 타격을 입어 가장 적응을 못한다.

2. 배제모델 : 티버스키(A. Tversky)
- 직업대안의 여러 특성들을 동시에 고려하고, 불확실한 상황에서 의사결정이 가능하도록 도우며, 많은 진로선택들을 줄여나가는 데 유용하다.
- 배제된 대안들이 더 좋은 대안이었을 가능성도 있다.

③ 직업포부의 발달단계

발달단계	과제	연령	특징
1단계	힘과 크기(서열) 지향성	3~5세	• 사고 과정이 구체화되며, 어른이 된다는 것의 의미를 알게 된다. • 외형적 관심단계이며, 주로 어른들의 역할을 흉내내고 직관적인 사고과정을 보인다. • 불도저, 야구공 등 사용하는 도구에 기초해서 직업을 이해한다. • 자신이 생각하는 직업에 대해서 긍정적인 입장을 취한다.
2단계	성역할 지향성	6~8세	• 자아개념이 성의 발달에 의해서 영향을 받게 되면서 직업에 대한 성역할 고정관념을 습득한다. • 이분법적(남녀의 구분) 정체감을 형성하고, 직업을 이해할 때 자신의 성에 적합한지 살펴본다. • 구체적인 사고를 할 수 있어 남녀 역할에 바탕을 둔 직업 선호를 하게 된다. • 자신이 선호하는 직업에 대해서 보다 엄격한 평가를 할 수 있다.
3단계	사회적 가치 지향성	9~13세	• 사회계층에 대한 개념이 생기면서 상황 속에서 자아를 인식하게 되고, 일의 수준에 대한 이해를 확장시킨다. • 자신의 능력에 맞고 수용가능한 직업의 종류가 무엇인지 구체화한다. • 사회계층이나 지능을 진로선택의 주요 요소로 인식하게 되고, 직업의 사회적 지위에 눈을 뜬다. • 자신의 상대적 능력에 대해 판단하기 시작하고, 상대적 서열과 관련을 짓는다. • 직업에 대한 평가에 보다 많은 기준들을 갖게 된다.
4단계	내적이며 고유한 자아에 대한 지향성	14세 이후	• 고유한 내적 자아의 특성에 대한 개념을 가지면서 자아인식이 발달되며 타인에 대한 개념이 생겨난다. • 타협의 과정이 시작되며, 자기개념에 부합하는 직업을 탐색한다. • 자아성찰과 사회계층의 맥락에서 직업적 포부가 더욱 발달한다. • 수용가능한 직업의 종류 중에서 자아정체감을 만족시킬 수 있는 직업을 선택한다. • 추상적인 사고를 하게 되고, 개인적 흥미나 가치, 능력을 바탕으로 자신의 성격유형에 관심을 갖게 되며, 진로포부 수준도 점차 현실화해 간다.

(6) 크롬볼츠(Krumboltz)의 사회학습이론

① 이론의 배경

㉠ 교육적·직업적 선호 및 기술이 어떻게 획득되며, 교육프로그램·직업·현장의 일들이 어떻게 선택되는가를 설명하기 위하여 발달한 이론이다.

㉡ 학습경험을 강조하는 동시에 개인의 타고난 재능의 영향을 강조하는 이론이다.

② 기본 가정

㉠ 개인이 환경과의 상호작용을 통해 무엇을 학습했는가를 중요시하고, 학습경험을 통해 세계를 바라보는 관점이나 신념을 형성한다고 본다.

㉡ 행동에 대한 일반적인 사회학습이론을 기초로 개인의 성격과 행동은 그의 독특한 학습경험에 의해서 가장 잘 설명할 수 있다고 가정한다.

ⓒ 개인의 진로개발 과정에서 우연의 영향력을 중요시하므로 상담자는 내담자가 탐색적 활동에 집중하면서 우연히 일어난 일을 유용하게 활용할 수 있음을 깨닫게 한다.

ⓔ 내담자의 학습을 촉진하기 위해 진로 관련 심리검사를 활용하는데, 진로 관련 심리검사는 개인 특성과 직업 특성을 매칭(Matching)하기 위한 것만은 아니다.

ⓜ 사회학습이론에 따라 개발된 진로신념검사를 통해 내담자의 진로발달 및 진로선택을 방해하는 비합리적 신념을 명료화하여 상담한다.

ⓗ 진로의사결정에 영향을 미치는 4가지 요인 즉, 유전적 요인과 특별한 능력·환경적 조건과 사건·학습경험·과제접근기술의 상호작용을 밝힌다.

ⓢ 상담의 성공 여부는 상담실 밖 현실에서 내담자가 무엇을 이루었는지에 달려 있다.

③ **상담의 목표**

㉠ 내담자들에게 원하는 것을 바로 알려주기보다는 스스로의 학습과정을 통해 그 답을 발견할 수 있도록 돕는다.

㉡ 하나의 진로의사결정을 하도록 돕는 것이 아니라 내담자가 더욱 만족스러운 진로와 인생을 살아가기 위한 행동을 배우도록 돕는다.

④ **진로발달과정에 영향을 미치는 요인**

크롬볼츠는 진로결정요인을 '환경적 요인'과 '심리적 요인', '우연적 요인'으로 구분하고, 결국 상담자는 내담자가 이러한 요인의 영향을 이해하고 변화시키도록 도와주어야 한다고 하였다.

환경적 요인	• 개인에게 영향을 미치나 일반적으로 개인이 통제할 수 있는 영역 밖에 있는 것으로 상담을 통해서 변화시키는 것이 불가능하다. • '유전적 요인(신체적 요인 등)과 특별한 능력' 및 '환경적 조건과 사건'
심리적 요인	'학습경험'과 '과제접근기술'
우연적 요인	• 우연히 발생한 일이 진로에 긍정적으로 작용하는 경우를 '계획된 우연'이라고 한다. • 개인이 우연적 사건에 대한 준비와 대응에서 필요한 5가지 지각 요인은 '호기심, 인내심, 유연성, 낙관성, 위험감수'이다.

㉠ 유전적 요인과 특별한 능력

개인의 진로기회를 제한하는 타고난 특질을 말한다. 즉, 교육적·직업적인 선호나 기술에 제한을 줄 수 있는 자질을 말하는 것으로서, 여기에는 인종, 성별, 신체적인 모습과 특징, 지능, 예술적 재능, 그리고 근육의 기능 등이 포함된다.

㉡ 환경적 조건과 사건

환경에서의 특정한 사건이 기술개발, 활동, 진로선호 등에 영향을 미친다는 것이다. 여기에는 취업가능한 직종의 내용, 교육훈련이 가능한 분야, 사회정책, 노동법, 천재지변, 천연자원의 공급 및 이용가능 정도, 기술의 발달, 사회조직의 변화, 가정의 영향, 교육제도, 그리고 이웃과 지역사회의 영향 등이 포함된다.

㉢ 학습경험

개인이 과거에 학습한 경험은 현재 또는 미래의 교육적·직업적 의사결정에 영향을 미치는데, 크롬볼츠는 크게 2가지 유형의 학습경험을 가정하고 있다.

도구적 학습경험	• 주로 어떤 행동이나 인지적인 활동에 대한 정적인 또는 부적인 강화를 받을 때 나타난다. • 사람들은 정적인 강화를 받게 되면 이와 관련된 행동을 반복하려는 경향을 보이는데, 이러한 행동을 반복하는 과정에서 관련된 기술을 보다 잘 숙지하게 되고 행동 그 자체에 내적인 흥미를 갖게 된다는 것이다. • 과거의 학습경험이 교육적·직업적 행동에 대한 도구로 작용하는 것이다. • 일반적으로 도구적 학습경험은 '선행사건 → 행동 → 결과'의 순서에 의해서 학습된다.
연상적 학습경험	• 이전에 경험한 감정적으로 중립인(Neutral) 사건이나 자극을 정서적으로 비중립적인 사건이나 자극과 연결시킬 때 일어난다. • 예를 들어, 중병에 걸렸던 사람이 병원에서의 치료로 건강을 회복하였다면, 병원이라는 감정적으로 중립인 자극이 그에게 정적인 영향을 미쳐 나중에 의사가 되길 희망할 수 있을 것이다. 이러한 경험은 개인이 직접적으로 체험한 것인데, 이와는 달리 간접적이거나 대리적인 학습경험도 개인의 교육적·직업적 행동에 영향을 미치게 된다. • 크롬볼츠의 이론에서 개인은 지적이며 훌륭한 정보처리자로 간주되는데, 따라서 사람들은 타인의 행동을 관찰하거나 책이나 TV 등의 매체를 통해 정보 수집을 하는 것만으로도 새로운 행동이나 기술을 학습할 수 있게 된다.

ⓐ 과제접근기술(Task Approach Skills)
- 과제접근기술은 선행사건이나 어떤 과제를 성취하기 위해 동원하는 기술이다.
- 개인이 환경을 이해하고 이에 대처하며 미래를 예견하는 능력이나 경향으로, 학습경험, 유전적 요인, 환경적인 조건이나 사건의 상호작용으로 나타난다.
- 과제접근기술에는 문제해결기술, 일하는 습관, 정보수집 능력, *감성적 반응, 인지적 과정 등이 포함된다.

> ※ 참고 : 감성적 반응
> 사물 현상이 주는 자극에 대한 정적(情的) 반응을 말한다.

⑤ **진로결정 요인의 결과**
  ㉠ 자기관찰 일반화 : 자신에 대한 관찰 결과 얻어진 것으로 자신의 태도, 업무 습관, 가치관, 흥미, 능력수준에 대한 일반화를 말한다.
  ㉡ 세계관 일반화 : 자신의 환경에 대한 일반화로 세상에 대해 이해하고 환경에서 나타날 결과를 예측하는 것을 말한다.

⑥ **계획된 우연 모형**
  ㉠ 사람들에게는 예측할 수 없는 다양한 사건들이 일어날 수 있으며, 삶에서 우연적 사건을 긍정적 또는 부정적 기회로 만들 수 있는 가능성이 개인에게 열려 있다고 전제한다.
  ㉡ 우연히 발생한 일이 진로에 긍정적으로 작용하는 경우를 '계획된 우연'이라고 한다.
  ㉢ 개인이 우연적 사건에 대한 준비와 대응에서 필요한 5가지 지각 요인으로는 '호기심, 인내심, 유연성, 낙관성, 위험감수 등'이 있으며 다음의 단계로 진행된다.

- 1단계 : 내담자로 하여금 '계획된 우연한 일'은 삶에서 자연스럽게 일어날 수 있는 것임을 받아들이도록 한다.
- 2단계 : 내담자가 갖는 호기심을 학습과 탐색을 위한 기회로 활용하도록 돕는다.
- 3단계 : 계획하지 않은 일과 관련된 내담자의 성공경험을 활용하여 내담자를 격려한다.
- 4단계 : 잠재된 기회를 더 잘 알아차릴 수 있는 내담자의 감수성을 키워준다.
- 5단계 : 행동을 방해하는 비합리적인 신념을 극복하도록 돕는다.

⑦ 상담과정

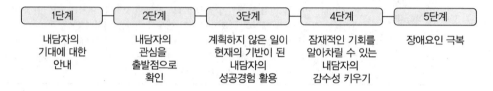

2 사회인지이론

(1) 사회인지진로이론(SCCT, Social Cognitive Career Theory)

① 의의

　㉠ 여성의 진로발달을 설명하기 위해 자기효능감 이론을 도입한 논문에서 기원된 이론으로서 자기효능감과 결과기대, 개인적 목표 등의 인지적 측면과 진로와 관련된 개인특성, 환경 그리고 행동요인들을 이론적 틀 안에 포함시키고, 이들 간의 관계를 설명하는 데 기여한 이론이다.

　㉡ 반두라(Bandura)의 사회인지이론에서 파생된 이론으로서 문화, 성(Gender), 유전, 사회적 환경, 자기효능감 등이 개인의 진로관련 선택과 관련이 있다는 이론이다.

　㉢ 사회인지진로이론의 대표자는 렌트(Lent), 브라운(Brown), 해킷(Hackett) 등이다.

　㉣ 환경변인을 배경맥락 요인과 근접맥락 요인으로 나누어 개념화하고 있다.

　㉤ 진로대안을 실행하는 데 있어 장애가 되는 진로장벽이 무엇인지 확인하고, 진로장벽에 대한 지각이 얼마나 현실성 있는지 평가한 후, 이러한 장벽을 만나게 될 가능성이 어느 정도인지 평가하도록 돕는다.

② 3축 호혜성 인과적 모형

　㉠ 개인 내의 요인과 환경이 행동에 영향을 끼칠 뿐 아니라, 행동이 또한 정서·인지 등 개인 내 요인과 환경에 다시 영향을 미친다.

　㉡ 개인적·신체적 속성, 외부환경요인, 외형적 행동의 상보적 인과관계를 수용하여 개인의 진로발달은 개인의 특성과 환경의 단순한 결과물이 아닌 개인의 의지와 인지적 판단이 포함된 끊임없는 상호작용의 결과이다.

　㉢ 개인은 유전과 환경의 결과물이 아니고 진로발달에 역동적 주체가 된다(개인-행동-상황의 상호작용).

③ **진로발달의 결정요인**

자기효능감	목표한 과업을 완성시키기 위해 필요한 행동을 계획하고 수행할 수 있는 자신의 능력에 대한 신념을 말한다.
성과기대 (결과기대)	특정한 과업을 수행했을 때 자신과 주변에 일어날 일에 대한 평가를 말한다.
목표	단순히 환경이나 경험에 대한 반응자로서의 개인에서 벗어나 자신의 행동을 주체적으로 이끄는 인지적 주체로서의 개인을 추론할 수 있는 개념으로서, 특정한 목표를 통해 행동을 실행하고 어떤 성취를 추구하는 것이다.
진로장벽	환경변인으로 강조되고 있는 새로운 개념이고, 개인의 내면세계는 가족, 친구, 경제적 상황과 같은 가까운 환경에 둘러싸여 있는 근접 맥락과 제도화된 인종차별, 거시적 경제조건과 같은 큰 사회적 맥락으로 둘러싸여 있는 배경 맥락으로 구성된다.

④ **진로행동모형**

ⓐ 흥미모형

자기효능감과 결과기대는 함께 흥미를 예언하고, 흥미는 목표를 예언하고, 목표는 활동의 선택 및 실행을 가져오고, 이후 수행결과가 나타난다는 모형이다.

가정 1	어느 시기의 개인의 직업적 흥미나 학업적 흥미는 그 시점의 자기효능감과 결과기대를 반영한다.
가정 2	개인의 직업적 흥미는 또한 그 직업과 관련된 능력을 얼마나 가지고 있는가에 영향을 받지만, 이 둘의 관계는 자기효능감에 의해 매개된다.

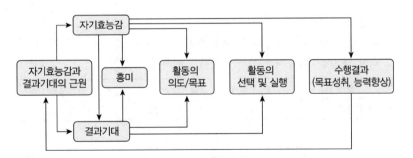

[사회인지진로이론에서의 흥미모형]

ⓑ 선택모형

학습경험에 의해 영향을 받은 자기효능감과 결과기대에 따라 예측된 여러 가지 진로 관련 흥미들 가운데 주된 하나의 목표를 선택하여 표현하고, 선택한 것을 실현하기 위한 활동을 선택하고 성취를 이루어 내는 것으로 나눈 후, 이것이 다시 피드백되면서 미래 진로 행동을 형성해 간다는 모형이다.

가정 3	자기효능감은 선택할 목표와 활동에 직접적으로도 영향을 미치고 간접적으로도 영향을 미친다.
가정 4	결과기대는 선택할 목표와 활동에 직접적으로도 영향을 미치고 간접적으로도 영향을 미친다.
가정 5	사람들은 자신에게 가장 흥미로운 영역의 직업이나 학문 영역에 들어가고 싶어 할 것이다 (즉, 그 영역에서 목표를 선택한다).
가정 6	사람들은 만약 목표를 정하고, 목표를 명확한 용어로 말하고, 실제 진입할 수 있는 지점에 근접한다면, 자신이 선택한 목표와 일치하는 영역의 직업이나 학문 영역에 들어가려고 시도할 것이다.
가정 7	흥미는 목표를 선택하는 것에 영향을 미치는 것을 통해 진입 행동에 간접적으로 영향을 미친다.

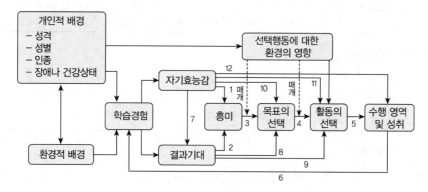

[사회인지진로이론에서의 선택모형]

ⓒ 수행모형

과거의 수행이 미래행동의 결과에 대한 기대와 자기효능감에 영향을 미치고, 개인이 이미 선택한 영역에서 추구하는 수행의 수준을 예측하는 모형이다.

가정 8	자기효능감은 수행목표를 통해 진로와 학업 수행에 직·간접적으로 모두 영향을 미친다.
가정 9	능력(또는 적성)은 자기효능감을 통해 진로와 학업 수행에 직·간접적으로 모두 영향을 미친다.

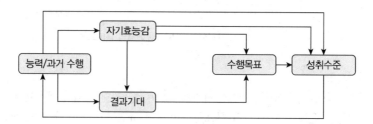

[사회인지진로이론에서의 수행모형]

3 요인-특성이론

(1) 파슨스(Parsons)의 특성요인이론

① **진로를 결정하는 세 가지 요인**
    ㉠ 자기에 대한 분명한 이해
    ㉡ 직업에 대한 지식
    ㉢ 자기 이해와 직업에 대한 지식의 관계를 끌어내는 능력

② **한계점**
    ㉠ 개인적 특성 이외의 요소의 영향으로 인해 심리검사의 예언타당도가 높지 않다는 점이다.
    ㉡ 직업선택을 일회적 행위로 보아 직업선택의 과정이나 특성 간의 다양성·역동성 등을 인정하지 않았다.
    ㉢ 개인의 특성 발달과정을 간과하였다.

③ **이론의 배경**
    ㉠ 파슨스(Parsons)는 개인분석(자기분석), 직업분석, 과학적 조언을 통한 매칭을 주장하였는데, 이는 자신의 강점과 약점을 포함한 개인적 성향을 충분히 이해하고, 주어진 직업에서의 성공조건 및 보상과 승진에 관한 정보를 알아야 하며, 입수한 정보를 바탕으로 선택과정에서 '진실한 추론'을 해나가야 한다는 것이다.
    ㉡ 개인의 독특성을 바탕으로 한 개인차 심리학의 성장은 과학적 측정을 통한 특성 확인을 가능하게 하여 파슨스의 모델을 발전시켰고, 피터슨은 진로상담자들이 사용할 수 있는 여러 가지 심리검사 도구를 개발하였다.

④ **특성-요인이론의 특징**
    ㉠ 개개인은 신뢰할 만하고 타당하게 측정될 수 있는 고유한 특성을 갖고, 모든 직업은 그 직업에서 성공을 하는 데 필요한 특성을 지닌 근로자를 요구한다.
    ㉡ 직업선택은 직접적인 인지 과정이기 때문에 개인의 특성과 직업의 특성을 짝짓는 것이 가능하며, 개인은 자신의 특성과 직업이 요구하는 특성을 연결할 수 있다.
    ㉢ 개인의 특성을 파악하고 직업에 대한 이해의 과정을 거친 뒤, 이 두 가지 요소에 근거하여 각 개인의 특성과 적절한 직업의 매칭을 과학적 조언을 통해 주장한다.
    ㉣ 개인의 특성과 직업의 요구 간에 매칭이 잘 될수록 성공 또는 만족의 가능성은 커진다.
    ㉤ 특성-요인이론에서는 개인의 제 특성에 대한 객관적인 이해를 기초로 하는 개인분석, 직업의 특성과 요구되는 직업능력을 분석하는 직업분석, 상담을 통해 개인과 직업을 연결하는 합리적 추론을 중시한다.
    ㉥ 따라서 개인의 지능, 적성, 흥미, 포부, 학업성취, 환경 등의 개인특성과 관련된 이해를 중시하며, 이를 위해 표준화된 검사의 실시와 결과의 해석을 진로상담 과정에서 강조한다.

ⓐ 특성과 요인

구분	특성	요인
의의	• 검사를 통해 측정할 수 있는 개인의 특성 • 자기 자신에 대한 이해	• 성공적인 특정 직무수행에 필요한 조건 • 직업에 대한 이해와 지식
유형	적성, 능력, 흥미, 가치관, 성격, 포부, 자원의 한계와 원인	직업의 요구 및 성공요건, 장·단점, 보수, 고용기회, 전망

⑤ **특성-요인이론의 주요내용**

ⓐ 효과적인 상담관계를 위한 요건
- 상담의 목적은 내담자가 모든 인격적인 면에서 최적의 방향으로 성장하도록 돕는 것이다.
- 상담자는 각 내담자의 독특성을 가정한다.
- 상담은 내담자의 자발적 요청에 의해 이루어지는 것이 더 바람직하다.
- 상담은 내담자 스스로 해결할 수 없는 문제에 당면했을 때만 필요하다.
- 상담관계에서 상담자는 완전하게 가치중립적인 입장을 취할 수는 없다.
- 무조건적인 수용이 내담자의 잠재력을 완전히 발휘하게 한다는 심리치료의 가정에 동의하지 않는다.
- 상담의 목적은 더욱 합리적인 문제해결력을 기르는 것이다.
- 각 개인은 자신의 잠재력을 충분히 발휘할 도덕적 의무를 가진다.
- 상담은 내담자로 하여금 이성적 문제 해결력을 기르게 하는 것이지만, 궁극적으로는 탁월성을 추구하는 목적적 노력을 하는 인간을 만드는 것이다.

ⓑ 특성-요인이론의 상담목표
- 내담자의 정서적 안정을 돕고 이성적으로 생활하도록 한다.
- 내담자 자신이 필요로 하는 정보를 수집·분석·종합할 수 있도록 한다.
- 내담자의 자기이해, 자기지도, 자기성장을 촉진하고 자기통제가 가능하도록 한다.
- 내담자가 자신의 가능성을 확인하고, 그 가능성을 실제로 활용할 수 있게 한다.
- 내담자 자신의 동기, 능력, 적성, 성격, 흥미 등의 특성과 요인을 이해하고 수용하도록 한다.
- 내담자의 합리적인 문제해결력을 기른다.

ⓒ 상담의 특징
- 상담자 중심의 상담방법이다.
- 내담자에 대한 정서적 이해보다 문제의 객관적 이해에 중점을 둔다.
- 내담자에게 정보를 제공하고 학습기술과 사회적 적응기술을 알려주는 것을 중요시한다.
- 내담자를 객관적으로 이해하고, 올바른 예언을 하기 위해 사례나 *사례연구를 상담의 중요한 자료로 삼는다.

> ※ **참고 : 사례연구**
> 특정 개인 혹은 집단을 연구 대상으로 하여 검사나 관찰, 면접 등의 방법으로 자료를 수집한 후, 그것을 바탕으로 연구 대상의 특성이나 문제 등을 분석·진단하는 연구방법을 말한다.

제 3 절   가족상담이론

1 보웬(Bowen)의 가족치료 이론(다세대 가족상담모델)

(1) 의의

① 보웬의 가족체계이론은 메닝거 클리닉(Menninger Clinic)에서 소아 조현병환자의 치료를 위해 환자와 그의 어머니 또는 그의 부모를 1~2개월간 공동으로 생활하게 함으로써, 환자와 가족의 유기적 관계를 발견하면서 제시된 이론이다.

② 조현병환자의 가족에 대한 연구를 통하여 분화의 개념과 삼각관계의 개념을 정립하게 되었고, 환자들은 엄마 또는 부모와 불안정한 애착관계를 형성한다는 사실을 발견하였다.

③ 가족을 다세대적 현상으로 파악하여 다세대적 분석을 통해 현재의 가족문제를 파악하려 하였다.

(2) 주요 내용

① 보웬은 행동장애를 '증가된 불안의 산물'로 보면서 고립되고 분화되지 못한, 가장 상처받기 쉬운 개인이 증상을 발달시키거나 혹은 갈등의 중심이 되기 쉽다고 보았다.

② 보웬 가족치료의 목표는 불안을 감소시키고 자아분화를 증가시키는 것으로, 자기분화는 치료목표인 동시에 성장목표이다.

③ 분화되지 않은 가족자아집합체에서 자신을 분리·독립시켜 정체감을 형성하고, 자기 충동적·정서적 사고와 행동에서 자유를 획득해 나갈 수 있도록 돕는 것이 치료의 목표이다.

④ 보웬의 가족치료에서 상담자는 탈삼각화를 코치하고, '나의 입장(I-position)'을 시범보이는 모델이 된다.

(3) 주요 개념

① **자아분화(자기분화)**

㉠ 사고와 감정을 분리하여 자신과 타인을 구분할 수 있는 능력으로 개인이 가족의 정서적인 혼란으로부터 자유롭고 독립적인 사고나 행동을 할 수 있는 과정을 의미한다.

㉡ 분화의 상태를 0~100까지의 분화지수로 표시하며, 이때 '0'은 가족으로부터의 완전한 구속을, '100'은 가족으로부터의 완전한 독립을 의미한다.

㉢ 자아분화는 정서적이고 지적인 것의 분화를 의미하며, 감정과 사고가 적절히 분리되어 있는 경우 자아분화 수준이 높은 것으로 간주한다.

㉣ 분화되지 못하고 융합되어 있는 가족체계는 불안이나 변화를 경험할 때마다 정서의 지배를 받기 때문에 충동적인 행동이 일어나기 쉽고 융통성이 없으며, 스트레스 상황에서 부적응적이라고 보았다.

ⓜ 분화수준에 따른 특징

분화수준 높음	• 자신의 감정체계를 있는 그대로 받아들이면서도 이성적으로 대처하고 반응할 수 있으며, 친밀한 관계를 유지할 수 있다. • 내적인 불안을 인내할 수 있고, 다른 사람의 불안에 전염되지 않으며, 자신의 신념에 따라 자율적으로 기능한다. • 가족동맹을 발달시키지 않고도 적응적이고 융통성이 있으며, 자율적으로 기능할 수 있다.
분화수준 낮음	• 합리적으로 의사결정을 하지 못하며, 감정반사적인 행동수준에 머무른다. • 주관적이며 감정적으로 반응하며 삼각관계를 통해 자신의 불안을 회피하고자 한다. • 개인이 성장한 정서적 분위기가 뒤엉켜 있고 강할수록, 감정반사적 반응에 의해 지배받는다.

② **삼각관계**

ⓐ 스트레스는 두 사람(부부)의 관계체계에서 발생하는 관계의 균형을 유지하기 위한 시도 과정에서 발생한다.

ⓑ 삼각관계는 스트레스의 해소를 위해 두 사람 간의 상호작용 체계에 다른 가족성원을 끌어들임으로써 갈등을 우회시키는 것이다.

ⓒ 보웬은 삼각관계를 가장 불안정한 관계체계로 보았으며, 실제로 삼각관계가 불안이나 긴장, 스트레스를 감소시키는 데 일시적인 도움은 줄 수 있지만, 가족의 정서체계를 혼란스럽게 만들어 증상을 더욱 악화시키는 것으로 보았다.

ⓓ 보웬의 삼각관계 치료방법 : 삼각관계를 해결하는 보웬의 치료법은 잠정적으로 치료자가 삼각관계에 끼어들거나, 벗어나기도 하면서 *탈삼각화하는 것이다.

> ※ **참고 : 탈삼각화**
> 가족 내에 형성된 삼각관계에서 벗어남으로써 가족성원의 자아분화를 향상시키는 방법을 말한다.

③ **핵가족 감정체계(정서체계)**

ⓐ 정신분석학에서 사용하는 '미분화된 가족자아집합체'와 연관된다.

ⓑ 가족의 정서적 일체감이 독특한 정서체계를 형성함으로써, 가족성원 간에 사고와 감정을 공유하다가 이후 서로를 배척하기에 이르는 정서적 관계를 의미한다.

ⓒ 개인은 자신의 해소되지 못한 불안을 가족에게 투사하며, 특히 미분화된 부부인 경우 사소한 스트레스 상황에도 심한 불안을 느낀다.

ⓓ 핵가족 감정체계는 부부간에 정서적으로 거리가 먼 경우, 부부 중 한 사람이 신체적 또는 정서적으로 역기능 상태에 있는 경우, 부부갈등이 심각한 경우, 부부간의 문제를 자녀에게 투사하는 경우 그 강도가 강해진다.

④ **가족의 투사과정체계**

ⓐ 부모가 그들의 미성숙함과 분화의 부족을 자녀에게 전하는 삼각관계에서 어느 한 자녀 이상에게서 장애가 나타나는 과정을 뜻한다.

ⓑ 자아분화 수준이 낮은 부모는 미분화에서 오는 불안을 삼각관계를 통해 회피하려고 하는데, 공통적 현상은 어머니가 특정 자녀와 공생적 관계를 형성하여 미분화의 산물인 자기문제를 투사시킨다는 점이다.

ⓒ 부모가 자신의 미분화를 전달함으로써 세대를 걸쳐서 진행되며, 투사대상이 된 자녀는 최소한의 자아분화만을 한 채 부모와 밀착관계를 가지게 된다.

ⓒ 투사는 어느 가정에서나 일어나는 것인데, 분화수준이 낮을수록 그 경향이 심하고, 심지어 다음 세대를 희생시키면서까지 이전 세대의 미분화에서 발생한 불안을 경감시키려고 한다.

⑤ 다세대 간 전이과정체계

　ⓐ 다세대를 통해 가족의 정서과정이 전수되는 것을 설명한다.

　ⓑ 핵가족 안에서 개인뿐만 아니라, 여러 세대에 걸친 핵가족을 포함하는 정서적 장애를 의미한다.

　ⓒ 자아분화의 수준이 낮은 사람이 자신과 비슷한 분화 수준을 가진 사람과 결혼하면 다음 세대인 자녀에게 그들이 가진 미분화된 특징을 투사하게 되어, 자녀의 자아를 더욱 미분화 상태에 놓이게 한다. 이러한 투사과정이 여러 세대에 걸쳐 계속되면, 3세대 또는 그 이상의 세대에 가서 조현병이나 정서적 질환이 발생된다.

　ⓓ 이렇게 볼 때, 조현병이나 역기능적 문제는 개인의 질병이 아니라, 가족체계에서 누적된 자아의 미분화·융해의 결과인 셈이다.

> **더 알아두기**
>
> **다세대 모델의 특징**
> - 삼각관계는 핵가족 내에서도 다중으로 있을 수 있다.
> - 자아분화가 높은 사람은 타인의 평가에 연연하지 않는다.
> - 가족투사과정은 가족 내에서 불안이 투사되는 과정을 말한다.
> - 대표적인 핵가족 정서체계는 만성적 결혼갈등, 배우자의 역기능 등이다.

⑥ 출생순위체계

　ⓐ 아동들의 특징적인 성격은 어떤 형제의 위치에서 성장하였는가에 의해 결정된다고 하였다.

　ⓑ 환경이 다른 삶을 살아감에도 불구하고, 동일한 출생순위의 사람들은 비슷한 성격을 가지고 있다는 사실을 발견하였다.

⑦ 정서적 단절체계

　ⓐ 한 개인과 자신의 *원가족 간의 미분화와 그것과 관련된 정서적 긴장을 설명한 것으로서, 극심한 정서적 분리의 양상을 의미한다.

　ⓑ 정서적 단절은 세대 간의 잠재된 융해의 문제를 반영하는 것이며, 세대 간의 정서적 *융해가 심할수록 정서적 단절의 가능성 또한 높다.

　ⓒ 융해가 심한 사람은 가족과의 정서적 접촉을 회피함으로써 문제를 해결하려고 한다. 그러나 고립된 소외에서 오는 불안으로 다른 사람과의 관계를 맺으면 또 다른 융해를 초래한다.

> ❗ **더 알아두기** 🔍
>
> • **원가족**
> 혈통이나 유전적으로 관련된 가족 혹은 친족집단을 말한다.
> 예 친척, 친족
>
> • **융해**
> 녹아서 물리적인 상태가 변하는 것을 말한다.

(4) 상담기법

① 과정질문
ㄱ 내담자의 감정을 가라앉히고 정서적 반응에 의한 불안을 낮춰 사고를 촉진하는 기법으로 다양한 과정을 질문하여 내담자가 인식하지 못한 측면, 즉 가족들이 맺는 관계유형 방식 등을 살펴보는 것이다.

ㄴ 가족체계 안에서 자신의 역할을 이해하고 문제의 맥락을 명료하게 사고하도록 하면서, 부부의 논쟁이 심할 경우에는 상담자는 중립적 태도로 각자의 생각에 초점을 맞추도록 한다.

ㄷ 감정을 가라앉히고 정서적 반응에 의해 유발된 불안을 낮추도록 질문하고 가족성원이 문제를 어떻게 지각하고 관계유형에 어떤 방식으로 참여하였는지 질문한다.

② 치료적 삼각화
가족 내에서 갈등을 빚고 있는 사람은 안정성을 되찾기 위해 제삼자를 끌어들여 삼각관계를 형성하려는 경향이 있고, 상담과정에서 치료자까지도 자동적으로 삼각화 과정에 끌어들이려 하여 치료를 교착상태에 빠지게 될 수 있는데, 치료자가 정서적으로 말려들지 않는다면 가족체계와 그 성원들은 평정을 되찾아 자신들의 문제해결 방법을 찾기 시작한다.

③ 관계실험
주로 삼각관계를 구조적으로 변화시키기 위해 사용하며, 가족들로 하여금 체계과정을 인식하고 그 과정 내에서 자신의 역할을 깨닫도록 학습시키는 것이다.

④ 자기입장 지키기
정서적 충동에 의해 반응하려는 경향을 막는 가장 직접적인 방법 중 하나는 자신의 견해를 피력하는 방법이다.

⑤ 코칭
내담자들이 직접 자기네 가족문제를 해결해 나가도록 치료자가 조언(격려)하는 것이다.

⑥ **가계도**

의의	• 3세대 이상에 걸쳐 가족구성원에 관한 정보와 그들 간의 관계를 도표로 기록하는 방법이다. • 가계도는 대체로 3단계로 작성되는데, 가족구조의 도식화·가족에 대한 정보기록·가족관계에 대한 기술 등이다.
활용목적	가계도를 통해 내담자(클라이언트) 가족이 갖는 문제점을 조사하고 해결책을 모색하는 것을 목적으로 한다.
특징	• 가계도는 가족의 복잡성을 알아볼 수 있도록 세부사항이 포함되어야 하는 동시에 쉽게 이해될 수 있도록 단순해야 한다. • 몇 세대에 걸친 가족 관계의 본질 및 구조를 묘사하는 데 활용된다. • 가계도는 중요한 가족의 사건(탄생·결혼·별거·죽음)들에 대하여 세부적인 그림을 제공하므로, 복잡한 가족유형에 대한 개관을 신속하게 파악할 수 있는 가족정보를 나타낸다. • 가계도는 상담사가 내담자(클라이언트)에 대한 문제 및 이해를 쉽게 파악하도록 도와줄 뿐만 아니라 상담사와 가족구성원이 새로운 정보를 알게 되면서 내담자를 변화하게 한다. • 가족에 관한 정보가 도식화되어 있기 때문에 가족 자신도 문제를 객관적·체계적인 관점에서 볼 수 있도록 돕는다.

㉠ 가계도 작성 예시

남성	여성	출생일·연령	사망일	정신적·신체적 문제	약물 또는 알코올중독
□	○	1982 ㉚	D.1999 ⊠	◫	⬗

동거	결혼	별거	이혼
□ ⬠ ○	□—○	□—/—○	□—//—○

임신	사산	자연유산	인공유산
△	⊠ ⊗	●	✕

친자녀	입양자	쌍둥이		자녀 : 출생순으로 왼쪽부터
		이란성	일란성	
□	○	□ ○	○ ○	

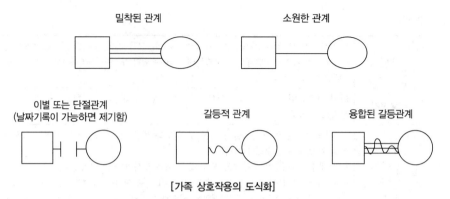

[가족 상호작용의 도식화]

〈출처 : McGoldrick, Gerson(이영분, 김유숙 역, 1999), 가족분석가계도〉

---

2 체계적 가족치료 이론

(1) 구조적 가족치료

① **의의**

㉠ 개인을 사회적인 존재로 보고, 개인을 둘러싼 구조에 초점을 맞추고 있다.

㉡ 사회적 상황은 개인의 정신생활에 영향을 미치고, 개인은 사회적 상황에 영향을 미치면서 끊임없는 상호작용을 반복한다.

㉢ 문제나 증상에 대해 반결정론적 시각을 기초로 발전하였다.

㉣ 가족들의 상호작용 방식은 구조이며, 가족구조를 변화시키면 체계구성원의 정신 내적과정과 행동도 변화한다.

㉤ 가족의 구조적 변화에 치료목표를 두고, 치료자가 적극적으로 가족을 재구조화하는 과정에 개입한다.

㉥ 구조적 가족상담은 보이지 않는 일련의 기능구조이며, 이 구조를 이해하기 위하여 가족원 간의 인간관계규칙을 이해하지 않으면 안 된다고 보았다.

② **주요 학자**

㉠ 미누친(S. Minuchin)

• 아르헨티나 출생으로 애커만(Ackerman)에게 정신분석훈련을 받았으며, 1950년대 가족 상담은 대부분 중산층 가정에 초점을 두고 있어 빈곤가족에 적당치 않음을 발견하였다.

• 빈민가족과 접하면서 굳어진 습관에서 벗어나 새로운 구조를 만들 수 있는 기회를 제공하는 치료방법이 개발되어야 한다고 생각하고 구조적 가족상담모델을 개발하였다.

• 주요 기법은 교류와 합류이다.

㉡ 그 외 주요학자 : 몬탈보(Montalvo), 아폰테(Aponte), 피시먼(Fishman) 등

③ 주요 개념
  ㉠ 가족구조
   • 가족은 상호교류 유형을 통하여 상호작용하는 체계이다.
   • 가족이란 밖으로는 큰 사회의 다른 체계(상부체계)와 안으로는 여러 소체계(하위체계)로 구성되어 있다.
  ㉡ 하위체계
   • 구조적 가족치료는 가족이 부부 하위체계, 형제 하위체계, 부모 하위체계 등의 3가지 하위체계로 구성되어 있으며, 이 하위체계 간의 규칙은 위계질서이며, 이 이론은 세대 간의 적합한 경계선을 주장한다.
   • 체계 내에서 특정한 기능이나 과정을 수행하는 전체 체계의 부분들이다.
   • 가족 내에서 세대, 성, 흥미 등에 따라 형성되며, 개인은 동시에 여러 개에 속하여 각각의 역할과 권력을 가지게 된다.
   • 부부체계가 건강하게 기능하기 위해서 부부는 각자 원가족의 영향에서 어느 정도 독립적이고 적절히 분화되어야 한다.
   • 건강한 부모-자녀 하위체계는 위계구조를 확립하는 것이며, 그렇지 못할 경우 역기능적으로 될 가능성이 크다.
   • 건강한 가족에서는 부모 하위체계와 부부 하위체계가 분리되어 존재한다.
  ㉢ 경계
   경계가 지나치게 경직된 경우에는 외부체계와의 접촉을 거의 허용하지 않으므로, 다른 성원 혹은 하위체계로부터 유리되며, 지나치게 해이한 경우에는 밀착된다.
  ㉣ 경계선
   가족구성원 간의 분화정도, 즉 가족구성원 간의 허용할 수 있는 접촉의 양과 종류 또는 얼마나 자유롭게 서로 관여할 수 있는가 하는 침투성을 규정하는 가족규칙이다.

> **더 알아두기**
>
> **가족지도의 경계선**
>
> | | | | |
> |---|---|---|---|
> | ▪ ▪ ▪ ▪ ▪ ▪ ▪ ▪ | 명료한 경계선 | ▬▬▬▬ | 협력관계 |
> | ·················· | 애매한 경계선 | ≡≡≡ | 지나친 밀착관계 |
> | ▬▬▬▬ | 경직된 경계선 | ─┤├─ | 갈등관계 |
> | ⟹ | 우회 | } | 연합 |

ⓜ 제휴
  - 가족 상호작용 과정으로 가족체계의 한 개인이 다른 사람과 협력관계 또는 상반된 관계를 가지는 것을 말한다.
  - 하위체계 속에는 많은 제휴가 일어나며, '연합'과 '동맹'의 두 가지가 있다.

연합	두 사람이 제3자에 대항하기 위하여 제휴하는 경우이다.
동맹	두 사람이 제3자와는 다른 공동의 목적을 위해 제휴하는 것으로서, 반드시 제3자와 적대관계에 있지는 않다.

ⓗ 권력
  - 개개인의 가족성원이 상호작용 과정을 통해 다른 사람에게 미치는 영향력을 뜻하며, 이를 기반으로 가족 내 위계구조가 형성된다.
  - 권력은 일반적으로 절대적인 권한을 의미하는 것이 아니라 경우에 따라서 달라진다.
  - 권력구조는 상황에 따라 변화할 수 있고, 상호보완적으로 변하는 것이 바람직하다. 상황이 바뀌었는데도 역할이 경직되어 있고 고정된 상태이면 문제가 발생하기 쉽다.
ⓢ 가족규범 : 가족들 간에 지켜야 할 의무나 태도에 대한 지침·권리를 말한다.
ⓞ 가족항상성 : 체계로서의 가족은 구조와 기능의 균형을 유지하려는 속성을 가진다.
ⓩ 가족순환성 : 가족 내 성원의 변화가 다른 성원들과 가족 전체에 영향을 미친다.

④ **정상가족과 역기능가족**
  ㉠ 정상가족 : 명확하고 안정된 경계선, 부모 하위체계의 강력한 위계구조, 체계의 융통성이 특징이다.
  ㉡ 역기능가족 : 가족의 경계선이 애매하거나 경직되어 있고, 가족구조가 융통성이 없어서 상황변화에 적절하게 대처하지 못하고 결탁이 형성되어 있는 것이다.

💡 **더 알아두기** 🔍

구조적 가족상담의 슈퍼비전
- 가족의 구조 변화를 위해 어떻게 효율적으로 접근했는지 본다.
- 가계도를 통하여 가족구성원 간 경계 등을 탐색하도록 한다.
- 가족구성원이 보여주는 사고와 행동에서 구조 패턴을 보도록 한다.
- 가족의 잘못된 구조 패턴을 발견하고, 이를 해결하기 위해 새로운 구조 패턴을 탐색하게 한다.
- 가족구조를 파악하기 위해서는 행동을 관찰하게 하여야 한다.

---

⑤ **상담기법**
  ㉠ 교류와의 합류
    - 합류는 라포(Rapport)와 비슷한 개념이지만 라포가 치료적 관계 상태를 의미하고, 합류는 행동을 표현하는 의미를 지닌다.
    - 가족과 상담자가 서로 협력하면서 치료를 계속하기 위해서 합류는 중요한 요소이다.

- 합류 촉진방법

적응하기 (유지하기)	상담자가 가족구조를 지각하고 분석할 때, 가족구조를 의도적으로 지지해주는 방법을 말한다. 예 주도적인 아버지에게 "제가 아들에게 뭘 좀 물어봐도 좋을까요?"
추적하기 (따라가기)	상담자가 가족이 지금까지 해 온 의사소통이나 행동을 존중하여 가족의 기존 교류의 흐름에 반하지 않고 그대로 뒤따라가는 것을 말한다. 예 "음, 네, 아, 그렇군요."로 가족이 자신들의 이야기를 계속하도록 격려한다.
흉내내기 (모방하기)	• 상담자가 가족의 행동유형, 속도, 감정을 판토마임하는 것처럼 모방하는 것이다. • 언어사용, 동작, 감정표현, 비유적 표현 등을 통해 흉내를 낸다. • 느릿느릿 반응하는 가족원에게 상담자가 자신도 속도를 늦춰서 반응하거나, 가족의 경험과 동일한 자신의 경험을 강조하여 말하기 등이 있다.

ⓛ 교류의 창조

가족원이 자발적으로 참여하지 않은 상태에서 정보를 수집하는 것을 말한다.

실연화	• 가족에게 역기능적인 가족성원 간의 교류를 실제로 재현시키는 것이다. • 상담자는 '문제의 정의·인식 → 재연 지시 → 관찰 → 재연'을 수정하여 지도한다.
구조화 (계획화)	가족교류 유형에 영향을 주기 위하여 가족에게 관여하는 방법을 의도적으로 구조화하는 것이다.

ⓒ 교류의 재구성

가족의 교류 패턴을 변화시켜서 바람직한 가족구조를 만들기 위해 사용하는 기법이다.

재정의	증상을 바라보는 가족의 시각을 바꿔서 교류유형을 변화시키려는 기법이다. 예 컴퓨터게임을 못 하게 하는 어머니의 잔소리를 자식에 대한 관심으로 이해하는 것이다.
긴장고조	상호교류 유형을 차단시키는 것으로서, 상담자가 긴장을 조성하는 가장 간단한 전략으로 의사통로를 차단시키는 것이다. 예 부부간의 의사소통에서 아들이 엄마의 입장을 대변하려고 할 때, "잠깐만"이라고 말하면서 "어머니, 직접 말씀하세요."라고 말하여 부부간의 접촉을 증가시켜 줌으로써, 가족조직의 융통성이 생기도록 하는 것이다
과제부여	가족에게 어떤 특정의 교류에 관여하는 과제를 주는 것이다. 예 컴퓨터게임에 빠진 아이가 컴퓨터게임을 하지 않을 때, 칭찬을 하거나 같이 놀아주는 과제를 부여하는 것 등이다.
증상활용	• 증상에 초점을 두기 • 증상을 강화하기 　예 불면증환자를 며칠 동안 잠을 자지 않게 하는 것 • 증상을 의도적으로 등한시하기 • 새로운 증상으로 관심의 초점을 돌리는 것 　예 비행청소년 문제를 부부간 불화에 초점을 두는 것 • 증상에 새로운 명칭을 붙이는 것 　예 식이장애 딸이 부모의 통제에서 벗어나 독립적인 생활을 하려는 시도 • 증상유지

ㄹ 불균형기법(균형 깨뜨리기)
- 의의
  - 불균형이란 가족의 역기능을 바꾸기 위해 사용하는 기법으로, 여기에는 불공평하고 비민주적이라고 생각되는 방법들이 포함된다.
  - 불균형 기법은 상담자에 의해 가족의 위기가 촉발되어 가족의 현재상태가 깨어지고, 새로운 가족구조를 형성시키려 할 때 사용되는 기법이다.
- 유형(미누친과 피시먼)

가족구성원과의 제휴기법	• 가족 내의 위계적인 위치를 변화시키기 위하여 가족의 한 구성과 제휴하는 것이다. • 예컨대, 엄마에게 가족의 힘이 주어져 있는 경우 아빠에게 힘을 실어 준다거나 또는 다른 가족들의 관심에서 소외된 가족구성원과 제휴할 수도 있다. 이것은 가족들의 내면에 깔린 인간관계를 탐색함으로써 가능해진다.
가족구성원의 무시기법	• 상담자가 가족구성원 중 누군가가 마치 없는 것처럼, 상담에 참여하지 않은 사람처럼 무시하는 것이다. 당연히 이러한 무시는 상담자의 계획된 의도로, 무시를 당한 구성원은 상담자의 주의를 끌기 위하여 어떠한 형태의 행동이든 할 것이라고 기대된다. • 보통 치료효과를 높이기 위하여 상담자는 가족의 불쾌감을 고조시키는 행동을 취한다.
제휴의 교체기법	• 가족구성원 중 한 사람과 제휴하다가 그 대상을 바꾸어 다른 구성원과 제휴하는 것이다. 이 방법은 청소년기 자녀를 둔 가정에 문제나 갈등이 있을 때 적절하게 사용될 수 있다. • 상담자는 잠시 부모와 제휴하여 부모는 자녀에 대해 권위를 갖고 통제할 수 있는 규칙을 가질 수 있다고 지지한 다음에, 방향을 바꾸어 자녀 편에 서서 자녀들이 자율성을 갖기 위하여 부모와 타협할 권리가 있다고 지지해줄 수 있다.

ㅁ 경계선 만들기(경계 만들기)
- 가족성원 각자가 체계 내에서 적절한 위치에 있도록 가족 내 세대 간 경계를 분명히 유지하게 하는 것이다.
- 가족구조의 경계를 변화시키는 데 목적이 있으며 가족들이 앉는 자리의 이동을 통하여 가족문제를 재구조화함으로써 역할을 재인식하여 가족의 경계선을 만들 수 있다.

(2) 전략적 가족상담모델

① 의의
  ㄱ 기본적으로 상담자는 가족문제를 해결하기 위한 전략을 설계하고, 가족의 잘못된 위계질서를 수정하는 데 주안점을 둔다.
  ㄴ 전략적 가족상담자에게 '전략'은 현재 문제를 빠르고 효율적으로 해결하기 위해 상담자가 미리 계획한 구체적인 전략을 말한다.
  ㄷ 인간의 행동이 왜 일어났는지에 관심이 없고, 단지 행동의 변화에만 관심을 갖는다.
  ㄹ 의사소통이론에 밀턴 에릭슨(M. Erikson)이 기여함으로써 전략적 상담모델을 만드는 데 초석이 되었다.

> ⚡ **더 알아두기** Q
>
> **베이트슨의 의사소통법**
> - 사이버네틱스의 공학적 개념을 행동과학의 용어로 환원하고 가족치료에 적용하는 데 주도적 역할을 하였다.
> - 이중구속은 베이트슨 연구진이 조현병 환자 가족의 의사소통을 연구하면서 소개한 것이다.

② 학파와 주요기법

㉠ MRI 학파

- 문제를 일으키고 유지하는 정적 환류고리(Feedback Loop)를 찾아 상호작용을 유지하는 규칙을 발견, 환류고리 혹은 규칙을 변화시키는 방법을 찾는 것, 즉 내담자가 제시한 문제의 해결을 상담의 목표로 삼는다.

피드백 고리	가족이 피드백을 통해 정보를 교환하면서 서로의 행동을 통제하거나 확장하는 것
정적 피드백	현재 상태를 벗어나 새로운 변화를 시도하는 피드백
부적 피드백	변화에 저항하여 기본의 상태로 가족을 돌아오게 하는 피드백

- 치료기법

제1차적 변화	체계의 근본적인 조직은 변화하지 않고, 행동의 변화를 의미한다. 예 부모 : "혹시 너 평상시에 놀 시간이 부족하다고 생각하니?"
제2차적 변화	• 체계의 근본적인 조직을 변화시키는 변화를 의미한다. • 가족의 구조 혹은 가족구성원 간의 의사소통 패턴에 있어서의 변화를 의미한다. 예 부모 : "우리가 귀가 시간을 너무 엄격하게 정한거니?"

㉡ 헤일리(Haley)의 전략적 구조주의 모델

- 헤일리의 초기 상담이론은 관계규정에 의한 '의사소통'에 초점을 두었고, 후기에는 '가족의 위계질서'에 초점을 두고 발전하였다.
- 헤일리는 문제를 유지시키는 긍정적 피드백 고리를 확인하고, 이런 상호작용을 지지하는 규칙을 파악하여 변화시킬 수 있는 방법을 찾고자 하였다.
- 헤일리는 내담자의 증상을 가족 내에서 힘을 얻기 위한 수단으로 생각하였다.

권력과 통제	• 모든 인간의 상호교류는 관계를 정의하기 위한 권력투쟁이다. • 가족원이 자신의 위치에 맞는 권력과 통제를 가질 때 위계질서가 유지되며, 힘의 균형이 깨지면 위계질서에 문제가 발생한다.
위계질서	• 기능적 가족일수록 가족 내 위계질서가 제대로 서 있다고 보고, 윗세대가 더 많은 권력과 통제를 가지고 규칙을 집행할 수 있어야 하며, 세대 간 구조와 경계를 분명히 갖고 서로를 침범하지 않은 채 가족원 각각의 위치를 구조적으로 유지하는 상태가 기능적인 것이다. • 가족의 위계질서는 가족치료의 중요한 요인이며 가족의 위계질서 혼란이 문제를 유발한다. • 가족의 위계질서는 가족의 순환적 인과관계에서 이해된다. 가족은 셋 이상의 구성원이 관련된 체계로서 위계질서에 의해 유지되며, 위계질서는 가족의 중요한 규칙으로서 작용한다. • 문제가 있는 가족의 경우에는 위계질서가 기능을 상실하여 역기능적 가족이 된다.

더 알아두기 🔍

기능적 가족과 역기능적 가족

전략적 상담에서는 정상가족 또는 비정상적 가족이라는 용어 대신 기능적 가족 또는 역기능적 가족이라는 용어를 사용한다.

기능적 가족	명확하고 안정된 경계선, 부모 하위체계의 강력한 위계구조, 체계의 융통성이 특징
역기능적 가족	가족의 경계선이 애매하거나 경직되어 있고, 가족구조가 융통성이 없어서 상황 변화에 적절하게 대처하지 못하고 결탁이 형성되어 있는 것이 특징

• 치료기법

역설적 개입	• 치료자가 교묘한 전략으로 가족문제에 개입함으로써 가족들이 지속시켜 온 역기능적 행동을 포기하게 만드는 방법이다. • 문제행동을 유지하거나 더 강화하는 행동을 수행하도록 지시하여, 역으로 저항을 통한 변화를 이끌어내고자 하는 방법이다. • 치료자에게 저항하게 함으로써 변화를 일으킬 수 있다.
지시	• 적극적인 치료개입의 방법으로 치료자가 가족에게 방향을 제시하고 과제를 부여한다. • 긍정적 의미부여 : 가족들이 가지고 있는 증상 행동이나 다른 성원들의 행동을 긍정적으로 재해석하는 것을 말한다. 부정적 증상 행동의 동기를 긍정적으로 해석해 주는 것으로 가족의 저항을 불러일으키지 않으면서 가족의 변화능력을 보인다. • 시련기법 : 가족 증상이 지닌 고통과 동일하거나 더 힘든 시련을 체험하도록 과제를 주어 그 증상을 포기하도록 하는 것이다.
은유적 기법	내담가족구성원들이 성에 관한 문제처럼 자신들의 문제를 밝히기 수치스럽다고 생각하여 상담자와 의논하기를 원하지 않을 때, 유사한 다른 문제에 대해 이야기하여 성에 관한 문제까지 접근해가는 방법이다.

ⓒ 마다네스(Madanes)

• 자녀들이 부모들을 보호하고 돌보는 역할을 함으로써 문제가 발생하므로, 자녀들은 부모에 의해서 돌봄과 보호를 받도록 위계질서를 바로잡는 일을 치료목표로 한다.

• 치료기법

가장기법 (위장기법)	• 긴장 상황을 조성하고 반항심을 유발하는 대신에 놀이를 하는 기분으로 저항을 우회한다. 예컨대, 분노·발작증상을 하는 자녀에게 '헐크놀이'를 하도록 지시한다. • 아이가 성공적으로 헐크 흉내를 내면, 부모는 자녀를 돕는 것처럼 행동한다. • 분노·발작도 위장, 걱정도 위장이기 때문에 가족 상황은 긴장되고 심각한 싸움에서 쾌활한 가상적 게임으로 변형된다.

ⓔ 밀란모델(체계모델)

• 헤일리의 전략적 가족치료와 MRI의 단기 가족치료이론을 바탕으로 하였으며, 가족들이 가지고 있는 게임을 무력화시키는 일이다.

• 증상을 가진 가족의 '게임규칙'에 초점을 두고 역설적 접근을 시도하고, 치료자는 중립적 위치에서 가족게임의 규칙을 파악하고자 한다.

• 파라졸리(M. Selvini-Palazzoli)는 치료를 통해 가족의 인식 등을 변화시켜 가족체계 전체의 변화를 유도한다는 점에서, 2차적 변화를 추구할 때 행동변화보다는 체계변화를 추구한다.

- 가족의 문제 해결을 위해 장기간 단기치료(Long Brief Therapy)를 진행한다.
- 개인의 생각이나 행동변화보다는 가족의 자율성과 자유를 강화하는 것이다.
- 다른 전략모델보다 덜 문제 중심적이며, 행동변화보다는 체계변화를 추구한다.
- 치료기법

긍정적 함축 (Positive Connotation)	가족들이 가지고 있는 게임의 긍정적인 면을 부각시키고 이를 역설적으로 처방한다.
의식처방 (Ritual)	게임을 반복적으로 수행하도록 하기 위해 가족들이 일정한 의식을 만들어 게임을 하도록 하는 것이다. 이 과정을 통해 가족들의 게임이 분명하게 드러나고 가족들이 게임을 과장된 것으로 인식하게 된다.
불변처방 (Invariant Prescription)	역기능적 가족의 게임에 유사성이 있는 것을 발견하여 가족으로 하여금 게임에 대항방식을 형성하여 '더러운 게임'을 중단시키는 방법이다. 예 많은 구성원들을 게임에 포함시켰다가 점차로 수를 줄여 직계가족으로 좁힘
순환질문 (Circular Questioning)	가족구성원이 문제에 대한 제한적이고 단선적인 시각에서 벗어나, 문제의 순환성을 인식하도록 유도하는 방법이다. 즉, 다른 가족원의 입장에서 새로운 인식을 도모하고 관계적 맥락에서 문제를 바라볼 수 있도록 하는 대화기법이다.
협동치료	치료자와 가족이 게임을 분석하고, 이를 무력화시킬 수 있는 기법을 개발한다.

더 알아두기

순환질문
- 순환질문은 내담자가 자신을 다른 가족원들의 관점에서 보게 함으로써, 자기중심에서 벗어나게 한다.
- 치료자는 질문을 통하여 가족구성원이 A의 문제에 대한 이해를 '정신과적인 문제'에서 '가족구조의 변화의 적응적인 문제'로 옮겨가도록 유도함으로써, 단선적인 시각에서 벗어나 문제의 순환성을 깨닫도록 돕는다.
- 예시

> - 치료자 : A의 우울증으로 누가 가장 괴로워하나요?
> - 가족 : 어머니요.
> - 치료자 : 어머니는 A를 도우려고 무엇을 하세요?
> - 가족 : 어머니는 A와 몇 시간씩 넘게 이야기를 하시고, 또 무언가를 하려고 하세요.
> - 치료자 : 어머니가 A를 도울 때 누가 가장 지지해주고 동의하시나요?
> - 가족 : 지금 A를 진료해주고 있는 정신과 의사예요.
> - 치료자 : 그럼 A를 도울 때 반대하는 사람은 누구예요?
> - 가족 : 아버지요. 아버지는 A가 원하는 것을 받아들여주면 안된다고 생각하세요.
> - 치료자 : 아버지의 생각에 동의하는 사람은 누구예요?
> - 가족 : 우리는 모두 A가 너무 어린아이 취급을 받는다고 생각해요. 할머니도 그렇게 생각하세요. 할아버지는 아마도 어머니와 같은 생각이시겠지만 돌아가셨어요.
> - 치료자 : 그럼 A가 우울해지기 시작한 시점이 할아버지가 돌아가시기 전인가요, 아니면 그 후인가요?
> - 가족 : 아마도 할아버지가 돌아가시고 얼마 안 되어서인 것 같아요.
> - 치료자 : 그렇군요. 만약에 할아버지가 돌아가시지 않았다면, 지금 가족은 어떻게 달라졌을까요?
> - 가족 : 할머니가 우리와 함께 사시지 않았을 테니까요. 어머니와 할머니가 그렇게 많이 싸우지도 않으셨을 거예요. 그럼 어머니도 항상 슬프지 않으셨겠죠.
> - 치료자 : 어머니와 할머니가 그렇게 많이 싸우지 않으시고 어머니도 항상 슬퍼하지 않으신다면, A는 어떻게 되었을 것 같아요?
> - 가족 : 아마도 A는 지금보다 행복해졌을 것 같아요. 하지만 아마도 아빠와는 다시 싸웠을 거예요.

3 포스트 모던 가족치료 이론

(1) 해결중심 단기가족치료

① **의의**

　㉠ MRI의 전략적 치료모델을 토대로 80년대에 새롭게 등장한 가족상담의 한 접근방법이다.

　㉡ 문제의 원인이나 문제의 성질을 파악하는 것보다, 가족이 적용해왔던 또는 적용 가능한 해결책 등에 초점을 맞추어 질문을 하며, 문제해결을 위해 반드시 문제가 무엇인가를 밝힐 필요가 없다고 생각한다.

　㉢ 치료를 통해 가족의 기대가 무엇인지를 분명하게 하는 것이 가족에게 더욱 도움이 된다고 본다.

② **이론적 배경**

　㉠ 1980년대에 시작된 포스트모더니즘의 영향으로 모더니즘의 한계를 탈피하려는 노력이 가족치료 분야에서 시작되면서, 기존의 형식과 틀, 절대성과 객관성의 존재를 부인하고, 개인이 의미를 부여하는 것이 실재라는 관점이 영향력을 가졌다.

　㉡ 구성주의와 사회구성주의가 출현하여 인간이 경험하는 실재는 주관적 구성물이고, 사회적·언어적 상호작용을 통해 구성된다는 관점들이 가족치료에 영향을 미쳤다. 즉, 언어가 실재를 반영하는 것(표상주의)이 아니고, 언어가 실재를 구성한다고 하였다.

　㉢ 구성주의와 사회구성주의는 문제행동을 제거하는 것으로부터 대화의 자유로운 과정을 통하여 새로운 견해를 발견하도록 돕는 것으로 옮겨가면서, 가족구성원들의 반응을 전환시키기 위해 행동을 재명명하는 전략적 기법이 시도되었다.

　　⑩ 물건을 사는 데 몇 번이고 망설이는 어머니를 보고 불쌍하다고 생각하는 것에서 생각을 바꾸어 가족을 위해서 돈을 한 푼이라도 아끼려는 생각 깊은 어머니로 재명명하는 것

　㉣ 1980년대에 접어들면서 가족치료의 접근방법에 다양성을 보이게 되었고, 해결중심적 가족치료는 사회조직에 대한 보편성이나 규범에서 벗어나려는 2차 혁신적 가족치료모델의 대표적인 사례이다.

　㉤ 혁신적 모델에서는 개인의 가족경험 과정과 경험에 대한 의미부여, 그리고 경험세계 구성과정을 파악하는 것이 더 중시되었으며, 치료자는 주도적 전문가가 아니라 내담자가 경험세계를 재창조하도록 협력하는 동반자가 되었다.

③ **주요 학자**

　㉠ 김인수 : MRI에서 쌓은 훈련과 치료경험을 근거로 밀워키 단기 가족상담센터를 설립하고 단기 가족상담모델로서 해결구축모델을 발전시켰다.

　㉡ 드세이저(S. De Sahzer) : 에릭슨의 가치, 철학, 기술, 전략 등에서 영향을 받았으며, 내담자가 치료에 가지고 오는 것과 가지고 있는 것을 활용하는 것이 치료의 기본이라고 여겼다.

④ **기본 원리**

　㉠ 병리적인 것 대신에 건강한 것, 성공한 것에 초점을 두며, 현재와 미래를 지향한다.

　㉡ 내담자는 진정으로 변화를 원하는데 여기서 변화는 알게 모르게 지속적으로 일어나고 불가피하며, 연쇄적이다.

　㉢ 내담자는 문제해결을 위해 필요한 것을 가지고 있고 알고 있으며, 자율적인 협력을 중요시한다.

　　ⓔ 치료자가 할 일은 내담자가 이미 가지고 있는 내담자의 자원·기술·지식·믿음·동기·행동·사회적 관계망·환경·증상 등을 발견하여 이를 치료에 활용한다.

　　ⓜ 치료자는 내담자의 목표성취를 돕기 위하여 내담자 자원을 신뢰하고 사용한다.

　　ⓗ 간단하고 단순한 것에서 출발하며, 작은 변화는 큰 변화의 모체가 되는 해결을 위한 출발이다.

　　ⓢ 문제 중심으로부터 해결과 미래의 가능성으로 치료적 초점을 변화시켰다.

　　ⓞ 내담자는 과거에 성공했던 해결 방안을 계속 유용하게 사용하며, 효과가 없는 것에 집착하던 사고방식을 바꿀 수 있다.

　　ⓩ 내담자가 문제시하지 않는 것을 다룰 필요가 없으며, 상황적 맥락을 갖는 사회적 상호작용 용어로 기술된다.

　　ⓩ 탈이론적이고 규범에 얽매이지 않으며, 내담자의 견해를 존중한다.

　　ⓚ 특정의 구체적이고 명확하고 측정할 수 있는 행동용어로 기술하며 문제의 제거나 소멸이 아닌 성공의 긍정적 지표로 기술된다.

⑤ **치료 목표**

　　㉠ 내담자에게 중요한 것이어야 하고, 협상을 통해 치료자에게도 중요해야 한다.

　　㉡ 목표는 큰 것이 아닌, 작고 간단한 행동이어야 한다.

　　㉢ 목표는 최종 결과가 아닌, 처음의 시작이나 신호에 둔다.

　　㉣ 내담자의 생활에서 현실적이면서 성취 가능한 것이어야 하며 지금 여기에서 시작하는 것을 목표로 한다.

　　㉤ 목표 달성은 힘들고 어려운 일이라고 인식한다.

⑥ **치료자-내담자 관계유형**

고객형 (Customer Type)	• 긍정적이고 협력적인 치료관계를 형성하면서 내담자는 문제해결을 위해 어떤 것이든 시도하려는 동기가 있다. • 상담자와 내담자는 일치된 해결 목표와 기대를 가지고 있으며 고객형 가족은 자신이 바로 해결책의 한 부분이라 느끼며, 문제해결을 위해서 무엇인가 하려는 의지를 보인다. • 치료자는 이러한 가족이 치료동기가 높기 때문에 이들 관계유형을 원하지만, 실제로 고객형 가족 비율이 높지 않다.
불평형 (Complain Type)	• 자신을 위해서가 아니라, 다른 사람을 위한 목표를 가지고 있을 때 발생한다. • 스스로의 평가나 치료목표를 구체적으로 기술하지만, 자신이 해결의 실마리를 쥐고 있다고 생각하지 않는다. • 증상을 보이는 가족성원 때문에 자신이 희생되었다 생각하여, 자신의 힘든 입장·역할을 이해받길 원한다. • 문제로 인해 고통받고 있지만, 해결책을 찾는 단계에서는 수동적인 반응을 보인다. • 치료자는 불평형 가족을 치료대상으로 생각하기보다는 치료에 활용할 수 있는 자원으로 생각해야 한다.
방문형 (Visitor Type)	• 치료받아야 할 필요성이나 문제해결 동기가 약한 사람으로, 일반적으로 배우자·부모·교사에 의해서 의뢰받는다. • 왜 치료받아야 하는지 이해하지 못하기 때문에 치료에 무관심하거나 억지로 끌려왔다는 사실에 불평을 한다. • 치료자가 다른 사람의 요구와 결정을 따르는 것이 얼마나 힘들었는지 이해해 줄 때, 그들은 자신이 이해받고 있다는 느낌을 갖게 되어 치료자에 대한 신뢰가 형성되고 치료목표에 대해 협상할 수 있는 관계가 형성된다.

⑦ **치료기법**

　㉠ 면담 이전의 변화를 묻는 질문

　　• 일반적으로 가족은 문제가 가장 심각한 시기에 주변사람·상담기관에 도움을 요청한다.

　　• 해결중심적 가족상담에서는 이러한 치료 이전의 변화를 매우 관심 있게 관찰하고, 이것을 근거로 가족의 잠재능력을 발견하며 가족 스스로가 인식하지 못한 해결방안을 찾아내는 데 이용한다.

　　• 치료자는 가족 스스로가 심각했던 문제가 어떻게 완화되었는지를 파악할 수 있도록 질문하여 의식적·무의식적으로 그들이 실시한 방법에 관해 인정하고 칭찬한다.

　　• 누구의 도움 없이 스스로 노력했다는 것과 해결능력을 인정하고 그러한 사실을 강화하고 확대할 수 있도록 격려한다.

　　　예 혹시 치료약속을 하고 오늘 오기 전까지 무슨 변화가 있었나요?

　㉡ 예외질문

　　• 예외질문은 일상생활에서 성공적으로 잘하고 있으면서도 의식하지 못하는 것을 발견하고, 성공했던 행동을 의도적으로 하도록 강화시키는 기법이다.

　　• 치료자는 예외적인 상황을 찾아내고, 가족이 가지고 있는 자원을 이용하여 가족의 자아존중감을 강화한다.

　　• 예외상황에서 어떤 일이 일어나는지 자세히 파악하기 위해 무엇이 달라졌는가, 누가, 무엇을, 어디서, 언제, 어떻게 했을 때 문제가 일어나지 않는지를 질문한다.

　　• 예외질문의 예시

　　　┌───┐
　　　│ – 최근에 문제가 일어나지 않은 때는 언제인가?
　　　│ – 문제가 일어난 상황과 일어나지 않은 상황의 차이는 무엇인가?
　　　│ – 문제가 일어나지 않은 때는 무엇을 하는가?
　　　│ – 문제가 일어나지 않은 때에 다른 가족원들은 무엇을 하는가?
　　　└───┘

　㉢ 기적질문

　　• 문제가 해결된 상황을 상상해 봄으로써 해결하기 원하는 것을 구체화·명료화하는 데 도움이 된다.

　　• 가족은 치료자의 질문에 대답하는 동안 기적을 만드는 사람은 바로 자신임을 알게 되고, 작은 일에서부터 시작해야 한다는 것을 점차 인식하며, 변화된 생각을 구체적으로 상상한다.

　　• 이러한 과정을 겪으면서 가족은 그 자체가 자신의 치료목표라는 사실을 재인식한다.

• 기적질문의 예시

> – 밤에 자는 동안 기적이 일어나 지금 치료목표로 하는 문제가 해결되었다고 합시다. 그러나 잠자는 동안 기적이 발생하여 무슨 일이 생겼는지 아무도 모릅니다. 아침에 눈을 떴을 때 지난 밤 동안에 기적이 발생했다고 생각하겠습니까?
> – 당신에게 변화가 일어난 것을 다른 가족들은 무엇을 보고 알 수 있겠습니까?
> – 당신의 변화에 대해 배우자·자녀·부모는 어떻게 알 수 있겠습니까?
> – 그러한 행동을 계속해서 하려면 어떻게 해야 할까요?
> – 기적이 일어난 것 같이 하려면 무엇부터 시작해야 할까요?
> – 기적이 이미 발생하고 있는 것을 알 수 있는 아주 작은 신호가 무엇일까요?

ㄹ 척도질문

• 문제의 심각성 정도나 치료목표, 성취 정도의 측정 등을 수치로 표현하도록 하는 질문이다.
• 변화에 대한 동기를 강화하고, 다음 단계로 발전하기 위해 무엇을 해야 할지 탐색한다.

> (1) 문제해결 전망에 관련된 척도질문
> • 0~10점까지의 척도에서 10점은 문제가 해결된 상태, 0점은 문제가 전혀 해결되지 않은 상태라고 가정합니다. 오늘은 몇 점이라고 생각하나요?
> • 내담자가 2점이라 했다면, 2점과 3점의 차이는 무엇인가요?
> • 부모님이 여기 있다면, 부모님은 문제가 해결될 가능성을 몇 점이라고 말할까요?
>
> (2) 동기에 관련된 척도질문
> • 문제 해결을 위해 어느 정도까지 노력할 수 있나요?
> • 부모님은 당신이 어느 정도 노력할 것이라고 말하겠습니까?
> • 부모님은 무엇을 보면 당신이 1점 향상되었다고 생각하겠습니까?
>
> (3) 진전 상태를 평가하는 척도질문
> • 어제가 2점이었다고 했는데, 오늘은 몇 점을 예상하십니까?
> • 3점이라면 2점에서 1점을 높이기 위해 무엇을 다르게 행동해야 하겠습니까?
> • 1점이 올라간다면 누가 변화를 가장 먼저 알 수 있겠습니까?
>
> (4) 자기존중감에 관련된 척도질문
> • 10을 당신이 이상적으로 생각하는 사람이라 하고, 1은 최악의 상태라고 한다면, 지금 당신의 상태는 어느 정도입니까?
> • 1점이 향상되었을 때 부모님은 당신에게 무엇이 달라졌다고 하겠습니까?
>
> (5) 관계를 평가하는 척도질문
> • 남편이 결혼생활을 지속하고 싶은 정도는 몇 점이라고 말할까요?
> • 당신이 결혼을 지속하기 원하는 정도는 몇 점입니까?
> • 당신의 점수가 남편보다 높다면, 더 원하는 정도는 어떻게 설명할 수 있을까요?

ⓜ 대처질문

- 만성적인 어려움이나 절망으로 희망이 없다고 호소하는 내담자에게 대처질문을 한다.
- 낙담·좌절·비관적 상황에 있을 때, '모든 것이 잘 될 테니 걱정 마라. 염려 마라. 긍정적인 것만을 보라.' 등의 치료자의 위로는 가족을 오히려 더 비관하고 난처하게 만든다.
- 어려운 상황에서는 가족에게 약간의 성공감을 갖도록 하는 대처방법에 관한 질문이 바람직하다.
- 대처질문의 예시

> – 제가 봐도 지금은 무척 힘든 상태라고 생각됩니다. 상태가 더 나빠지지 않도록 하기 위해 어떻게 하시나요?
> – 어떤 방법이 도움이 되었습니까?
> – 매우 어려운 상황인데, 지금까지 어떻게 견디셨나요?
> – 무엇이 조금 바뀌면 희망이 생길까요?
> – 전혀 희망이 없을 때, 어떻게 아침에 일어나서 하루를 보냈습니까?
> – 가출을 시도한 것이 어떻게 도움이 되었습니까?

ⓗ 관계성 질문

중요한 타인의 입장에서 자신을 바라보게 해서 이전에는 느끼지 못한 해결 상태를 파악하게 하는 질문을 말한다. 즉 내담자에게 중요한 사람들의 생각이나 행동을 파악하기 위한 질문이다.

- 관계성 질문의 예시

> – 어머니가 당신의 변화된 부분을 본다면 어떤 부분을 보고 말해줄까요?
> – 돌아가신 아버지가 이 자리에 계신다면 은지가 어떻게 행동하기를 바라실 것 같니?

⑧ **메시지 전달하기**

㉠ 메시지 전달하기의 원칙

- 지금 이 시점에서 치료 받으러 온 것은 매우 시기적절한 일이며, 내담자는 자신이 바라는 목적을 달성하기 위해 내담자 스스로 열심히 작업해야 함을 강조한다.
- 내담자의 목적에 동의하며 칭찬한다. 여기서 칭찬은 상담내용에서 드러난 것에 대해 구체적으로 하는 것이 효과적이고 작은 것이라도 긍정적인 시각에서 표현한다.
- 내담자의 언어를 사용하며 연결문을 사용하면서 제언한다.
- 과제를 주는 이유와 논리 및 근거를 설명한다.

㉡ 메시지의 구성

상담자가 내담자에게 전달하는 메시지는 칭찬(Compliment), 연결문(Bridge), 과제(Task)의 세 부분으로 구성된다.

- 칭찬 : 어려움을 겪고 있는 가족은 자신들이 현재 무엇인가 잘못하고 있다고 생각하기 쉬운데, 치료자에게 칭찬받음으로써 가족의 자존감 높이는 데 도움이 된다. 칭찬은 추상적인 것보다는 면담 내용에서 드러난 구체적인 것일 때 더욱 효과적이다.

• 연결문 : 지금 어려움을 겪고 있는 문제를 일반화시키거나 가족에게 필요하다고 판단되는 사실을 교육하는 것을 말한다. 이러한 과정은 그 다음에 가족에게 제기되는 과제에 대한 이해를 돕기 위한 것이다. 치료자가 가족에게 과제에 대한 이론적 근거를 제시할 때, 가족은 과제에 대해 보다 명확히 이해할 수 있으며 실천가능성도 높아진다.

• 과제주기

치료자-내담자 유형		과제 또는 메시지
고객형 (실행과제)	예외행동을 계속·더 많이 할 것	–
	동전 던지기	• 동전 양면에 의미를 부여하고(예앞면-기분 좋은 날, 뒷면-평일) 동전을 던져 그 의미를 가족 모르게 실행하도록 한다. 그때 가족들의 반응을 관찰한다. • 남의 영향을 많이 받는 경우에 효과적이다.
	예측과제	• 저녁에 내일은 좋은 날이 될지 여부를 예측해 보고, 다음날 맞았는지 여부를 확인한다. • 우울, 불평이 많은 사람에게 적절하다.
	가정하여 행동하기	일주일 중 이틀 동안 기적이 일어난 것처럼 행동하고, 그때의 반응을 관찰한다. 또는 가족들에게 어떤 날이 본인에게 기적이 일어난 날인지 맞춰보게 한다.
불평형 (생각·관찰과제)	예외행동 주시	예외적인 행동을 발견하게 하고, 다음에 그것에 대해 이야기한다.
	양분된 의견 전달	팀 성원들과 의논한 결과, 의견이 두 가지일 경우 집에 가서 가족들과 상의해서 어떤 것이 우리 가족에게 적절한지 의논해 오도록 한다.
	스페인식 과제	오늘 집에 가면 가족원 중 누군가가 상황을 좀 더 좋게 하려고 무언가를 할 것이라고 하면서 누가 어떤 행동을 했는지 관찰해오게 한다.
	첫 상담과제	다음 세션에 올 때까지 당신들이 원하는 무엇인가가 이루어질 텐데, 그것이 무엇인지 관찰해 오도록 한다.
방문형 (과제 없음)	칭찬, 재방문 격려	안 올 수 있었지만 온 것에 대해 칭찬을 하고, 앞으로 더 오도록 격려한다.

⑨ 평가

㉠ 해결중심 가족상담은 가족들의 자발적인 협조를 증가시키고, 빠른 시일에 문제를 해결하므로 경제적이다.

㉡ 현대와 같이 전 가족이 함께 치료하러 오기 어려운 실정에서 가족구성원 한 사람으로도 치료가 가능하므로, 우리나라 사람들의 기대와 가장 잘 부합하는 치료방법이다.

(2) 이야기치료

① **의의**

⑴ 이야기치료는 화이트(White)와 엡스톤(Epston)에 의해 발전되었고, 다양성·상대성·비본질주의를 강조하는 포스트모더니즘 사조 속에서 발전하였다.

ⓛ 이야기치료는 새로운 대안적 이야기(Alternative Story)를 재구성하도록 돕는다.

ⓒ 이야기치료는 어떤 예상이나 선입관도 없이, 사람이 사물 그 자체를 파악하는 것은 어렵다는 후기 구조주의의 시각과 관련이 있다.

ⓔ 우리의 지식은 자신의 경험에서 나온 것이므로 어떤 것을 안다는 것은 한계가 있어서, 그것은 다른 사람의 경험을 자신의 관점에서 나름대로 해석하는 것에 지나지 않는다는 입장이다.

ⓜ 사람은 자신의 경험과 상상력을 활용하여 다른 사람이 언어화한 경험을 자신이 해석해보려는 노력을 하게 되는데, 이야기치료는 경험에 의미를 부여하는 해석과정 자체에 초점을 두는 것이다.

ⓗ 내담자나 그의 가족에 대한 문제로만 보는 것이 아니라 외부에 문제가 존재할 수 있다는 관계적인 측면까지 고려한 것이다.

ⓢ 치료자는 *탈중심적(Decentered)이고, 영향력(Influential) 있는 입장을 취한다.

> ※ **참고 : 탈중심적**
> 자기 밖에 있다는 '탈'과 '중심적'이라는 말을 조합하여, 중심에서 벗어나 있으나 영향력(중심적)은 있는 위치라는 말이다.

ⓞ 내담자를 문제의 소유자가 아니라, 문제를 바라보는 관찰자로서 대화를 시작하게 한다.

② **주요 학자**

⑴ 초기

- 치료나 이야기하기(Storytelling)를 관련시켜 이야기를 인간 경험에 대한 새로운 이해방식으로 받아들인 학자들이 있었다(샤빈, 브루너, 호워드, 맥아담스 등).
- 이들이 주장한 바는 인간의 삶은 이야기 형식을 띠고 있고, 사람들은 이야기를 만들고, 또 그 이야기에 의해 자신의 삶을 형성해 나아간다는 것이다.

ⓛ 화이트(M. White)와 엡스톤(D. Epston)

- 초기 철학은 구체적이고 실제적인 방법론으로서 대화를 통해 내담자와 문제와의 관계를 재정의하여 문제에 새롭게 접근한다. 가족·개인대상 치료에 이러한 이론을 적용하면서 주목받게 되었다.
- 이야기치료는 화이트와 엡스톤의 공동 노력으로, 1980년 이후에 미국을 중심으로 새로운 가족상담이론의 하나로 부상하기 시작했다.

③ **기본 전제**

⑴ 사람은 처음 시작부터 자신이 속한 문화와 사회의 이데올로기 속에서 어떠한 형태로든 영향을 받으며, 자신에 대한 이해를 구축해 가는 존재라는 것이 이야기치료 접근의 기본 전제이다.

ⓛ 사람은 자신의 경험을 만들어내고 해석하는 능동적 존재로 경험은 사회문화적으로 구성된다.

ⓒ 개인의 삶에 일어난 어떠한 사건이나 경험들은 이야기로 만들어져 그 안에서 서로 연결되어 그 사람의 삶을 형성한다.

ⓔ 이야기는 사람들의 해석과 의미를 알려주면서 어떻게 사람들이 그들이 의미하는 대로 살아가는지 보여준다.

ⓜ 문제로 표현된 삶의 이야기는 여러 가능한 이야기 중에 하나일 뿐이므로, 치료자는 사람들이 바라는 삶에 대한 이야기를 할 수 있도록 각본의 수정에 관여한다. 사람들이 문제 이야기를 버리고, 이를 대체하는 새로운 방식의 이야기를 활용할 수 있게 하기 위해, 여러 가지 질문과 치료기술을 사용한다.

④ **목표**

ⓖ 치료자는 사람들이 문제에 빠져 있는 이야기를 버리고, 자신에게 보다 힘과 만족을 주는 희망적이고 새로운 대안적 이야기를 갖도록 돕는 것이다. 따라서 이야기치료에서는 문제해결보다는 내담자들이 자신들 중심의 목소리에 지나치게 의존하고 있다는 사실을 깨닫게 하여 선택의 폭을 풍부하게 가지도록 돕는다.

ⓛ 더 나아가 내담자와 협력하면서 내담자와 다른 사람들을 연결시키는 데 도움이 되는 방법을 강조한 새로운 이야기를 공동저작하는 것이다.

ⓒ 사람들의 행동에 대한 수정이나 어떤 특정한 양식의 사고를 처방하는 것이 아니라, 내담자들이 하고 있는 이야기를 바꾸는 과정을 밟게 함으로써, 자연스럽게 자신의 삶에 대한 변화를 모색하게 하는 것이다.

⑤ **치료과정 4단계**

1단계	• 문제이야기를 경청하고, 내담자의 문제를 확인하고 공감한다. • 내담자의 정체성과 문제를 분리하도록 돕는다. • 표출적 대화를 통해 내담자가 자신의 정체성에서 문제 자체를 분리하며 생각하도록 한다.
2단계	• 외재화하기: 문제에 이름을 붙여서 객관화시킨다. 　예 "늦은 밤까지 게임을 하고 늦잠을 자서 아침 수업시간에 지각하거나 결석하는 것에 이름을 붙인다면 뭐라고 할까?" • 문제에 이름을 붙이면, 그것의 영향력을 탐구하고 더 나아가 더 큰 맥락에 올려놓고 해체작업을 할 수 있게 된다.
3단계	• 사람들은 이야기를 하는 가운데 새로운 경험을 하도록 초청되며, 이러한 새로운 경험을 독특한 결과라는 용어로 표현한다. • 독특한 결과는 이름 붙여진 문제이야기의 계열에 속하지 않는 혹은 반대되는 사건을 말한다. • 독특한 결과를 발견하도록 돕는다.
4단계	• 독특한 결과를 통해 개발된 대안적 이야기에 이름을 붙인다. • 문제이야기와 대안적 이야기를 자유롭게 비교하며 선택과 평가의 준거로 삼을 수 있다.

⑥ **치료기법**

ⓖ 빈약한 서술 찾아내기

• 빈약한 서술이란, 내담자의 내부 사정을 외면하고 이해를 배제하는 것을 의미한다. 따라서 밖으로 드러난 실패나 장애, 부족함 등을 객관화된 사실로 표현해내는 외부적 관점에서의 서술이라고 할 수 있다.

• 빈약한 서술 안에서는 속사정을 잘 알고 있는 당사자들이 자신들의 상황을 밝힐 수 있는 여유를 얻지 못한다. 따라서 내담자들이 겪는 문제적 경험은 쉽게 그들을 빈약한 서술로 유도하고, 타인들에 의해 왜곡된 자신을 받아들여 그들의 삶을 제한해 버린다.

- 사람들이 빈약한 서술에 의해 자신을 보기 시작하면 자신의 약점, 장애, 부족과 허약한 부분들을 보게 된다. 반대로 자신의 능력, 강점, 자질이나 기술들은 뒷전에 물러나 잘 드러나지 않고 감춰져 버린다. 그러므로 이러한 빈약한 서술은 사람들의 행위에 부정적인 결과들을 이끌어낸다. 이것을 내재화된 대화(Internalizing Conversations ; 문제를 자신의 안에 놓는 대화)라고 이야기한다.

ⓛ 문제를 표면화하기

'문제를 표면화하기'란 문제를 외부로 추출해 낸다는 의미를 가지며, 사람들이 경험하고 있는 문제들을 객관화·구체화시키는 치료적 접근이다.

ⓒ 문제로부터의 분리(외재화)

- 이야기치료에서 문제를 내담자 자신과 분리된 다른 실체로 느끼는 것은 중요하다. 특히 문제를 다른 실체로 서술하는 능력과 기술들을 활용하여 자신을 다시 서술하는, 문제를 벗어난 이야기를 시작할 수 있게 해준다.
- 문제를 벗어난 이야기들, 혹은 문제와 분리되었을 때의 이야기를 독특한 결과(Unique Outcome)로 부르는데, 표출대화는 독특한 결과를 찾는 안내자와 같다.
- 치료자는 내담자들이 꺼낸 내재화된 대화를 잘 듣고 구분해 낼 수 있어야 한다. 내담자가 말하는 중에 자신의 정체성이 문제와 혼합되거나 결탁되어 있는 것을 듣게 될 때, 치료자는 내담자가 사용한 단어나 문구를 그대로 옮겨와 표출된 양식으로 새롭게 바꾸어 질문할 수 있다.

ⓔ 문제의 영향력 탐구

이야기 가족상담에서는 대화의 초기에 문제가 내담자들의 삶에 끼치고 있는 영향력들을 상세히 탐구하는 것이 중요하다. 그러므로 치료자는 질문을 던져 그들에게 어떻게 영향을 미치는지에 대해 자세히 탐구하여야 한다.

ⓜ 문제의 영향력 평가하기

문제의 영향력이 충분히 탐구되면 치료자는 그 각각의 효과에 대하여 내담자들의 의견을 묻는다. 이때 내담자들의 경험에 대해 아무것도 미리 가정해서는 안 된다는 것이 중요하다. 그리고 내담자들 각자가 치료자의 질문에 자신의 입장을 밝힐 수 있는 시간을 주어야 한다.

ⓗ 독특한 결과의 발견

- 다른 사람의 이야기로 정의된 정체성을 통해서 그동안 지배되어 온 모순적인 자신의 정체성을 깨닫는다. 하지만, 새로운 이야기의 형성을 통해 기존의 정체되어 있던 의미가 지워질 수도 있는 것이다.
- 이러한 경험을 통해 그동안의 지배적인 구도에서 벗어나 새롭고, 기존의 의미가 주어지지 않은 산 경험을 하게 될 것이다. 이런 사건들이 '독특한 결과'라고 불린다.
- '독특한 결과'는 자신의 삶과 관계에 대해 '사실'로 믿어왔던 것들과 사람들을 분리시킨다. 따라서 진실을 해체시키는 효과를 주는데, 문제를 통해 예상된 결과가 성취되지 못한 것도 바로 '독특한 결과'가 될 수 있다.

ⓢ 대안적 이야기 엮어가기(스캐폴딩 지도)

- 문제의 이야기가 강하게 대두된 것처럼 대안적인 이야기가 문제이야기의 권위에 대항할 수 있도록 충분히 튼튼한 줄거리로 전개해야 한다.

- 대안적인 이야기나 대항줄거리는 영향력 알아보기 질문(Mapping-the-Influence Question)을 사용함으로써 나타나는데, 이러한 질문을 통하여 보다 나은 경험들, 번뜩이는 순간들, 예외적인 결과들을 얻을 수 있다.
- 이러한 해체질문(Deconstructive Questioning)을 통하여 꿈이나 희망, 믿음, 목적의 역사가 밝혀질 수 있다.

> **더 알아두기** Q
>
> **지배담론의 해체(Deconstruction of Dominant Discourse)**
> - 이야기 속에는 담론이 깊이 숨겨져 있다고 본다.
> - 이러한 진술적 담론에는 지배적 담론이 있어서 사람들의 삶에 실제적이고 구체적인 영향을 미쳐서 사람들의 선택, 가치, 감정, 행동을 만들어낸다. 따라서 이런 지배담론을 해체하고, 절대적 진리로 여겨졌던 것을 분해하도록 도움으로써 삶의 새로운 가능성을 높여준다.
> - 지배담론 해체의 예
>   - 지희 : 어머니는 제가 대학을 잘 가야 다른 사람에게 대접 받는다고 하셨어요!
>   - 상담자 : 어머니의 그런 생각은 어디서 온 것일까? 네 자신도 그런 신념이 있는 것이니? 아니면 너는 다른 생각이 있는 것이니?

◎ 정의예식(Definitional Ceremony)
- 의의
  - 신중하게 선발된 외부 증인 앞에서 내담자가 자신의 삶을 이야기하고 재현하는 것을 말한다.
  - 공동체 구성원이 자기 삶의 이야기를 하고, 다시 반복해서 재현할 수 있도록 하는 만남의 장 또는 모임을 말한다.
  - 외부증인은 내담자의 이야기를 들은 후, 특정 형식에 맞추어 다시 말하기(Retelling)로 응답하며, 마음에 와닿은 표현이나 떠오른 자신의 경험 등 자신의 생각을 나눈다.
- 외부증인
  - 주인공 이야기의 특정부분을 인정해줌으로써 주인공 이야기가 풍부하게 발전하도록 돕는다.
  - 주인공 이야기에 귀 기울여 들어준 다음, 그중 특별히 마음에 와닿는 부분에 대해 다시 말하기를 수행한다.
  - 다시 말하기를 통해 그 부분을 설명하는데, 이 과정에서 자신의 이야기를 지나치게 강요하지 않는다.
  - 그 부분이 왜 마음에 와닿았는지, 어떤 영향을 미쳤는지를 설명한다.
  - 의견이나 충고, 평가, 설명 등 타인의 삶에 대해 사람들이 보이는 일상적인 반응은 피한다.
- 반영적 대화(다시 말하기)
  - 외부증인이 내담자 이야기의 특정 부분에 대해 말하는 것이다.
  - 표현 : 내담자의 삶의 가치를 잘 보여주는 표현에 주목한다.
  - 이미지 : 내담자의 이야기를 들으면서 떠오르는 이미지를 설명한다.

- 공명(반응형상화) : 내담자의 특정한 이야기나 표현을 들었을 때, 내 삶의 경험 가운데 어떤 것이 떠올랐는지 이야기한다.
- 이동 : 내담자의 이야기가 나를 어떻게 움직였는지, 이야기를 들으면서 떠올렸던 대화나 대인관계에서 어떤 선택의 여지가 있었는지 등을 생각하면서, 내담자의 이야기를 목격하고 응답하는 기회를 통해 내가 어느 지점에 이르게 되었는지, 내 삶이 어떻게 달라졌는지를 인정하고 보여준다.

⑦ **이야기 가족 치료자의 역할**

㉠ 내담자들의 이야기를 매우 집중하여 경청하고 문제를 지지하는 이야기를 발견하면, 어떤 출구를 기다렸다가 새로운 이야기로 들어가는 길을 발견하여 내담자들과 함께 새롭고 긍정적·희망적인 이야기로 재저작하는 일에 협력하는 동반자적 역할을 한다.

㉡ '재저작 대화'는 내담자의 문제해결을 위해 지배적 구상에 맞서는 대안적 구상을 찾아 새로운 이야기를 생성하는 것을 말한다.

㉢ 새로운 이야기 생성은 두 가지 전제를 바탕으로 한다. 하나는 '우리의 삶이 다수의 이야기로 이루어진다.'는 것과, 다른 하나는 '우리의 수많은 경험들이 모두 다 지배적인 이야기 안에는 들어가지 않는다.'는 것이다.

㉣ 새로운 이야기의 생성은 우리가 사용해 온 기존의 지배적인 삶의 각본을 수정하는 작업이다. 이 작업은 실제 일어났거나, 아니면 앞으로 일어날 사건의 경험에서 이제까지 이야기되지 않았던 것들을 우리가 이해할 수 있는 방식으로 설명해 내는 것이다.

㉤ 이 경우 내담자는 이 새로운 이야기의 저자이며, 최종 권위자가 되어야 한다.

㉥ 치료자는 치료자와 내담자 간의 권력구조를 해체하는 데 민감해야 하며, 탈중심적이고 영향력 있는 위치를 고수해야 한다. 탈중심적 입장이란, 내담자 가족이 제시하는 자신들의 이야기나 삶의 지식과 기술에 우선순위를 두는 것을 말한다.

㉦ 독특한 결과와 관련하여 과거, 현재, 미래의 행동과 정체성 영역에서 무슨 일이 있었고, 의미가 무엇인지에 관해 질문한다.

㉧ 대안적 정체성을 세우는 과정에서 외부 증인집단의 반영팀에게도 질문한다.

㉨ 문제이야기를 해체하고 독특한 결과에 의미를 부여할 수 있게 한다.

㉩ 내담자가 하나의 문제가 아닌 여러 가지 문제가 내포된 이야기를 가지고 온 경우에는 가장 중요한 문제가 아닌 덜 중요한 문제를 선택하여 표면화할 위험이 있다. 따라서 내담자가 가장 관심을 가지고 있는 쟁점이 무엇인가를 물어보는 것이 최선이다.

학습상담이론

1 인지학습이론

(1) 사회인지학습이론

① **의의**
　㉠ 사회학습이란 인간이 어떤 모델의 행동을 관찰 모방하며 학습하는 것으로, 주위 사람과 사건들에 주의 집중함으로써 정보를 획득하는 학습이다.
　㉡ 반두라(Bandura)는 모델링을 통한 관찰학습, 모방학습을 강조한다.
　㉢ 인간행동은 개인·행동·환경의 상호작용으로 발달한다는 상호결정론을 주장한다. 즉, 인간이 어떤 행동을 학습하는 데 있어서 외부로부터의 자극뿐만 아니라 인간 내부의 인지적 요인이 함께 작용하여 학습이 진행된다는 것이다.

② **특징**
　㉠ 학습은 모델의 행동을 모방하거나 *대리적 조건형성을 통해 이루어진다.

> ※ **참고 : 대리적 조건형성**
> 　다른 사람의 행동과 결과를 관찰하도록 하여 관찰자의 행동을 바꾸려는 것이다.

　㉡ 아동이 자신의 행동에 대해서 직접적인 강화를 받지 않더라도 관찰과 모방을 통해서 학습이 가능하다. 다른 아동이 보상이나 벌을 받는 것을 관찰함으로써 간접적인 강화를 받으며 이때의 간접적 강화를 가리켜 대리적 강화라 한다. 인간은 대리적 강화를 통해 학습할 수 있다.
　㉢ 사회학습은 모델을 직접 관찰함으로써 이루어지는 경우가 많으나, 최근에는 대중매체의 발전으로 언어나 사진, 그림과 같은 상징적 모델을 모방하는 경우도 많다.
　㉣ 학생은 환경의 영향을 받을 뿐만 아니라 환경에 영향을 미치기도 한다.
　㉤ 학습과 수행을 구별하며 상호작용적 결정론(Reciprocal Determinism)을 전제한다.
　㉥ 다른 사람의 행동을 관찰함으로써 새로운 행동을 학습할 수 있다.

> 💡 **더 알아두기** 🔍
>
> **인지주의 학습이론**
> • 인지란 우리 머리속에서 일어나는 일련의 지적 과정으로, 인지주의는 정신적인 과정에 초점을 맞추어 학습을 설명하는 이론이다. 경험의 결과로써 일어나는 행동의 변화를 다루는 행동주의 학습이론과는 다르게, 인간의 육안으로 직접 관찰할 수는 없지만 행동의 변화를 보여줄 수 있는 가능성을 준비하는 개인의 정신적인 구조의 변화를 다룬다.

• 행동주의 학습이론과 인지주의 학습이론 비교

구분	행동주의 학습이론	인지주의 학습이론
의식관	요소주의 (전체 = 부분의 합)	전체주의 (전체 〉 부분의 합)
강조점	분자 단위(molecular) 행동에 관심 (미시적 입장)	몰 단위(molar) 행동에 관심 (거시적 입장)
학습기제	자극과 자극, 혹은 자극과 반응의 결합	인지구조의 변화
이론	경험론적 결과론, 객관적	정신적 과정, 주관적
문제해결	시행착오적 문제해결	통찰적 문제해결
연구방법	엄격한 실험연구를 통한 검증	관찰, 사고 및 논리적 분석
학생	수동적, 환경에 의해 지배받음	능동적, 환경을 지배함
학습방법	통제 교육 (훈련, 습관 형성의 학습)	열린 교육 (개념 습득, 사고 활동의 학습)

③ **주요 개념**

㉠ 모방(모델링)

• 모방은 다른 사람이 행동하는 것을 보고 들으면서 그 행동을 따라하는 것이다.

• 흔히 공격적인 행동, 이타적 행동, 불쾌감을 주는 행동이 관찰을 통해 학습된다.

• 반두라의 실험적 연구에 따르면, 아동은 위대하다고 생각되는 사람의 행동을 위대하다고 생각하지 않는 사람의 행동보다 더 잘 모방한다.

• 자기와 동성인 모델의 행동을 이성인 모델의 행동보다 더 잘 모방한다.

• 돈, 명성 등 사회경제적 지위가 높은 모델을 더 잘 모방한다.

• 벌을 받은 모델을 거의 모방하지 않으며, 연령이나 지위가 자기와 비슷한 모델을 상이한 모델보다 더 잘 모방한다.

• 모방(모델링)의 기능은 반응촉진, 관찰학습, 억제, 탈억제라고 할 수 있다.

㉡ 인지

• 사회적 학습은 주로 인지적 활동이다.

• 인간은 심상·사고·계획 등이 가능한 존재이므로, 장래를 계획하고 내적 표준에 근거하여 자신의 행동을 조정하며, 자기 행동의 결과를 예측할 수 있다.

• 따라서 학습된 반응을 수행할 의지는 인지적 통제 하에 있는 것이다.

㉢ 자기강화

자신이 통제할 수 있는 보상을 자기 자신에게 주어서 자신의 행동을 유지하거나 변화시키는 과정이다.

㉣ 자기효율성 또는 자기효능감(Self-Efficacy)

• 특정 과제를 성공적으로 수행할 수 있다는 자신의 능력에 대한 신념이다.

• 노력의 정도에 영향을 줄 수 있고, 격려가 학생의 자기효능감을 증진시킨다.

• 자기효능감이 높으면 새로운 과제에 적극적으로 도전하는 경향을 보이는데, 결과 기대는 낮을 수 있다.

- 비슷한 과제에 대한 과거 성공 경험이 중요한 요인이다.
- 자기효능감이 높은 학생이 낮은 학생에 비해 더 빨리 효과적인 전략으로 수정한다.
- 동일시 모델을 관찰하는 것은 자기효능감에 영향을 미친다.
- 자기효율성(자기효능감)의 근원

완숙경험 (Mastery Experience)	직접적 경험으로서, 효능감 정보에 대한 가장 강력한 근원이 된다. 성공은 효능감을 높이는 반면, 실패는 효능감을 낮춘다.
각성수준 (Arousal Level)	그것이 어떻게 해석되는가에 따라 자기효능감에 영향을 준다. 과제를 접하면서 가지게 되는 염려나 걱정은 효능감을 낮추는 반면, 자극과 흥분은 효능감을 높인다.
대리경험 (Vicarious Experience)	누군가 다른 사람이 성취의 모델이 된다. 학생을 모델과 더 가까이 동일시한 경우, 효능감에 미치는 효과는 더 커진다. 모델이 수행을 잘할 때 그 학생의 효능감은 고양되지만, 모델이 잘못할 때 효능감의 기대는 줄어든다.
사회적 설득 (Social Persuasion)	격려의 말이나 수행에 대한 구체적 피드백이 될 수 있다. 사회적 설득만으로 효능감의 지속적 증가는 이룰 수 없지만, 설득적 지원을 통해 학생의 노력을 유도하고, 새로운 전략을 시도하도록 할 수 있다.

> **더 알아두기**
>
> **자아개념(Self-Concept)**
> - 나에 대해서 내가 가지고 있는 생각으로 '나'라는 것과 관련된 총체적 지각을 의미한다.
> - 크게 학업, 사회, 자기표현 등 세 가지 자아개념으로 구성되어 있으며, 학업적 자아개념은 능력, 성취 자아개념 등으로, 사회적 자아개념은 친구, 가정 자아개념 등으로, 자기표현적 자아개념은 자신감, 신체 자아개념 등 하위 영역으로 세분화할 수 있다.
> - 로저스(Rogers)는 자아개념을 '긍정적 자아개념'과 '부정적 자아개념'으로 구분하였으며, 긍정적인 자아개념을 가질수록 높은 성취를 나타낼 가능성이 높다고 하였다.
> - 블룸(Bloom)은 학업성취와 관련이 깊은 자아개념으로 '학업적 자아개념'을 들었다.
> - 카이퍼(Kifer)는 학업적 자아개념은 학업성취에 대한 교사의 지도에 좌우되며, 초기 실패를 경험한 학생는 그 실패의 경험이 연속되지 않도록 학습의 결손을 보충해줘야 한다고 주장하였다.
> - 로젠탈과 제이콥슨은 교사의 기대와 관심에 따라 학생들의 성취도에 차이가 있다고 하였다(피그말리온 효과).

ⓜ 자기조절(Self-Regulation)
- 정의
  - 외적인 통제가 없는 상태에서 개인 스스로의 목표달성을 위해 사고와 감정 그리고 행동을 조절하는 과정과 전략이다.
  - 이 과정은 사고, 정서, 생리적 반응, 환경적 속박과의 다양하고 복잡한 상호작용을 포함한다.
  - 반두라(Bandura)는 '자기수행, 자기판단, 자기반응' 3가지 단계의 자기조절 과정이 순환적으로 작용한다는 모형을 제시하였다.

- 기본 가정
  - 학생은 능동적으로 스스로 학습할 수 있어야 한다.
  - 학생은 수업의 양과 형태를 선택하는 데 중요한 영향을 미친다.
  - 학생은 인지적·행동적·동기적·환경적인 자기통제능력이 있어야 한다.
- 구성요소
  - 자기결정 목표와 기준 : 학생들이 성취목표와 행동기준을 결정한다.
  - 자기점검 : 학생들이 자신의 수행을 관찰하고 점검한다.
  - 자기지도 : 학생들 스스로 행동을 안내하기 위한 자기지도를 실시한다.
  - 자기평가 : 학생들이 자기 수행의 질을 평가한다.
  - 자기강화 : 학생들 스스로 자기 행동의 결과에 대해 강화하거나 벌을 가한다.

❗ 더 알아두기 Q

자기조절(Self-Regulation)에 관한 관점
- **행동주의 관점** : 자기판단, 자기반응, 자기강화를 강조한다.
- **사회인지학습이론 관점** : 개인적·행동적·환경적 요인들 간의 역동적 관계를 강조하고, 타인과의 상호작용을 통한 자기성찰(Self-Reflection)을 강조한다.
- **정보처리이론 관점** : 메타인지적 인식을 강조하고, 시연, 정교화, 조직화와 같은 학습전략을 강조한다.

---

④ **기본원리**

㉠ 내적 과정의 초월
- 인간행동이 동기, 충동, 욕구 등과 같은 내적 과정으로부터 일어난다는 것은 한계가 있다고 주장한다. 각각의 상황이 다를 때 행동의 강도와 빈도가 다르게 나타나기 때문이다.
- 인간행동에 대한 이해를 향상시키려면 개념적·경험적 측면에서 설명 능력이 향상되어야 한다. 따라서 인간행동을 이해하기 위해서는 사회적 상황이나 역할에 대해 더 많은 주의를 기울여야 한다.

㉡ 상호결정론
- 인간은 어느 정도 자기방향성을 제시할 수 있는 우수한 능력을 가지고 있으므로, 내적 과정이나 환경에 전적으로 영향을 받는 것은 아니다.
- 인간행동의 원인은 행동적·인지적·환경적 요소들 간의 지속적인 상호작용에 의해 발달된다.
- 인간은 외적 자극에 대해서 단순히 반응만 하는 존재는 아니다. 인간은 상징을 사용할 수 있는 비범한 능력을 가지고 있으므로, 행동으로 나타나는 인지과정인 사고와 창조, 계획 등의 일들을 할 수 있다.

㉢ 관찰학습
- 개념
  - 관찰학습은 환경적 자극에 대한 반응을 통해 학습하는 것이 아니라 타인의 행동을 관찰함으로써 학습하는 것이다.

- 다른 사람의 행동을 단순히 모방하는 것이 아니며, 여기에는 내적인 인지요소들이 포함
  된다.
- 다른 사람들이 새로운 행동을 할 때 어떤 결과가 나타나는지를 보게 된다. 이러한 과정
  을 대리적 강화(Vicarious Reinforcement)라 한다.
- 자신이 직접 행동하지 않고도 자기 행동의 결과를 예상할 수 있다.
- 학습이 이루어지기 위해서는 모델의 행동을 기억해야 하며, 모델의 매력도는 관찰학습에
  영향을 미친다.
- 정보를 전달하는 것이면 어떠한 것이라도 모델이 될 수 있으며, 행동·환경·개인은 서로
  양방향적 영향을 미친다.

> **더 알아두기**
>
> **반두라(Bandura)의 관찰학습 과정**
>
> | | |
> |---|---|
> | **주의집중과정** | • 모델의 행동을 관찰하고 주의 깊게 집중하며, 모델을 정확하게 지각하는 과정이다.
• 모델을 모방하는 데 이용할 적절한 관련 정보를 이끌어낼 수 있도록 충분한 지각적 정확성을 가지고 주의를 기울인다.
• 주의집중 과정에서 모델의 행동에 더욱 밀접하게 주의를 기울일수록, 그것을 모방할 가능성은 높아진다. |
> | **파지과정**
(보존과정) | • 관찰학습의 모델이 되는 행동을 돌이켜보기 위해 관찰자가 하는 인지적 행위이다.
• 관찰한 행동들을 보통 언어로 표상하여 기억하는데 언어적인 표현이 힘든 것은 이미지로 기억한다.
• 이 과정에서 인지적 조직화, 인지적 시연, 상징적 부호화, 시연의 활성 등이 발생한다.
• 모델의 행동을 기억하여 장기간 보존하기 위해 심상(Imaginal) 및 언어(Verbal) 두 가지의 내적 표상체계를 이용한다. |
> | **운동재생과정**
(생산과정) | • 심상에 저장된 모델 행동의 상징적 표상을 적절한 행동으로 전환하는 과정이다.
• 관찰된 행동을 재생산하는 데는 운동동작의 반복과 교정을 통해 행동적인 실천 감각을 익히고, 각 하위기술을 되풀이할 수 있는 반응패턴으로 조직할 수 있는 능력이 필요하다. |
> | **동기화과정**
(자기강화과정) | • 행동 수행에 영향을 미칠 수 있는 강화조건에 따라 모델의 행동이 수행되는 과정이다.
• 자기효능감이 가장 중요한 역할을 하는 과정이다. 자기효능감이란 어떤 과업에 직면하였을 때, 그 일을 잘 수행해 낼 수 있는 능력을 소유하고 있다고 자기 확신하는 것이다.
• 모델을 통한 관찰학습은 긍정적인 자극이 주어질 때 동기화되고 행동으로 실천된다.
• 모델의 행동을 수행할 수 있는 능력이 있더라도 그 행동이 부정적으로 승인되거나 바람직하게 받아들여지지 않는 경우 학습된 행동은 활성화될 수 없다.
• 모델을 관찰한 이후에 똑같은 행동을 실제로 실천하도록 하기 위해서는 충분한 보상이 주어져야 한다. |

ⓔ 행동결과 예측성

- 인간은 실제적으로 경험한 결과가 아니더라도 결과를 상상하여 행동할 수 있다.
- 과거 경험의 결과를 통해 어떤 종류의 행동은 가치가 있는 결과를 가져오고, 어떤 행동은 바람직하지 못한 결과를 가져올 수 있는지 알 수 있으므로, 인간행동이 결과에 의해 많이 규제된다.
- 인간은 실제 결과를 상징적으로 표현할 수 있는 능력을 가지고 있으며, 미래 결과를 행동에 영향을 미치게 하는 현재의 동기요인으로 해석할 수 있다.

ⓜ 자기조절학습(SRL, Self-Regulated Learning)

- 자기조절학습이란 학생이 강의실 내외에서 인지, 동기, 행동을 적극적으로 조절함으로써, 주도적인 학습을 하여 학습효과를 극대화하는 학습방법을 말한다.

구분	전략
인지조절전략	표층적 전략, 심층적 전략, 메타인지(상위인지) 전략, 기억술
동기조절전략	숙달목표, 내재적 동기, 자기효능감, 과제가치
행동조절전략	집중하기, 시간관리, 도움추구

- 자기조절학습은 효과적·효율적 학습을 위해서 학생이 스스로 학습목표를 설정하고 동기를 수시로 부여하며, 적절한 학습 환경을 조성하고 학생을 관리하는 학습방법이다.
- 자율조절학습은 동기의 근원이 내부에 있는 내재적 동기를 유발한다.
- 자기조절 학생은 학습 중 학습의 효과를 알아보기 위해 자기 지향적인 피드백(점검활동)을 사용한다.
- 자기조절학습의 학생에게 메타인지(초인지)는 매우 중요하며, 그 수준이 높을수록 학업성취도가 뚜렷하게 높아진다.

💡 **더 알아두기** 🔍

자기조절학습, 공동조절학습, 타인조절학습

자기조절학습	공동조절학습	타인조절학습
• 독립적임 • 솔선수범에 가치를 둠 • 긍정적인 자기효능감 소유 • 메타인지(초인지)적 인식 발달 • 내적으로 동기화됨 • 깊이 있는 참여	• 자기와 타인이 학습과정을 공유 • 자기와 타인이 학습과제에 대한 특정 목표를 같이 설정 • 타인이 성공적 학습의 준거를 설정하고, 자신은 자기 수행을 평가	• 의존적임 • 지시를 따르는 것을 선호함 • 비교적 낮은 자기효능감 소유 • 비교적 낮은 메타인지(초인지) 능력 소유 • 외적으로 동기화됨 • 표면적 참여

(2) 정보처리이론

① 의의

⊙ 새로운 정보가 투입되고 저장되며 기억으로부터 인출되는 방식을 연구학생의 내부에서 학습이 발생하는 기제로 설명하는 이론이다.

⊙ 인간의 학습을 외부로부터 정보(자극)를 획득하여 저장하는 과정으로 가정한다.

② 특징

⊙ 정보처리이론의 구조는 정보저장소와 인지처리과정의 두 가지 요소로 구성되어 있다.
- 정보저장소 : 투입된 정보가 머무르는 곳
- 인지처리과정 : 각각의 정보저장소로부터 정보가 이동하는 처리과정

ⓛ 삶에서 극적이거나 감동적인 순간들에 대한 기억을 섬광기억(Flashbulb Memory)이라 한다.

ⓒ 컴퓨터를 모델로 삼으며, 기억의 주요 과정을 부호화, 저장, 인출로 나눈다.

ⓔ 감각기억, 단기기억, 장기기억의 방향으로 정보가 부호화된다.

ⓜ 장기기억에서 정보를 저장할 때, 정교화(Elaboration), 조직화(Organization), 맥락(Context)이 중요한 역할을 한다.

ⓗ 이전 학습이 새로운 학습을 방해하는 것을 '순행간섭'이라 하고, 새로운 학습이 이전 학습의 기억을 방해하는 것을 '역행간섭'이라 한다.

ⓢ 단기기억 단계에서 새롭게 학습해야 하는 정보는 유지 시연보다 정교화 시연을 할 때 더 효과적이다.

③ 학습과정

⊙ 자극에의 주의

기억체제에 의한 정보처리는 물리적 신호가 눈, 귀, 피부를 거쳐 감각등록기에 수용되면서 시작된다.

형태재인	• 외부의 표상들을 내부에 저장되어 있는 기존의 표상 또는 기억과 대조하는 과정이다. • 자극에 대한 비교분석, 기억의 탐색, 의사결정 등의 과정을 포함한다.
측면분석과정	• 감각수용기관에 도달하는 자극의 측면들을 분석하는 과정으로서, 이들을 유의미한 전체의 형태로써 확인하기 위한 것이다. • 측면분석에 의한 형태재인이 이루어지려면 자료주도적 처리와 개념주도적 처리의 두 과정이 있어야 한다. • 자료주도적 처리 : 정보는 입력과 동시에 식별이 되며(ⓔ시계의 똑딱거리는 소리), 투입된 장소 속에서 그 구조를 발견한다. • 개념주도적 처리 : 동기, 목표, 맥락에 의해 유도되는 것으로서, 입력은 기대에 부응하여 고차적인 지식이 저차적인 개별정보의 해석에 기여한다. ⓔ"추석에는 햅_로 밥을 짓고, 햇_을 상에 올린다."라고 말할 때, 기대와 맥락이 햅쌀과 햇과일의 단어로 연결된다.

ⓛ 시연
- 작동기억 안에서 이뤄지는 처리과정으로서, 정보를 여러 방법으로 계속 반복하는 과정이다.
- 단기기억 안에 들어온 정보는 시연을 통해 파지(把持)가 되기도 하고, 장기기억으로 전이가 이루어지기도 한다.

© 자극의 부호화

어떤 자극이 장기기억 저장소에 불활성 상태로 저장되려면 부호화 과정이 필요하다.

조직화	• 잘 조직화된 정보는 학습하기 쉽고 기억하기 쉽다. • 자료를 조직화하는 데는 위계를 사용하는 방법과 기억술을 이용하는 방법이 있다.
정교화	• 새로운 정보에 다른 것을 더하거나 그것을 이미 알고 있는 다른 것에 관련시킴으로써 기억하려고 하는 것의 정보를 확대시키는 과정으로, 생성 효과를 가져온다. • 유사한 다른 정보와 혼동이 덜 되도록 하고, 새로운 아이디어, 개념, 정보, 해석 등을 덧붙인다. • 정보의 기억을 위한 단순한 반복활동으로서의 유지 시연과 정보를 특정한 방식으로 변형하는 정교화 시연이 해당한다.
스키마 (Schema)	• 잘 적응된 유기체 반응 내에서 작용하는 과거 반응들의 능동적인 조직을 말한다. • 책을 읽거나 다른 사람과 이야기할 때 접하는 모든 정보는 이미 우리가 머리에 저장한 지식을 기초로 해석하게 된다.

② 저장과 인출
- 부호화 과정의 목적은 장기기억 저장소에 정보를 저장하기 위한 준비를 하는 것이다. 이후의 접근과 회상은 그 정보의 저장 형태와 장기기억 내의 선행정보의 범위에 의존한다.
- 예를 들어, 프로 체스기사와 초보자는 체스판의 회상 능력에 크게 차이가 있어서, 프로기사는 체스판의 70~80%를 회상하지만, 초보자는 단지 몇 조각을 회상할 뿐이다. 두 집단의 차이는 장기기억에 저장된 정보 청크(Chunk)의 크기와 정보가 부호화되는 방식에 따라 다르다.

④ **정보저장소**
  ⊙ 감각등록기
   - 환경으로부터 눈이나 귀 같은 감각수용기관을 통해 정보를 최초로 저장하는 곳이다.
   - 자극을 매우 짧은 시간 동안 아주 정확하게 저장한다(시각의 경우 1초, 청각의 경우 4초).
   - 그 수용량에 제한이 없지만, 투입 즉시 처리하지 않으면 정보는 유실된다.
   - 정보를 작업기억(작동기억)으로 넘기려면 주의를 기울여야 한다.
  ⓛ 단기기억(작동기억)
   - 단기기억은 보통 '작동기억'이라고도 하며, 일시적인 저장소 역할을 한다.
   - 성인의 경우 보통 5~9개의 정보가 약 20초 동안 저장될 수 있다.
   - 망각현상은 간섭과 쇠퇴에 의해서 일어난다.
   - 작동기억은 새로운 정보로 대치된다.
   - 음향부호(Acoustic Code)가 어문적 정보 유지에 이용된다.
   - 작동기억에서는 *청킹(Chunking)의 역할이 매우 중요하다. 청킹의 적극적인 활용은 제한된 작동기억의 수용량을 증가시키는 좋은 방안이다.

> ※ **참고 : 청킹(Chungking)**
> 분리되어 있는 항목들을 보다 큰 묶음으로, 보다 의미 있는 단위로 조합하는 것이다. 이러한 청킹은 단기기억에 해당하는 작동기억에 있어서 매우 중요한 역할을 하는데, 특히 제한된 작동기억의 수용량을 증가시킨다.

ⓒ 장기기억
- 의미
  - 무한한 정보를 영구적으로 저장할 수 있는 곳으로서, 일상기억과 의미기억으로 구분된다.
  - 현재 사용하지 않더라도 필요할 때 저장된 정보를 사용할 수 있도록 한다.
  - 일상기억은 개인의 경험을 보유하는 저장소이다.
  - 의미기억은 문제해결 전략과 사고 기술 그리고 사실, 개념, 규칙 등과 같이 경험으로부터 습득했던 일반화들이 저장된다.
  - 장기기억의 형성에 가장 직접적인 영향을 미치는 신경전달물질에는 아세틸콜린(Acetylcholine)이 있다.
- 유형

서술적 지식	• 심리학 용어와 같은 사실적 정보를 아는 것으로 내용지식을 말한다. 선언적 기억(Declarative Memory)이라고도 한다. • 학습한 사실이나 개념, 법칙 등에 대한 장기기억에 해당하며, 기억 속에 명제로서 표상된다. • 개인적 경험에 대한 기억으로서 '자서전적 기억'이라 부르는 '일화 기억'은 서술적 지식에 해당한다.
절차적 지식	• 인지활동을 수행하는 방법을 아는 것으로 과정지식을 말한다. 비선언적 기억(Nondeclarative Memory)이라고도 한다. • '어떻게 하는 것'과 관련된 지식이다. • 언어적 부호와 이미지로 저장될 수 있고, 수학 문제를 풀거나 과학실험을 하는 과정에 활용된다. • 행동이나 사고에 영향을 미치지만 무의식 중에 이루어지는 '암묵기억'은 절차적 지식에 해당한다. 자전거 타는 방법을 알고, 책 읽는 방법을 아는 것 같은 신체적·인지적 기술이나 습관이 암묵기억이다.
조건적 지식	서술적 및 절차적 지식을 언제 그리고 왜 채택해야 하는지 아는 것이다.

더 알아두기

단기기억(작동기억)과 장기기억의 비교

기억유형	입력	용량	지속시간	내용	인출
단기기억 (작동기억)	매우 빠름	제한적	매우 짧음 (5~20초 정도)	단어, 심상, 아이디어, 문장	즉각적
장기기억	비교적 느림	무제한적	사실상 무제한적	명제망, 도식, 산출, 일화	표상과 조직에 따라 다름

ⓓ 기억보조술
- 장소법(Method of Loci) : 학습할 항목들을 일련의 물리적 장소나 물리적 장소에 놓인 대상들의 배열과 연합시켜 기억하는 방법이다.
- 과잉학습(Overlearning) : 자료를 완전히 숙달한 후에도 계속해서 그 자료를 시연하는 것으로, 과잉학습의 양이 많을수록 기억하기 쉽다.

- 약어(두문자어법, Acronym) : 첫 자만 따서 외우는 것과 같이 원래의 어형보다 간략히 만들어 기억하는 방법이다.
- 연쇄기억술(Chain Mnemonics) : 목록의 암기해야 할 요소들 사이를 연관지어 기억하는 방법이다.
- 핵심단어법(Key Words) : 한 단어가 지닌 이미지를 이용하여 다른 단어를 기억하는 방법이다.
- 음운기억법(Metrical Mnemonics) : 리듬이 있는 가사를 만들어 기억하는 방법이다.
- 페그워드법(Pegword Method) : 규격화된 단어 목록을 일종의 못(Peg), 즉 기준어로 사용하여 각 기준어에 기억해야 할 사물을 심상으로 연결시켜 기억하는 방법이다.

⑤ **망각**
　㉠ 의의
- 기억한 학습이 시간이 경과되거나 사용되지 않음으로써 약화 또는 소멸되어 다시 재생되지 않는 현상을 말한다.
- 습득한 다른 정보로 대치되어 망각되기도 한다.
- 정보의 유의미화 과정에서 정보에 대한 간섭의 원인이 되기도 하고, 회상을 더 어렵게 만들기도 한다(역행간섭과 순행간섭).

　㉡ 원인
- 흔적 쇠퇴설(기억흔적 쇠퇴론) : 기억은 본질적으로 비영구적이므로, 시간이 경과함에 따라 사용하지 않게 되어 기억흔적이 쇠퇴되어 망각이 발생한다. 정보의 계속적인 사용, 암송, 반복학습을 통하여 기억흔적의 쇠퇴를 방지할 수 있다.
- 간섭설(역행간섭, 순행간섭) : 어떤 정보를 회상하려 할 때 다른 정보의 유입으로 인해 회상이 방해받음으로써 발생한다.

역행간섭	후속학습이 선행학습을 방해하는 경우
순행간섭	선행학습이 후속학습을 방해하는 경우

- 인출실패 : 어떤 정보를 기억하는 것은 확신하나, 정확히 떠오르지 않는 것을 말한다.
- 동기화된 망각(억압) : 정신분석이론에서 불쾌한 사고나 갈등을 무의식에 묻어두는 것을 말한다.

　㉢ 망각을 방지하는 방법
- 의미 있게 논리적인 지식체계로 유도하여 학습한다.
- 동기화된 학습 자료를 활용한다.
- 학습은 처음부터 완전히 습득한 후에 다음 학습으로 이행한다.
- 복습의 시기가 최초학습에 가까울수록 *기명과 파지에 효과적이다.
- 분산학습이 집중학습보다 파지에 효과적이다.
- 기억된 자료 간의 간섭은 파지를 저해한다.
- 초과학습은 망각을 방지한다.

> ※ **참고 : 기명**
> 사물의 인상을 마음속에 간직하는 것을 말한다.

ㄹ 인출과 망각에 영향을 주는 요인
- 정보의 *인출 단서
- 정보의 유의미성
- 정보의 저장 방식
- 습득한 다른 정보

> ※ 참고 : 인출
> 장기기억에 저장되어 있는 정보에 접근하는 과정으로서, 장기기억에 저장된 정보의 인출은 부호화
> 과정과 인출단서에 의해 결정된다.

⑥ **지각**

㉠ 지각(Perception)의 과정
- 주변 환경 속의 대상이나 사건을 파악하는 과정이다.
- 대상이나 사건을 감지하고 이해하며, 그 정체를 파악하여 이름을 부여하고, 그에 적절한 반응을 준비하는 전반적인 과정으로 볼 수 있다.
- 지각의 3단계

1단계	감각과정 (Sensation)	물리적 에너지를 뇌에서 인식할 수 있는 신경부호로 변환한다.
2단계	지각의 조직화 (Perceptual Organization)	대상에 대한 내적 표상이 형성되며, 외부자극에 대한 지각경험이 생성된다.
3단계	정체파악(Identification)과 재인(Recognition)	• 정체파악 : 지각경험에 의미를 부여하는 과정이다. 例 그 대상은 무엇인가? • 재인 : 해당 대상의 속성과 그에 대한 적절한 반응 등을 알아내는 과정이다. 例 그 대상의 기능은 무엇인가?

㉡ 형태지각에서 지각의 조직화를 위한 집단화의 원리
- 어떤 대상에 대한 감각자료를 의미 있는 형태로 구성하기 위해서는 우선 윤곽을 형성하고 전경과 배경을 분리해야 한다.
- 지각의 조직화는 이와 같은 기초적인 과정을 거쳐 자극정보들을 집단화된 형태로써 지각하게 되는데, 이것이 곧 지각의 조직화(Perceptual Organization)이다.
- 지각의 조직화는 다음의 집단화(Grouping) 원리를 토대로 한다.
  - 완결성 또는 폐쇄성(Closure) : 어떤 공백이나 결손이 있는 부분은 이를 보완하여 완결된 형태로 지각한다. 자연스럽게 공백을 연결하는 과정에서 완전한 형태의 삼각형으로 인식한다.
  - 유사성(Similarity) : 자극 정보들은 유사한 것들끼리 묶어서 지각한다. 서로 다른 형태로 구성된 2가지 도안에서 각각 사각형, 원으로 이루어진 수직선을 볼 수 있다.
  - 대칭성(Symmetry) : 대칭의 이미지들은 조금 떨어져 있더라도 한 그룹으로 인식하게 된다는 것이다. 예를 들면 [ ], 〈 〉, ( )를 보면 6개의 기호가 아닌, 3쌍의 괄호로 인식한다.

- 연속성(Continuity) : 불연속적인 것보다는 연속된 패턴으로 이루어진 자극정보들을 지
  각한다. 여러 개의 개별적인 반원들로 이루어진 것이 아닌, 곡선과 직선으로 본다.
- 근접성(Proximity) : 서로 가까이 있는 자극정보들은 함께 묶어서 지각한다. 그림에서처
  럼 두 줄로 묶인 원들은 두 줄로 된 선으로 본다.
- 공동 운명(Common Fate) : 같은 방향, 같은 주기로 움직이는 요소들을 하나의 형태로
  인식한다.

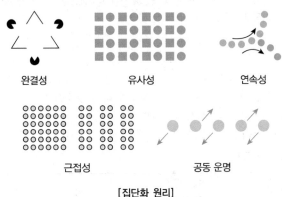

[집단화 원리]

ⓒ 깊이지각에서 양안단서와 단안단서
  - 인간은 망막에 비친 2차원적 영상을 3차원적으로 지각한다. 이때 어떤 단서들은 두 눈에
    동시에 작용하기도 하며, 각 눈에 따로 작용하기도 한다. 전자를 양안단서(Binocular Cue)
    라고 하며, 후자를 단안단서(Monocular Cue)라고 한다.
  - 양안단서(Binocular Cue)
    - 인간의 눈은 대략 6cm 떨어져 있으므로 두 눈에 맺힌 영상이 약간 다르다. 이와 같이 두
      영상의 차이인 양안부등(Binocular Disparity)은 대상의 상대적인 거리를 판단하는 데 중
      요한 단서가 된다. 즉, 사물을 코앞에 가져다 놓으면 두 망막에 맺힌 상이 매우 다르게
      나타나지만, 거리가 멀어짐에 따라 두 망막에 맺힌 상의 차이가 점차 줄어들게 된다.
    - 뇌는 시선수렴(Convergence)의 각도를 파악함으로써 가까이 있는 사물을 응시하는지 멀
      리 떨어진 사물을 응시하는지를 계산할 수 있다.
  - 단안단서(Monocular Cue)
    - 상대적 크기 : 두 물체의 크기가 비슷하다고 가정하는 경우, 망막에 맺힌 영상의 크기가
      작을수록 멀리 있는 것으로 지각한다.
    - 중첩 : 한 물체가 다른 물체의 일부를 가리고 있는 경우, 가려진 것이 더 멀리 있는 것
      으로 지각한다.
    - 상대적 명확성 : 윤곽이 뚜렷한 물체와 흐린 물체가 있는 경우, 윤곽이 흐린 물체를 더
      멀리 있는 것으로 지각한다.
    - 결의 밀도 변화 : 간격이 넓고 구별되는 결의 밀도가 점차 간격이 좁고 구별하기 어려워
      지는 경우, 거리가 멀어지는 것으로 지각한다.

- 상대적인 높이 : 두 대상이 지평선 아래에 있는 경우, 시야상 위쪽에 있는 대상을 더 멀리 있는 것으로 지각한다.
- 상대적인 운동 : 기차를 타고 이동하는 경우, 가까이 있는 나무들이 멀리 있는 나무들보다 더 빨리 뒤로 움직이는 것처럼 지각한다.
- 선형조망 : 기차선로와 같이 평행한 선들이 길게 늘어선 경우, 선들이 가깝게 모일수록 거리가 더 먼 것으로 지각한다.

② 운동지각에서 가현운동(Apparent Movement)
- 대상의 실질적인 이동이 없음에도 불구하고 마치 움직이는 것으로 지각되는 현상을 말한다.
- 가현운동의 종류
  - 스트로보스코픽 운동(Stroboscopic Movement) : 1초에 29프레임을 사용하는 영화필름은 운동지각을 일으킨다. 이는 운동이 필름에 있는 것이 아님에도 인간의 뇌가 운동을 구성하는 것이다.
  - 자동 운동(Autokinetic Movement) : 고정된 광점이 마치 움직이는 것으로 지각되는 현상이다.
  - 유인 운동 또는 유도 운동(Induced Movement) : 운동단서가 시각적으로만 주어지는 경우 운동의 자극정보를 잘못 조직화하여 실제 움직이는 물체는 정지해 있는 것처럼, 정지해 있는 물체는 움직이는 것처럼 지각되는 현상이다.
  - 운동파라랙스(Movement Parallax) : 관찰자 자신이 움직이면서 정지해 있는 물체들을 볼 때 나타나는 현상이다. 운동파라랙스는 거리의 정보를 주어 공간지각의 단안단서가 되기도 한다.

⑦ **형태재인(Pattern Recognition)**
  ㉠ 의의
  - 인간은 인지과정을 통해 대상을 바라보고 시각적 정보를 받아들여 이를 어떠한 방식으로든 내부적으로 다시 재현(Represent)해야 하는데, 이를 표상(Representation)이라고 한다.
  - 형태재인은 과거의 경험을 토대로 현재 주어진 자극의 형태에서 의미를 끌어내는 과정을 말한다. 즉, 외부의 표상들을 내부에 저장되어 있는 기존의 표상 또는 기억과 대조하는 과정이다.
  ㉡ 관련 이론
  - 판형이론(Template Theory) 또는 형판맞추기 모형(Template Matching Theory) : 형태재인은 망막에 맺힌 영상과 기억 속에 저장되어 있는 판형 또는 형판과 비교되고, 그 과정에서 입력된 영상과 동일한 판형이 발견될 때 그 판형에 해당되는 대상으로 인식하게 된다.
  - (세부)특징분석이론 또는 측면분석모형(Feature Analysis Theory) : 형태의 특징적인 요소들이 정보처리의 과정을 통해 분석·저장되어 있다가, 이들 특징에 기초하여 몇 가지 요소들이 조합됨으로써 특정물체를 인식하게 된다고 주장한다.
  - 원형대조이론 또는 원형모형(Prototype Matching Theory) : 판형이론과 같이 세상에 존재하는 모든 물체의 형태들을 머릿속에 저장하는 것이 아닌, 각 물체의 필수적인 요소들을 간추린 기억목록에서 대표가 되는 것만을 기억하고 있다고 주장한다.

⑧ **메타인지와 학습의 전이**

㉠ 메타인지
- 의의
  - 자신의 인지과정에 대한 지식을 통해 정보를 선택하고, 분류하고, 정보에 맞는 학습방법을 동원할 수 있는 능력을 의미한다. 즉, 인지적 처리과정(학습)에서 스스로를 통제하고 조정하는 것을 말한다.
  - 자신의 사고과정에 대한 지식으로 초인지 또는 상위인지라고도 불린다.
  - 메타인지기술이란 집행통제과정, 즉 정보를 기억 속에 부호화하고 저장하고 인출하는 데 영향을 미치는 선택적 주의, 정교화, 조직화 같은 정신 과정들을 의미한다.
  - 정보처리과정에 대한 상위인지기술의 차이는 학습과 기억의 양과 시간 그리고 질에 영향을 미친다.
  - 자신의 현재 지식수준을 점검하는 것, 집중이 잘 되는 장소를 찾는 것, 자신이 읽은 내용에 대해 질문하는 것 등은 메타인지 기술이다.
- 메타인지 전략의 예: 계획하기(Planning), 점검하기(Monitoring), 수정하기(Modifying), 평가하기(Evaluating), 예견하기(Predicting)

㉡ 학습의 전이
- 의의
  - 학습의 전이란 학습 이전에 이미 형성된 습관이 다른 습관을 획득하거나 재학습하는 데 영향을 미칠 때 나타나는 현상이다.
  - 학습의 전이를 통해 선행학습의 효과가 후속학습에 영향을 미치게 된다.
  - 구체적 사실보다 일반적인 원리를 학습할 때 전이가 촉진된다.
  - 전이는 의식적으로 노력하지 않아도 나타날 수 있다.
  - 선행학습이 후행학습을 어렵게 하거나 방해하는 경우도 전이에 포함된다.
  - 전이는 이미 학습한 내용보다 높은 수준의 과제를 학습할 때에도 나타난다.
- 유형
  - 근접전이와 원격전이

근접전이	학습상황과 전이가 발생하는 상황이 유사하여, 학습한 내용이 변형되지 않고 동일한 절차나 방법으로 활용되는 것이다.
원격전이	원래의 맥락과 전이 맥락이 상이한 경우로서, 학습한 내용의 원리나 개념을 응용하여 광범위한 상황에 일반화하여 적용하는 것이다.

  - 정적(적극적) 전이와 부적(소극적) 전이

정적 전이	하나의 학습 또는 경험이 다른 학습을 이행하는 데 있어서 학습을 촉진시켜주며, 쉽게 영향을 미치는 경우에 해당한다.
부적 전이	하나의 학습 또는 경험이 다른 학습을 이행하는 데 있어서 학습을 방해하거나, 금지 또는 지체하게 하는 경우에 해당한다.

- 저도전이와 고도전이

저도전이	의도적 인지활동이 없는 전이가 자동적으로 발생하는 것을 말한다.
고도전이	적용하는 상황 간에 추상화 활동을 통해 전이가 발생하는 것을 말한다.

- 수평전이와 수직전이

수평전이	어떤 장면에서의 학습의 복잡함이 같은 다른 장면에서의 학습에 전이되는 것을 말한다.
수직전이	어떤 장면에서 학습한 것이 그 후에 보다 고차적이고 복잡한 학습에 전이되는 것을 말한다.

- 축어적(Literal) 전이 : 원래의 기능이나 지식이 새로운 과제에 전이되는 것을 의미한다.

© 전이를 좌우하는 요건
- 동일요소 : 학습과정에서 동일요소가 있을 때 전이효과를 높일 수 있다.
- 사전훈련 : 학습방법의 훈련에 따라 훈련을 받지 않은 경우보다 훈련을 받은 경우에 적극적 전이가 일어난다.
- 적극적 태도 : 학생이 스스로 문제를 해결하고 탐구하는 경험을 많이 가질수록 전이효과가 크다.
- 지능수준 : 지능이 높은 학생일수록 적극적인 전이가 일어난다.
- 학습 정도 : 선행학습이 후행학습에 미치는 전이효과는 선행학습 정도에 따라 다르다. 즉, 학습의 정도가 높을수록 적극적 전이량이 많아진다.
- 시간 차이 : 두 학습 사이의 시간 차이에 따라 전이효과에 차이가 있다. 선행학습과 후행학습 간의 시간이 너무 길면 전이가 잘 일어나지 않는다.
- 평가의 기회 : 학생 자신이 학습 결과를 평가할 수 있는 기회가 많을수록 전이도가 높아진다.
- 신뢰성 : 학습한 내용이 새로운 학습에 이용될 것이라는 믿음과 자세가 전이를 유발한다.
- 목표의 구체화 : 학습목표를 구체화하여 학습하는 경우 전이 효과가 크다.

⑨ **정보처리모형**
㉠ 애트킨슨과 쉬프린(Atkinson & Shiffrin)의 이중기억모형

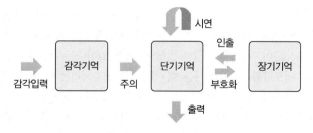

[애트킨슨 & 쉬프린의 이중기억모형]

- 기억의 과정을 감각등록기, 단기기억, 장기기억의 3가지 구조로 분리하여 설명하였다.

감각등록기 (Sensory Registers)	• 감각기억이 아주 짧은 시간 보존·유지되는 곳이다. • 선택적 주의(Selective Attention)를 통해 많은 정보 중 선택된 정보만이 단기 저장고로 가게 된다.
단기저장고 (Short Term Store)	• 정보가 15~30초 정도 기억이 보존되고, 용량은 묶여진 단위의 수로 3~7개 정도이다. • 환경으로부터 입력되는 정보와 장기기억으로부터 출력되는 정보의 결합이 이루어진다. • 리허설(복습)이나 코딩(부호화)을 통해 정보를 더 오랜 시간 동안 보존 유지하든지, 아니면 망각해버리든지 선택하게 된다. • 단기기억에 오래 저장되어 있을수록 장기기억으로 전환될 가능성이 높다.
장기기억	부호화된 자료를 오랫동안 저장하고 정보의 양은 무제한으로 저장이 가능하다.

- 기억의 구조를 고정된 것으로 보았다.
- 통제과정의 예로 *약호화, 시연조작, 탐색방략 등을 들었다.

> ※ 참고 : 약호화
> 정보를 기억이 수용할 수 있는 시각적, 청각적, 의미적, 후각적, 촉각적 등의 부호로 바꾸어 입력시키는 과정을 말한다.

- '자극(정보) → 감각기억 → 작업기억(단기기억) → 장기기억'의 순서로 정보가 뇌에 입력된다고 보았다.
- 관심(주의)은 감각기억에서 작업기억으로 정보를 이동시킬 때 필요한 것으로, 관심을 받은 정보는 감각기억에서 작업기억으로 이동한다. 반면, 관심받지 못한 대부분의 정보는 소멸되는 과정을 거친다.

ⓛ 크레이크와 록하트(Craik & Lockhart)의 정보처리의 수준모형
- 정보처리과정을 일련의 연속적인 과정으로 설명하고, 정보처리의 순서를 가정하지 않았다.
- 단기기억과 장기기억이 분명하게 구별된다는 점을 부정하면서, 일차적 기억과 이차적 기억으로 구분한다.
- 인간의 기억을 외현기억과 암묵기억으로 구분짓는 기억해리 현상을 설명하기 위해 기억체계 이론과 처리수준 이론이라는 두 가지 상이한 이론적 접근이 대립하게 되었다.
- 기억체계이론에서는 뇌에서의 독립적인 기억체계를 가정하는 반면, 처리수준(Levels of Processing)이론에서는 단일한 기억체계에서 일어나는 처리유형의 차이를 강조한다.
- 사실과 정보단위들을 암기하는 데 집중하는 표층처리는 여러 주장들 간의 연결이나 새로운 지식과 기존의 경험을 서로 연결해 보려고 시도하는 심층처리보다 중요하지 않다고 하였다.
- 의미처리만 되면 즉, 심층처리가 되면 우연학습은 의도학습 효과만큼 우수하다.
- 기억은 정보처리수준에 달려있다고 가정하고, 정보처리수준이 깊으면 깊을수록 더 오랫동안 기억된다고 주장하였다.
- 정보처리 수준을 결정하는 요인으로는 자극의 특성, 자극에 대한 관심과 흥미의 정도, 주어진 정보를 처리하는 데 필요한 시간이 있다.

- 이미 기억하고 있는 지식과 연결시키거나 정보들을 모아 조직화하여 정보를 장기적인 기억으로 전환하는 정교화 시연이, 기계적인 반복으로 단기기억을 유지하는 데 그치는 유지형 시연보다 심층처리가 더 잘 일어난다.
- 주어진 학습재료가 어떻게 부호화되느냐에 따라 기억의 지속성이 결정된다.

> **더 알아두기** 🔍
>
> **기억의 종류**
> - 재인 : 저장된 정보에 인출단서가 주어질 때 정보가 인출되는 것이다.
> - 회상 : 환경 내에 단서가 없이 머릿속에 저장된 정보로부터 기억을 재구성하는 것이다.

(3) 기타 인지주의 학습이론

① 통찰학습이론

ㄱ 의의
- 쾰러(Köhler)가 주장한 학습이론으로서, 형태주의 심리학에 근거한 인지주의 학습이론이다.
- 학습은 시행착오가 아닌 통찰과정으로서, 학생은 문제해결에 대한 모든 요소를 생각해 보고, 문제를 해결할 때까지 여러 가지 방법을 생각하게 된다. 이 과정에서 학생은 문제해결에 대한 통찰을 얻게 된다.

[통찰학습의 과정]

- '전체는 부분의 합 이상이다'라는 형태주의에 기반을 둔다.
- 학생은 문제해결에서 구조화하고 조직화하는 과정을 거치면서 갑자기 문제를 해결한다.
- 학생은 통찰로 해결한 문제와 구조적으로 유사한 문제를 쉽게 해결한다.

ㄴ 통찰
- 학습과정 속에는 인지의 분화와 통합, 문제사태의 인지와 재구조화가 진행되면서 동시에 심리적 이해력이 드러나는데, 이러한 심리적 과정을 쾰러는 통찰이라고 하였다.
- 통찰이란 상황을 구성하는 요소 간(수단과 목적)의 관계파악을 의미하는 것으로서, 통찰을 A-ha현상이라고 한다.

ㄷ 침팬지 실험
- 천장 위에 바나나를 매달아 놓은 방에 침팬지를 넣었다.
- 침팬지는 바나나를 먹으려고 한참 애쓴 후에 방 안에 있는 상자를 가져와 그것을 판으로 삼아 바나나를 따 먹었다. 다음에 상자를 숨겨 놓았더니, 긴 막대를 이용하여 바나나를 따먹었다.

ⓔ 결론
- 학습은 단순한 과거 경험의 집합이 아니고, 경험적 사실을 재구성하는 인지구조 변화의 과정, 즉 통찰에 의한 문제해결의 과정임을 확신하였다.
- 통찰에 의한 학습은 과제의 종류와 학생의 개인차에 의하여 차이가 있다.
- 통찰학습능력은 다른 문제사태로 전이된다고 주장하였다.

② **장(場, Field Theory) 이론**

ⓐ 의의
- 레빈(Lewin)은 사회심리학에 관심을 가지며, 사회적 분위기, 집단의지 결정, 산업에서의 현장연구, 유대인 문제, 감수성 훈련 등을 연구하였다.
- 레빈의 심리학적 장(場) 이론에서 장(場)은 정신현상이나 사회현상이 생기는 전체구조나 상황을 상호의존관계에서 이르는 말이다.
- 레빈은 환경과 사람이 이루는 장 속에서의 여러 가지 힘에 의해 생각이나 행동이 결정된다고 보았다.

ⓑ 주요 개념
- 생활공간으로서의 장 : 인간은 어느 시점에서 특정 목표를 추구하려는 내적 긴장에 의해 행동한다. 인간은 이러한 목표를 가질 때 그 목표를 달성할 수 있는 방법에 대해 나름대로의 신념을 가지게 된다. 이와 같은 관계에 대한 개인의 지각을 그 사람의 생활공간(Life Space)의 한 부분이라고 한다.
- 학습의 재조직(재구성) : 인간은 새로운 지식으로 세상을 이해하고 새로운 요인들을 도입하여 원하는 것 또는 싫어하는 것에 변화를 가져봄으로써 자기의 인지를 재구성한다.

ⓒ 주요 요소

생활공간	• 어떤 순간이나 오랜 시간 개인의 행동에 영향을 미치는 요인들의 전체 형태를 의미한다. • 심리적 환경은 지각된 대상과 사상들로 구성되며, 심리학적으로 해석되는 개인은 의식적으로 행동하는 자아를 의미한다.
위상 **(Topology)**	• 생활공간의 기능적 부분들의 배경이나 경계를 보여줄 때와 구조화나 의미화시킬 때 사용한다. • 생활공간에 있는 개인의 영역은 가족, 교회, 학교, 극장, 회사와 같은 공간을 의미한다.
벡터 **(Vector)**	• 목표를 향해 가깝거나 멀어지는 심리적 운동에 영향을 미치는 힘을 의미한다. • 벡터는 방향과 강도를 가진다. 예컨대 아이가 배가 고픈 경우, 그 아이는 음식에 대해 보다 강하게 이끌린다.
행동방정식	• 행동이란 개인과 환경의 상대적 위치의 변화 또는 환경의 인지적 재체제화 과정에서 일어나는 재구성을 의미한다. • 인간의 행동은 개인(개체)과 환경의 함수관계에 의해 결정된다.

ⓔ 장 이론에서의 학습

영역 (Regions)	• 생활공간의 유기적인 부분이며, 대상이나 활동에 대한 심리적인 의미이다. • 인지구조는 현 영역들의 배열과 상태 그리고 앞으로의 변화와 변화에 따른 결과에 대한 이해를 뜻한다.
분화 (Differentiation)	• 영역이 보다 작은 영역으로 분할되는 과정을 말한다. • 모호하고도 구조화되지 않은 생활공간 내의 영역들이 보다 지적으로 구조화되고 특수화되는 것을 말한다. • 자기 자신과 환경의 세부적인 국면을 변별하는 학습이라 할 수 있다.
일반화 (Generalization)	• 일반화는 곧 개념화를 의미한다. • 인지적 일반화는 일련의 개별사례들의 공통적인 특징을 밝혀내고, 그것들을 하나의 목록으로 묶음으로써, 일반적인 개념이나 개념을 형성하는 과정이다.
재구조화 (Restructualization)	• 각 영역의 의미를 자기 자신과 상호관계에 비추어 변경하는 것을 의미한다. • 생활공간의 방향을 재정의하는 것이며, 어떤 행동이 어떤 결과를 가져올지 학습하는 것이다. • 재구조화는 생활공간의 상이한 기능적인 영역의 의미 있는 관계를 지각함으로써 이루어진다.

③ 발견학습 이론(브루너, Bruner)

　ⓐ 의의

　　• 인간의 인지구조와 지식구조와의 적합한 연결, 배합에 기초하도록 교육과정을 재구성하는 것이다.

　　• 피아제의 인지발달 단계설을 계승, 발달단계에 적합한 인지구조가 있다는 것을 인정하여 '행동적 표상, 심상적 표상, 기호적 표상'으로 설정하였다.

　ⓑ 특징

　　• 지식의 구조가 다양한 사실적 지식을 파생시키는 근원이 된다.

　　• 경험의 새로운 영역을 개척하는 것도 가능하다.

　　• 적절한 형태로만 학습내용이 제공되면 아동은 항상 학습할 수 있다.

　　• 학생들이 정보의 구조를 파악하기 위해서는 능동적이어야 하고, 스스로 핵심적 원리를 파악해야 한다.

　　• 중심 개념과 기본요소로 구성된 교재의 기본 구조에 대한 철저한 학습을 요구한다.

　　• 학습효과의 전이를 강조하고 스스로 생각하는 학생의 주체적 학습을 강조한다.

　　• 학습의 결과보다는 방법을 중요시한다.

④ 기호형태(Sign-gestalt) 이론(톨만, Tolman)

　ⓐ 의의

　　• 톨만의 목적적 행동주의(Purposive Behaviorism)는 기호형태(Sign Gestalt Theory) 이론이라고도 하며, 교수 및 학습이론에 대해 연구한 인지주의적 접근방법 중 하나이다.

　　• 톨만의 연구는 방법론적으로 행동주의적 접근에 해당하지만, 행동 연구의 목적을 인지과정의 발전에 둠으로써 인지주의적 접근에 해당하는 것으로 간주된다.

　　• 행동주의 학습이론의 자극-반응 연합의 한계를 극복하고자 하였다.

- 학습이란 기호(Sign), 형태(Gestalt), 기대(Expectation)의 관계이거나 또는 기호, 의미체 (Significant)의 관계이거나 가설형성(환경에 대한 인지지도를 경조직 속에 형성)이라고 하였다.
- 미로를 사용한 쥐 실험(방사형 미로학습)으로 학습의 인지적 요인을 강조하였다.

ⓒ 특징
- 학습하는 행동은 목표 지향적이며, 학습에 있어서 유전적 요인, 연령, 훈련의 개인차가 행동의 예측과 이해에 주요한 요인이다(학습의 개인차 인정).
- 톨만은 학습에 인지도(Cognitive Map)의 발달이 포함되어 있다고 보았다. 여기서 인지도란 목적물을 찾게 될 환경과, 목적물 및 행동 사이의 관계성에 대한 내적 지식을 의미한다. 유기체는 목적을 달성하기 위해 새로운 환경으로부터 오는 자극, 즉 기호와 이와 접한 바 있어 자기에게 의미를 지니게 된 의미체를 연결하여 문제를 해결해 줄 것으로 기대되는 가설을 세운다. 가설을 적용하여 문제를 해결하는 과정에서 시행착오를 겪게 되고 그 결과 인지도를 구성하게 된다. 이러한 인지도의 구성이 학습이다.
- 스키너와 달리 톨만은 강화를 학습에 필수적인 것으로 보지 않았다.
- 톨만은 *잠재적 학습(Latent Learning)을 강조하며, 강화가 학습에 영향을 미치는 것이 아니라 학습한 것의 수행에 영향을 미친다고 보았다.

> ※ 참고 : 잠재적 학습
> 이미 학습은 되었으나 보상이 주어질 때까지 학습한 것이 나타나지 않고 잠재되어 있는 것을 말한다.

- 학습의 형태에는 보수기대, 장소학습, 기대학습이 있다.

(4) 인지주의 이론의 주요 접근법

① 엘리스의 합리적 정서치료(Rational Emotive Therapy, RET)

ⓒ 개념
- 인간의 정서적인 문제가 일상생활에서 구체적으로 경험하는 사건 자체에 기인하는 것이 아닌 이를 합리적이지 못한 방식으로 받아들이는 것에서 비롯된다고 보았다.
- 인간의 비합리적 사고 또는 비합리적 신념이 부적응을 유발한다고 보고, 인지재구조화를 통해 비합리적 사고를 합리적인 사고로 대치하고자 한다.

ⓒ 주요 절차
- 선행사건(Activating Event) : 내담자의 감정을 동요시키거나 내담자의 행동에 영향을 미치는 사건을 의미한다.
- 비합리적 신념체계(Belief System) : 선행사건에 대한 내담자의 비합리적 신념체계나 비합리적 사고체계를 의미한다.
- 결과(Consequence) : 선행사건을 경험한 후 자신의 비합리적 신념체계를 통해 그 사건을 해석함으로써 느끼게 되는 정서적·행동적 결과를 말한다.
- 논박(Dispute) : 내담자가 가지고 있는 비합리적 신념이나 사고에 대해 그것이 사리에 부합하는 것인지 논리성·현실성·효용성에 비추어 반박하는 것으로서, 내담자의 비합리적 신념체계를 수정하기 위한 것이다.

② 벡(Beck)의 인지치료(Cognitive Therapy)

ⓐ 개념
- 개인이 가지고 있는 정보처리 과정상의 인지적 왜곡에 초점을 두었다.
- 구조화된 치료이자 단기적·한시적 치료로서 '지금-여기' 내담자가 가지고 있는 문제를 파악하며, 그에 대한 교육적인 치료를 수행하는 과정으로 이루어진다.

ⓑ 주요 인지적 오류 : 이분법적 사고, *선택적 추상화, *임의적 추론, 개인화, 과잉일반화

> ※ 참고
> - 선택적 추상화 : 중요한 요소들은 무시한 채 사소한 부분에 초점을 맞추고, 그것에 근거하여 전체 경험을 이해하는 것이다.
> - 임의적 추론 : 어떤 결론을 지지하는 증거가 없거나 결론에 위배되는 증거인데도 그와 같은 결론을 내리는 것을 말한다.

ⓒ 주요절차
- 자신의 생각이 무엇인지 자각하도록 한다.
- 생각 중에서 부정확하거나 왜곡된 관념이 무엇인지 규명한다.
- 왜곡된 관념을 대체할 객관적인 인지내용을 발견하고 학습한다.
- 내담자의 변화에 강화를 주고 적절한 피드백을 준다.
- 인지적 치료기술 : 재귀인, 재정의, 탈중심화
- 주요 기술 : 설명, 역설적 의도, 내적 의사소통 명료화, 인지재구조화, 모델링, 시연, 자기지시기법, 체계적 둔감화, 점진적 이완훈련

③ 마이켄바움(Meichenbaum)의 자기교습훈련(Self-Instructional Tranining, SIT)

ⓐ 개념
- 개인의 자기말(스스로의 다짐, 마음속의 독백)을 바꾸도록 하는 상담자의 능력이 상담에서 가장 중요한 요인이다.
- 내담자의 사고방식이 치료의 초점이기는 하나 행동치료의 실제적인 행동연습 절차가 첨가된다.

ⓑ 이론적 근거
- 비합리적 자기언어가 정서적 장애의 근원이다.
- 내면적 언어의 발달은 먼저 타인의 가르침으로 조정되고 그 후 자기교습을 통해 행동통제가 가능하게 된다. 그리하여 자기언어는 내면적 자기교습으로 내면화한다.

ⓒ 마이켄바움(D. Meichenbaum)의 자기조절행동을 향상시키는 단계

1단계	인지적 모델링	모델이 큰 소리로 말하면서 과제를 수행하고 학생은 관찰한다.
2단계	타인에 의한 외현적 안내	모델이 하는 말을 학생이 큰 소리로 따라 말하면서 과제를 수행한다.
3단계	외현적 자기 안내	학생이 혼자서 큰 소리로 말하면서 과제를 수행한다.
4단계	외현적 자기 안내 점진적 소멸	학생이 혼자서 작은 소리로 말하면서 과제를 수행한다.
5단계	내면적 자기 안내	학생이 마음속으로 혼잣말을 하면서 과제를 수행한다.

2 학습동기이론

(1) 동기

① 동기의 의미

ⓐ 동기의 내용을 보다 구체화하면, 동기란 어떤 행동을 발생시키고, 그 행동을 유지시키며, 그 행동의 방향을 정해주는 요인으로 정의할 수 있다.

ⓑ 결국 동기란 인간의 행동을 활성화시키고 행동의 방향을 정해주는 심리적 요인으로서, 인간의 행동을 특정한 목표로 이끄는 내적인 힘을 의미한다.

② 동기에 대한 이해

ⓐ 외재적 동기(Extrinsic Motivation)

- 동기의 근원이 외부에 있고, 보상, 사회적 압력, 벌 등과 같은 외부의 통제로부터 유발되는 동기를 말한다.
- 행동통제를 목적으로 하는 외적 보상은 외재적 동기를 강화한다.

ⓑ 내재적 동기(Intrinsic Motivation)

- 학습활동 자체가 보상으로 작용하는 동기로, 적절한 수준의 도전적 과제는 내재적 동기를 높인다.
- 개인의 내적 요인, 즉 욕구, 호기심, 흥미, 가치, 신념, 포부 등에 의해 유발되는 동기를 말한다.
- 외적 보상이 수행능력 향상에 대한 정보를 제공할 경우 내재적 동기를 증가시킬 수 있다. 수행 수준과 관계없이 과제 참여 자체를 보상하는 것은 내재적 동기를 감소시킨다.
- 실패에 대한 원인을 내적이고 통제 불가능하며 안정적인 요인으로 귀인하면 내재적 동기는 낮아진다.

ⓒ 레퍼와 호델(Lepper & Hodell)의 내재적 동기의 원칙

레퍼와 호델은 내재적 동기가 도전, 호기심, 통제, 상상의 네 가지 원칙을 가진다고 주장하였다.

도전	난이도는 중간 수준으로, 지속적으로 높아지도록 설정하면 도전적 목표의 달성으로 학생은 자신이 점점 유능해지고 있다는 정보를 얻게 된다. 이는 효능감과 결과에 대한 지각된 통제를 높일 수 있다.
호기심	현재의 지식 또는 믿음과 일치하지 않거나 놀라워 보이거나 모순되어 보이는 정보나 생각을 제시할 수 있는 활동을 제공한다.
통제	활동에 선택권을 주고 규칙과 절차를 확립하는 데 일정한 역할을 부여하면 통제의 지각을 형성할 수 있다.
상상	학생에게 시뮬레이션이나 게임을 통해 가상세계에 참여하게 하는 방법으로, 주의를 집중시키고 인지적 노력을 증가시킨다.

> **더 알아두기** 🔍
>
> **동기와 관련된 개념**
> • 욕구 : 개인을 목표로 향해 움직이도록 만드는 일종의 내적 결핍 상태
> • 추동 : 욕구 발생 결과로 생기는 관찰 가능한 행동의 변화
> • 동기화·동기유발 : 상태(욕구, 추동, 동기)가 행동으로 나타나는 과정

③ **학습동기 유발의 요건**

    ㉠ 학생들의 능력에 따라 적절한 수준의 학습 목표가 선정되어야 한다.

    ㉡ 학습의 결과에 대한 정보가 제공되어야 한다.

    ㉢ 상과 벌을 적절하게 사용하여야 한다.

    ㉣ 인지적 동기유발의 기회를 더 많이 제공해야 한다.

    ㉤ 경쟁적인 방법의 활용을 통해 동기를 유발할 수 있다.

    ㉥ 학생의 삶과 연결하여 설명하면 학생의 흥미와 동기가 증진된다.

    ㉦ 학생 흥미를 유발하도록 환경을 만들어 주면 학습동기가 높아진다.

④ **동기유발의 기능**

활성적 기능 (Activating Function)	동기는 행동을 유발시키고 지속시켜 주며, 유발시킨 행동을 성공적으로 추진하는 힘을 준다.
지향적 기능 (Directive Function)	행동은 환경 속에 있는 대상을 향해 전개되는 경우가 많다. 행동의 방향을 어느 쪽으로 결정짓는지는 동기에 따라 달라진다.
조절적 기능 (Adjusting Function)	선택된 목표 행동에 도달하기 위해서는 필요에 따라 다양한 동작이 선택되고 이를 수행하는 과정을 겪는다. 이는 다양한 분절 동작을 선택하고 수행하는 과정의 동기이다.
강화적 기능 (Reinforcing Function)	행동의 수행이 유기체에 어떠한 효과를 미치는가에 따라 그 행동이 일어날 확률이 증가하기도 하고 감소하기도 한다.

(2) 동기의 이론

① **헐(Hull)의 추동감소이론(신행동주의)**

    ㉠ S-O-R 모형을 통해 자극(Stimulation)과 반응(Response) 사이에 직접 관찰할 수 없는 유기체(Organism)라는 매개변인을 가정한다.

    ㉡ 매개변인은 자극과 반응을 매개하고 중재하는 유기체 내의 관찰 불가능한 특성이나 상태를 말한다.

    ㉢ 추동(Drive)은 매개변인 중 하나로서, 우리 몸에 생리적 결핍이 생길 때, 생체의 기관으로 하여금 그 결핍의 상태를 감소시키도록 촉구하는 각성된 심적 상태를 말한다. 배가 고픈(추동) 아이에게 숙제를 하면 밥(강화물)을 준다는 제안은 아이가 숙제를 더 빠른 시간 안에 완료할 수 있게 한다. 추동감소이론은 다음과 같은 동기화과정을 거친다.

> 욕구(식욕/수면욕) → 추동(배고픔/졸림) → 추동감소행동(밥먹기/잠자기)

ㄹ 강화물의 종류

1차적 강화물	생리적, 선천적 욕구를 만족시키는 자극물 예 음식, 공기, 물, 과자 등
2차적 강화물	본래는 중성자극이었으나, 1차적 강화물과 연합하여 학습되거나 조건화된 강화물 예 칭찬, 돈, 상장, 칭찬 스티커, 피드백 등

② **매슬로우(Maslow)의 욕구이론**

ㄱ 욕구단계 : 욕구는 강도와 중요성에 따라 다음과 같은 단계를 이룬다.

ㄴ 결손욕구(결핍욕구)와 성장욕구(메타욕구)

구분	결손욕구	성장욕구
특성	• 우선적으로 만족되어야 하는 욕구 • 긴장을 해소하고 평형을 복구하려는 욕구 • 타인지향적이고 의존적임	• 잠재력을 실현하려는 욕구 • 결코 만족되지 않는 욕구이며, 지속되길 기대함 • 자율적이고 자기지시적이어서 스스로를 도울 수 있음
종류	생리적 욕구, 안전의 욕구, 소속감과 애정의 욕구, 자기존중 욕구	인지적 욕구, 심미적 욕구, 자아실현의 욕구

ㄷ 욕구의 특징
- 다양한 욕구 사이에 위계가 존재한다.
- 단계별 욕구는 동시에 일어나는 것이 아닌, 특정 순간에 한 가지 욕구가 강렬하게 나타난다.
- 하위욕구는 생존에 필요하고, 상위욕구는 성장에 필요하다.
- 낮은 단계일수록 욕구 강도가 강하다.
- 하위 욕구가 충족되지 않으면 상위 수준의 욕구는 만족될 수 없다.
- 하위 욕구가 어느 정도 충족된 후에 상위 단계의 욕구가 나타나는 것이 일반적이다.
- 인간은 선천적으로 자아실현 욕구를 가지고 있다.

③ **각성이론**

㉠ 사람들이 긴장이나 각성을 추구하는 방향으로 행동한다는 이론이다.

㉡ 각성상태란 자극에 대해 반응을 하거나 또는 행동할 준비가 되어 있는 상태를 말한다.

㉢ 각성수준과 수행수준의 관계에 대해 거꾸로 된 U형 함수관계를 보인다고 보았다(Yerkes-Dodson 법칙).

㉣ 과제에 따라 최적의 각성 수준이 다를 수 있다. 역스-도슨의 법칙(Yerkes-Dodson Law)에 의하면, 각성상태가 너무 높거나 너무 낮은 경우 수행수준이 떨어지고, 중간수준의 각성상태에서 수행수준이 가장 높게 나타난다. 가장 높은 수행수준을 가져오는 지점을 '최적 각성수준'이라고 한다.

④ **귀인이론**

㉠ 의의

- 와이너(Weiner)가 체계화한 인지주의적 학습이론으로서, 인간 행동의 원인이 개인의 특성 및 환경이 아닌 자신이 어떻게 생각하는지에 따라 달라진다는 관점에서 출발하였다.
- 성공이나 실패에 대해 자신의 행동에 대한 원인을 귀속시키는 경향성에 대한 이론이다.
- 귀인은 학습결과의 원인에 대한 학생의 믿음을 말한다.

㉡ 기본가정

- 사람들은 자신의 성공 또는 실패의 원인을 알고자 하는 특성이 있다.
- 사람들은 성공 또는 실패를 자신의 과업수행 중에 있었던 특정한 어떤 일의 탓으로 돌린다.
- 행운 또는 불운, 과업의 난이도, 호의적 또는 적대적 인간관계, 자신이 어려워하는 일, 자신의 능력 정도 등이 주요 요소가 된다.

㉢ 귀인의 4가지 요소 : 능력, 노력, 운, 과제난이도

능력	"난 원래 머리가 좋으니까 100점 맞은 거야! 이 결과는 당연한 거야!"
노력	"수업시간에 열심히 필기하고, 꾸준히 예습과 복습을 했더니 점수가 잘 나왔네."
운	"다 찍었는데 운이 좋아서 100점을 맞았네."
과제 난이도	"이번에는 선생님이 문제를 쉽게 내서 점수가 잘 나왔네!"
그 밖의 요소	타인(교사 또는 다른 학생)의 영향, 기분, 피로, 병, 물리적인 여건 등

㉣ 귀인의 3가지 차원

- 원인의 소재(Locus of Control) : 어떤 일의 성공이나 실패에 대한 책임을 내적인 요인에 두어야 하는지, 외적인 요인에 두어야 하는지에 대한 것이다.
- 안정성(Stability) : 어떤 일의 원인이 시간의 경과나 특정한 과제에 따라 변화하는지의 여부에 따라 안정과 불안정으로 분류된다.
- 통제가능성(Controllability) : 그 원인이 학생의 의지에 의해 통제될 수 있느냐의 여부에 따라 통제가능과 통제불가능으로 분류된다.

ⓤ 귀인과 각 차원과의 관계

구분	내부		외부	
	안정	불안정	안정	불안정
통제 가능	평소의 노력	특수한 노력	타인의 지속적인 도움이나 방해 (예 친구의 도움)	타인의 특수한 도움이나 방해 (예 외부인의 방해)
통제 불가능	능력	기분	과목특성 혹은 과제난이도	운(행운, 불운)

ⓥ 귀인에 영향을 미치는 요인 : 다른 사람과의 비교 정도, 일관성, 성공/실패의 경험, 성별 차이, 연령 차이, 개인적 성향, 사회적·문화적 원인, 교사의 태도, 행동의 독특성 등

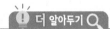

귀인 편향
- **기본귀인오류(FAE, Fundamental Attribution Error)** : 관찰자가 다른 이들의 행동을 설명할 때 상황 요인들의 영향을 고려하지 않고, 행위자의 내적·기질적인 요인에 초점을 두어 판단하는 것이다.
- **자기중심편향(Self-Centering Bias)** : 함께한 일의 결과에 다른 사람들보다 자신이 더 많이 기여했다고 생각하는 것을 말한다.
- **자기접대편향(Self-Servicing Bias)** : 좋은 결과에 대해서는 자기 능력이나 성향에서 비롯된 것으로 생각하고, 나쁜 결과에 대해서는 외부 요인과 결부시키는 경향을 말한다.
- **잘못된 일치효과(False Consensus Effect)** : 객관적 확인 없이 다른 사람들도 자기 생각과 같을 것이라고 착각하는 것으로, '허위합의 효과', '허구적 일치성 효과', '거짓 동의 효과' 등으로 일컬어진다.

⑤ ARCS 이론
　㉠ 의의
　　• 켈러(Keller)는 학습 환경에서 학생들의 동기를 유발하고, 유발된 동기를 계속 유지시키기 위한 전략을 ARCS 이론으로 발전시켰다.
　　• ARCS 이론은 수년에 걸친 경험적 연구의 결과로 수정·보완되어 왔으며, 여러 가지 다른 수업 상황에 적용하면서 구체화되었다.
　　• 켈러의 ARCS 이론은 3가지 결과 변인인 효과성, 효율성, 매력성 중에서 특히 '매력성'과 관련하여 학생의 동기를 유발시키는 전략을 제공하고 있다.

ⓛ 학습동기를 유발하고 유지시키는 변인

주의 (Attention)	주의는 동기의 요소인 동시에 학습의 선행조건이다. 동기적 관심은 주의를 획득하고 유지하는 것이다.
관련성 (Relevance)	가르칠 내용의 방식에서 나오는 것으로서, 내용 자체로부터 나오는 것이 아닌 학생들이 현재 부딪히고 있는 문제들을 적절히 활용하는 것에서 나온다.
자신감 (Confidence)	학습에서는 적정 수준의 도전감을 주면서 노력에 따라 성공할 수 있다는 자신감을 심어 주는 것이 중요하다.
만족감 (Satisfaction)	학생으로 하여금 자신의 수행에 대해 적절한 보상을 하도록 한다.

ⓒ 특징
- ARCS 이론은 인간의 동기를 결정지을 수 있는 여러 가지 다양한 변인들과 그에 관련된 구체적 개념을 통합한 4가지 개념적 범주(주의, 관련성, 자신감, 만족감)를 포함한다.
- ARCS 이론은 교수·학습 상황에서 동기를 유발하고 유지하기 위한 구체적이고 처방적인 전략들을 제시한다.
- ARCS 이론은 교수 설계 모형들과 병행하여 활용될 수 있는 동기 설계의 체계적 과정을 소개한다.

ⓔ ARCS 이론의 장·단점

장점	• 동기와 관련된 연구들을 종합하도록 돕는다. • 관련성, 자신감, 만족감이라는 구체적인 변인들을 제공한다. • 동기 설계를 위한 구체적인 전략들을 하나의 체계적인 이론적 틀 속에서 재고함으로써 통합적 가치를 가진다.
단점	• 인간의 학습동기를 유발·유지시키기 위한 동기전략은 동기에 영향을 미치는 조건들의 복합성으로 인해 구체적·처방적 전략으로 제시되기가 어렵다. • 켈러가 두 번의 현장 연구를 통해 밝혀 낸 ARCS 이론은 그것이 학생 개인의 특성문제를 해결해 주는 것이 아님에도 불구하고, 많은 교수들이 ARCS 이론을 그 문제에 적용하고자 하였다.

⑥ 기대가치이론 – 에클스와 윅필드(J. Eccles & A. Wigfield)

ⓐ 의의
- 인간은 자신이 성공할 것이라는 기대에 그 성공에 대해 개인이 부여하는 가치를 곱한 값만큼 동기화된다고 보았다.
- 낮은 성취감을 가진 학생들은 반복되는 실패가 성공에 대한 기대감을 너무 낮게 만들어서 동기 또한 낮아지는 것이다.
- 성공에 대해 높은 기대를 가진 학생은 낮은 기대를 가진 학생보다 더 많은 것을 성취하므로, 성공에 대한 기대는 중요한 의미를 갖는다.
- 기대 요인은 미래의 성공에 대한 개인적 신념을 말한다.
- 가치 요인은 과제 흥미, 유용성, 비용 등을 포함한다.
- 학업성취 행동은 기대와 가치라는 두 개의 요인으로 예측될 수 있다.
- 정서적 기억은 목표와 자기도식을 매개로 개인의 기대에 영향을 미친다.

ⓛ 과제 가치에 영향을 주는 요소
- 내재가치 : 과제를 수행할 때 경험하는 흥미
- 획득가치 : 과제를 잘하는 것에 대한 중요성
- 효용가치 : 미래 목표 측면에서 개인이 과제에 가지는 유용성(효용가치가 높다고 인식하면 동기가 높아짐)
- 비용 : 과제에 참여함으로써 올 수 있다고 인식되는 부정적인 면
- 과제에 대한 개인의 정서적 경험은 과제 가치에 영향을 준다.

⑦ **자기가치(Self-Worth) 이론**
- ㉠ 코빙튼(Covington)이 소개한 개념으로, 사람은 누구나 자기를 가치 있는 존재로 인식하려는 욕구가 있어서 자기 자신이 유능하다는 것을 자신과 다른 이들에게 증명해보임으로써 자기 가치를 보호하려한다는 이론이다.
- ㉡ 다양한 자기보호전략
  - 불가능한 목표 설정 등 자기손상(Self-Handicapping) 전략을 사용하여, 실패 시 자기능력 부족이 아닌 과제 난이도로 귀인한다. 숙달목표지향성보다 수행목표지향성이 높은 학생들은 자기손상전략을 사용하는 경우가 많다.
  - 공부를 하지 않는 등 자기장애 전략을 사용하여, 실패 시 자기 능력 부족이 아니라 노력을 했으면 성공했을 것이라고 합리화한다.
  - 실패하지 않기 위해 확실히 성공할 수 있는 쉬운 과제를 선택하거나 부정행위를 한다.
  - 실패 가능성 있는 것을 일부러 피하는 회피전략을 따른다.

⑧ **자기효능감 이론**
- ㉠ 반두라가 소개한 개념으로 자신에게 주어진 행동에 대하여 성공할 수 있다는 강한 신념을 말한다.
- ㉡ 어떤 주어진 영역에서 자기효능감이 낮으면 그 과제를 회피하거나 쉽게 포기하고, 어떤 영역에서 자기효능감이 높으면 목표를 세워 적극적으로 수행한다.
- ㉢ 자기효능감은 자기 능력에 대한 스스로의 판단을 나타내며, 자기효능감의 수준은 과제 영역에 따라 다를 수 있다.
- ㉣ 과거에 받은 상이나 벌의 경험이 인지적 요소(기대, 기억, 해석)에 의해 해석되어 영향을 미친다고 보았다.
- ㉤ 자기효능감은 성취 목표와 지속성에 영향을 미치면서 목표수립을 통해서도 동기에 영향을 미친다.

⑨ **자기결정성 이론**
- ㉠ 자기결정성 이론은 인간이 자율적이고자 하는 욕구가 있다고 보는 이론으로, 자기결정(Self-Determination)이란 어떻게 반응할 것인가를 스스로 결정하는 과정을 말한다.
- ㉡ 자기결정성 이론에 따르면, 스스로 선택을 하고 결정을 하는 것은 내재적 동기를 증가시킨다.
- ㉢ 자기결정성 이론은 인지적 평가이론(Cognitive Evaluation Theory, CET)과 유기적 통합이론(Organismic Integration Theory, OIT)으로 구성되어 있다.

- 인지적 평가이론
  - 내재적으로 동기화된 행동에 외재적 보상을 주는 경우 내재적 동기가 감소된다는 이론이다.
  - 내재적인 동기에 주요 관심을 두고 내재적 동기를 촉진하거나 저해하는 환경에 연구의 초점을 맞추고 있다.
  - 학생이 알맞은 사회 환경적 조건에 처해 있을 때 내재적인 동기가 촉발되고, *유능성(Competence), *자율성(Autonomy), *관계성(Relatedness)의 기본적인 욕구가 만족될 때 내재적인 동기가 증진된다고 보았다.

> ※ 참고
> • 유능성 욕구 : 과제를 효율적으로 통제하며 성공적으로 수행하는 능력에 대한 욕구이다.
> • 자율성 욕구 : 외부 통제나 간섭없이 스스로의 행동을 자율적으로 선택하고 결정하려는 욕구이다.
> • 관계성 욕구 : 다른 사람과 밀접한 정서적 유대와 애착을 형성하고 결과로 사랑과 존중을 얻으려는 욕구이다.

- 유기적 통합이론
  - 외적인 이유 때문에 어떤 행동을 해야 하는 상황에서 개인의 태도는 전혀 동기가 없는 무동기에서부터 수동적 복종, 적극적 개입까지 다양하게 나타난다고 보는 이론이다.
  - 외재적 동기의 내면화에 초점이 맞추어져 있다.

ⓔ 라이언과 데시(Ryan & Deci)의 자기결정성 정도에 따른 자기조절 유형 수준

라이언과 데시는 인간의 행동을 자율성의 정도에 따라 완전히 타율적인(외재적으로 동기화된) 행동에서 완전히 자기 결정된(내재적으로 동기화된) 행동에 이르는 연속선상에서 개념화하였다.

행동		비자기결정적				자기결정적
동기	무동기	외재적 동기				내재적 동기
조절 양식	무조절	외적 조절 (External Regulation)	내사된 조절 (Introjected Regulation)	확인된 조절 (Identified Regulation)	통합된 조절 (Intergrated Regulation)	내재적 조절 (Intrinsic Regulation)
인지된 인과 소재	없음	외적	다소 외적	다소 내적	내적	내적
관련 조절 과정	무의도, 무가치, 무능력, 통제의 결여	외적인 보상 및 처벌	자기조절, 내적인 보상 및 처벌	개인적 중요성, 가치의식	일치성과 자각, 자기와의 통합	흥미, 즐거움, 내재적 만족감

> **! 더 알아두기 Q**
>
> **자기결정 인식에 영향을 주는 요인**
> - **선택** : 자기행동을 정당한 한계 내에서 선택할 수 있을 때 자기결정력 증가
> - **위협과 마감시간** : 자신이 압박을 받고 있다는 느낌을 받을 때 자기결정력 감소
> - **통제적인 표현** : 나의 행동을 다른 사람이 통제하는 언급을 들을 때 자기결정력 감소
> - **외적보상** : 외적보상이 행동 통제나 조종의 수단으로 인식될 때 자기결정력 감소
> - **감독과 평가** : 자신이 평가받고 있다고 느낄 때 자기결정력 감소

(3) 정서

① **정서의 개념**
  ㉠ 어떤 상황에 처했을 때 일어나는 감정 또는 그러한 감정을 일으키는 분위기를 말한다.
  ㉡ 정서에는 생리적, 상황적, 인지적 요소가 상호작용한다.
  ㉢ 정서는 적응행동의 진전에 대한 정보를 알려주는 기능을 한다. 과제수행을 만족스럽게 성취했을 경우 기쁨을 느끼고, 실패했을 경우 좌절감을 느끼는 경우가 그 예이다.

② **정서의 생리적 기초**
  ㉠ 모든 정서는 자율신경계(Autonomic Nervous System)와 연관성이 있다.
  ㉡ 각 자율신경계는 신체 각 기관의 활동을 조절하는 기능을 함으로써 결핍된 사항을 해소시켜주고, 몸의 변화에 대비시키는 역할을 한다.

③ **정서의 분류**
  ㉠ 1차 정서 : 애정, 공포, 혐오, 경이, 노여움, 소극적 자아감정 등
  ㉡ 파생정서 : 자신감, 희망, 불안, 절망, 낙심 등

> **! 더 알아두기 Q**
>
> **정서의 종류**
> - Watson : 공포, 노여움, 애정을 인간의 기본적 정서로 규명
> - E.B. Hurlock : 아동에게서 찾아볼 수 있는 공통적인 정서로 6가지 규명(공포, 노여움, 질투, 애정, 기쁨, 호기심)

④ **학습동기와 정서**
  ㉠ 각성 수준이 지나치게 높을 경우 불안이 나타날 수 있다. 불안과 걱정은 작업기억의 용량을 차지하여 효율적인 정보처리를 방해한다.
  ㉡ 일반적으로 비정서적인 정보보다 정서적인 정보를 쉽게 인출한다.
  ㉢ 정보인출 시의 기분과 정보부호화 시의 기분이 일치할 때 기억이 향상되는 현상을 '정서-상태 의존 인출'이라고 한다.
  ㉣ 정서는 학습동기와 연관이 있고, 학생이 학습결과를 어떻게 귀인하는지에 따라 달라진다.

ⓜ 과제를 학습하는 동안 내부요인에 의해 유발되는 동기과정과 외부요인에 의해 유발되는 정서과정은 상호작용을 통해 학생의 인지와 행동에 영향을 미친다.

ⓗ 시험불안 수준이 높은 학생들은 비평가적인 상황보다 평가적 상황에서 자신들의 수행결과에 대한 평가를 지나치게 걱정한 나머지 과제를 잘 수행하지 못한다.

ⓢ 학급의 분위기나 제시된 과제가 위협적이라고 지각할수록 불안이 커지며, 학생에게 위협적이지 않은 방식으로 과제를 제시함으로써 불안의 부정적 효과를 감소시킬 수 있다.

ⓞ 학업적 성공을 많이 경험한 학생들에게도 높은 불안이 발견된다. 성취수준이 낮은 학생들은 반복된 실패와 성공에 대한 낮은 기대 때문에 불안해하지만, 성취수준이 높은 학생들은 모든 학업 영역에서 우수해야 한다는 부모, 또래 또는 자기 자신이 부과한 비현실적인 기대 때문에 불안할 수 있다.

(4) 정서 이론

① 제임스-랑게(James-Lange)의 이론

ⓐ 제임스(James)는 정서를 어떤 사건에 대한 반응으로 발생하는 신체적인 변화에 대한 지각으로 보았다. 즉, 정서는 신체적 반응에서 오는 피드백에 의해 결정되는 것으로 보았다.

ⓑ 랑게(Lange)는 일반적으로 알고 있는 정서가 신체 반응을 가져오는 것이 아니라 신체 반응이 정서의 변화를 가져온다고 보았다.

② 캐논과 바드(Cannon & Bard)의 이론

ⓐ 정서작용의 핵심을 자율신경계 수준이 아니라 중추신경계 수준의 작용으로 보았다.

ⓑ 외부에서 주어지는 정서유발 자극이 먼저 시상부에 전달되고, 이 신경자극은 대뇌피질로 전달되어 정서와 신체적 반응이 동시에 일어난다고 보았다.

③ 샤흐터와 싱어(Schachter & Singer)의 이론

ⓐ 정서에 대한 인지적 접근으로서 생리적 접근이 특수성이 결여되어 있다고 보고, 피드백이 가지고 있는 모호성과 경험의 구체성의 간격을 인지가 좁혀준다고 주장하였다.

ⓑ 정서는 개인이 처한 상황과 그 상황에 대한 개인의 해석과 평가에 의해 결정된다고 보았다.

(5) 학습에 영향을 주는 요소

① 성취동기

ⓐ 개념

- 성취동기란 훌륭한 일을 이루어 보겠다는 내적인 의욕이자, 도전적이고 어려운 문제를 해결하는 과정에서 만족을 얻으려는 적극적인 기대를 말한다.
- 과업지향적 행동, 적절한 모험성, 자신감, 정열적·헌신적 활동, 자기책임감, 결과를 알고 싶어 하는 경향, 미래지향성 등이 성취동기를 좌우한다.

ⓑ 성취동기 육성방안

- 명확하고 구체적으로 목표를 설정하도록 한다.
- 학생이 성취동기에 흥미를 가지도록 돕고 학생의 노력에 대해 집단적인 지원을 제공한다.
- 학생이 자기 자신을 성취지향적인 사람으로 여기도록 한다.

ⓒ 학습성취동기유발을 높이는 방법
- 학습성취동기유발의 일반적인 방법
  - 학생의 일상생활 경험을 문제로 구성하여 질문한다.
  - 생활환경과 교실환경을 변화시킨다.
  - 학습주제에 관해 발표시킨다.
  - 학생들의 학습활동이 능동적으로 이루어지도록 유도한다.
  - 학습활동이 가치 있다는 확신을 부여한다.
- 학습성취동기유발의 구체적인 방법
  - 학생이 흥미를 가지도록 지도한다. 능력에 맞는 학습, 놀이 중심의 학습, 성공감을 기르 도록 하는 학습, 시험에 대비한 학습 등이 효과적이다.
  - 학습의 목적에 대해 학생에게 명확히 알 수 있도록 한다.
  - 학습의 결과를 학생에게 즉각 정확히 알려준다.
  - 학생이 성공감을 느낄 수 있게 하며, 실패감에 좌절하지 않도록 한다.
  - 학생이 교사를 신뢰하게 한다.
  - 개별적인 교수법을 발휘한다.
  - 과제의 효용가치와 내재적 가치를 높인다.
  - 스스로 과제를 선택하도록 한다.
  - 자신의 유능감에 대한 평가를 높인다.
  - 학생에게 중요하게 여겨지는 학습내용을 제공한다.

② **학습과 피로**
㉠ 피로의 의미와 증상
- 피로의 의미 : 객관적으로는 학습능률의 감퇴 및 저하, 착오의 증가, 주관적으로는 주의력 감소, 흥미 상실, 권태 등으로 일종의 복잡한 불쾌감을 일으키는 것이다.
- 피로의 증상

신체적 피로의 증상 (생리적 현상)	• 학습효과 및 작업량이 감소 또는 경감된다. • 학습 및 작업에 대한 자세가 흐트러지고 쉽게 지치게 된다. • 학습 및 작업에 대한 무감각, 무표정, 경련 등이 일어난다.
정신적 피로의 증상 (심리적 현상)	• 긴장감이 해이·해소된다. • 주의집중력이 감소 또는 경감된다. • 권태와 태만에 빠지며, 관심과 흥미를 상실한다. • 두통과 졸음이 온다. • 싫증, 짜증 등 불쾌한 감정이 증가한다.

ⓛ 피로의 원인

신체적·생리적 원인	• 영양에 의해 저장된 에너지원의 소모, 질병, 체질, 신체적 결함 등 • 피로 독소, 즉 노폐물의 축적(유산칼륨, 인산염) • 산소의 결핍(이산화탄소의 축적) • 신체적·생리적 불균형(자세의 고착화, 안근의 긴장) • 연령과 학습 지속시간
학습 자체의 원인	• 학습내용 및 학습지도법의 부담량, 난이도, 교과에 대한 적성 등 • 정서적 불안정, 갈등, 혼란상태
학습 환경의 원인	• 물리적 조건 : 학습도구 및 시설의 불비(不備), 온도, 습도, 조명, 색채, 책상 및 의자, 소음 등 • 사회적 조건 : 인간관계, 문화적·경제적 조건, 가정생활의 분위기 등
시기 및 계절의 원인	• 대체로 오전보다 오후에 피로를 많이 느끼며, 1일 수업시간에는 처음과 마지막 시간에 학습능률이 떨어진다. • 일주일 중 월요일이 가장 능률이 오르지 않으며, 수·목요일에 능률이 오르다가 그 후 저조하고 토요일에 약간 높아지는 경향이 있다. • 계절에 있어서도 봄·가을이 여름·겨울보다 능률적이고, 여름철보다는 겨울철에 비교적 긴장도가 계속되는 까닭으로 학습효과가 있다.

③ **연습과 연습곡선**

㉠ 연습
- 동작을 적극적인 방향으로 변화시키려는 반복 또는 숙달을 지향하는 것이다.
- 어떤 경험이나 행동의 획득을 목표로 하여, 그 목표에 도달하기 위해 행동이나 학습을 끊임없이 반복하는 운동 과정과 그 효과를 포함한 전체 과정을 말한다.

㉡ 연습곡선(학습곡선)
- 연습에 의해 학습이나 경험, 작업 상황이 어떻게 변화되고 달라지는지를 알기 위한 것으로서 학습곡선이라고도 한다.
- 가로축에는 독립변수에 해당하는 시행, 반복, 경과시간 등을, 세로축에는 종속변수에 해당하는 연습량, 속도, 소요시간 등을 표시하여 효율을 측정한다.

㉢ 연습곡선의 형태
- 직선형 연습곡선 : 연습량에 따라 기능 향상이 정비례로 나타난다.
- 부적 가속곡선 : 연습 초기에 많은 향상을 나타내지만, 후기에 향상 속도가 현저히 떨어져 거의 평형을 이룬다.
- 정적 가속곡선 : 연습 초기에는 향상 속도가 느리게 나타나지만, 후기에 많은 향상을 보인다.
- S자형 : 앞선 3가지 선이 혼합된 유형에 해당한다.

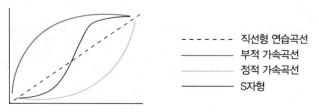

[연습곡선의 형태]

학습의 고원(Plateau) 현상
학습능률이 일정 기간 정체되어 제자리걸음을 하는 상태를
말한다. 고원 현상의 원인은 다음과 같다.
• 학습과제에 대한 실망과 흥미의 상실
• 학습과제의 곤란도 증가
• 나쁜 습관의 고집 또는 형성
• 주의의 이동
• 과제 일부분에 신경을 집중한 경우
• 적합한 학습방법 채택 실패

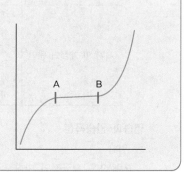

㉣ 연습방법
• 집중학습과 분산학습
- 집중학습(Massed Practice) : 연습 도중에 휴식 없이 연속적으로 몰아서 하는 학습을 말한다.
- 분산학습(Distributed Practice) : 시간 간격을 두고 여러 회기에 걸쳐 이루어진 학습을 말한다.
- 분산학습이 집중학습보다 더 효과적이고 학습능률이 좋다는 것이 연구결과 밝혀졌다.
• 전습법과 분습법
- 전습법 : 학습내용이나 기술을 한꺼번에 학습한다.
- 분습법 : 학습내용이나 기술을 몇 개의 단위로 나누어 학습한다. 순수 분습법, 점진적 분습법, 반복적 분습법이 있다.

순수 분습법	A, B, C를 각각 따로 연습한 후, 전체 기술을 종합하는 것이다.
점진적 분습법	A와 B를 연습하고 종합한 후, C를 연습하고 A, B, C를 종합하는 방식으로 전체기술을 익히는 것이다.
반복적 분습법	A를 연습한 후, A와 B를 연습하고, 그 후 A와 B와 C를 연습하는 방식으로 전체기술을 익히는 것이다.

• 암송 : 암기한 후 보지 않고 외우는 것으로서, 가장 초보적이며 비능률적인 학습방법이다.

◎ 연습효과의 향상을 위한 방안
- 학생에게 연습의 필요성을 알도록 한다.
- 연습의 의미와 효과를 이해시킨다.
- 연습 또는 학습 결과의 진전 상태를 올바르게 인식시킨다.
- 개인차를 고려하여 연습시키며, 연습목표를 성취하려는 성취동기를 가지도록 지도한다.
- 내용을 분석하여 그에 부합하는 전습법과 분습법, 집중학습과 분산학습 등을 적절히 이용하여 연습하도록 한다.

> **더 알아두기**
>
> **학습의 효과**
> - 바흐릭(Bahrick)과 펠프스(Phelps) : 사람들이 집중학습을 했을 때보다 분산학습을 했을 때, 그 정보를 더 오래 기억한다는 사실을 발견하였다.
> - 글렌버그(Glenberg) : 학습의 간격효과, 즉 분산학습이 더 좋은 회상을 가져오는 현상을 집중적으로 연구하였다.

(6) 기타 학습이론에 관한 사항

① 구성주의(Structuralism) 학습이론

㉠ 배경
- 독일의 빌헬름 분트가 창시하고 주로 에드워드 티치너가 이끈 심리학 이론이다.
- 구성주의의 주요수단은 내성법(Introspection)으로 훈련받은 관찰자가 엄격히 정의된 기술적 어휘를 써서 통제된 대상을 주의 깊게 관찰하는 것을 말한다.
- 과학적·유물론적 전통을 이어받고 아울러 독일의 생리학 발전을 토대로 과학적 심리학의 기반을 제공하였다.
- 분트(W. Wundt)의 주의설과 티치너(E. Titchener)의 구성주의의 차이점

분트(Wundt)의 주의설	• 심리학을 자연과학, 실험 과학에 민속심리학과 같은 측면이 가미된, 일종의 혼혈적 과학(Hybrid Science)이라고 보았다. • '실험, 내성, 민속학' 3가지 모두를 심리학 방법으로 사용해야 한다고 보았다. • 의식 속에 있는 구성요소들은 의식을 하는 자기 스스로 관찰할 때에만 알 수 있다는 '내성법'을 강조하였다. • 마음이 의지라는 행위를 통해 경험을 능동적으로 조직화하는 방식에 더 관심이 있었으며 이를 주의설이라 하였는데, 이는 마음의 능동적인 성질을 반영한 것이다. • 마음은 수동적 요소가 아니라, 고정되어 있지 않고 역동적이며 과정적인 활동적 실체라고 하였다.
티치너(Titchener)의 구성주의	• 심리학을 자연과학이라고 보았다. • '내성'만 심리학 방법으로 사용하면 된다. • 내성은 완벽한 방법이며, 훈련만 잘하면 된다.

ⓛ 의의
- 구성주의는 지식이 무엇이며 어떻게 구성되는지에 대한 인식론으로, 학생의 능동적 지식구성을 강조한다.
- 피아제(J. Piaget)의 인지적 구성주의는 개인 내면의 지식과 신념 구성에 초점을 둔다.
- 비고츠키(L. Vygotsky)의 사회적 구성주의는 학습에 있어서 문화적 맥락과 상황을 중시하며, 근접발달영역 안의 학습활동을 할 때 의미 있는 학습이 이루어진다고 본다.
- 구성주의에서의 학습이란 학생이 지식을 내부로 표상하여 자신의 경험적 해석을 통하여 구성해 가는 과정으로 다른 지식구조가 부가될 때 그 기본구조와 형태가 변화된다. 따라서 학습은 의미 있는 경험을 토대로 발전하는 활발한 구성화 과정으로서 실제 세계를 반영하는 풍부한 맥락 속에서 상황화되어야 한다는 것이다. 즉, 구성주의는 학생이 어떻게 지식을 구성하는지에 일차적 관심이 있다.

ⓒ 특징
- 학생을 실존적이고 의미를 창조해가는 주체적인 존재로 간주하며, 학생이 수업의 중심이라고 주장한다.
- 강의식보다는 문제중심, 토의식, 발견학습의 교수방법을 강조한다.
- 지식은 사회적 협상을 통해 이루어진다. 즉, 인식 주체에 의해 주관적으로 구성되고 상황에 따라 상이하게 구성되며, 타인들과의 상호작용 속에서 그 타당성이 검토되어 지식으로 형성된다.
- 상대주의적 인식론에 근거하고 있다. 즉, 구성주의에서 학습은 개인적 경험과 흥미에 따라 지식의 가치가 판단된다.
- 반성적 수업(Reflective Instruction)을 강조한다. 반성적 사고(Reflective Thinking)를 유도함으로써 창조적 사고 학습, 문제해결 학습, 또는 고등 사고 학습 등이 이루어질 수 있게 한다.
- 일정한 교육목표를 규정하여 학생들에게 일방적으로 제시하는 것을 거부한다.
- 학습에 대한 상대주의적 접근을 강조하고, 학생과 환경 간의 상호작용으로 지식이 형성된다고 본다.
- 개인의 내적 이해에 초점을 맞추어 학습에서 개인차를 인정한다.
- 학생이 정보를 내면화하는 과정에서 지식을 능동적으로 재조직한다.

② **기능주의(Functionalism) 학습이론**
ⓐ 개요
- 기능주의 심리학은 미국에서 발전한 것으로 의식을 요소로 분석하는 것이 인간이해에 도움이 되지 않으며 의식의 기능을 분석하는 것만이 인간을 올바로 이해할 수 있다고 보았다.
- 무엇을 보았는가 하는 의식의 내용분석이 아니라, 어떻게 보았는가 하는 심리적 기능을 연구 대상으로 삼았다.
- 가장 유명한 기능주의 심리학자는 다윈의 학설에 많은 영향을 받은 제임스(William James, 1842~1910)이다. 그는 개인이 자신의 환경에 적응하도록 돕는 것이 의식의 목적이라고 하였다.

- 듀이(J. Dewey)는 심리학적 실험의 결과가 교육과 일상의 삶에 활용될 수 있어야 한다고 주장하였다.
- 손다이크(E. Thorndike), 스키너(B. Skinner), 헐(C. Hull) 등은 행동주의 학파로서 기능주의의 영향을 받았다.

ⓒ 특징
- 인간의 의식은 하나의 통일체로 기능하며 요소로 환원될 수 없다고 보고, 의식의 기능과 작용에 초점을 두었다. 즉, 의식의 정적인 구성요소보다 변하는 환경에서 의식이 어떤 행동적 적응 기능을 하는지를 고찰하였다.
- 행동과 의식은 환경과의 관계에서 끊임없이 변화한다고 보았다. 유기체의 정신과정과 행동이 유기체가 환경에 적응하도록 도와주는 것이다.
- 의식의 구조를 분석하는 것이 아니라, 마음의 적응적 기능 특성을 이해하는 데 목적을 둔다. 따라서 연구주제는 심적 구조가 아니라 심적 활동이며, 지각·학습·기억·사고와 같은 심적 활동들을 그 기능적 측면에서 분석해야 한다고 보았다.
- 인간의 마음은 정지된 상태로서의 구조가 아니라 환경에서 적응하는 과정으로서의 '의식의 흐름(Stream of Consciousness)'이 중요한 연구 대상이 된다.
- 카텔(Cattell), 듀이(Dewey)와 같은 기능주의 심리학자들은 심리검사, 아동의 발달, 교육의 효율성 및 성별의 차이와 같은 주제에 더 관심을 두고 연구하였다.

③ **학습조건이론**

㉠ 의의
- 가네(Gagné)의 학습조건이론은 행동주의 관점과 정보처리이론 관점을 절충한 것으로 볼 수 있다.
- 학습이란 인간의 성향(Disposition)이나 능력(Capability)의 변화가 일정기간 지속적으로 유지되는 상태를 말하며, 단순한 성장 과정에 따른 행동 변화는 포함하지 않는다. 즉, 학습의 인지과정으로 학습을 위한 준비, 획득과 수행, 학습의 전이 과정을 제안한다.
- 하위요소를 먼저 학습하지 않고는 상위요소를 학습할 수 없다는 학습위계를 제안한다.
- 새로운 기능을 습득하기 위한 내적조건과 내적과정을 지원하는 환경적 자극을 강조한다.
- 내적 조건과 함께 교수 방법으로서의 외적 조건이 조화를 이룰 때 성공적인 학습이 발생한다.

㉡ 학습에 관한 기본가정
- 성숙적 준비성 모형 : 학습이 효과적으로 이루어지기 위해서는 그 전에 어떤 성숙이 이루어져야 한다.
- *누가적 학습모형 : 학습된 많은 기능들은 더욱 복잡한 기능의 학습에 기여한다.

> ※ **참고 : 누가적**
> 거듭하여 보태는 누적효과를 말한다.

- 인간 학습의 다양성 : 하나의 학습이론에서 제시하는 인간 학습의 본질을 모든 학습에 적용할 수는 없다. 예를 들어, 행동주의적 접근은 복잡한 기능을 학습하는 인간의 능력을 설명할 수 없으며, 인지주의적 관점은 통찰의 발생을 설명하는 데 부족하다.

ⓒ 학습조건
- 내적 조건
  - 선행학습 : 학습이 이루어지기 위해서 이전에 학습한 여러 가지 종류의 내적 상태가 필요하다(필수적 선행학습요소).
  - 학습동기 : 학습이 시작되는 단계에서는 학습하려는 자세를 가지도록 하고, 일단 학습이 시작된 후에도 학습에 대한 동기(과제동기, 성취동기 등)가 계속되도록 해야 한다.
  - 자아개념 : 학습에 대한 자신감이 있어야 학습이 시작되고 잘 진행된다. 긍정적인 자아개념은 학습동기와 더불어 학습의 필수조건이다(보조적 선행학습요소).
- 외적 조건
  - 접근의 원리 : 학생이 반응해야 할 자극사태와 적절한 반응이 시각적으로 접근되어 있을 때 학습이 잘 된다.
  - 반복의 원리 : 학습을 증진시키고 파지를 확실히 하기 위해 자극사태와 그에 따른 반응을 되풀이하거나 연습을 하는 것이다. 반복이라는 외적 학습조건은 학습을 위한 기본적 조건이라기보다는 실제적인 절차로 보는 것이 타당하다.
  - 강화의 원리 : 행동주의자들이 강조하는 학습조건의 하나로서, 가네의 경우 특히 프리맥의 원리를 강조한다. 프리맥의 원리에 의하면, 새로운 행동 A는 그 행동에 이어 옛 행동 B가 제시될 때, 즉 행동 B가 행동 A와 관련성이 있을 때 학습이 증진된다.

> **더 알아두기**
>
> **학습조건이론과 이러닝(e-Learning)**
> - 학습조건이론은 일반 개인 교수형 이러닝(e-Learning)의 설계 과정에 가장 기본적인 교수 전략을 제공해준다. 즉, 설명식 형태의 이러닝을 설계할 때 포함되어야 하는 도입, 설명, 연습, 피드백, 평가, 정리 등의 단계는 기본적으로 가네의 수업사태(Instructional Events)와 관련된 이론을 바탕으로 한 것으로 볼 수 있다.
> - 좀 더 복잡하면서도 새로운 이러닝을 설계하게 될 때 가네의 학습 위계 분석이 적절할 수 있다. 즉, 내용의 분석과 순서를 결정할 때 선수학습의 요소가 무엇인지를 분석하는 위계 분석이 활용될 수 있다.

ⓔ 학습 영역
- 학습은 단순하게 하나의 형태로 볼 수 있는 것이 아니라, 성격상 차이가 있는 다양한 형태로 구성되어 있다.
- 학습은 가장 낮은 수준의 언어적 정보에서부터 시작하여 지적 기능(식별학습, 개념, 원리학습, 문제해결학습), 인지 전략(위계성 있는 세 가지 학습 유형)과 이를 포함하여 운동 기능 및 태도의 총 다섯 가지의 학습 영역이 있다.

학습영역	학습된 능력	성취 행동
언어정보	저장된 정보의 재생(사실, 명제, 강연)	어떤 식으로 정보를 진술, 전달하기
지적기능	개인이 환경을 개념화하는 데 반응하도록 하는 정신적 조작	상징을 사용하여 환경과 상호작용하기
인지전략	학생의 사고와 학습을 지배하는 통제 과정	기억, 사고, 학습을 효율적으로 관리하는 것
운동기능	일련의 신체적 움직임을 수행하기 위한 능력 및 실행 계획	신체적 계열이나 행위 시범 보이기
태도	어떤 사람, 사건에 관해 긍정적이거나 부정적인 행위를 하려는 경향	어떤 대상, 사건, 사람에 대해 가까이하거나 멀리하려는 개인적 행위 선택하기

ⓜ 학습의 인지과정
- 학습을 위한 준비 : 학생으로 하여금 학습과제에 참여하도록 한다.
  - 주의집중, 기대, 장기기억으로부터 작동기억으로의 재생 등
- 획득과 수행 : 새로운 능력을 학습한다.
  - 선택적 지각, 의미론적 부호화, 재생과 반응, 피드백 및 강화 등
- 학습의 전이
  - 새로운 학습에서 중요한 것은 다양한 장면에 적용되어야 하며, 새로운 예 또는 상황에 일반화시킬 수 있어야 한다는 것이다.
  - 학생이 그 기능을 새로운 맥락에 적용할 수 있을 때 학습의 전이가 이루어진다.

ⓑ 학습의 9단계

단계		기능
학습을 위한 준비	1. 주의집중	학생으로 하여금 자극에 경계하도록 한다.
	2. 기대	학생에게 학습 목표의 방향을 설정하도록 한다.
	3. 작동적 기억으로 재생	선수 학력의 재생을 제공한다.
획득과 수행	4. 선택적 지각	중요한 자극 특징을 작동기억 속에 일시적으로 저장하도록 한다.
	5. 의미론적 부호화	자극 특징과 관련 정보를 장기기억으로 전이시킨다.
	6. 재생과 반응	개인의 반응 발생기로 저장된 정보를 재현시켜 반응행위를 하도록 한다.
	7. 피드백 및 강화	학습 목표에 대해 학생이 가졌던 기대를 확인시켜 준다.
재생과 전이	8. 재생을 위한 암시	이후의 학습력 재생을 위해 부가적 암시를 제공한다.
	9. 일반화	새로운 상황으로의 학습 전이력을 높인다.

💡 더 알아두기 🔍

효과적인 학습을 위한 9가지 단계
주의집중 → 교수 목표의 제시 → 선수지식의 회상 → 자극자료의 제시 → 학습 안내 → 수행 유도 → 피드백 제공 → 수행 평가 → 파지와 전이 향상

ⓐ 학습의 위계
- 지적 기능만의 조직으로 하위 요소를 먼저 학습하지 않고는 그 위의 상위 요소를 학습할 수 없는 두 기능 간의 연결이다.
- 어떤 주제에 대한 이해를 표상하는 지적 기능들의 조직된 집합을 획득하기 위한 최선의 길을 기술한 도식이다.
- 하위 능력을 학습하면 상위 능력을 쉽게 학습할 수 있다.
- 각 내용 단위는 학습해야 할 단일한 능력을 지시하고 있다.

제1단계	신호학습	신호자극에 대해 반사적 반응을 함으로써 이루어지는 학습이다.
제2단계	자극-반응학습	기대되는 특정의 반응이 나타나도록 체계적인 자극을 가하여 이루어지는 학습이다.
제3단계	운동연쇄학습	자극과 반응을 연결하여 관념과 관념 사이에 연합이 이루어지도록 하는 학습이다.
제4단계	언어연상학습	언어로써 기명된 내용이 경험체계에 연결되어 재생되는 것이다.
제5단계	변별학습	유사한 대상 속에서 차이점을 찾아낼 수 있는 능력이다.
제6단계	개념학습	구체적 사실 속에서 공통성·유사성을 추출할 수 있는 능력으로서 언어가 주된 수단이 되는 학습활동이다.
제7단계	원리학습	한 유목에서 학습 성취를 획득하며, 그 사물의 유목에 속하는 사물 전체에 반응할 수 있도록 한다.
제8단계	문제해결학습	기존의 능력을 종합하여 아이디어를 창출해내는 능력의 학습이다.

④ **진화심리학적 학습이론**
- ㉠ 의의
  - 학습은 생존과 큰 관련이 있으며, 고전적 조건형성은 유기체에게 도움이 되는 자극과 유해한 자극을 학습하게 한다.
  - 하지만 학습된 행동뿐만 아니라 생존을 위한 해당 종 특유의 학습되지 않은 행동도 있다.
  - 동물행동학자들의 '동물중심 생물학적 행동주의'는 자연에서 일어나는 동물의 행동을 생물학적·진화적·생리학적 이해로 접근하려 한다.
  - 어떤 동물은 다른 종이 전혀 학습하지 못하거나 어렵게 학습하는 것을 쉽게 학습하는 것이 관찰되었고, 같은 종 내에서도 어떤 관계들은 쉽게 학습하고 어떤 관계들은 어렵게 학습하는 것을 알 수 있었다. 이런 사례처럼 최근 학습과정을 진화이론의 관점에서 이해하는 방식이 탐색되고 있다.
- ㉡ 다윈 이론과 진화심리학
  - 자연선택(Natural Selection)
    - 하나의 종 내에는 개체마다 자연적인 변이성이 있으며, 이런 개인의 차이는 진화 과정의 토대가 된다.
    - 개인차 중 일부만이 유전되며, 환경적 사건으로 인한 변이 등은 유전되지 않는다.
    - 행동에서 학습된 변이는 학습을 통해 다음 세대로 전달되나 유전되지는 않는다.
  - 적응(Adaptation) : 생존하고 번식하는 능력에 공헌하는 생리학·해부학적 구조, 생물학적 과정이나 행동 패턴이다. 자연 선택을 통해 존재하며 유전되는 것이 가능하다.

ⓒ 볼스(R. Bolles)의 진화심리학적 학습이론

- 기대(Expectancies) : 학습은 기대의 발달을 포함한다. 이는 동물이 어떤 사건이 신뢰 있게 다른 사건을 앞선다는 것을 학습한다는 것으로, 한 자극(조건 자극)이 주어지면 다른 자극 (무조건 자극)이 뒤따른다는 것을 학습하는 것을 기대라고 말하는 것과 유사하다.
- 타고난 소인 : 동물이 학습하는 사건에는 어떤 구조가 있으며, 동물이 이를 학습할 때도 대응하는 구조가 있다. 이로 인해 학습할 필요가 있는 것을 학습할 수 있다는 것이다. 이를 타고난 소인이라고 하는데, 경험을 통한 학습 능력이 아닌 유전적으로 프로그램된 학습된 능력을 말한다.
- 적소 논증
  - 볼스는 학습을 이해하려면 해당 동물의 진화 역사를 이해해야 한다고 말했다. 동물은 선천적으로 생존하기에 가장 적합한 적소(Niche)에 의존하는 것과, 사물에 대한 전반적인 도식에 맞추는 방법을 학습하거나 학습하지 않을 의무, 즉, 명령을 가지고 있다.
  - 우리는 학습에 어떤 종류의 경험이 반영되고 어떤 종류는 반영되지 않을 것을 기대한다. 따라서 특정 방식으로 행동하는 동물의 선험적 소인을 이용하는 학습과제는 성공할 가능성이 크며, 이를 적소 논증이라 한다.
  - 다른 진화심리학자들은 '진화적 적응의 환경'을 주장하며 볼스의 적소 논증을 확장했다. 이는 특정한 적응이 나타났던 사회적·물리적 환경 모두를 말하는데, 해당 적응이 나타났던 것은 환경적 요인과 사회적 요인의 조합이라고 주장한다.

checkpoint 해설 & 정답

01 프로이트는 내담자들의 신체적인 증상이 정서적 혼란과 관련되어 있음을 파악하고 무의식의 세계를 분석하고자 하였다. 또한 심리적 동기인 성적 충동과 공격적 충동이 개인의 심리적 기능에 미치는 영향에 몰두하였다.

02 프로이트는 인간의 자각 수준을 의식, 전의식, 무의식으로 나누었다.

03 인간의 성격 구조는 생물학적 구성요소인 원초아, 심리적 구성요소인 자아, 그리고 사회적 구성요소인 초자아로 이루어져 있다.

정답 01 ② 02 ③ 03 ②

01 다음은 상담이론 학자 중 누구에 대한 설명인가?

> 심리결정론에 기초하며, 무의식을 가정하고, 성적 욕구를 강조한다.

① 에릭슨
② 프로이트
③ 로저스
④ 융

02 다음 중 프로이트의 구분에 따른 인간의 자각 수준에 해당하지 <u>않는</u> 것은?

① 의식
② 전의식
③ 후의식
④ 무의식

03 다음 중 인간의 성격 구조를 구성하는 요소에 대한 설명으로 옳은 것은?

① 원초아 – 사회적 구성요소
② 자아 – 심리적 구성요소
③ 초자아 – 심리적 구성요소
④ 초자아 – 생물학적 구성요소

04 다음 중 ( ) 안에 들어갈 말로 가장 알맞은 것은?

> 프로이트의 주장에 따르면 신경증적 불안은 ( )에서 온다.

① 환경에 있는 실제적 위협
② 환경 내의 어느 일부를 과장해서 해석함
③ 원초아의 충동과 자아의 억제 사이의 무의식적 갈등
④ 그 사회의 기주에 맞추어 생활하지 못함

04 신경증적 불안은 자아가 본능적 충동인 원초아를 통제하지 못할 경우 발생할 수 있는 불상사에 대해 위협을 느낌으로써 나타낸다. 자아는 원초아로 인해 본능적인 쾌락에 몰두하는 경우 그로 인해 처벌을 받을 수 있다는 두려움에 사로잡힌다.

05 다음 중 자아방어기제와 그 사례를 <u>잘못</u> 연결한 것은?

① 부인 – 전사한 남편의 유품을 받고서도 '우리 남편은 죽지 않았어요.'라고 말하는 아내
② 퇴행 – 동생이 태어난 것을 보고 응석을 부리는 형
③ 치환 – 언니를 미워하는 동생이 언니의 공책을 찢어버리는 행동
④ 합리화 – 분노하고 있는 사람이 상대방이 자기에게 화를 냈다고 생각하는 경우

05 불안을 해소하기 위해 자신에게 발생한 문제를 타인이나 환경 탓으로 돌리는 자아방어기제는 투사이다. 분노하고 있는 사람이 자기가 화나 있는 것은 인식하지 못한 채 상대방이 자기에게 화를 냈다고 생각하는 것을 그 예로 들 수 있다.

06 다음 중 내담자가 통찰한 것을 실제 생활로 옮겨가는 정신분석 상담과정에 해당하는 것은?

① 초기 단계
② 전이 단계
③ 통찰 단계
④ 훈습 단계

06 훈습 단계는 내담자가 통찰한 것을 실제 생활로 옮겨 가는 과정이다.

정답   04 ③   05 ④   06 ④

안심Touch

checkpoint **해설 & 정답**

07 심리사회적 발달단계를 주장한 학자
는 에릭슨이다.

07 프로이트의 성격발달이론에 대한 설명으로 옳지 **않은** 것은?

① 생후 초기 6년 동안의 경험을 매우 중요시한다.

② 심리사회적 발달단계이론을 주장하였다.

③ 리비도가 발달단계에 따라 신체의 특정 부위에 축적된다고 하
였다.

④ 발달단계를 구강기, 항문기, 남근기, 잠재기, 성기기로 구분
하였다.

08 정신분석이론에서는 3~6세 경 남근
기에 들어서면서 남아는 어머니에 대
한 오이디푸스 콤플렉스적인 애착을
극복하고 경쟁 상대인 아버지로부터
느끼는 거세불안을 감소시키기 위해
아버지를 동일시하게 된다고 한다.
이러한 동일시 과정을 거쳐 남아의
남성적성 특성이 발달하게 된다.

08 다음은 정신분석이론에 따른 프로이트의 주장이다. (   ) 안에
들어갈 알맞은 시기는?

> 3~6세경 (   )에 들어서면서 남아는 어머니에 대한 오이디
> 푸스 콤플렉스적인 애착을 극복하고 경쟁 상대인 아버지로부
> 터 느끼는 거세불안을 감소시키기 위해 아버지를 동일시하게
> 된다.

① 구강기   ② 항문기

③ 남근기   ④ 성기기

09 버텨주기는 상담자가 내담자의 막연
한 불안과 두려움, 쉽게 직면하지 못
하는 상태를 이해하며 내담자에게
힘과 의지가 되어주는 기술이다.

09 다음에서 설명하는 정신분석적 상담기법은?

> 내적 위험으로부터 아이를 보호하고 안정시켜주는 어머니의
> 역할처럼 내담자가 막연하게 느끼지만 스스로는 직면할 수
> 없는 불안과 두려움에 대해 상담자의 이해를 적절한 순간에
> 적합한 방법으로 전해주면서 내담자에게 의지가 되어주고 따
> 뜻한 배려로 마음을 녹여주는 활동

① 버텨주기   ② 역전이

③ 현실검증   ④ 해석

정답 07② 08③ 09①

10 다음 내용과 연관된 방어기제에 해당하는 것은?

> 미운 놈에게 떡 하나 더 준다.

① 전치
② 투사
③ 합리화
④ 반동형성

11 아들러는 생활양식을 네 가지 유형으로 구분하였다. 각 유형에 대한 설명으로 옳지 <u>않은</u> 것은?

① 지배형은 사회적 관심과 활동 수준이 낮다.
② 획득형(기생형)은 다른 사람에게 의존하여 욕구를 충족하려 한다.
③ 회피형은 인생의 모든 문제를 회피하려고 한다.
④ 사회형은 심리적으로 건강한 사람의 표본이다.

12 개인심리학에 따르면 다음의 특징을 가지는 출생 순위는?

> 빠른 발전을 보이며, 경쟁심이 강하고, 야망을 가진 성격이 되기 쉽다.

① 첫째
② 둘째
③ 막내
④ 독자

해설 & 정답 checkpoint

10 반동형성은 자신이 실제로 느끼는 부정적인 감정을 직접 표현하지 못한 채 오히려 반대로 표현하는 것이다. 예를 들어, 싫어하는 사람에게 친절하게 대하는 경우처럼 무의식적 소망이나 충동과 반대되는 방향으로 행동하는 것을 말한다.

11 지배형은 사회적 관심이 거의 없으면서도 활동 수준은 높아 공격적이고 주장적이다.

12 둘째는 태어날 때부터 형 또는 누나라는 경쟁자를 만나게 되므로, 그들의 장점을 넘어서기 위한 자극과 도전을 받아 첫째보다 훨씬 빠른 발전을 보이기도 한다. 그로 인해 경쟁심이 강하고 야망을 가진 성격이 되기 쉽고, 자신이 첫째보다 낫다는 것을 증명하기 위해 노력하는 생활양식을 보인다.

정답 10④ 11① 12②

13 Mosk(1984)에 의해 제안된 개인심리학 상담목표
- 내담자의 사회적 관심 증폭시키기
- 내담자의 패배감을 극복하고 열등 감을 감소시키는 방향으로 돕기
- 내담자의 생활양식을 수정하기
- 내담자의 잘못된 동기 수정하기
- 내담자가 보통의 다른 사람과 동 등한 감정을 갖도록 돕기
- 내담자가 사회의 한 구성원으로 기여할 수 있도록 돕기

13 개인심리학적 접근의 상담목표로 볼 수 <u>없는</u> 것은?

① 사회적 관심을 증폭시키기
② 개인 내적인 무의식적 동기를 탐색하기
③ 내담자의 생활양식 수정하기
④ 잘못된 동기 수정하기

14 ② 생활양식은 개인의 존재를 특징 짓는 어떠한 경험이나 사건 자체 라기보다는 그에 대한 개인의 태도와 연관된다.
③ 사회적 관심은 개인이 이상적인 공동사회를 목표로 달성하려는 성향을 말하는 것으로서, 개인의 목표를 사회적 목표로 전환하는 것이다.
④ 열등감은 부적응이나 무기력 상 태에서의 부정적인 느낌을 의미 하는 것이지만, 열등감이 오히려 동기를 유발하는 요인으로 작용 한다.

14 다음 중 아들러의 개인심리이론에 대한 설명으로 옳은 것은?

① 생애 초기의 경험을 강조하며 의식을 성격의 중심으로 본다.
② 생활양식은 개인의 경험 또는 사건 자체를 의미한다.
③ 사회적 관심은 사회적 목표를 개인의 목표로 전환하는 것이다.
④ 우월감은 삶의 궁극적인 목적인 반면 열등감은 삶을 무기력에 빠뜨린다.

15 역설적 의도는 내담자가 일반적으로 가지는 불안이나 공포에 대한 도피 심리를 포착하여 내담자가 문제 행 동에 직면하도록 한다. 직면의 부작 용으로 내담자가 더욱 불안이나 공 포에 휩싸이는 것을 막기 위해 유머 와 익살을 섞어 과장되게 생각하고 표현하도록 한다.

15 다음에서 설명하는 상담기법은?

내담자가 예기적 불안을 회피하거나 집착하지 말고 직면하도 록 하기 위해 예상되는 불안 및 공포를 의도적으로 익살을 섞 어 과장되게 생각하고 표현하도록 한다.

① 비합리적 사고의 교정
② 역설적 의도
③ 역할 연습
④ 자기표현 훈련

정답 13 ② 14 ① 15 ②

16 로저스의 인간중심이론에 대한 설명으로 옳지 <u>않은</u> 것은?

① 개인은 모든 경험의 소재이다.

② 유기체의 경험을 중시한다.

③ 개인이 행동하는 방식은 현상적 장에 의존한다.

④ 인간의 무의식적인 생각을 중요시하였다.

16 정신분석이론에 관한 설명이다. 로저스는 인간은 기본적으로 자유로운 존재로서 자신의 인생 목표와 행동 방향을 스스로 결정하여 그에 대한 책임을 수용하고, 유목적적이며 합리적이고 건설적인 방향으로 지속적으로 성장해 나가는 미래지향적 존재로 보았다.

17 다음 중 로저스가 말한 성격의 구성요소가 <u>아닌</u> 것은?

① 유기

② 자기

③ 환경

④ 현상학적 장

17 로저스는 성격을 '유기체, 자기, 현상학적 장'으로 설명하고 있다.

18 다음 중 로저스가 제안했던 충분히 기능하는 사람의 특징으로 옳지 <u>않은</u> 것은?

① 경험에 개방적이다.

② 과거 지향적이다.

③ 자신의 유기체를 신뢰한다.

④ 제약 없이 자유롭다.

18 충분히 기능하는 사람은 매 순간에 충실히 삶을 영위한다. 즉, 현재에 만족하는 삶을 산다.

정답 16 ④ 17 ③ 18 ②

19 진솔성은 내담자의 현재 관심사나 상황과 관련된 상담자의 반응을 표현하는 것인 데 반하여, 자기노출은 자기 자신에 대한 정보, 생각, 느낌, 경험을 표현하는 것을 말한다.

19 인간중심상담에서 상담자가 가져야 하는 진솔한 태도에 대한 설명으로 옳지 않은 것은?

① 인간중심상담에서 가장 기본이 되는 상담자의 태도이다.
② 자기노출이라고도 한다.
③ 상담자는 부정적인 자신의 감정도 받아들일 수 있어야 한다.
④ 내담자의 경험에 대한 상담자의 반응을 표현하는 것이다.

20 인간중심상담에서는 '진솔성, 무조건적인 긍정적 존중, 그리고 공감적 이해'를 상담자가 갖추어야 할 필요충분조건으로 제시하고 있다.

20 인간중심상담에서 상담자가 갖추어야 할 필요충분조건적 태도에 해당하지 않는 것은?

① 진솔성
② 무조건적인 긍정적 존중
③ 공감적 이해
④ 객관성

21 반두라는 사회학습을 모방학습, 대리학습, 관찰학습으로 나누어 설명하였다.

21 다음 중 반두라의 사회학습 유형에 해당하지 않는 것은?

① 모방학습
② 대리학습
③ 강화학습
④ 관찰학습

정답 19② 20④ 21③

22 다음 중 부적 강화에 해당할 수 있는 것은?

① 사회적 인정
② 청소
③ 돈
④ 음식

22 부적 강화란 바라지 않는 어떤 것을 제거하여 줌으로써 기대되는 행동의 발생 빈도를 증가시키는 것으로서, 수업시간에 적극적으로 참여하는 학생에게 청소 당번을 면제시켜 주는 것을 예로 들 수 있다.

23 다음 중 고전적 조건형성과 관계가 없는 것은?

① 중립적인 조건자극과 반응을 유발시키는 무조건적 자극 간의 반복적인 짝짓기, 즉 연합에 의해 일어난다.
② 인간의 정서나 감정뿐만 아니라 공포증의 형성에 대해서 설명이 가능하다.
③ 인간에게 있을 수 있는 다양한 현상도 고전적 조건형성으로 설명이 가능하다.
④ 인간은 능동적인 유기체이며, 어떤 행동이 유지되거나 없어지는 것은 그 행동의 결과에 의해 결정된다는 것이다.

23 조작적 조건형성에 대한 설명이다. 고전적 조건형성에서 인간은 수동적이다.

24 파블로프의 고전적 조건화이론 중 조건화 이전의 종소리의 특성에 해당하는 것은?

① 무조건자극
② 무조건 반응
③ 중성 자극
④ 조건자극

24 조건반사가 되기 이전의 종소리는 침을 흘리는 데 아무런 자극을 주지 못하는 중성 자극이다. 반면, 조건화 이후의 종소리는 개가 종소리를 듣고 침을 흘리는 조건자극에 해당한다.

정답 22 ② 23 ④ 24 ③

25 조건자극의 일반화는 조건 형성이 되었을 때의 조건자극과 비슷한 자극에도 조건반응이 일어나는 것을 말한다. '자라보고 놀란 가슴 솥뚜껑 보고 놀란다.'라는 속담과 밀접하게 연관된다.

25 다음 사례에서 찬주의 행동 변화를 설명하는 개념으로 가장 적합한 것은?

> 엘리베이터에서 심하게 폭행을 당했던 초등학교 3학년 찬주는 혼자서도 재미있게 탔던 수직 상승·하강하는 놀이기구를 무서워서 타지 못하게 되었다.

① 조작적 조건형성
② 조건자극의 일반화
③ 학습된 무기력
④ 2차 조건형성

26 소거는 강화요인을 제거함으로써 행동이 감소하게 되는 현상을 의미한다. 예를 들어, 아이의 떼쓰는 행동에 부모가 기울이던 관심을 제거하면 아이의 떼쓰는 행동이 서서히 감소하게 된다.

26 다음에서 설명하고 있는 행동수정이론의 기본개념은?

> 아이의 떼쓰는 행동에 대해 부모가 관심을 기울여 주지 않음으로써 아이의 그러한 행동이 감소하게 된다.

① 강화   ② 소거
③ 처벌   ④ 행동수정

27 부적 처벌은 유쾌 자극을 제거하여 바람직하지 못한 반응의 확률을 감소시키는 것이다.

27 다음 중 기쁨이나 만족을 제거함으로써 특정 행동의 발생 확률을 감소시키는 것은?

① 정적 강화
② 부적 강화
③ 정적 처벌
④ 부적 처벌

정답 25 ② 26 ② 27 ④

28 자신의 휴대폰 소리와 타인의 그것을 구별하거나 식용버섯과
    독버섯을 구별하는 것과 관련된 현상은?

① 변별
② 일반화
③ 행동조형
④ 2차 조건형성

28 변별 또는 자극 변별은 둘 이상의 자
    극을 서로 구별하는 것을 말한다.

29 조련사가 돌고래를 훈련시키는 과정을 설명할 수 있는 조건형성
    현상은?

① 자극 일반화
② 소거
③ 변별조건 형성
④ 조형

29 조형은 실험자가 원하는 방향 안에
    서 일어나는 다양한 반응들만을 강
    화하고, 원하지 않는 방향의 행동에
    대해 강화받지 못하도록 하여 결국
    원하는 방향의 행동을 할 수 있도록
    하는 것이다. 목표로 하는 반응을 피
    실험자가 단번에 수행하기 어렵거나
    그 반응을 촉진하기 어려운 경우, 변
    별 강화를 제공하여 목표 행동과 유
    사한 반응을 이끌어내는 방향으로
    이루어진다.

30 다음 중 효과적인 처벌의 사용 방법으로 옳지 <u>않은</u> 것은?

① 처벌은 시간을 두고 부여하는 것이 효과적이다.
② 처벌은 짧고 간결해야 한다.
③ 처벌은 즉시 이루어져야 한다.
④ 반복적인 처벌이 효과가 없는 경우 처벌을 중단한다.

30 처벌은 즉시 이루어져야 하며, 지난
    행동에 대한 처벌은 삼가야 한다.

정답   28 ①   29 ④   30 ①

31 ① 고정간격 강화계획에 해당한다.
   ② 가변비율 강화계획에 해당한다.
   ③ 가변간격 강화계획에 해당한다.

32 변화비율계획 또는 가변비율계획은 평균적으로 몇 번의 반응 행동이 나타날 때마다 강화를 부여하는 방식으로써, 이때 정확하게 몇 번째 반응에 대해 강화가 제공되는지는 알 수 없도록 설계되어 있다. 예를 들어, 카지노의 슬롯머신이나 복권 등은 강화를 받기 위해 요구되는 반응의 수가 평균적인 범위 내에서 무작위로 변한다.

33 미신행동은 우연히 특정 행동 또는 행위와 그 결과가 조건화되는 것을 말한다. 스키너는 비둘기들을 각기 다른 새장에 가둬놓은 후 정기적으로 먹이를 주었다. 그러자 얼마 후 비둘기들은 빙빙 원을 돌거나 고개를 위 아래로 움직이는 등 기이한 행동을 보였다. 이는 비둘기들이 먹이를 받기 직전의 행위로서 우연히 조건화된 행위였던 것이다.

정답 31 ④   32 ③   33 ③

---

31 다음 중 고정비율 강화계획에 해당하는 것은?

① 매달 정해진 기간에 지급되는 월급
② 매주 당첨자가 발표되는 로또복권
③ 공부하는 아이에게 1시간 내에 아무 때나 제공되는 간식
④ 자동차를 100대 생산할 때마다 지급되는 성과급

32 다음 중 훈련받은 행동이 빨리 습득되고 높은 비율로 오래 유지되는 강화계획은?

① 고정비율계획
② 고정간격계획
③ 변화비율계획
④ 변화간격계획

33 다음은 무엇에 관한 설명인가?

> 보상과 아무런 관련이 없는 어떤 행동이 우연히 그 보상에 선행한 경우, 그 행동은 고정적으로 계속해서 나타나는 경향이 있다.

① 자극일반화
② 도피행동
③ 미신행동
④ Scallop 현상

34 다음 중 사회학습이론에 대한 설명으로 옳은 것은?

① 사회학습이론에서는 성격에 대한 인지과정이나 동기의 영향을 인정하지 않는다.

② 사회학습이론에서는 관찰학습과 모델링을 통해서 보상 받는 행동을 대리적으로 학습한다고 한다.

③ 사회학습이론에서는 행동에 대한 환경적 변인의 독립적인 영향을 강조한다.

④ 반두라는 개인이 자신의 노력으로 원하는 결과를 얻을 수 있다는 신념이나 기대를 자기존중감이라고 하였다.

35 다음 중 행동수정이론의 상담목표에 대한 설명으로 옳지 <u>않은</u> 것은?

① 상담목표는 관찰되고 측정할 수 있는 행동 용어로 진술되어야 한다.

② 상담목표는 상담과정을 통해 지속적으로 평가되어야 한다.

③ 상담목표는 필요에 따라 상담과정에서 변경될 수 있다.

④ 상담목표는 상담자에 의해 결정되고 부과된다.

36 다음 중 행동수정 상담기법을 설명한 것으로 옳은 것은?

① 혐오기법은 윤리적인 측면에서 논쟁의 여지가 있다.

② 실제상황 노출법보다 심상적 노출법이 더 효과적이다.

③ 조형은 교수, 촉구, 동기화, 불안감소, 저지의 기능이 있다.

④ 교사가 바람직한 행동을 한 학생에게 스티커를 나누어 주는 것을 모델링의 예로 들 수 있다.

34 ① 사회학습이론은 사회적 학습이 심상·사고·계획 등의 인지적 활동에 의해 이루어진다고 본다. 또한 동기에 의해 학습한 행동의 수행 가능성을 높일 수 있다고 한다.
③ 사회학습이론은 인간의 행동을 불러일으키는 요인으로서 환경적 자극을 제시하며, 이러한 환경적 자극의 변화를 통해 인간의 행동이 변화할 수 있다고 본다.
④ 반두라는 개인이 자신의 노력으로 원하는 결과를 얻을 수 있다는 신념이나 기대를 자기효율성 또는 자기효능감이라고 하였다.

35 행동수정이론의 상담목표는 상담자와 내담자 간의 상호협의를 거쳐 내담자 스스로 결정한다.

36 ② 심상적 노출보다는 실제 상황에서의 노출이 더 효과적인 것으로 알려져 있다.
③ 교수, 촉구, 동기화, 불안감소, 저지의 다섯 가지 상담적 기능이 있는 것은 모델링이다.
④ 교사가 바람직한 행동을 한 학생들에게 스티커를 주는 것은 토큰경제법을 적용한 것이다.

정답　34 ② 35 ④ 36 ①

37 체계적 둔감법은 심리적 불안과 신체적 이완은 병존할 수 없다는 것을 전제로 하는 상호억제의 원리를 이용하는 기법이다. 둔감화는 내담자가 눈을 감고 이완된 상태에서 처음에는 불안이 없는 중립적인 장면을 상상하도록 한 후 불안 위계표에 따라 가장 낮은 수준의 불안 유발 장면으로부터 높은 수준의 불안 유발 장면으로 점진적으로 진행한다.

38 자동적 사고
- 어떤 사건에 접하게 되면 자동적으로 떠올리게 되는 생각과 심상을 의미한다.
- 자동적 사고는 사람들이 자신의 경험으로부터 생성한 신념과 가정을 반영한다.
- 심리적 장애를 가진 사람의 자동적 사고는 흔히 왜곡돼 있거나, 극단적이거나, 부정확하다.

39 ABCDEF 모델에 근거한 상담의 진행 절차 : 설득 → 비합리적 신념의 규명 → 논박 및 예시 → 인지적 연습 → 합리적 행동 연습

37 체계적 둔감법의 핵심적인 요소는?

① 이완
② 공감
③ 해석
④ 인지의 재구조화

38 합리적 정서행동치료에서 사람이 자신의 경험으로부터 생생한 신념과 가정을 반영하는 것과 관련 있는 것은?

① 자동적 사고
② 인지적 오류
③ 역기능적 인지도식
④ 임의적 추론

39 합리적 정서행동치료에서는 각 개인이 가지고 있는 비합리적 신념을 합리적 신념으로 바꾸어주기 위한 여러 가지 작업을 한다. 다음 중 이에 해당하지 <u>않는</u> 것은?

① 설득
② 예시
③ 논박
④ 주지화

정답 37 ① 38 ① 39 ④

40 다음 중 벡의 인지행동치료 이론의 핵심 개념에 해당하지 <u>않는</u> 것은?

① ABCDEF 모델
② 자동적 사고
③ 역기능적 인지 도식
④ 인지적 오류

40 ABCDEF 모델은 엘리스가 비합리적 신념을 확인하고 반박하여 합리적 신념으로 수정하여 나타나는 효과까지의 과정을 보여주기 위하여 고안한 것이다.

41 다음에서 설명하는 용어는?

> 벡이 사용한 용어로, 어떠한 사건에 대해 자신의 걱정을 지나치게 과장하여 항상 최악을 생각함으로써 두려움에 사로잡힌다.

① 실존신경증
② 재앙화
③ 비합리적 신념
④ 인지적 오류

41 벡이 주장한 인지적 오류 혹은 인지적 왜곡의 종류 중 재앙화에 관한 내용이다.

42 자동적 사고의 특징을 설명한 것으로 옳은 것은?

① 자동적 사고는 구체적이며 통합된 메시지이다.
② 자동적 사고는 비합리적이기 때문에 믿기 힘들다.
③ 자동적 사고는 타인에 의해 유발된다.
④ 자동적 사고는 사람들이 자신의 경험으로부터 생생한 신념과 가정을 반영한다.

42 ① 자동적 사고는 구체적이며 분리된 메시지이다.
② 자동적 사고는 아무리 비합리적이라 할지라도 대부분 믿어진다.
③ 자동적 사고는 자발적인 것으로서 경험된다.

정답 40 ① 41 ② 42 ④

43 사회공포증을 치료하기 위한 행동수정기법으로 노출훈련이 효과가 있는 것으로 알려져 있다. 노출훈련은 내담자로 하여금 반복적·지속적으로 불안을 유발하는 상황에 노출시킴으로써 보다 적응적으로 사회적 상황에 대처할 수 있도록 한다.

44 ① 자신과 관련지을 만한 증거가 없는 사건을 자신과 관련된 것으로 잘못 해석하는 개인화의 예시에 해당한다.
③ 두 가지 극단 중 하나로 경험을 범주화하는 이분법적 사고의 예시에 해당한다.
④ 충분한 근거 없이 타인의 마음을 자기 마음대로 추측하고 단정짓는 독심술적 오류의 예시에 해당한다.

45 벡의 인지행동상담
• 인지적 기술
 – 재귀인
 – 재정의
 – 탈중심화
• 행동적 기술
 – 내담자의 기술훈련
 – 점진적 이완
 – 활동 계획하기
 – 행동시연
 – 노출치료

정답 43 ① 44 ② 45 ①

43 사회공포증 극복을 위한 상담 프로그램에서 불안을 유발하기 때문에 지금까지 피해왔던 상황을 더 이상 회피하지 않고 그 상황에 직면하게 하는 일종의 행동수정기법은?

① 노출훈련
② 역할 연기
③ 자동적 사고의 인지재구성 훈련
④ 역기능적 신념에 대한 인지재구성 훈련

44 다음 중 과잉일반화에 해당하는 사례는?

① 모임 중 화장실에 갔다가 돌아오는데 친구들이 웃고 있는 모습에 '내 얘기하고 있었던 것 아니야?'라고 생각하는 것
② 모임에서 남자들이 자신에게 말을 걸지 않자 '나는 여성적인 매력이 전혀 없어.'라고 생각하는 것
③ '나를 좋아하지 않으면 싫어하는 거야.'라고 범주를 나누어 생각하는 것
④ 자신을 쳐다보는 선생님을 보며 '나를 어떻게 하면 혼낼까 생각하고 있구나.'라고 생각하는 것

45 다음 중 벡의 인지행동상담의 인지적 기술에 속하지 않는 것은?

① 점진적 이완
② 재귀인
③ 재정의
④ 탈중심화

46 접촉경계장애 중 내사의 반대 개념에 해당하는 것은?

① 투사
② 반전
③ 융합
④ 편향

46 투사는 내가 가진 것을 부인하고 남에게 돌려서 접촉을 피하는 것으로, 내사의 반대 개념으로 볼 수 있다.

47 다음 내용과 연관된 상담이론으로 가장 적절한 것은?

> • 인간의 행동을 육체, 정신, 환경 등이 역동적으로 상호관련되어 나타나는 하나의 전체로 이해한다.
> • 개체가 자신의 유기체 욕구나 감정을 하나의 의미 있는 행동 동기로 조직화하여 지각하는 것이다.

① 교류분석상담이론
② 게슈탈트상담이론
③ 인간중심상담이론
④ 현실치료상담이론

47 게슈탈트상담이론은 인간을 현재 중심적이며 전체적이고 자신의 자유로운 선택에 의해 잠재력을 각성할 수 있는 존재로 보고, 그러한 인간의 행동을 육체, 정신, 환경 등이 역동적으로 상호관련되어 나타나는 하나의 전체로 이해한다. 즉, 개체가 자신의 유기체 욕구나 감정을 하나의 의미 있는 행동 동기로 조직화하여 지각하는 것이다.

48 다음에서 설명하는 게슈탈트상담의 기법은 무엇인가?

> 현재 상담에 참여하지 않은 사람과 직접 대화를 나누는 형식을 취함으로써 그 사람과의 관계를 직접 탐색해 볼 수 있고, 자기 자신의 억압된 부분 혹은 개발되지 않은 부분들과의 접촉이 가능하다.

① 과장하기
② 꿈작업
③ 언어자각
④ 빈의자기법

48 빈의자기법에 대한 설명이다.

정답 46 ① 47 ② 48 ④

안심Touch

49 현실치료는 과거나 미래보다 현재에
초점을 둔 이론이다.

49 다음 중 현실치료에 대한 내용으로 옳지 <u>않은</u> 것은?

① 현재 행동 선택에 대한 평가보다는 미래의 발전 가능성에 초
점을 둔다.
② 인간을 행동에 책임을 질 수 있는 존재로 본다.
③ 인간의 행동은 심리적 욕구와 생리적 욕구를 충족시키기 위한
것이다.
④ 선택이론은 인간의 모든 행동을 다섯 가지 욕구를 충족하기
위한 선택으로 본다.

50 현실치료상담에서는 인간의 기본적
인 욕구로서 '소속감의 욕구, 힘의
욕구, 즐거움의 욕구, 자유의 욕구,
생존의 욕구'를 제시한다.

50 글래서의 현실치료상담이론에서 가정하는 기본적인 욕구에 해당
하지 <u>않는</u> 것은?

① 생존 욕구
② 힘 욕구
③ 자존감 욕구
④ 즐거움 욕구

51 청소년이 친구를 사귀고 또래집단에
들고 싶어 하는 것은 소속감의 욕구
를 보이는 것이다.

51 다음 사례에서 충족시키고자 하는 인간의 욕구는?

> 지영이는 중학교 3학년이 되면서 주변 친구들과 어울리고 싶
> 은 마음이 부쩍 많이 생겼다.

① 소속감의 욕구
② 힘의 욕구
③ 즐거움의 욕구
④ 자유의 욕구

정답 49 ① 50 ③ 51 ①

52 현실치료의 3R에 속하지 <u>않는</u> 것은?

① 준비도(Readiness)

② 책임감(Responsibility)

③ 현실(Reality)

④ 옳고 그름(Right or Wrong)

53 현실치료의 공헌점이 <u>아닌</u> 것은?

① 책임을 강조하여 문제행동의 원인이 내담자 자신에게 있음을 깨닫게 한다.

② 내담자에게 예외와 희망을 볼 수 있도록 돕는다.

③ 청소년에게 많은 도움이 된다.

④ 내담자 스스로 실행결과를 평가한다.

54 다음 중 해결중심상담의 내담자 유형에 속하지 <u>않는</u> 것은?

① 방문형

② 불평형

③ 협조형

④ 고객형

>>>○

[해결중심상담의 내담자 유형]

방문형	자신의 의사와 상관없이 상담을 받으러 온 유형
불평형	문제와 해결의 필요성은 자세히 인식하고 설명할 수 있으나 스스로를 문제해결의 대상으로 여기지 않으며 오히려 다른 사람의 변화를 원하는 유형
고객형	스스로를 문제해결의 대상으로 생각하여 문제해결을 위한 의지를 가진 유형
그 외 : 잠재적 고객형	세 가지 유형의 측면을 모두 가진 유형

52 3R

내담자가 바람직한 방법으로 자신의 욕구를 충족할 수 있도록 하는 데 있어 책임감, 현실성, 옳은 방식으로 충족되어야 함을 강조한다.

• 책임감(Responsibility) : 다른 사람이 그의 욕구를 충족시키는 것을 방해하지 않으면서 자신의 욕구를 충족시키는 능력

• 현실(Reality) : 내담자가 자신의 현실을 직면하는 것

• 옳고 그름(Right or Wrong) : 타인에게 해가 되지 않는 옳은 판단을 통해 자신의 욕구를 충족할 수 있는 것

53 ②는 해결중심상담의 장점에 해당한다.

54 협조형은 해결중심상담의 내담자 유형이 아니다.
[문제 하단의 표 참고]

정답 52 ① 53 ② 54 ③

55 ① 프로이트(Freud)는 정신분석 상담의 주창자이다.
② 로저스(Rogers)의 이론에 근거하여 인간중심상담이 발전되었다.
③ 펄스(Perls)에 의해 게슈탈트 상담이 창안되었다.

55 다음 중 현실치료를 주창한 학자는?

① 프로이트(Freud)
② 로저스(Rogers)
③ 펄스(Perls)
④ 글래서(Glasser)

56 현재 행동에 대하여 초점을 맞춘다. 상담자는 내담자의 성격과 관련된 과거 기록을 강조하지 않으며, 그것이 현재 행동과 관련되어 있는 경우에 한해 논의한다.

56 현실치료에서 글래서가 제시한 8가지 원리에 해당하지 <u>않는</u> 것은?

① 감정보다 행동에 초점을 둔다.
② 현재보다 미래에 초점을 둔다.
③ 계획을 세워 계획에 따라 반드시 실천하겠다는 약속을 다짐받는다.
④ 변명은 금물이다.

57 문제에서 제시한 예는 척도 질문에 해당한다. 척도 질문은 숫자를 이용하여 내담자에게 자신의 문제, 문제의 우선순위, 성공에 대한 태도, 정서적 친밀도, 자아존중감, 치료에 대한 확신, 변화를 위해 투자할 수 있는 노력, 진행에 관한 평가 등의 수준을 수치로 표현하게 하는 것이다.

57 다음 질문은 해결중심치료의 질문기법 중 어느 것에 해당하는가?

> 폭력을 행사하는 아버지가 어느 정도 싫은지 0점에서 10점까지 점수로 표현할 수 있을까요?

① 기적 질문
② 예외 질문
③ 척도 질문
④ 관계성 질문

정답 55 ④   56 ②   57 ③

58 **특성−요인이론에 관한 평가로 옳지 <u>않은</u> 것은?**

① 자아개념을 지나치게 강조하고 있다.

② 검사에 대한 예언타당도의 문제가 있다.

③ 직업선택을 일회적인 행위로 간주하고 있다.

④ 장기간에 걸친 진로발달과정을 도외시하고 있다.

58 개인적 특성 이외의 요소의 영향으로 인해 심리검사의 예언타당도가 높지 않고, 직업선택을 일회적 행위로 보아 직업선택의 과정이나 특성 간의 다양성·역동성 등을 인정하지 않으며, 개인의 특성발달과정을 간과하였다는 것이 특성−요인이론의 한계점이다.

59 **사회인지진로이론에 관한 설명으로 옳은 것을 모두 고른 것은?**

ㄱ. 제외된 진로대안을 확인할 때 표준화 검사를 사용한다.

ㄴ. 진로대안을 실행할 때 장애가 되는 것이 무엇인지 확인한다.

ㄷ. 낮은 자기효능감과 잘못된 결과기대를 현실적으로 수정하도록 한다.

ㄹ. 과거의 성공경험과 미래 수행목표에 대한 내담자의 인식을 수정하도록 한다.

① ㄱ, ㄴ

② ㄱ, ㄷ, ㄹ

③ ㄴ, ㄷ, ㄹ

④ ㄱ, ㄴ, ㄷ, ㄹ

59 사회인지진로이론은 진로대안을 실행하는 데 있어 장애가 되는 진로장벽을 파악하고 내담자의 인식이 현실성 있는지 평가하여 낮은 자기효능감과 잘못된 결과기대를 현실적으로 수정하도록 하는 진로상담전략을 제시한다.

정답 58① 59④

안심Touch

60 ㄱ. 고유한 내적 자아의 획득은 네 번째 단계에서 이루어진다.

60 갓프레드슨(L. Gottfredson)의 제한-타협이론에 관한 설명으로 옳은 것을 모두 고른 것은?

> ㄱ. 진로발달의 세 번째 단계는 내적 고유자아 획득단계이다.
> ㄴ. 직업의 사회적 지위와 성역할을 기준으로 진로포부를 제한한다.
> ㄷ. 타협과정에서는 직업의 흥미, 사회적 지위, 성역할이 중요한 측면이다.
> ㄹ. 성역할은 흥미나 가치와 같은 심리적 변인에 의해 제한받지 않는다.

① ㄱ, ㄴ
② ㄱ, ㄷ
③ ㄴ, ㄷ
④ ㄴ, ㄷ, ㄹ

61 ② 탐색기는 15~24세의 시기로 잠정기, 전환기, 시행기를 포함한다.
① 성장기는 환상기, 흥미기, 능력기를 포함한다.
③ 확립기는 시행기 및 안정화, 공고화 및 발전기를 포함한다.
④ 쇠퇴기는 감속기와 은퇴기를 포함한다.

61 수퍼(D. Super)의 전생애이론 생애단계가 포함하는 하위단계로 옳은 것은?

① 성장기는 잠정기를 포함한다.
② 탐색기는 시행기를 포함한다.
③ 확립기는 명료화기를 포함한다.
④ 쇠퇴기는 안정화기를 포함한다.

정답 60 ④ 61 ②

62 다음 내용이 설명하고 있는 가족상담의 이론으로 옳은 것은?

> 보웬(Bowen)의 가족치료 목표는 불안을 감소시키고, 자아분화를 증가시키는 것으로 자기분화는 치료목표인 동시에 성장목표이다. 즉, 분화되지 않은 가족자아집합체에서 자신을 분리·독립시켜 정체감을 형성하고, 자기충동적·정서적 사고와 행동에서 자유를 획득해나갈 수 있도록 돕는 것이 치료의 목표이다.

① 구조적 가족상담모델
② 이야기 가족상담모델
③ 다세대 가족상담모델
④ 경험적 가족상담모델

62 다세대 가족상담모델(세대 간 갈등이론)
- 보웬(Bowen)의 가족체계이론은 메닝거 클리닉(Menninger Clinic)에서 소아 정신분열증 환자의 치료를 위해 환자와 그의 어머니 또는 그의 부모를 1~2개월간 공동으로 생활하게 함으로써 환자와 가족의 유기적 관계를 발견하면서 제시된 이론이다.
- 정신분열증 환자의 가족에 대한 연구를 통하여 분화의 개념과 삼각관계의 개념을 정립하게 되었고, 환자들은 엄마 또는 부모와 불안정한 애착관계를 형성한다는 사실을 발견하였다.

63 다음은 구조적 가족치료이론의 주요 개념 중 어느 것에 대해 설명한 것인가?

> 개개인의 가족구성원이 상호작용을 통하여 다른 사람에게 미치는 영향력으로 이를 기반으로 가족 내 위계구조를 형성한다.

① 제휴
② 경계선
③ 하위체계
④ 권력

63 권력에 대한 설명이며, 이 권력구조는 상황에 따라 변화할 수 있고, 상호보완적으로 변하는 것이 바람직하다. 상황이 바뀌었는데도 역할이 경직되어 있고 고정된 상태이면 문제가 발생하기 쉽다.

정답   62 ③   63 ④

64 문제의 원인이나 성질을 파악하는 것보다 가족이 적용해왔던 또는 적용가능한 해결책 등에 초점을 맞추어 질문하며, 문제해결을 위해 반드시 문제가 무엇인가를 밝힐 필요가 없다고 생각한다.

65 자기조절의 구성요소 중 자기강화는 학생들 스스로 자기 행동의 결과에 대해 상이나 벌을 가하여 강화하는 것을 의미한다.

66 '벡터(Vector)'는 본래 물리학에서 사용하는 개념으로서, 레빈이 인간의 인지적 구조에 관한 연구를 위해 심리학에 차용하였다. 인간의 심리적 현상에 역학적 개념인 벡터를 도입함으로써, 생활공간에 작용하는 동기의 힘이 어떠한 방향으로 얼마나 강하게 작용하는지를 연구한다. 그로 인해 레빈의 이론을 '벡터심리학'이라고도 한다.

정답 64 ③ 65 ④ 66 ③

64 해결중심적 가족상담모델에 관한 설명으로 옳지 않은 것은?

① MRI의 전략적 치료모델을 토대로 한다.
② 문제의 원인이나 문제의 성질을 파악하는 것보다 가족이 적용해왔던 또는 적용가능한 해결책 등에 초점을 맞추어 질문한다.
③ 문제해결을 위해 반드시 문제가 무엇인가를 밝혀야 한다고 생각한다.
④ 치료를 통해 가족의 기대가 무엇인지를 분명하게 하는 것이 가족에게 더욱 도움이 된다고 본다.

65 다음에서 설명하는 자기조절 학습전략은?

고등학교 2학년인 주은이의 성적은 4등급이다. 주은이는 이번 중간고사에서 3등급으로 성적을 올리기 위해 공부하고 있다. 목표 성적이 나오면 가고 싶었던 방탄소년단 공연을 가기로 결심하였다.

① 자기평형
② 조직화와 변형
③ 환경의 구조화
④ 자기강화

66 다음 중 장 이론(Field Theory)의 주요 개념으로서 목표를 향해 가깝거나 멀어지는 심리적 운동에 영향을 미치는 힘을 의미하는 것은?

① 위상
② 분화
③ 벡터
④ 재구조화

67 〈보기〉와 같이 선형이 연결되지 않은 불완전한 도형을 완성된 형태로 지각하는 원리는?

보 기

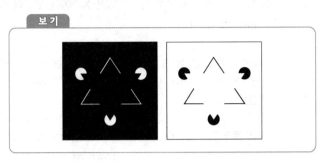

① 유사성(Similarity)
② 폐쇄성(Closure)
③ 대칭성(Symmetry)
④ 연속성(Continuation)

67 ② 완결성 또는 폐쇄성(Closure) : 어떤 공백이나 결손이 있는 부분은 이를 보완하여 완결된 형태로 지각하는 것. 자연스럽게 공백을 연결하는 과정에서 완전한 형태의 삼각형으로 인식하는 것
① 유사성(Similarity) : 자극 정보들은 유사한 것들끼리 묶어서 지각하는 것
③ 대칭성(Symmetry) : 대칭의 이미지들은 조금 떨어져 있더라도 한 그룹으로 인식하게 되는 것
④ 연속성(Continuation) : 불연속적인 것보다는 연속된 패턴으로 이루어진 자극정보들을 지각하는 것

68 다음 내용에 해당하는 정보처리이론의 주요 개념은?

- 외부의 표상들을 내부에 저장되어 있는 기존의 표상 또는 기억과 대조하는 과정이다.
- 자극에 관한 비교 분석, 기억의 탐색, 의사결정 등의 과정을 포함한다.

① 형태재인
② 스키마(Schema)
③ 감각등록
④ 청킹(Chunking)

68 '형태재인(Pattern Recognition)'은 감각기억 내의 입력자극정보와 장기기억에 관한 대조를 통해 현재 주어진 자극으로부터 의미를 이끌어내는 과정을 말한다.

정답   67 ②   68 ①

01

정답 ㉠ 퇴행
　　㉡ 승화

✔ 주관식 문제

01 프로이드(Freud)의 자아방어기제에 대한 설명이다. 빈칸에 들어갈 말을 순서대로 쓰시오.

- (㉠)은/는 생의 초기에 성공적으로 사용했던 생각이나 감정, 행동에 의지하여 자기 자신의 불안이나 위협을 해소하려는 것을 말한다.
- (㉡)은/는 정서적 긴장이나 원시적 에너지의 투입을 사회적으로 인정될 수 있는 행동방식으로 표출하는 것을 말한다.

02 인지행동이론에서 엘리스의 ABCDE 모형에 대한 설명이다. 빈칸에
들어갈 말을 순서대로 쓰시오.

> ABCDE 모형에서 A는 '(㉠)'을/를 의미하며 내담자의 감정
> 을 동요시키거나 내담자의 행동에 영향을 미치는 사건으로
> 치료자는 내담자에게 부정적인 감정을 유발한 촉발 사건이
> 무엇인지를 포착하여 이를 구체적으로 확인한다.
> B는 '(㉡)'을/를 의미하며 내담자의 신념체계가 합리적이거
> 나 비합리적일 수도 있으며, 비합리적 신념체계가 문제시된다.
> C는 '(㉢)'을/를 뜻하며 선행사건을 경험한 후 자신의 비합
> 리적 신념체계를 통해 그 사건을 해석함으로써 느끼게 되는
> 정서적·행동적 결과를 말한다.
> D는 '(㉣)'을/를 뜻하며 내담자의 비합리적 신념이나 사고가
> 사리에 부합하는 것인지 논리성·실용성·현실성에 비추어 반
> 박하는 것으로서, 내담자의 비합리적 신념체계를 수정하기
> 위한 것이다.
> E는 '(㉤)'을/를 뜻하며 내담자의 비합리적인 신념을 논박함
> 으로써 합리적인 신념으로 대치한 다음에 느끼게 되는 자기
> 수용적 태도와 긍정적 감정의 결과를 지칭한다.

02
정답 ㉠ 선행사건 또는 촉발사건
      (Activating Event)
   ㉡ 신념체계 또는 비합리적 신념체
      계(Belief System)
   ㉢ 결과(Consequence)
   ㉣ 논박(Dispute)
   ㉤ 효과(Effect)

안심Touch

03
정답 진로를 결정하는 세 가지 요인: 자기에 대한 분명한 이해, 직업에 대한 지식, 자기 이해와 직업에 대한 지식의 관계를 끌어내는 능력

03 파슨스(Parsons)의 특성–요인이론의 진로를 결정하는 세 가지 요인 중 2가지 이상을 쓰시오.

04
정답 ㉠ 독특한 결과
㉡ 외재화하기

04 이야기치료의 치료기법에 관한 내용이다. 빈칸에 들어갈 말을 순서대로 쓰시오.

- (㉠)의 발견이란 객관화된 정체성을 통하여 그동안 지배되어 온 모순적인 자신의 정체성을 깨닫는 것을 말한다. 자신의 삶과 관계에 대해 '사실'로 믿어왔던 것들과 사람들을 분리시켜 진실을 해체시키는 효과를 준다.
- (㉡)(이)란 문제에 이름을 붙여서 객관화하는 것을 나타내는 것이다. 이를 통해 문제의 영향력을 탐구하고 큰 맥락에서 해체 작업을 할 수 있게 된다.

제 **3** 장

상담의 과정

제1절 상담과정
제2절 상담의 반응
제3절 상담의 성과에 영향을 미치는 요인
실제예상문제

I wish you the best of luck

독학사 심리학과 3단계

혼자 공부하기 힘드시다면 방법이 있습니다.
시대에듀의 동영상강의를 이용하시면 됩니다.
www.sdedu.co.kr ➔ 회원가입(로그인) ➔ 강의 살펴보기

제 3 장 상담의 과정

상담 단계를 나누는 것에 있어 학자들 간 차이는 있으나 가장 일반적인 방식은 초기단계, 중기단계, 종결단계인 3단계로 나누는 방식이다. 그리고 이보다 세분화된 방식으로 나누는 경우도 있다. 공통적으로, 효과적인 상담을 위하여서는 각 단계에서 주력해야 할 주요 과업을 달성해야 한다.

1 상담의 진행과정

(1) 기본적 상담과정 : 3단계

① **초기단계** : 상담 기틀 형성

상담자가 내담자를 처음 만난 후부터 상담목표를 세워 구체적으로 개입하기 전까지를 말한다.

㉠ 내담자에 대한 이해
- 상담실을 방문한 이유를 탐색한다.
- 내담자의 인적 사항, 내담 경위 및 호소문제, 이전의 상담 경험, 인상 및 행동관찰 정보, 가족관계, 사회적 관계, 주요 발달 배경 등에 관한 정보를 수집한다.
- 정보수집에 몰입하기보다는 자연스럽게 필요정보를 수집하도록 한다.
- 상담자는 내담자의 강점과 긍정적 측면에 관심을 갖도록 한다.

㉡ 촉진적 상담관계의 형성
- 상담관계는 내담자가 상담자에 대해 전문성과 매력, 신뢰성을 느낄 때 촉진된다.
- 관심 기울이기, 적극적 경청, 내담자에 대한 수용과 존중, 공감적 이해, 진실한 태도, 구체화 등의 기본적 태도가 필요하다.

㉢ 구조화

상담자가 상담의 진행방법 및 방향성에 대하여 합의를 이루는 과정이다. 구조화는 상담이 초점을 잃지 않고 효율적으로 진행될 수 있도록 돕는다.
- 비밀보장 문제
- 상담 회기의 시간과 상담기간 및 횟수
- 내담자와 상담자의 의미
- 상담목표 및 앞으로 기대되는 결과 등

② **중기단계** : 문제해결

㉠ 상담 중기는 심층적 탐색과 내담자의 자각이 이루어지는 시기이다.

심층적 탐색	• 심층적 탐색을 통해 초기 상담에서 표현되지 않은 감정과 숨겨진 동기, 무의식적인 자료들이 밝혀진다. • 상담자와 내담자가 생활에서 있었던 주요한 경험 및 사건들의 의미를 이전보다 분명하고 통합된 시야에서 새로 인식함으로써 문제해결을 위해 노력할 수 있는 기초가 마련된다. • 내담자의 다양한 측면에 대한 통찰과 자각이 일어난다. • 통찰을 바탕으로 내담자의 소망과 욕구가 반영된 변화에 대한 목표를 설정할 수 있다.
내담자의 자각	• 내담자의 현재 문제와 외부 환경 및 선행사건 간의 관련성에 대한 자각 • 현재 문제와 관련된 부적응적 사고, 감정패턴에 대한 자각 • 행동의 동기와 결과에 대한 자각 • 생활패턴 및 관계유형에 대한 자각

㉡ 사용되는 기법

심층적 공감	표현되지 않은 부분을 상담자가 발굴해서 내담자로 하여금 자신을 더 깊이 이해하도록 돕는 기법으로 내담자의 긍정적 동기를 발굴해줌으로써 내담자의 자긍심을 높일 뿐만 아니라 상담의 방향도 정한다.
피드백 주기	내담자의 사고, 감정, 행동에 대해 상담자 자신이 보고 관찰한 것을 전달하여 그의 현재 모습과 변화를 지지하거나(인정적 피드백) 현재의 모습과 변화과정을 교정하게 하고 새로운 모습과 변화를 격려하는(교정적 피드백) 기법이다.
직면	내담자가 가지고 있는 불일치, 모순 등을 상담자가 기술해주는 것을 말한다.
해석	내담자의 문제와 염려에 대하여 새로운 참조체제를 제공함으로써 내담자가 그 상황을 잘 이해하고 효과적으로 해결할 수 있도록 하는 것이다.

㉢ 상담 중기에 나타날 수 있는 문제

• 자신의 사고, 감정, 행동, 삶의 패턴에 불일치와 모순이 나타나면서 내담자가 자신이 이야기하는 내용에 대해 불안감을 갖는다.

• 상담에 대한 저항으로 상담시간에 지각하기도 하고 자신은 문제가 없는데 상담 때문에 더 나빠지고 있다는 느낌을 가질 수 있다.

㉣ 상담에 진전이 없는 경우

• 현재 일어나고 있는 일에 대해 즉시적으로 반응한다.

• 상담과정에 대한 재검토가 필요하다.

• 내담자에 대한 재평가가 필요하다.

• 목표를 재설정한다.

• 상담시간, 요일 등에 변화를 줄 수도 있다.

③ **종결단계** : 성과 다지기

㉠ 상담의 종결 시기 논의

• 종결단계에서는 통찰을 바탕으로 현실생활에 적응할 수 있는 새로운 행동을 시험하고 평가한다.

- 내담자가 자신의 문제가 해결되었다고 의식하는 시기와 상담자의 종결 시기가 맞아 떨어지는 경우도 있다.
- 의존적 내담자에게 상담의 종결이 불안을 초래할 경우라도 상담을 지속해서는 안 된다.

ⓛ 종결 시 이별의 감정 다루기
- 상담관계를 끝낼 때 상담자는 내담자가 느낄 수 있는 여러 감정을 충분히 다루어 준다.
- 상담자는 내담자가 분리불안을 잘 다루면서 스스로 설 수 있도록 지지한다.
- 종결 후에도 심리적 어려움이 있을 때 언제든지 다시 상담할 수 있음을 알려 주어 심리적 안정감을 준다.

ⓒ 상담 성과에 대한 평가와 문제해결력 다지기
- 일상생활에서 상담 성과가 유지되도록 하기 위하여 필요한 노력을 구체화한다.
- 현실 속에서 문제에 당면 시 상담을 통해 습득한 문제해결 방법을 효과적으로 적용하도록 돕는다.

ⓔ 추수상담에 관해 논의
- 추수상담은 내담자의 행동 변화를 지속적으로 점검하고 내담자의 강점을 강화하고 부족한 점을 보완할 수 있다.

ⓜ 조기종결 문제 다루기
- 내담자에 의한 조기종결
- 상담이 만족스럽지 못하다고 느낄 경우 조기종결을 결심한다.
- 다음 회기의 상담 약속을 지키지 않음으로써 자신의 생각을 전달한다.
- 상담자는 내담자의 상담 취소에 대해 전 회기 상담의 내용을 면밀히 검토하여 원인을 규명한다.
- 내담자가 상담을 받지 않는 것도 자유라는 것을 인식하고 지속적인 상담을 받을 수 있게 길을 마련해 준다.

ⓗ 상담자에 의한 조기종결
- 상담이 바라는 대로 진행되지 않을 경우에 조기종결한다.
- 일정시간이 경과해도 내담자의 호전이 나타나지 않을 경우에 조기종결한다.
- 성공할 가능성이 있는 새로운 방법을 사용할 수 없는 경우라면 상담을 고려해야 할 책임이 있다.

(2) Brammer에 의한 상담과정

① 1단계: 준비와 시작의 단계
ⓐ 상담을 받기로 결심하기 위해 내담자에게는 커다란 용기가 필요하다. 즉, 상담을 받는 것에 대한 마음의 준비가 필요한 것이다.
ⓛ 내담자가 상담을 받으러 올 때 대개는 복잡하게 얽힌 감정과 생각을 가지고 있다. 한편으로 상담자가 이야기하는 모든 것을 그대로 받아들이기를 원하면서도, 다른 한편으로 심리적 조력을 받거나 문제를 해결하는 것 자체에 대해 강한 저항을 표출하기도 하다.
ⓒ 이 단계에서는 면접과 조력 전체에 대해서는 물론 상담자 자신에 대한 내담자의 신뢰를 증가시켜나가는 것이 무엇보다 중요하다.

② **2단계 : 명료화의 단계**
　㉠ 이 단계에서는 내담자의 문제를 명백하게 한다. 즉, 내담자가 도움을 청하는 원인과 문제의 배경을 밝히는 것이 관건이다.
　㉡ 상담자는 내담자가 어떤 내용의 조력을 구하고 있는지에 대해 내담자 자신의 진술을 통해 구체화해야 한다.
　㉢ 명료화의 단계는 문제 자체가 무엇이며 누가 또는 무엇이 진정한 상담의 대상인지 분명하게 밝히는 단계이다. 따라서 상담자는 내담자로 하여금 문제의 진정한 대상을 결정할 수 있도록 조력해야 한다.

③ **3단계 : 구조화의 단계**
　㉠ 구조화는 심리적 조력관계의 본질, 제한점, 목표 등을 규정하고 상담자와 내담자의 역할과 책임, 그리고 가능한 약속 등의 윤곽을 명백하게 하는 것을 가리킨다.
　㉡ 상담자는 상담이 어느 방향으로 전개될 것이며, 최종목표에 도달하기 위해 얼마나 오랜 시간이 걸릴 것인지 내담자에게 알리도록 한다.
　㉢ 구체적으로 상담시간, 유료상담의 경우 상담요금, 공격적 욕구를 표현하는 행동의 한계점, 상담자 역할의 제한점 등을 논의한다.

④ **4단계 : 관계심화의 단계**
　㉠ 상담자와 내담자 간에 이루어진 관계를 더욱 심화하고 내담자가 상담자를 신뢰하며, 자신의 문제를 해결하기 위해 상담과정에 전력으로 참여하게 되는 일들이 바로 관계심화의 단계에서 이루어진다.
　㉡ 이 단계에서는 내담자가 상담자의 전문적 자질과 심리적 조력의 방법에 대해 신뢰감을 가지도록 하는 것이 매우 중요하다.
　㉢ 일부 학자들은 상담자와 내담자 사이에 이루어지는 관계 자체만으로도 심리적인 문제의 해결이 가능하다고 주장한다. 즉, 특정한 기술이나 방법이 아니라 내담자가 상담자에 대해 가지는 기대와 관계의 심화만으로도 문제가 해결되고 행동의 변화가 이루어질 수 있다는 것이다.

⑤ **5단계 : 탐색단계**
　㉠ 탐색의 단계에서는 중요한 두 가지 질문과 관련된 활동이 전개된다. 하나는 '내담자의 문제해결이나 행동수정을 위해 어떤 변화가 일어나야 하는가'이고, 다른 하나는 '도달하려는 목표를 성취하기 위해 어떤 방법이나 절차가 이용될 수 있는가' 하는 것이다.
　㉡ 이 단계에서 상담자는 내담자의 문제, 감정, 사고를 명확하고 구체적으로 밝혀서 내담자에게 자기 자신과 환경에 대해 보다 정확하게 이해할 수 있도록 도와야 한다.
　㉢ 문제해결에 도움이 될 수 있는 사실에 대한 정보를 수집하고, 목표에 도달할 수 있는 방법과 절차를 이야기하며, 이를 위한 과제 내지 활동을 전개하게 된다.

⑥ **6단계 : 견고화의 단계**
　㉠ 상담의 진행과정에서 대부분의 시간이 탐색을 위해 쓰이지만, 탐색이 끝난 후 가장 적합한 대안, 방법, 사고, 행동 등을 확정하여 이를 실천해 나가는 견고화의 단계는 성공적인 상담에서의 결실기라고 할 수 있다.
　㉡ 이 단계에서는 그 이전의 단계에서 제시된 많은 대안, 대체될 행동, 감정, 사고 등에서 가장 적합한 것을 선정하여 이를 실제 적용해 나간다.

⑦ **7단계 : 계획단계**

㉠ 이 단계에서는 상담을 끝맺거나 혹은 계속할 것을 결정할 때 필요한 여러 가지 계획을 수립하고 검토하는 일을 하게 된다.

㉡ 계획단계에서 이루어져야 할 목표는 내담자의 성장과 행동변화가 잘 이루어져 상담관계를 종료할 시점까지만이 아닌 상담이 끝난 후에 이루어져야 할 구체적인 활동에 대한 계획을 수립하는 것까지 포함한다.

㉢ 진로상담과 같이 정보내용이 많이 관련되어 있는 경우에는 계획을 실천하기 위해 여러 가지 활동이 필요하므로, 이 단계에서 많은 시간을 필요로 하게 된다.

⑧ **8단계 : 종료단계**

㉠ 이 단계에서는 상담을 통해 성취한 것들을 상담의 목표에 비추어서 평가하게 된다. 만약 성취하지 못한 목표가 있다면 왜 그렇게 되었는지 논의한다.

㉡ 종료 시에는 상담자 자신이 상담의 전체 과정을 요약할 수 있으며, 내담자에게 요약하도록 요구할 수도 있다. 만약 내담자가 상담관계를 계속해서 유지하기를 희망하거나 상담이 아직 덜 끝났다는 느낌을 가지고 있는 경우 다른 기관이나 상담자에게 의뢰하는 방법도 있다.

㉢ 상담자는 내담자에게 추후상담의 가능성을 인지시킴으로써 상담의 종료를 보다 원만하게 할 수 있다.

> **⚡ 더 알아두기 ○**
>
> **상담 종결 시의 과업**
> • 종결 시기 정하기
> • 정서적 반응 다루기
> • 변화 또는 효과의 유지 및 강화
> • 미래에 대한 계획 세우기
> • 의존성 감소시키기
> • 의뢰하기
> • 평가하기

(3) 상담의 기본조건

① **수용(Acceptance)**

㉠ 수용의 의의

• 수용은 인간의 가치와 존엄에 대한 인식에서 출발한다.

• 상담자를 찾아오는 사람들은 모든 인간적인 결점, 죄악 및 과오의 여부를 떠나 인간으로서 존재하고 성장해야 할 존엄성을 가진다.

• 상담자는 내담자의 존재·성장·발달이 지니고 있는 가치를 인정하고, 최선을 다해 내담자가 새로운 학습으로써 그와 같은 가치를 구현할 수 있도록 조력해야 한다.

• 수용은 내담자의 심리적인 필요와 현실적인 필요를 충족하기 위해 가능한 조건을 제공하려는 상담자의 마음의 태세를 의미한다.

ⓒ 상담관계에서의 수용
- 존재 그 자체에 대한 수용

  내담자가 현재 어떠한 훌륭한 성취를 하고 있건, 반대로 실패와 과오를 범하고 있건, 그는 살아 있고 지금보다 더 향상되고 발전되어야 할 가치와 필요가 있음을 존중하는 것이다.
- 인간의 제 특성에 대한 수용

  내담자가 지니고 있는 여러 가지 신체적인 특징, 성격적인 특징, 지적 또는 도덕적 특징을 현재 있는 그대로 수용하는 것이다.
- 인간의 구체적 행동에 대한 수용

  구체적인 행동의 수용은 그 행동의 잘잘못을 떠나 그러한 행동이 있었음을 과장하거나 왜곡하지 않고 하나의 사실로 받아들이는 것이다. 즉, 행동의 원인과 결과에 대해 객관적인 자세를 취하며, 내담자의 존재·성장·발달이라는 장기적인 조망 속에서 생각하고 의논할 수 있는 마음의 자세를 의미한다.

② **공감적 이해(Empathic Understanding)**
- ㉠ 공감적 이해의 의의
  - 공감적 이해는 '감정이입적 이해'라고도 한다.
  - 공감적 이해는 과학적인 이론이나 외부로 드러난 행위 그 자체로 사람을 이해하는 것을 지양한다.
  - 공감적 이해는 인간의 심리적인 세계에서 주관적으로 움직이는 내면세계를 이해하는 것이다.
- ㉡ 상담관계에서의 공감적 이해
  - 주관적 내면에 대한 이해

    상담은 객관적이고 과학적인 방법에 의해 인간행동을 이해하는 것을 기본으로 하지만, 내담자의 마음속에서 주관적으로 작용하고 있는 지각, 감정, 동기, 갈등, 목표 등에 대한 이해가 필수적이다.
  - 공감으로서의 이해

    상담의 성패는 내담자의 주관적인 심리작용에 대한 명확한 이해에 달려 있다. 그러한 중요성으로 인해 상담에서는 이해라는 말 대신 '공감' 또는 '공감적 이해'라는 용어를 사용한다.
  - 내담자의 입장에서의 이해

    공감적 이해는 내담자의 입장이 되어 그를 이해하는 것이다. 즉, 상담자는 내담자가 가지고 있는 감정, 의견, 가치, 이상, 고민, 갈등 등을 토대로 그가 처해 있는 여러 상황에 서 보는 것이다.
  - 비언어적 메시지의 경청

    상담자는 내담자가 하는 말의 내용을 표현된 언어의 의미를 넘어 말의 이면에 포함되어 있는 정서, 의도, 동기, 갈등, 고통 등을 이해해야 한다. 다시 말해 상담자는 내담자가 비언어적인 수단을 통해 자신을 보다 정확하게 드러내므로 그와 같은 내담자의 비언어적인 표현에 담긴 의미와 감정을 이해해야 한다.
  - 궁극적 동기에 대한 이해

    상담자는 내담자가 자신의 행동에 대한 진정한 이유와 의미를 충분히 이해하지 못하는 경우가 많으므로, 내담자가 자신의 행동을 통해 추구하는 궁극적인 동기가 무엇인지 이해해야 한다.

③ **일치(Congruence)**

㉠ 일치의 의의

- 일치는 진실성, 명료성, 순수성 등으로도 불린다.
- 일치는 내적인 경험과 그에 관한 인식의 합일을 가리킨다.
- 일치는 내면적인 심리세계의 경험과 그에 대한 인식만이 아니라 그에 관한 표현이 모두 합치되는 것이다.

㉡ 상담관계에서의 일치

- 통합으로서의 일치

  상담관계에서 이루어지는 모든 의사소통과 활동은 상호 대립되거나 모순되는 결과를 초래하기보다 각각 독립된 것이면서도 하나의 통합을 이룩할 수 있는 것이어야 한다.
- 내적인 경험과 외적인 경험의 일치

  성인의 경우 내면적인 경험과 그 표현이 서로 일치되지 않는 경우가 많다. 내적인 경험과 외적인 경험이 일치되지 않으면 상담은 성공하기 어렵다.
- 상담목표 및 동기의 일치

  상담자와 내담자 사이의 일치는 우선 내담자의 상담목표와 동기가 상담자의 그것과 일치되어야 한다는 것을 의미한다. 상담을 통해 성취하려는 궁극적인 목표나 중간수준의 목표, 또는 구체적이고 실제적인 행동수준의 목표가 일치될 때 상담은 효과적으로 이루어질 것이다.

2 상담과정 모델

(1) 이건(Egan)의 문제해결모형

① **1단계 : 현재의 시나리오**

내담자가 현재의 자신의 이야기를 하도록 하여 문제해결을 정의하고 명료화하도록 조력한다.

㉠ 이야기 : 내담자가 자신의 문제를 있는 그대로 이야기하도록 조력한다.

㉡ 맹점 : 내담자가 자신의 맹점을 깨달을 수 있도록 조력한다.

㉢ 다루어야 할 문제 또는 기회 선택 : 최선의 도움을 얻기 위한 우선순위를 마련하도록 조력한다.

② **2단계 : 원하는 시나리오**

상담자는 내담자가 원하고 선호하는 시나리오를 발전시키도록 조력한다.

㉠ 보다 나은 미래의 가능성 : 보다 나은 미래를 건설하도록 조력하며, 내담자가 문제 상황을 보다 잘 이해할 수 있도록 조력한다.

㉡ 변화 계획 : 내담자가 실현 가능한 목표를 만들도록 조력한다.

㉢ 변화 추구 : 내담자가 설정한 목표를 실행할 수 있도록 조력한다.

③ **3단계** : 행동전략

상담자는 내담자가 필요로 하고 원하는 것을 얻게 하기 위하여 조력한다.

㉠ 가능한 행동들 : 내담자가 실천을 위한 전략을 발달시킬 수 있도록 조력한다.

㉡ 최적의 전략 선택 : 내담자가 구체적, 현실적, 실제적인 최선의 전략을 선택하도록 조력한다.

㉢ 계획 수립 : 내담자가 목표달성을 위한 행동을 조직화하고, 계획을 세우도록 조력한다.

(2) 카르쿠프(Carkhuff)의 공감지향모형 : 상담과정의 단계

① **1단계** : 상담자-관심주기 vs 내담자-참여하기

㉠ 상담자는 적극적 경청 등을 통하여 내담자에게 관심을 보여준다.

㉡ 내담자는 상담자의 관심을 통하여 상담에 참여하게 된다.

㉢ 상담자와 내담자 간 신뢰를 바탕으로 한 상담관계가 형성된다.

② **2단계** : 상담자-반응하기 vs 내담자-탐색하기

㉠ 상담자는 내담자의 표현에 정확하게 반응하여 내담자가 스스로를 탐색할 수 있도록 촉진한다.

㉡ 상담자는 내담자의 내적 참조틀에 근거한 공감적 반응을 통해 내담자의 탐색을 촉진한다.

③ **3단계** : 상담자-내담자에게 초점 맞추기 vs 내담자-이해하기

㉠ 상담자는 상호관계를 통하여 의미, 문제, 목표, 감정을 내담자에 맞추어 개인화하도록 한다.

㉡ 내담자가 스스로의 문제에 초점을 맞춤으로써 자신의 문제를 파악하고 이해하게 된다.

④ **4단계** : 상담자-문제해결을 위한 행동을 주도하기 vs 내담자-실행하기

㉠ 상담자는 목표 정의, 프로그램 개발, 계획 및 강화 설계 등을 통하여 문제해결을 위한 과정의 확인을 주도한다.

㉡ 내담자는 행동실행에 착수한다.

㉢ 4단계의 실행을 통하여 문제해결이 이루어지지 않을 경우 두 번째 단계로 돌아가서 다시 반복한다.

(3) 홍경자의 중심과제지향모형

① **1단계** : 상담관계 수립하고 이끌어가기(친밀감 형성)

② **2단계** : 내담자의 마음 읽어주기(공감하기)

③ **3단계** : 내담자의 현재 상태와 미래의 꿈 밝혀주기(문제점 규명, 상담목표설정)

④ **4단계** : 내담자의 문제점 풀어나가기(대안 탐색, 계획, 실천)

⑤ **5단계** : 내담자를 발전과 변화로 인도하기(실생활로 일반화)

⑥ **6단계** : 상담관계 마무리하기(상담효과 평가 및 종결)

3 접수면접

(1) 접수면접의 정의

접수면접이란 상담회기 전 내담자가 해당 기관에서 상담을 받을지 여부를 결정하고 상담을 받게 될 경우 어떤 절차로 상담이 진행되는지 등에 대해여 안내를 받는 과정이다. 접수면접의 경우 일반적으로 규모가 큰 기관이나 내담자의 수가 많은 기관에서 실시하게 된다. 내담자는 상담회기가 시작되기 전 만나게 되는 상담자와 상담실 분위기 등으로 상담을 지속할지를 결정하게 되므로 접수면접 및 접수면접자의 역할은 중요할 수 있다.

① **접수면접과 다른 상담요소와의 관계**

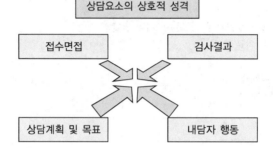

② **접수면접 실시 절차**

ㄱ 상담자 소개

ㄴ 접수면접의 목적에 대한 설명

ㄷ 내담자가 호소하는 문제와 이것의 히스토리에 대한 탐색

ㄹ 내담자가 호소하는 문제에 연관되는 배경 및 가족관계 등에 대한 탐색

ㅁ 현재의 주요 스트레스원에 대한 탐색

ㅂ 내담자의 현재 생활에 대한 전반적 기능 수행 정도에 대한 탐색

ㅅ 이전 상담 여부에 대한 탐색

ㅇ 내담자가 원하는 상담자에 대한 탐색

ㅈ 상담동기를 강화할 수 있는 에필로그

ㅊ 접수면접지(위에서 면담한 내용 및 접수면접자의 소견 등을 기록하는 양식) 기록하기

ㅋ 심리평가 의뢰(이것이 필요한 내담자의 경우)

ㅌ 상담자 선정

ㅍ 선정한 상담자에게 내담자를 의뢰

> **！ 더 알아두기 Q**
>
> **접수면접 시 수집되어야 할 내담자 정보**
> • **기본 정보** : 이름, 성별, 가족사항 등을 포함하는 내담자의 기본 정보
> • **주요 호소문제**
> • **현재 문제와 과거에 겪었던 어려움**
> • **현재의 생활 양상** : 직업 상황, 대인관계, 가족과의 관계 등
> • **가족**
>   – 배경 정보 : 사회적, 경제적, 문화적, 종교적 배경
>   – 가족 구조 : 가족 구성, 가족의 가치관 등
>   – 가족 구성원 간 관계
> • **발달사**
>   – 내담자의 유아기~성인기에 이르는 단계별 발달의 전반적 사항
> • **의료 히스토리 및 치료 효과**
> • **외모 및 행동**
> • **사회·심리적 지원체제**
> • **진단평가 및 면접자 소견**

(2) 접수면접의 주요 목적

① **내담자의 주요 문제 파악 및 이와 관련된 상담의 목표를 설정**

"여기에 오시게 된 이유가 무엇인가요?", "어떻게 도와드릴까요?"와 같은 질문으로 시작하여 내담자의 주요 문제를 탐색한다. 내담자가 가진 주된 문제의 유형에 따라 상담목표를 설정하게 된다.

② **내담자의 대인관계 유형 및 대인관계 기술과 개인사에 대한 정보를 획득**

접수면담 동안 내담자가 과거 타인과 관계 맺은 방식과 관련된 정보, 현재 타인과의 관계 양상과 관련된 정보, 면담에서 보이는 행동 유형 등을 고려하여 대인관계 유형을 파악한다.

③ **내담자의 현재 생활 양상 및 기능을 평가**

"지금까지 당신의 주요 문제와 과거에 대하여 이야기했는데, 이제는 현재 당신에게 일어나고 있는 일로 주의를 돌려야 될 것 같네요.", "평소에는 어떤 종류의 활동을 하시나요?", "업무를 위해 소요하는 시간은 몇 시간인가요?" 등의 질문을 통하여 내담자의 현재 생활과 기능에 대하여 평가한다.

(3) 한계

① 접수면접자와 내담자 간 라포형성 문제
② 접수면접 시 수집된 자료의 불충분성
③ 짧은 면담 기간에 의한 진단의 신뢰성 문제

4 상담의 첫 면접

(1) 첫 면접의 요인

① 내담자의 기대 및 불안

상담자는 내담자의 비합리적인 두려움과 상담자에 대한 비현실적인 기대를 줄여줄 필요가 있으며, 스스로의 불안 및 긴장감을 통제해야 한다.

> **더 알아두기**
>
> **초심 상담자가 겪을 수 있는 불안 요인**
> • 능력이 부족한 것으로 보일 수 있다는 것에 대한 불안
> • 면접을 이끌어 나가지 못할지도 모른다는 것에 대한 불안
> • 어떤 식으로 이야기를 진행해야 할지에 대한 불안
> • 내담자가 비협조적이고 말을 하지 않을 것에 대한 불안
> • 내담자가 적대적인 태도를 보일지도 모른다는 것에 대한 불안
> • 해결이 어려운 문제를 상담하게 될 것에 대한 불안

② 상담자의 긴장을 감소시키는 방법

㉠ 상담실의 환경을 스스로 배치하여 구조적 환경에 친숙해지도록 노력한다.

㉡ 내담자를 격의 없이 대하고 직접 내담자가 앉을 좌석을 알려 주는 등 적극적인 자세로 임한다.

㉢ 면접 중에는 중요한 내용을 기록한다.

㉣ 상담자가 자기 나름대로 자유롭게 이끌어 간다는 태도로 임한다.

㉤ 내담자의 침묵을 두려워하지 않는다.

㉥ 상담자 자신도 문제에 부딪히거나 혼돈을 일으키는 사실이 있을 때에는 당황할 수 있다는 점을 인정하고 임한다.

㉦ 면접의 방향 설정이 어려운 경우 내담자가 말을 계속 반복하게 하거나 이야기를 구체적으로 덧붙이도록 요청할 수 있다.

③ 첫 면접의 진행

㉠ 메모 혹은 녹취가 필요한 경우 이를 먼저 설명하고 내담자의 동의를 구한다.

㉡ 상담자에게 연락하는 방법을 알려주고 첫 면접의 특징에 대하여 내담자를 이해시킨다.

㉢ 상담의 시작은 질문으로 시작한다.

(2) 내담자의 불안을 다루는 방법

① 상담자는 내담자의 불편한 말과 행동을 파악하고 이에 대하여 안심시켜야 한다.

② 내담자에게 상담자에게 필요한 정보의 유형을 제시하면 내담자의 불안을 감소시키는 데 도움을 줄 수 있다.

③ 내담자가 한 말을 상담자가 중간중간 정리·요약하면서 진행하는 것은 내담자의 불안을 감소시키는 데 도움을 줄 수 있다.

④ 상담자가 내담자의 문제를 경청한다는 것 자체가 불안을 감소시키는 요인이 될 수 있다.

⑤ 내담자의 불안이 고조되는 순간 화제를 돌리거나, 대화 방식 등에 변경을 주는 것은 불안을 감소시키는 요인이 될 수 있다.

⑥ 내담자가 불안해하는 것으로 인해 상담자가 당황하거나 긴장할 때에는 솔직하게 이야기한다.

(3) 첫 면접에서 다루어야 할 내용

① 내담자가 호소하는 문제는 무엇인가?

② 내담자는 자신의 문제에 대하여 어떠한 태도를 가지고 있는가?

③ 내담자의 배경정보(가족관계, 과거 상담 경험 등)를 파악하여 문제의 심각도와 해결 기능을 평가한다.

④ 초보 상담자의 경우 가능한 한 내담자의 문제 및 배경정보를 자세하게 듣고 평가할 수 있도록 한다.

(4) 첫 면접의 종결

① 내담자가 이야기한 내용을 상담자가 요약하여 내용이 일치하는지를 살펴본다.

② 상담 및 상담자의 역할에 대하여 인식하고, 내담자의 문제를 충분히 이야기하였으며, 의문점과 긴장이 풀렸다면 성공에 가깝다.

> **! 더 알아두기 Q**
>
> **첫 면접을 효과적으로 마치는 상담자의 두 가지 기술**
> • 내담자가 자유롭게 말할 수 있도록 편안하고 수용적인 분위기를 만드는 기술
> • 내담자의 문제를 정확히 파악하기 위하여 정보수집과 적절한 상담계획을 수립할 수 있는 기술
>
> > ※ **참고 : 상담 면접 기록의 종류**
> > • 접수 내용 기록
> >   – 내담자 문제, 내담자의 행동발달 수준, 생활배경, 심리검사 및 임상적 진단, 상담계획 및 조치 등
> >   – 내담자가 무엇을 기대하고 무엇을 가장 관심 있게 생각하는지를 검토할 수 있는 자료
> > • 진행 과정 기록
> >   – 상담자의 제안, 조치사항, 내담자의 문제, 태도의 변화 및 기타 상담진행의 내용, 내담자의 외형(복장 등), 약속시간 엄수 여부, 생활의 변동 상황, 면접기간 중 내담자 가족의 행동(방문 혹은 전화) 등
> > • 종결 내용 기록
> >   – 구체적으로 기록
> >   – 종결 경로, 전체적인 상담결과에 대한 평가
> >   – 종결 자체에 대한 토의내용

5 내담자 문제평가 및 사례개념화

(1) 내담자 문제평가

① 정신상태의 평가

⊙ 전체적인 모습

상담자는 내담자의 외모, 태도, 운동기능, 의식기능의 수준 등 전체적인 모습을 살펴 내담자의 정신상태를 파악한다.

ⓒ 현 상황에 대한 자각

현 상황에 대한 자각이란 주변 환경에 대한 개인의 일반적인 자각 수준을 뜻한다. 상담자는 내담자가 현 상황에 대해 어느 정도로 자각하고 있는지 관찰한다.

ⓒ 감정과 기분

감정이란 정서가 다른 사람이 관찰할 수 있도록 밖으로 표현된 것을 의미한다. 상담자는 내담자의 감정의 적절성, 강도, 유동성 및 범위를 평가한다.

> **더 알아두기**
>
> **감정의 평가**
> • 적절성 : 감정과 이야기의 내용이 상응하는 정도
> • 강도 : 반응의 강함과 약함 정도
> • 유동성 : 한 감정에서 다른 감정으로 이동하는 방식
> • 범위 : 정서 표현의 복잡성 및 다양성

ⓔ 사고의 내용과 과정

상담자는 내담자의 사고의 내용이 얼마나 실제에 가까운지, 사고를 얼마나 조절할 수 있는지 그리고 사고가 얼마나 조직적인지를 평가하여 내담자의 일반적인 사고 기능의 손상이 상당하다고 판단되면 정신과 의사, 신경학자, 관련 전문가 등 다른 기관의 도움을 요청하여야 한다.

ⓜ 지각

상담자는 내담자에게 환각 증상이 있는지에 대해 주의하여 살펴보아야 한다.

ⓗ 지적 기능

지적 기능이 손상되거나 결핍되었을 경우 신체적 문제를 야기하거나 기본적인 생활 유지 능력에 영향을 줄 수 있다. 상담자는 상담 개입 전략을 위해 내담자의 지능과 적응 행동을 평가하여야 한다.

ⓢ 자기 인식

상담자는 내담자가 자아정체감 또는 자기 인식을 어느 정도 가지고 있는지 파악한다. 만약 내담자가 자신이 다른 무엇인가에 의해 통제된다거나 자신 안에 다중인격이 있다고 생각하거나 자신의 신체가 자신에게 속한 것이 아니라는 생각을 가지고 있다면 그가 정체감에 대해 심각한 혼란을 겪고 있다고 평가할 수 있다.

◎ 통찰 기능과 판단력

자기 자신과 자신의 상황 그리고 곤경에 처하게 된 자신의 책임을 얼마나 잘 이해하는지에 대한 자기이해능력은 대부분의 상담에서 필수적인 요소로, 상담자는 내담자가 이에 대해 어느 정도의 통찰 수준을 가지고 있는지를 평가하여야 한다. 통찰 수준을 평가할 때에는 내담자가 자신의 문제를 얼마나 포괄적이고 이해할 수 있게 설명하는지에 유의한다.

㉧ 약물남용과 중독

상담자는 모든 형태의 언어적·비언어적 행동, 의식, 정서, 인지 능력에 영향을 주는 약물 영향 가능성을 항상 염두에 두어야 한다.

㉨ 자신과 타인을 해칠 위험

상담자는 내담자가 자신 또는 타인에게 위험을 가할 개연성이 있는지를 알고 있어야 한다.

• 자신을 해칠 가능성을 보이는 내담자의 특성
 - 과거의 자살 기도
 - 고통이나 병
 - 절망적인 느낌
 - 노년기 또는 청소년기
 - 무직 또는 실직 상태
 - 독신 상태
 - 공황장애
 - 우울
 - 중독
 - 부끄럽거나 굴욕감을 경험한 스트레스 사건
 - 중요한 대인관계의 갈등 또는 단절
 - 심한 우울 기간을 지나 최근 향상된 기분
 - 최근에 발생하거나 여러 번 누적된 상실 등
• 타인을 해칠 가능성을 보이는 내담자의 특성
 - 폭력 행동을 한 경험
 - 최근 2주 동안 신체적 공격이나 공포 유발 행동을 한 경험
 - 피해를 당한 경험
 - 최근 2주 동안 있었던 자살 행동
 - 정신분열증, 조증, 성격장애의 진단
 - 공감능력의 부족
 - 복수심 또는 분노의 감정에 쌓인 생활
 - 물건 또는 부동산을 손상시키거나 동물을 해친 경험
 - 약물남용의 경험

② **심리검사를 통한 평가**

㉠ 상담에서의 심리검사 활용
- 심리검사의 의의

  심리검사란 다양한 도구를 이용하여 인간의 다양한 심리적 특성들을 양적·질적으로 측정하고자 하는 일련의 과정을 의미한다. 심리검사의 결과는 피검사자를 이해할 수 있는 판단의 자료로만 활용하여야 하며 절대적인 의미를 부여해서는 안 된다. 또한 심리검사는 실시부터 결과의 해석까지 피검사자를 돕기 위해서만 활용되어야 한다.

- 심리검사의 이점
  - 정보의 제공 : 상담자는 내담자의 성격 특성과 행동양식을 파악할 때 심리검사를 사용함으로써 내담자가 가지고 있는 문제를 보다 쉽게 파악할 수 있다.
  - 자기 탐색의 촉진 : 내담자는 심리검사에 대한 자신의 반응과 결과의 해석 과정을 통해 자기 문제를 탐색하는 데 도움을 얻을 수 있고, 자기 탐색의 동기를 촉진시키는 계기를 얻을 수 있다.
  - 적절한 상담기법의 선정 : 상담자는 심리검사를 통해 파악된 내담자의 성격 특성, 상황 조건, 호소문제의 성질과 정도 등을 가지고 적절한 상담기법을 선정·적용할 수 있다.
  - 상담 결과의 평가 : 상담자는 상담 과정 중의 변화나 상담 결과를 객관적으로 평가해 주는 도구로써 심리검사를 사용할 수 있다. 내담자 또한 검사 결과를 통해 객관적인 변화의 정도를 알 수 있어 상담에 대한 희망이 높아지는 효과를 가져올 수 있다.

- 심리검사의 목적
  - 개인 내, 개인 간 비교를 통해 개인의 행동이나 성격을 이해하고 이를 바탕으로 하여 개인의 문제해결에 도움을 주고자 한다.
  - 내담자의 임상적 진단을 명료화·세분화하고, 문제의 증상 및 심각성 정도를 구체화한다.
  - 내담자의 자아 강도 및 인지 기능을 평가한다.
  - 내담자를 치료적 관계로 유도하며, 자아 강도 및 문제 영역을 인식하도록 돕는다.
  - 내담자의 치료에 따른 반응을 검토하며 치료 효과를 평가한다.

- 심리검사의 특징
  - 개인에 관한 상담자의 주관적 판단에서 비롯되는 오류를 최소화할 수 있다.
  - 수검자의 행동에 대한 양적 측정을 통해 개인 내 및 개인 간 비교를 가능하게 한다.
  - 개인의 심리나 행동에 대한 부분적 또는 전체적 평가를 가능하게 한다.

㉡ 심리검사를 통한 평가과정

평가방법	측정
• 면접 • 행동관찰	• 인지적 과정 • 정서상태 • 동기수준 및 욕구체계 등 • 대인관계 양식 • 개인 내적 수준

- 평가방법
  - 면접 : 대화를 통해 상담자가 내담자를 이해하는 하나의 방식으로 진단적 면접, 임상적 면접, 평가 면접 등으로 칭해진다. 모든 평가절차들 중 가장 기본적인 방식인 면접은 언뜻 간편해 보이지만 전문성을 가지고 있어야 한다. 면접 시에는 내담자가 이야기하는 내용만을 해석할 것이 아니라 내담의 태도나 정서도 해석해야 한다. 즉, 면접은 내담자가 질문에 대답하거나 대답하지 않는 방식에 주의를 기울여야 한다.
  - 행동관찰 : 행동 평가에 필요한 정보는 자연 장면(예 가족 간의 대화)에서의 관찰과 통제된 상황(예 폐쇄공포를 측정하기 위해 내담자를 폐쇄된 공간에 두는 것)에서의 관찰로 수집된다.
- 심리검사로 측정하는 것
  평가를 하는 일차적 목적은 문제에 대한 해답을 제공하는 것이고, 이차적 목적은 계속적인 상담 기록의 일부로 남겨 두기 위한 것이다. 따라서 심리검사의 평가 결과에는 정신 기능의 기본 영역들과 예측 가능한 미래의 문제와 관련된 정보들이 포함되어야 한다. 내담자를 평가하기 위한 정신 기능의 기본 영역에는 다음과 같은 것들이 있다.
  - 인지적 수준 : 인지적 과정은 개인의 전체 상을 파악해 가는 윤곽, 내적 기능 간의 비교 근거가 된다. 지능검사와 신경심리검사 등으로 현재의 인지적 기능, 병적 수준과 비교하여 손상된 정도, 손상의 원인 등 인지적 수준과 내용을 살펴보아야 한다.
  - 정동과 기분 수준 : 현재의 기분 상태, 장애의 급성·만성 여부, 불안정성을 관찰하여 정서 및 기분이 환경에 따라 어느 정도 수준으로 바뀌는지를 살펴보아야 한다.
  - 동기수준과 욕구체계 : 인간은 생리적 동기와 자극동기, 극복동기, 성취동기, 작업동기와 같은 심리적 동기를 가지고 있는데 이러한 동기수준과 욕구체계에 이상이 오면 문제가 나타날 수 있다.

> **더 알아두기**
>
> **동기의 기능**
> - **활성적 기능** : 동기는 행동을 유발하고 이를 지속 및 성공적으로 추진하게 하는 힘을 준다.
> - **지향적 기능** : 동기는 행동의 방향에 영향을 준다.
> - **조절적 기능** : 동기는 선택된 목표 행동에 도달하는 데 필요한 다양한 요인을 선택하도록 하며 이를 수행하는 데 있어 영향을 미친다.
> - **강화적 기능** : 동기의 유발 수준은 행동의 결과에 대하여 주어지는 보상에 따라 달라질 수 있다.

  - 대인관계적·개인 내적 수준
    인지, 정서 또는 동기의 기능에 이상이 나타나면 개인의 성격, 방어기제, 대인관계 등에 문제적인 영향을 미치게 된다.

더 알아두기

평가를 위한 일반적 지침
- 무엇을 알아야 하는가를 명확히 하라.
- 내담자에게 상담자가 누구인지 알도록 하라.
- 내담자의 허락을 받도록 하라.
- 왜 질문이 필요한지 내담자가 알게 하라.
- 어느 정도의 시간 사용이 가능한지 알아두어라.
- 책임 있는 임상적 결정을 내리기 위해 충분한 정보를 수집하라.
- 문화적인 문제에 민감하라.
- 충분한 정보가 주어진 상태에서 하는 내담자의 동의에 대해 설명하라.

ⓒ 심리평가의 개념
- 전문적 과정
  심리검사를 통해서 얻어진 정보를 중심으로 하여, 면담, 행동관찰, 개인력 등의 자료와 전문지식 등을 활용하여 평가를 내리는 전문적인 과정이다.
- 통합과정
  인간에 대한 심리학적 지식, 정신 병리에 대한 지식, 임상적 경험 등을 통해 이루어지는 지식과 이론의 종합적 통합과정이다.
- 문제해결과정
  심리검사 결과에 다양한 정보를 종합해서 문제해결에 도움을 제공하는 문제해결과정이다.

ⓔ 심리검사의 유형
- 객관적 검사
  - 의의
    과제가 구조화되어 있고, 채점 과정이 표준화되어 있으며, 해석의 규준이 제시되어 있는 검사이다. 평가하고자 하는 특성을 측정하기에 가장 적합하다고 생각되는 일정한 방식에 따라 응답되고 해석된다. 개인마다 공통적으로 지니고 있는 특성을 기준으로 개인들의 상대적인 위치를 비교·평가하려는 것이다.
  - 종류
    종류로는 지능검사(WISC, WAIS, WPPSI 등), 성격검사(MMPI, MBTI 등), 흥미검사(직업흥미검사, 학습흥미검사, 적성검사 등) 등이 있다.
  - 장점
    검사실시와 해석이 간편하고, 검사의 신뢰도 및 타당도가 검증되어 있을 뿐만 아니라 검사자 변인이나 검사의 상황 변인에 따라 영향을 적게 받으므로 개인 간 비교가 객관적으로 제시될 수 있다.
  - 한계점
    피검사자들이 사회적으로 바람직한 내용에 따라 반응할 수 있고, 개인의 응답하는 방식에 있어 일정한 흐름을 따르는 반응 경향성을 보일 수 있으며, 문항 내용의 제한성이 크므로 개인의 독특한 특성을 파악하는 데 제한을 받을 수 있다.

- 투사적 검사
  - 의의

    비구조적인 검사 과제를 통해 개인의 독특성을 최대한 이끌어내려는 데 목적이 있다. 개인의 다양한 반응을 도출시키기 위해 가능한 한 간단한 지시 방법을 사용하며, 검사 자극 또한 불분명하고 모호한 특징을 지니고 있다.
  - 종류

    Rorschach 검사, TAT, CAT, DAP, HTP, BGT, SCT 등이 있다.
  - 장점

    검사 자극이 모호하고 피검사자가 가능한 한 자유롭게 반응하도록 허용되기에 독특하고 다양한 반응이 도출될 수 있으며, 이에 피검사자가 자신의 의도에 맞게 방어적으로 반응하는 것이 어렵다.
  - 한계점

    전반적으로 신뢰도와 타당도가 객관적으로 검증되기 어렵다는 것과 반응에 대한 상황적 요인, 즉 검사자에 대한 피검사자의 선입견 등의 영향력을 무시하기 어렵다.
- ⓜ 심리검사 실시 시기
  - 초기

    치료가 상당 기간 진행된 후에야 얻을 수 있게 될 자료를 미리 파악하게 해줌으로써 시간을 효율적으로 사용할 수 있도록 해준다. 또한 면접만으로 드러나기 어려운 내적인 욕구, 충동, 방어들의 위계적인 배열을 파악할 수 있게 한다. 결과를 통해 피검사자가 치료 받기에 적절한지, 어떤 종류의 치료가 적합한지, 어떤 유형의 치료자가 가장 효과적일지를 결정하는 데 도움을 제공해 준다.
  - 중기나 후기

    치료 과정에서 특정한 문제가 생겨 자문이 필요할 때 실시한다. 검사 결과를 토대로 피검사자의 현재 상태와 지금까지의 치료 효과에 대해서 평가하고, 그동안의 관찰 자료를 통합하여 통찰적 이해를 얻을 수 있다.
  - 심리검사가 가장 유용한 상황

    여러 상황에서 얻은 자료들이 불일치할 때, 임상 관찰만으로는 적절한 판단이 어려울 때, 증상이 매우 복잡하여 피검사자에 대해서 전체적인 통찰이 되지 않을 때 유용하다.

> **더 알아두기**
>
> **심리검사의 실시 과정**
> 심리검사의 선택 → 검사 실시방법에 대한 이해 → 검사에 대한 동기화 → 검사 실시 → 검사 채점 및 해석

- ⓗ 심리검사 결과 해석 시 유의사항
  - 전문적인 자질과 경험을 갖춘 사람이 해석하여야 한다.
  - 다른 검사나 관련 자료를 함께 고려하여 결론을 내려야 한다.
  - 검사 결과가 악용되어서는 안 된다.

- 자기충족예언을 하여서는 안 된다.
- 내담자에게 명령을 내리거나 낙인을 찍어서는 안 된다.
- 규준에 따라 해석하여야 한다.

③ **내담자 탐색을 통한 평가**

　㉠ 상담자에게 강한 전이 감정을 보이는가?

　　중요 인물과의 해결되지 않은 감정을 왜곡된 방식으로 상담자에게 지각하여 관계를 맺으려 하지 않는지를 관찰한다.

　㉡ 상담 장면에 저항하고 있는가?

　　상담자와의 관계가 안전한지 여부를 확인하기 위해 시험해 보는 내담자의 심정을 잘 받아주고 이해하여야 한다.

　㉢ 상담에 비자발적으로 참여하는가?

　　비자발적 내담자의 상담의 여부와 기대가 자신에게 있음을 일깨워 준다.

　㉣ 상담자에게 지나치게 의존하는가?

　　내담자는 의사결정에 대한 책임감을 덜고자 상담자에게 의존하는 경우가 있다. 상담자는 관찰을 통해 이를 인지하고 경계하여야 한다.

　㉤ 지나치게 말이 많은가?

　　상담자는 적절한 순간에 내담자의 말을 멈추고 자신의 생각과 느낌을 전달하여 문제에 초점을 맞추도록 한다.

　㉥ 자신의 감정을 전혀 드러내지 않는가?

　　내담자는 자신에게 느껴지는 감정을 억압하거나 사건들을 감정으로 느끼기보다는 머리로 생각하는 방식에 익숙해져 있다. 또한, 부정적 감정을 표현하는 것을 안전하지 못한 것으로 여긴다. 상담자는 이러한 내담자가 자신의 감정에 머물면서 충분히 느낄 수 있도록 도와야 한다.

④ **내담자의 자원 평가**

　내담자의 적성, 흥미, 관심의 영역을 파악하고, 내담자에게 누구나 나름의 재능이 있음을 인식시키고 활용하게 한다. 상담자는 내담자가 일상생활에서 사용하는 지식, 기술, 특성 등을 통해 장점을 파악하고, 그것을 적용할 수 있는지 고려해야 한다. 또한, 도움을 받을 수 있는 인적·물적 자원 등 사회 체계의 자원이 있는지 살펴본다.

(2) 사례개념화

① **정의**

　㉠ 사례개념화란 내담자로부터 얻은 단편정보를 상담자가 통합하여 이해와 문제 해결에 활용하는 기술이다.

　㉡ 핵심적인 문제를 파악하고 문제해결을 위해 상담목표와 구체적 전략 수립, 행동특성을 특정 지식의 이론적 기초와 연결하는 것이다.

② **방법**

　㉠ 문제의 핵심이 무엇인지 심리적 차원에서 생각한다.

　㉡ 문제가 생긴 경로나 원인, 특정사건이나 계기, 그리고 그 사건이 내담자에게 끼친 영향을 파악한다.

ⓒ 문제를 지속시키는 내적인 역동과 역기능적 사고, 신념, 감정, 행동특성, 방어기제와 외적역동, 즉 주변사람들의 반응과 주변 환경을 살펴본다.

ⓔ 내담자가 진술하는 내용에서 반복적으로 나타나는 공통주제나 패턴을 파악한다.

ⓜ 위의 여러 정보를 근거로 가설을 세우고, 정보가 추가됨에 따라 그 가설을 계속해서 수정·보완한다.

6 상담관계

(1) 상담관계의 특성

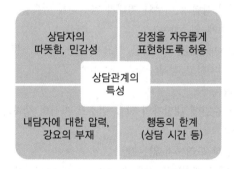

① 따뜻함과 민감성

상담관계는 내담자와의 상담관계를 형성하게 하는 상담자의 따뜻함과 내담자의 표현을 민감하게 알아차리고 반응해 주는 민감성을 그 특징으로 한다. 상담자는 내담자에게 진실한 관심을 가지고 그의 요구에 매우 민감하게 반응해 내담자와 점차 더 깊은 정서적 관계를 맺게 된다. 하지만 자신을 내담자와 지나치게 동일시해서는 안 된다.

② 허용성과 자유로운 감정 표현

상담자는 내담자가 어떠한 감정이라도 자유롭게 표현할 수 있도록 허용하는 태도를 가져야 한다. 상담관계에서는 일상생활에서의 다른 인간관계와 다르게 긍정적인 감정 표현뿐만 아니라 부정적인 감정도 표현하도록 격려되어야 하므로, 상담자는 내담자의 이야기에 도덕적이거나 비판적인 태도가 아닌 수용과 이해의 태도를 보여야 한다.

③ 행동의 한계성

상담에서는 내담자가 자유롭게 자신의 감정을 표현할 수 있지만 상담자를 위협하는 등 표현의 자유를 넘어선 행동을 해서는 안 된다. 또한 상담시간은 정해져 있으므로 내담자가 한없이 시간을 사용할 수는 없다.

④ 압력 및 강요의 부재

상담관계는 내담자가 일정한 방향으로 행동하도록 충고·제안 및 강요하는 관계가 아니다. 따라서 상담자는 내담자에게 어떠한 종류이든 압력을 가하거나 강요해서는 안 된다.

⑤ 그 외의 특징

　㉠ 상담관계는 의미 있고 가치 있는 관계이다.

　㉡ 정의적인 요소가 두드러지고 명백히 드러나는 관계이다.

　㉢ 인간의 종합성이 강조되는 관계이다.

　㉣ 관련된 사람들 간의 상호동의 하에 형성되고 유지되는 관계이다.

　㉤ 내담자가 상담자로부터 정보, 교수, 충고, 원조, 이해, 치료 등을 받을 필요성을 느끼기 때문에 형성되는 관계이다.

　㉥ 의사소통과 상호작용을 통해서 형성되고 유지되는 관계이다.

　㉦ 명백한 구조가 있는 관계이다.

　㉧ 협동적인 노력을 특징으로 갖는 관계이다.

　㉨ 상담자가 하나의 인간으로서 접근이 가능하여야 하며, 안정되어 있어야 하는 관계이다.

　㉩ 변화를 촉진하는 것이 목표인 관계이다.

(2) 상담장면에서 겪게 되는 어려움

① 상담자

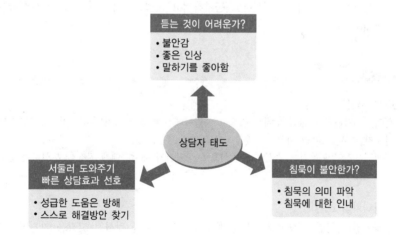

　㉠ 경청의 어려움

　　상담 시간 중 약 60~70%는 내담자가 이야기를 하게 되는데, 이는 내담자가 화자의 역할, 상담자가 청자의 역할을 담당하고 있음을 보여준다. 그런데 이러한 역할이 바뀌어 상담자가 듣기를 어려워하고 말이 많으면 내담자가 이야기할 기회를 빼앗고 내담자의 말을 들을 수가 없어 내담자에 대한 탐색이 어렵게 된다.

　㉡ 내담자의 침묵에 대한 불안함

　　침묵은 내담자가 자신의 내면과 문제를 탐색하는 대단히 의미 있고 중요한 순간임에도 불구하고 상담자가 내담자가 침묵을 유지하는 경우 불안을 느끼고 그 순간을 깨뜨리는 경우가 있다. 상담자는 침묵이 진행되는 동안 그 침묵을 깨뜨릴 것이 아니라 내담자의 표정 등을 살피며 그 의미를 파악해야 한다.

    ⓒ 상담성과 도출에 대한 성급함

      상담자는 내담자의 문제와 욕구가 무엇인지 정확하게 파악되지 않은 상태에서 성급하게 도움을 주려고 해서는 안 된다. 상담자는 상담성과에 대해 성급한 마음을 가지지 말고 내담자가 스스로 해결 방안을 찾을 수 있도록 도와주어야 한다.

    ⓔ 내담자의 문제에만 초점을 두는 것

      상담자는 내담자의 문제에만 초점을 맞추어서는 안 되며, 내담자 전체를 관찰하여 내담자에 대해 전반적으로 이해하고, 내담자의 강점을 제대로 파악하여야 한다.

    ⓜ 동일한 이론의 적용

      상담자가 하나의 이론만을 상담에 적용하는 것은 내담자를 폭넓게 이해하고 더 많은 도움을 제공하는 데 걸림돌이 될 수 있다. 따라서 상담자는 다양한 상담이론과 상담기법을 습득·활용하여 각 내담자에 따라 적절하게 적용할 수 있어야 한다.

    ⓗ 역전이에 대한 미자각

      상담자가 상담과정에서 긍정적 또는 부정적 영향을 미칠 수 있는 역전이를 자각하지 못하면 내담자를 주관적 방식으로 다루게 되어 상담관계가 제대로 형성되지 않을 수 있다. 그러므로 상담자는 자신의 문제와 내면에 대해 깊이 이해하여 그것이 역전이로 나타나 상담관계에 영향을 미칠 수 있음을 인식하고 극복하려고 노력하면서 역전이를 상담에 활용하려는 자세를 가져야 한다.

> **!** 더 알아두기 **Q**
>
> **전이와 역전이**
> - 전이 : 내담자가 자신의 삶에서 중요한 사람들에게 향했던 과거의 감정이나 태도를 상담자에게 투사시키는 무의식적인 현상
> - 역전이 : 전이와 동일한 과정이나 방식으로 상담자가 내담자에게 자신을 투사하는 현상

    ⓢ 상담자의 소진

      장기간의 상담은 상담자에게 신체적·정신적 피로와 정서적 고갈을 가져와 소진 상태에 놓이게 한다. 이러한 소진 상태는 상담자에게 우울감, 고립감, 도덕성의 상실 또는 능률과 대처능력의 저하를 가져와 내담자에게 해를 끼칠 수 있다. 따라서 상담자는 이러한 소진 상태가 지속되지 않도록 자신을 잘 돌보아야 한다.

② **내담자**

    ㉠ 전이 감정

      상담자는 내담자의 전이 감정을 이해하여 상담의 방향을 설정하고 내담자를 숙련되게 다루는 방법을 알아야 한다. 상담자의 내담자의 전이 탐색을 위한 적절한 개입은 내담자의 내면에 대한 이해에 긍정적인 효과를 가져 온다.

    ㉡ 상담 과정에 대한 저항

      내담자는 불안으로부터 자신을 보호하기 위해 또는 상담자와의 관계가 안전한지에 대한 불확실성 때문에 상담자에게 자기 자신을 내보이거나 자기를 탐색하는 작업을 하지 않고 저항

하는 태도를 보이게 된다. 이때 상담자는 내담자가 겪는 불안함을 이해하고 그대로 표현할 수 있도록 도와야 한다.

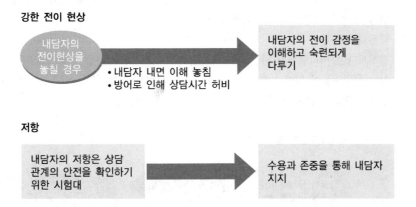

ⓒ 비자발적인 참여

누군가에게 이끌려 비자발적으로 상담실을 찾게 된 내담자들은 상담의 필요성을 느끼지 못하고, 변화에 대한 동기가 낮다. 이러한 비자발적인 내담자일수록 상담에의 참여 여부와 그에 대한 책임이 내담자 자신에게 있음을 일깨워 줘야 한다.

ⓔ 지나친 의존

자신이 의사결정을 해야 한다는 사실에 불안을 느끼는 내담자는 상담자에게 의존하려 하고, 의사결정에 대한 책임을 상담자에게 돌려 결과에 대한 불안에서 벗어나려고 한다. 이런 경우 상담자는 자신이 의존적인 내담자를 어떻게 받아들이고 있는지 살펴보고, 내담자의 의존 정도를 높이고 있지는 않은지 경계하여야 한다.

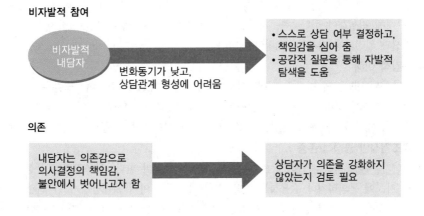

ⓜ 지나치게 말이 많은 경우

지나치게 말을 많이 하는 내담자는 그 많은 말 때문에 핵심 문제에서 벗어나거나, 문제를 깊이 다루기가 어렵다. 이런 경우 상담자는 내담자의 말을 적절히 멈추고 내담자가 자신의 내면을 탐색할 수 있도록 상담과정을 이끌어야 한다.

ⓗ 감정의 미표현

감정보다는 머리로 생각하는 인지적 방식에 익숙하여 감정을 전혀 드러내지 않고 이야기를 하는 내담자들이 있다. 이런 상황에서 상담자는 내담자에 대한 이해와 인내로써 내담자가 자신의 감정을 충분히 느끼고 표현할 수 있도록 도와야 한다.

지나치게 많은 말

| 지나치게 많은 말은 중요한 문제에 대한 접근을 어렵게 함 | → | 지금-현재의 감정과 문제에 초점 맞추기 |

감정을 드러내지 않기

| 감정표출을 어려워함 | → | 감정에 머물러 충분히 느끼게 해주기, 인내 필요 |

(3) 상담관계와 상담자의 태도

로저스(Rogers)는 상담을 효과적으로 진행하기 위해서는 상담자에게 진실성, 공감적 이해 그리고 무조건적인 긍정적 존중이 필요하다고 하였다.

① **진실성**

상담자는 자신에 대한 충분한 이해를 바탕으로 자신을 솔직하게 인정하고, 자신에 대한 모든 것에 대해 진실해야 한다. 즉, 자신을 완벽한 사람 또는 상담자로 가장하지 않고, 한 인간으로서 자신과 완전하게 접촉할 수 있어야 한다.

② **공감적 이해**

상담자는 내담자의 방식으로 내담자의 세계를 경험하고, 생각하며, 느낄 수 있도록 노력하여야 한다. 이러한 공감적 이해는 내담자의 주관적 경험을 안전하게 느낄 수 있도록 인정해 주는 것으로서 내담자가 돌봄과 안전을 느낄 수 있는 환경을 만들어 준다.

③ **무조건적인 긍정적 존중**

상담자는 내담자를 판단하지 않고 온전하게 받아들여야 한다. 무조건적인 긍정적 존중은 내담자의 가치에 동의하거나 수용하는 것을 의미하는 것이 아니라 내담자가 한 인간으로서 가지고 있는 긍정적 측면과 부정적 측면을 있는 그대로 수용하는 것을 의미한다. 이러한 무조건적인 긍정적 존중을 성취하기 위해서는 먼저 내담자의 눈으로 세계를 보고 인정해 주는 것이 필요하다.

(4) 상담관계 형성

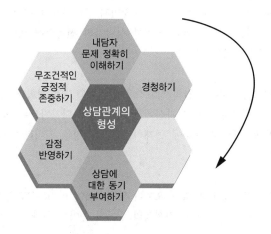

① 경청

상담자는 원칙적으로 듣는 입장이어야 한다. 내담자는 상담자의 말을 들으러 상담자를 찾은 것이 아니라 자신을 괴롭히는 문제를 이야기함으로써 자신의 감정을 해소하기 위해 상담자를 찾아온 것이기 때문이다. 상담자는 최소 반응(예 비언어적인 것, 고개를 끄덕거림, 아하, 으음, 그랬군요 등)을 적절히 사용하여 내담자의 말을 경청하고 있음을 확인시켜 주고, 내담자의 이야기에 귀를 기울임으로써 내담자가 혼란스러운 상황에서 빠져나오도록 도와야 한다. 또한, 경청 시 자연스러운 시선 맞추기로 내담자와 *라포(Rapport)를 형성하는 것이 바람직하다.

> ※ 참고 : 라포(Rapport)
> 사람 간 상호신뢰관계 혹은 상담자와 내담자 간/환자와 의사 간 심리적 신뢰관계를 의미하며 상담 장면, 심리검사, 그리고 교육 분야에서 매우 중요하다.

② 상담에 대한 동기 부여

자신의 의사와 상관없이 다른 사람의 권유나 강요에 의해 상담을 받으러 온 비자발적 내담자의 경우, 상담을 진행하기 어려울 뿐 아니라 그 효과 역시 떨어진다. 상담자는 이러한 비자발적 내담자의 현재 심정을 충분히 표현하게 하고 공감해주며, 상담에 대한 동기 부여를 통해 자발적인 태도를 가질 수 있도록 노력해야 한다.

③ 감정의 반영

상담자는 내담자의 감정을 명료화하고 적절한 시기에 반영해 줌으로써 내담자의 이야기를 경청하고 있다고 느끼게 해주고, 내담자가 내면의 이야기를 더 표현하도록 도울 수 있다. 감정의 반영은 내담자가 자기감정을 충분히 경험할 수 있도록 하고, 그 고통을 받아들이고 탐색할 수 있게 해준다.

④ 무조건적인 긍정적 존중

상담자는 내담자를 있는 그대로 존중하고 받아주어 내담자가 자신의 문제를 있는 그대로 솔직하게 내놓으면서 문제해결을 향해 나아갈 수 있도록 도와야 한다.

⑤ **내담자의 문제에 대한 정확한 이해**

상담자는 내담자의 가장 절실한 문제가 무엇인지, 그 문제의 원인이 어디에 있는지 등 문제의 핵심을 파악하고 접근하여야 한다. 이러한 상담자의 전문성에 내담자는 상담자를 신뢰하게 되고, 상담에 적극적으로 임하게 된다.

⑥ **공감적 이해**

상담과정에서 일어나는 순간순간의 상호작용에서 내담자의 경험과 감정들을 민감하고 정확하게 이해하는 것이다. 내담자가 자기 자신에게 더 가까이 다가가도록 하고 더욱 깊고 강한 감정을 경험하도록 도우며, 내담자 내부에 존재하는 불일치성을 인식하여 해결하도록 격려하는 데 그 목적이 있다.

⑦ **일치성**

상담자는 자신의 내적 경험과 외적 표현이 일치되어야 하며, 상담자가 일치성을 유지하기 위해서는 자기 인식, 자기 수용, 자기 진실성의 수준이 높아야 한다.

7 상담목표의 설정

상담이 나아갈 방향을 상담초기에 명확하게 하지 않으면 상담은 표류하기 쉽다. 상담의 최우선적인 목표는 내담자가 호소하는 문제의 해결임을 명심하여야 한다.

(1) 목표설정 시 고려 사항

① **구체적이고 명확한 목표**

② **목표의 현실성**

현실적으로 내담자가 처한 상황에서 달성이 가능한 것이어야 한다.

③ **문제 축약**

내담자가 호소하는 여러 가지 문제를 유사한 원인을 가지는 몇 가지 주요 문제로 압축하는 것을 말한다.

(2) 목표설정의 과정

① 상담목표설정의 목적과 필요성에 대해 내담자가 납득할 수 있도록 자세히 설명한다.

② 목표를 선정한다.

③ 내담자가 세워진 목표에 합의하는지 확인해본다.

④ 목표 달성이 가져다 줄 이점과 손실을 검토하고 목표 달성에 장애가 될 수 있는 요인을 정확하게 파악한다.

⑤ 필요한 경우 목표 실행 과정에서 원래 정한 목표를 수정하여 새로운 목표를 설정한다.

8 개입방법 선택

(1) 정서적 개입

우울과 분노, 열등감, 수치심 등 대인관계나 사회적 역할을 수행하는 데 장애를 느끼는 경우 정서는 주된 문제가 되며, 감정을 표현하게 하고 감정을 정화시켜 자신에 대해 이해할 수 있도록 도움으로써 변화를 이끌 수 있다.

> **더 알아두기**
>
> **정화(Catharsis)경험을 촉진하는 원리와 방법**
>
> | | |
> |---|---|
> | 정화경험의 촉진원리 | 알렉산더는 정화경험을 교정적 감정경험으로 개념정의하면서 정화경험의 원리를 다음과 같이 설명하였다.
• 안전하고 우호적인 상황에서 과거의 외상적 경험을 회상할 것
• 경험을 회상할 때 강한 정서적 경험이 동반될 것
• 강렬한 정서적 경험 이후에는 과거와 같은 외상적 경험상황이 일어나지 않을 뿐만 아니라 오히려 안정감과 수용받는 경험을 하게 될 것
• 자신의 전이행동에 대한 새로운 통찰이 일어날 것 |
> | 정화경험의 촉진방법 | • 정화경험을 촉진하는 안전하고 신뢰할 수 있는 환경의 조성 : 일치성, 존중, 공감과 같은 상담자의 촉진적 태도, 상담자가 가진 전문적 자원에 대한 관리를 통해 형성
• 정서적 외상이나 갈등상태를 언어, 행동, 상징화로 표현
• 신경증적 소망이나 충동의 표현 통제
• 중기단계에서 상담자가 정화경험을 촉진하는 환경 조성
• 체계적 현실검증으로 정화경험 및 정서적 통찰, 행동변화 유도 |

(2) 행동적 개입

*품행장애, 폭력적 행동의 문제 등을 바꾸는 것을 목표로 개입하는 것으로, 개입방법으로는 행동연습, 과제수행 등 행동기술을 습득하여 행동을 바꿀 수 있도록 하는 것 등이 있다.

> **※ 참고 : 품행장애**
> 사회적인 관점으로 일탈행동이며, 법률적으로는 비행에 해당한다.

(3) 인지적 개입

① 환경에 대한 지각 및 사고과정이 변화됨으로써 변화가 일어날 수 있다는 것을 전제로 하고, 내담자의 인지과정에 개입하는 것이 가장 효과적이다.

② 인지의 변화를 위한 인지상담의 목표는 내담자에게 문제를 일으키는 잘못된 사고나 신념을 밝혀 주관적인 지각을 변화시킴으로써 개인의 변화를 도모하는 것이다. 그리고 인지의 변화를 위해 상담자는 왜곡된 사고에 논박하거나 교육과 같은 인지적 방법과 인지과제의 부여와 같은 지시적인 방법 등을 적극적으로 사용한다.

9 **종결과 평가**

(1) 종결의 시기

① 상담을 끝내고 헤어지는 과정에서 이루어지는 마무리 작업이다.

② 그간의 상담성과를 정리하고, 종결 이후의 삶을 준비하며 이별의 과정을 다룬다.

(2) 상담 종결의 주제

① 행동변화에 기여한 상담자 요인

② 행동변화에 기여한 내담자 요인

③ 상담 종결을 앞둔 내담자의 심정

④ 상담목표의 달성정도 파악

⑤ 상담성과의 미흡한 부분과 앞으로의 대처방안

(3) 상담 종결의 조건

① 내담자가 호소문제를 더 이상 경험하지 않을 때

② 현재의 생활에 잘 적응하고 있는 것으로 판단될 때

③ 내담자가 호소문제를 경험하더라도 감내할 수 있을 정도로 호전되었다고 느낄 때

④ 내담자가 스스로 해결했던 문제 상황에 대해 더 많이 이야기하게 될 때

(4) 상담자의 판단에 의한 종결

① **종결시기의 결정**

㉠ 처음 설정했던 상담의 목표가 달성되거나, 상담진행의 진전이 없을 것이라는 판단이 설 경우

㉡ 상담이 내담자의 문제를 해결하거나 변화를 일으키는 데 더 이상 효과적이지 못하다는 판단
  이 설 경우

㉢ 장기간 상담을 해서 어느 정도 효과가 예측되더라도 내담자가 시간과 정력을 소비하기에는
  너무 벅차다는 판단이 설 경우

② **종결에 대한 내담자와의 협의**

㉠ 내담자에게 종결해야 하는 이유를 상담목표와 관련지어 그동안 이루어지거나 이루어지지 못
  한 내담자의 기대나 변화도 참작하면서 설명한다.

㉡ 내담자의 생각과 느낌을 철저히 탐색한다('버림받았다, 거부되었다'라고 느낄 수 있기 때문).

㉢ 내담자의 의견이나 반응을 이야기할 충분한 시간이나 기회를 가져야 한다.

㉣ 상담 종결에 대한 내담자의 반응에 대해 상담자가 미리 준비하는 것이 필요하다.

㉤ 종결을 반대하는 내담자의 심리적 배경 등에 대해 충분히 대화의 시간을 갖고 종결의 필요
  성에 대한 분명한 신념을 전달한다.

③ **내담자의 종결에 대한 저항**

㉠ 조기상실에 따른 고통, 외로움, 미해결된 슬픔, 요구 충족, 거부당하는 두려움, 자기의존에
  대한 두려움이 주요 원인이다.

ⓛ 상담 종결 시에 더 많은 시간을 요구하거나, 상담목표가 달성되었음에도 불구하고 더 많은 상담을 원한다.

ⓒ 상담초기에 호소하지 않았던, 새로운 우울이나 불안 등의 증상을 호소하며 상담을 계속하기를 원한다.

④ **종결의 방법**

㉠ 내담자 자신의 뜻한 바를 책임 있게 실천하는 과정의 검토 기간이 필요하다.

㉡ 새로운 관심사보다는 장차 일어날지 모르는 문제와 내담자가 취해야 할 태도 등에 대해 이야기한다.

㉢ 인간적 측면을 드러내는 비형식적 태도를 취한다.

㉣ 상담내용에서 이루어진 노력이나 성과에 대해 충분히 토론하고 요약해준다.

㉤ 내담자 경험내용의 차이점을 발견해서 토의한다.

㉥ 다시 상담을 받게 될지 모른다는 가정을 자연스레 제시한다(문제가 다시 생겨서가 아니라, 보다 발전된 상태와 새로운 관심사를 가지고 면담이 재개될 수 있다는 것을 강조한다).

(5) 내담자의 종결 제안

① **내담자가 종결을 제안할 경우**

㉠ 내담자가 일방적으로 종결을 통고해 오더라도 당황하지 말고 어느 정도 익숙해져야 한다.

㉡ 내담자가 최종결정을 하기 전에 상담 종결 가능성을 염두에 두어야 한다.

㉢ 면접시간이나 면접약속을 잘 지키지 않을 경우 종결의 가능성을 판단한다.

㉣ 초심자에게는 내담자의 종결제안에 대한 처리방안이 매우 곤란한 문제이다. 그러므로 내담자에게 취할 수 있는 최선책과 좌절감 및 분노와 같은 자신의 정서적 반응을 분리·처리하기 위해서 전문가적 성숙은 물론 자신과의 투쟁이나 철저한 수련을 해야 한다.

㉤ 내담자는 문제가 완전히 해결되지 않았더라도 시간, 경제적 부담, 압력 등 여러 가지 이유로 상담의 종결을 제안할 수 있으므로, 상담 종결을 제안했을 때 그 이유에 대한 설명을 경청한다.

② **상담자의 종결에 대한 저항**

굿이어(Goodyear)는 상담자가 종결을 힘들어하는 8가지 경우를 다음과 같이 제시하였다.

㉠ 내담자가 독립적으로 기능을 할 능력이 있는지에 대해 불안할 때

㉡ 내담자에게 보다 효과적인 상담을 제공하지 못했다는 죄책감이 들 때

㉢ 종결이 중요한 관계의 단절을 의미한다고 생각될 때

㉣ 내담자가 갑자기 분노하며 떠나려고 하여 상담자의 전문가적 자아개념이 위협받는다고 느껴질 때

㉤ 내담자의 증상이나 역동을 통해 더 많은 것을 배울 수 있었던 학습경험의 단절이라고 생각될 때

㉥ 더 이상 내담자의 모험을 통해 대리적인 삶을 경험할 수 없다고 느껴질 때

㉦ 상담자 자신의 삶에서 다른 이별을 상징적으로 회상시킬 때

㉧ 상담자 자신의 개별성에 관한 갈등을 유발시킬 때

③ **내담자의 종결 제안에 대한 처리**

  ㉠ 내담자의 상담 종결의 제안이 있은 후, 2~3회 면접이 더 진행될 수 있다는 전제 하에 상담자는 구체적인 횟수와 이유를 제시하여 동의를 얻는 것이 필요하다.

  ㉡ 내담자 측에서 그런대로 만족하나 상담자 측에서 만족하지 않더라도 억지로 상담을 더 진행해서는 안 된다.

  ㉢ 일상생활에 장애가 없을 것이라는 판단이 서면 억지로 상담관계를 지속시켜서는 안 된다.

  ㉣ 내담자 스스로 자각 및 자기 이해를 증진하는 방향을 탐색하고 정리하도록 한다.

(6) 종결단계의 과정

① **상담성과에 대한 평가 및 점검**

  ㉠ 목표가 달성되어 종결을 하거나 여타의 다른 이유로 때 이르게 종결을 하게 되어도, 종결을 할 때 기본적으로 해야 할 일은 상담의 성과를 평가하는 일이다.

  ㉡ 처음에 합의한 문제들이 어느 정도 극복되었는지, 남은 문제는 무엇인지를 점검한다.

② **심리검사의 실시**

  종결 시에 심리검사를 실시하여 상담을 시작할 때 실시한 심리검사 결과와 비교함으로써 변화의 정도를 양적으로 확인해 볼 수 있다.

③ **문제해결력 점검 및 작별의 감정 다루기**

  ㉠ 그동안 상담에서 학습한 내용들을 앞으로 어떻게 대처할 것인지 점검한다.

  ㉡ 이제까지 쌓아온 친밀한 관계에 작별을 고하고, 내담자 스스로 독립적으로 살아갈 마음의 준비를 해나간다.

  ㉢ 내담자에게 또다시 문제가 생기면, 언제든지 다시 상담을 받을 수 있다는 사실을 알려준다.

④ **추수상담에 대하여 논의하기**

  ㉠ 종결 후에도 내담자의 행동 변화를 지속적으로 점검하여, 잘하는 점을 강화하고 부족한 점을 보완할 수 있다.

  ㉡ 상담자 자신에게도 상담문제의 해결과정이 적합하였는지에 대한 임상적 통찰을 가져다준다는 점에서 의미가 있다.

💡 더 알아두기 🔍

초기-중기-종결단계의 상담자 역할

초기단계	• 내담자와 관계를 형성 • 내담자의 호소문제와 관련된 감정을 탐색하여 내담자의 문제 이해 및 평가 • 상담의 구조화 진행 • 내담자와 협의하여 상담의 목표 설정
중기단계	• 내담자의 자기문제에 대한 탐색과 통찰을 도움 • 탐색 과정에서 깨달은 사실을 구체적인 행동으로 옮기도록 격려 • 상담진행 상태와 내담자 변화 평가 • 직면과 저항 다루기 • 조언과 해결책 제시가 아닌, 관찰한 내용의 피드백
종결단계	• 상담성과를 평가하고 점검, 상담목표의 달성 정도 파악 • 내담자의 행동변화 요인(상담자 요인, 내담자 요인 등)을 평가 • 종결과 관련된 내담자의 감정을 파악 • 이전 단계에서 얻은 통찰을 실행으로 옮길 수 있도록 격려 • 추수상담에 대한 조언

제 2 절 ▶ 상담의 반응

1 상담의 기본 방법

(1) 기본 원리

① 개별화의 원리

상담자는 개인의 개성과 개인차를 인정하고 개인의 특성에 맞게 상담해야 한다. 상담자는 상담 면접 시간이나 환경에 세심하게 신경 써야 하며, 비밀 준수와 신뢰감을 의식하도록 해야 한다. 상담자는 충분한 사전준비를 갖추고 내담자의 활동을 적극 권장해 준다.

② 의도적 감정표현의 원리

상담자는 내담자로 하여금 자유롭게 자신의 의사와 감정을 표현할 수 있도록 안정적이고 따뜻한 분위기를 만들어야 한다. 내담자의 감정표현을 비난하거나 평가해서는 안 되며, 인내심을 갖고 경청하도록 한다.

③ 통제된 정서 관여의 원리

상담은 정서적 영역에 비중을 둔다. 상담자는 내담자로 하여금 감정을 통제만 할 것이 아니라 자유롭게 표현해도 괜찮다고 말해준다. 내담자의 감정에 대한 상담자의 민감성과 적절한 반응이 이를 촉진시킬 수 있다.

④ **수용의 원리**

상담자는 내담자에게 따뜻하고 친절하며 수용적이어야 한다. 내담자를 하나의 인격체로 존중한다는 것을 말과 행동, 비언어적 태도로 전달할 수 있어야 한다.

⑤ **비심판적 태도의 원리**

내담자는 자신의 잘못이나 문제에 대해 결과를 추궁받거나 질책당하는 것을 두려워한다. 상담자는 편견이나 선입관을 갖지 않아야 하며 내담자의 말을 경청하고 객관적이고 중립적인 자세를 가져야 한다.

⑥ **자기결정의 원리**

상담은 개인의 가치와 존엄성을 존중하고 자기 힘으로 문제를 해결해 나갈 수 있다는 신념에서 시작되어야 한다.

⑦ **비밀보장의 원리**

상담내용의 비밀은 보장되어야 한다.

(2) 상담목표

상담목표는 상담이론이나 적용분야에 따라 내담자의 문제를 이해하고 해결하기 위해 강조하는 부분이 달라지기 때문에 관점에 따라 서로 다른 상담목표를 가진다.

- 정신분석이론 : 무의식을 의식화하여 개인의 성격구조를 수정하고 자아의 기능을 강화한다.
- 행동수정이론 : 바람직하지 않은 행동은 감소시키고 바람직한 행동은 증가시킨다.
- 인간중심상담이론 : 자아와 경험 간의 불일치를 제거하고 방어기제를 내려놓게 함으로써 충분히 기능하는 사람이 되도록 돕는다.
- 인지상담이론 : 자동적 사고를 변화시키고 인지 도식을 재구성하여 새롭고 합리적인 사고를 하도록 돕는다.

---

① **상담목표의 기능**

상담목표는 상담이 잘 진행되는지, 언제 상담을 종결해야 하는지 판단하는 기준이 된다.

㉠ 형성평가와 총괄평가의 기준이 된다.

㉡ 상담자와 내담자가 나아가야 할 방향을 제시해 주는 중요한 기능이 있다.

㉢ 상담의 개입전략 및 절차, 과정에 선행되는 중요한 부분으로서 상담의 결과나 효과를 평가할 수 있는 기준을 제시한다.

② **상담목표의 설정**

좋은 상담목표는 내담자에게 중요한 것, 작고 간단하고 구체적인 것이며 단순히 문제행동을 제거 또는 감소시키는 방식이 아닌, 새로운 긍정적 행동을 형성 또는 증가시키는 방향으로 진술가능한 것들이다.

㉠ 소극적 수준의 상담목표

- 문제해결 : 심리적 또는 사회적 갈등 해소, 병리적 요소의 제거 및 치료 등이다.
- 적응 : 개인의 욕구와 환경 간의 갈등을 해소하여 균형과 조화를 이루는 것으로, 적응에 대한 지나친 강조는 인간을 환경적 요구에 순응하는 피동적 존재로 보게 한다.

- 예방 : 문제와 병리현상의 발생을 사전에 막는 것으로, 문제와 병리현상에 초점을 둘 경우 개인의 잠재적 능력 개발에 소홀할 가능성이 있다.

(3) 상담 면접의 기본 방법 및 절차

① 상담 면접 시작
상담자는 수용적이고 온화한 태도로 내담자에게 깊은 관심을 나타내어 내담자에게 신뢰감을 줄 수 있도록 한다.
- ㉠ 내담자를 편안하게 해주고, 상담의 주체는 내담자임을 확인시켜 준다.
- ㉡ 효과적인 좌석 배치를 고려하여 내담자가 불편하지 않도록 배려한다.
- ㉢ 내담자가 가지고 있는 상담에 대한 기대나 생각 등을 확인하고 상담은 감정과 생각을 하나 씩 탐색하고 정리해가는 과정이라는 것을 설명한다.
- ㉣ 비밀보장을 확인시켜 줌으로써 내담자가 안심할 수 있도록 한다.

② 구조화
이 과정은 상담의 진행 방식, 목표, 책임과 한계 등을 논의하고 합의하는 절차로 상담관계를 바람직한 방향으로 안정시키는 역할을 한다.
- ㉠ 구조화의 일반 원칙
  - 상담자는 내담자가 편안한 느낌을 가질 수 있도록 구조화를 최소한으로 줄이는 것이 바람직하다.
  - 상담시간 및 장소, 상담자와 내담자의 역할관계 및 행동규범 등을 구체적으로 규정해야 한다.
  - 구조화는 결코 내담자에게 일방적으로 지시를 내리거나 처벌하는 방식으로 이루어져서는 안 된다.
  - 구조화는 공감적인 분위기 속에서 상담자와 내담자 간의 자연스러운 합의로 전개되어야 한다.
  - 구조화는 상담 첫 회기에 한 번만 이루어지는 것이 아닌 상담의 전 과정에서 필요에 따라 진행될 수 있다.
- ㉡ 구조화의 유형
  - 시간의 제한
  - 내담자 행동의 제한
  - 상담자 역할의 구조화
  - 내담자 역할의 구조화
  - 과정 및 목표의 구조화
- ㉢ 불충분한 구조화의 영향
  - 상담자에게 의존적인 내담자를 양산할 수 있다.
  - 방어, 적대감, 두려움 등으로 내담자가 상담 면접을 꺼리게 될 수 있다.

③ 경청
- ㉠ 내담자의 말과 행동에 상담자가 선택적으로 주목하는 것을 의미하며 경청을 통하여 내담자가 생각이나 감정을 자유롭게 표현하고, 자신의 방식을 탐색하며, 상담에 책임감을 느끼게 할 수 있다.
- ㉡ 내담자의 말과 행동을 경청하는 것은 상담을 성공으로 이끄는 주요 요인이다.

④ **반영**

    ㉠ 내담자가 전달하고자 하는 의사의 본질을 스스로 볼 수 있도록 내담자의 말과 행동에서 표현되는 감정·생각·태도를 상담자가 다른 참신한 말로 부연하는 기술을 말한다.

    ㉡ 상담자는 반영을 통해 내담자의 태도를 거울에 비추어 주듯이 보여줌으로써 내담자의 자기이해를 도와줄 뿐만 아니라 내담자로 하여금 자기가 이해받고 있다는 인식을 주게 된다.

    ㉢ 반영을 할 때는 말로 표현된 내용 자체보다는 그것의 밑바탕에 깔려 있는 감정을 그대로 되돌려주기 위해 노력해야 한다.

    ㉣ 상담자는 내담자의 행동을 유심히 관찰하여 말로써 표현한 것뿐만 아니라 자세, 몸짓, 목소리, 눈빛 등 비언어적 행동에서 나타나는 감정까지도 반영해 주어야 한다.

⑤ **명료화**

    ㉠ '명확화'라고도 하며, 내담자의 말 속에 포함되어 있는 불분명한 내용에 대해 상담자가 그 의미를 분명하게 밝히는 것을 말한다.

    ㉡ 상담자는 내담자로 하여금 모호한 점이나 모순된 점을 명확히 이해하고 넘어가도록 하기 위해 내담자에게 다시 그 부분에 대해 질문한다.

    ㉢ 상담자는 내담자에게 자신의 생각이나 감정을 분명하게 표현할 수 있도록 격려하며, 상담자 자신 또한 그것을 잘 이해하고 있음을 입증한다.

    ㉣ 상담자가 내담자의 말을 정확히 이해하기 위해서도 필요하고, 내담자가 스스로의 의사와 감정을 구체화하여 재음미하도록 하기 위해서도 필요하다.

    ㉤ "~라고 말한 것은 구체적으로 무엇을 뜻합니까?", "~에 대해 자세하게 말해줄 수 있나요?" 등의 표현을 사용한다.

    ㉥ 명료화의 방법

      • 상담자는 내담자의 말이 모호하거나 명확히 이해하기 어렵다는 사실을 밝힌다.

      • 상담자는 내담자에게 스스로 자신의 말을 재음미하도록 하거나, 구체적인 예를 제시하여 명확히 해 줄 것을 요청한다.

      • 내담자에게 명료화를 요청할 때는 상담자가 내담자에게 도움을 주기 위해 질문하고 있다는 인상을 주도록 한다.

      • 상담자는 내담자의 진술에 대한 상담자 자신의 반응을 나타냄으로써 내담자의 반응을 명료화한다.

      • 이와 같은 명료화의 과정은 상담자나 내담자의 일방적인 반응으로 국한되지 않도록 하며, 직면과 같은 직접적이고 강렬한 방식으로 전개되지 않도록 한다.

⑥ **직면**

    ㉠ 내담자의 말이나 행동이 일치하지 않은 경우 또는 내담자의 말에 모순점이 있는 경우 상담자가 그것을 지적해 주는 것이다.

    ㉡ 내담자의 자기 이해를 돕기 위해 상담자의 눈에 비친 내담자의 행동 특성 또는 사고방식의 스타일을 지적하여, 내담자가 상담자나 외부에 비친 자신의 모습을 되돌아보고 통찰의 순간을 경험하도록 하는 직접적이고 모험적인 자기대면의 방법이다.

    ㉢ 내담자의 성장을 저해하는 방어에 대항하여 도전을 이끌어내는 것을 주된 목적으로 한다.

ⓔ 상대방에게 공격이나 위협으로 받아들여질 수 있으므로 사용상 주의를 필요로 한다.

ⓜ 내담자의 강한 감정적 반응을 야기할 수 있으므로, 내담자가 받아들일 준비가 되어있을 때를 이용하여 시기적절하게 이루어져야 한다.

ⓗ 상담자는 내담자에 대해 평가하거나 비판하는 인상을 주지 않도록 해야 하며, 이를 위해 내담자가 보인 객관적인 행동과 인상에 대해 서술적으로 표현하는 것이 바람직하다.

ⓢ 직면 사용 시 유의사항

- 상담자는 직면의 기본적인 목적과 의미를 명확히 이해한 후 직면을 시작해야 한다.
- 사회적 직면과 치료적 직면을 혼동해서는 안 된다.
- 직면의 사용은 공감과 지지의 분위기에서 이루어져야 한다.
- 상담의 초기단계에서 직면을 사용하는 것은 바람직하지 않다.
- 내담자와의 충분한 관계형성이 이루어진 후 직면을 사용해야 한다.
- 직면의 첫 단계에서는 가급적 구체적인 방법으로 접근해야 한다.
- 내담자에게서 치료적 징후가 보이는 경우 직면의 과정을 시작한다.
- 내담자가 정서적으로 직면을 받아들일 수 있는 상태에서 직면의 과정을 시작한다.

⑦ **해석**

㉠ 내담자가 새로운 방식으로 자신의 문제들을 돌아볼 수 있도록 사건들의 의미를 설정해 주고, 자신의 문제를 새로운 각도에서 이해할 수 있도록 그의 생활 경험과 행동, 행동의 의미를 설명하는 것이다.

㉡ 외견상 분리되어 있는 내담자의 말 또는 사건들의 관계를 서로 연결하거나 방어, 저항, 전이 등을 설명한다.

㉢ 내담자의 사고, 행동, 감정의 패턴을 드러내거나 이를 통해 나타나는 문제를 이해할 수 있도록 새로운 틀을 제공한다.

㉣ 내담자에게 자신에 대한 통찰을 촉진하고 자기통제력을 향상하도록 한다.

㉤ 내담자에게 자신의 감정을 파악하여 그 원인을 이해하도록 함으로써 좀 더 자유롭게 감정을 인정하고 받아들일 수 있도록 한다.

㉥ 내담자로 하여금 자신의 문제에 대한 주지화를 유발할 수 있으며, 그로 인해 내담자가 자신의 감정을 드러내지 않으려는 방어수단으로 이용될 수도 있다.

㉦ 내담자가 받아들일 준비가 되어 있을 때 조심스럽게 해야 하며, 내담자의 심리적인 균형을 깨뜨리지 않도록 주의해야 한다.

2 적극적 경청

(1) 경청과 적극적 경청

① '경청'은 상대방의 감정과 생각을 이해하기 위해 그의 말을 주의 깊게 듣는 것이다. 상담 장면에서는 상담자가 관심의 초점을 내담자에게 두며, 내담자의 말에 주의를 기울이는 것이다.

② '적극적 경청'은 내담자의 말이나 사건의 내용은 물론 내담자의 심정을 파악함으로써 내담자가 표현하는 언어적인 의미 외에 비언어적인 의미까지 이해하는 것이다. 이때, 내담자가 말한 단어의 뜻 자체보다는 내담자의 잠재적인 감정에 주목한다.

③ 내담자의 입장을 고려하는 공감적 이해, 자신의 고정관념에서 벗어나 내담자의 태도를 받아들이는 수용의 정신, 자신의 감정을 솔직하게 전달하는 성실한 태도가 필수적이다.

④ 상담자는 내담자가 전달하려고 하는 메시지를 왜곡하거나 중단시키지 말아야 하며, 서둘러 문제를 판단하려 하거나 비판 또는 해결하려 해서도 안 된다.

⑤ 상담자의 적극적 경청은 내담자의 이야기를 들으면서 메모를 한다거나 고개를 끄덕이는 등의 비언어적(행동적) 반응과 함께 "으음", "예" 등의 언어적 반응을 통해 표현될 수 있다.

⑥ 상담자의 적극적 경청의 자세는 내담자로 하여금 자신의 기분, 감정, 생각 등을 상담자가 존중하고 있으며, 자신의 이야기에 관심이 있다고 느끼도록 함으로써 자신이 수용되고 있다는 느낌을 가지도록 한다.

⑦ 상담에서의 경청이 일상 대화에서의 경청과 다른 점은 '선택적'이라는 점이다. 즉, 상담자는 내담자가 핵심적인 문제에서 벗어난 이야기를 할 때는 주목하지 않고, 내담자가 현재의 심경과 문제를 토로할 때에 주목하여 경청한다.

⑧ 코르미에 등(Cormier & Cormier)은 적극적 경청기술로서 명료화, 반영, 요약과 재진술을 제시한 바 있다.

(2) 경청을 방해하는 요인

① **비교하기**
자신과 다른 사람을 비교하면서 듣는다.

② **마음읽기**
상대방 말의 내용에 주의를 기울이기보다는 상대방의 의중을 파악하려고 한다.

③ **말할 내용 준비하기**
상대방에게 전적으로 주의를 기울이기보다는 자기가 다음에 할 말을 준비한다.

④ **걸러서 듣기**
상대방의 말을 자신의 기준에 따라 선택적으로 받아들인다.

⑤ **미리 판단하기**
상대방에 대한 편견이나 선입견으로 인해 그의 말에 주의를 기울이지 않는다.

⑥ **충고하기**
상대방 말의 일부만 듣고 마치 모든 것을 파악한 양 조언을 한다.

⑦ **공상하기**
상대방과의 대화 도중에 다른 생각을 한다.

⑧ **자기경험과 관련시키기**
상대방의 말과 상황에 자신의 경험을 결부시킴으로써 자기중심적으로 판단한다.

⑨ **언쟁하기**
상대방의 말을 반박하기 위해 온 신경을 기울인다.

⑩ **주제 이탈하기**

상대방과의 대화 도중에 갑자기 화제를 변경한다.

⑪ **자기만 옳다고 주장하기**

상대방의 주장을 받아들이기보다는 자신의 말과 행동을 합리화하며 끊임없이 변명하고자 한다.

⑫ **비위 맞추기**

상대방 말의 내용에 주의를 기울이기보다는 자신이 상대방에게 어떻게 보이는지 비위를 맞추는 데 골몰한다.

(3) 생산적인 경청자로서 상담자의 바람직한 면담행동

① 상담자는 반응하기에 앞서 내담자로 하여금 자신에 대해 말할 충분한 시간을 제공한다.

② 내담자의 말이 대수롭지 않은 것이라고 생각되더라도, 내담자가 심각하게 말하는 내용에 대해 그렇게 받아들인다.

③ 내담자의 말에 충분한 주의를 기울인다. 특히 내담자가 말하는 동안 책상을 정리하는 등의 부주의한 행위를 하지 않는다.

④ 내담자가 충분히 알아들을 수 있도록 이해가능하고 명료한 말을 사용한다.

⑤ 내담자의 말에 가끔 고개를 끄덕이거나 '음' 하는 등의 최소 반응을 보임으로써 주의를 기울이고 있음을 보여준다.

⑥ 내담자의 변화를 위해 필요한 질문 또는 그와 관련된 개방적 질문을 하며, 불필요한 질문을 삼간다.

⑦ 내담자에 대한 시선을 유지하며, 시계를 보는 등의 행위를 삼간다.

⑧ 내담자가 문제를 피력할 때 이를 가로막지 않으며, 그에 대한 논쟁을 회피하지 않는다.

⑨ 주제를 바꾸는 등 내담자의 문제를 회피하지 않는다.

⑩ 내담자가 이야기 도중 할 말을 찾더라도 이를 바로 받지 않으며 충분히 인내한다.

⑪ 말하기 전에 생각하며, 즉각적인 충고를 삼간다.

> **더 알아두기**
>
> **이건(Egan)의 적극적 경청의 4가지 측면**
> - 내담자의 언어적 메시지를 잘 듣는 것이다. 언어적 메시지에는 내담자가 한 말의 내용은 물론 내담자의 경험, 행동, 감정, 정서 등이 포함된다.
> - 내담자의 비언어적 메시지를 잘 관찰하며 듣는 것이다. 비언어적 메시지에는 얼굴 표정, 몸의 움직임, 목소리의 높낮이나 억양 등이 포함된다.
> - 내담자가 설명하는 상황의 맥락을 잘 듣는 것이다. 상담자는 내담자가 처한 상황 및 맥락 안에서 내담자를 이해해야 한다.
> - 내담자의 이야기를 냉철하게 듣는 것이다. 냉철하게 듣는다는 것은 내담자의 독특한 관점이나 경향, 자기 자신과 세상에 대한 왜곡된 인식 등을 잘 들어야 한다는 것이다.

3 신체적 반응하기

(1) 비언어적 커뮤니케이션의 특징

① **비언어적 행동은 습관이다.** : 자신도 모르게 나타나는 비언어적인 행동은 일종의 습관으로 바꾸는 데에는 노력과 시간이 든다.

② **거짓은 비언어적 행동을 통해 거짓이 탄로 나는 경우가 있다.** : 본심을 숨기려고 의도해도 비언어적인 행동 때문에 본심이 드러나게 되는 경우가 있다. 만약 상담자의 언어적 메시지와 비언어적 메시지가 상충될 경우 내담자는 보통 비언어적 메시지를 믿게 된다.

③ **비언어적인 경로는 정서를 표현하는 일차적인 수단이다.** : 언어적인 내용에만 의존한 판단은 정확성이 감소되며, 비언어적인 내용도 고려할 경우 정확성이 높아진다.

④ **비언어적 행동은 문화에 따라 차이가 있다.** : 고개를 위아래로 끄덕이는 것이 '긍정'을 의미하는 국가도 있으나 이것이 오히려 '부정'을 의미하는 국가도 있다.

(2) 비언어적 커뮤니케이션의 유형

① **소리 언어** : 한숨, 감탄사, 억양 등이 이에 속하며 이를 통해 감정을 표현한다.

② **물체 언어** : 의복, 장신구, 소품 등을 착용하거나 다루는 방식 등이 이에 속하며 이를 통해 감정 및 사고를 표현한다.

③ **몸짓(바디랭귀지)** : 표정, 팔과 다리의 움직임, 몸의 위치, 자세 등이 이에 속하며 이를 통해 감정 및 사고를 표현한다.

(3) 상담 환경의 비언어적 행동

상담자는 자신이 사용하는 비언어적 행동에 대하여 스스로 파악하여, 왜 그러한 행동을 하는지를 이해하려 해야 한다. 상담자의 과장된 감정 표출은 내담자의 환심을 사기 위해 이루어질 수도 있다. 다른 행동은 내담자를 지배하거나 자신의 힘, 권위, 지식 등을 과시하려 하기 때문에 생길 수도 있다. 물론, 상담 시 내담자의 비언어적 행동을 관찰하는 것도 내담자를 이해하는 데 유용한 정보를 제공할 수 있다.

4 언어적 반응기술

(1) 최소의 촉진적 반응

① 내담자의 표현을 상담자가 이해하거나 동의한다는 것을 나타내는 짧은 말이다.

② '음', '응', '계속 하세요', '알겠어요', '좋습니다' 등의 반응을 의미한다.

③ 단순강화라고도 부른다.

④ 가치 판단을 나타내지는 않지만 내담자에게 수용되고 있다는 느낌을 줄 수 있다.

(2) 질문

① 상담 장면에서의 질문

㉠ 상담 장면에서는 가급적 내담자가 스스로 이야기할 수 있도록 하는 것이 바람직하며, 상담자가 질문을 많이 사용하여 내담자에게 지속적으로 응답을 요구하는 것은 바람직하지 못하다.

㉡ 내담자가 상담을 단순한 질문과 답변의 교환 과정으로 인식하게 되는 경우, 내담자는 상담자가 자신보다 높은 위치에 있다고 생각하여 자신의 생각과 감정을 표출하지 않게 된다.

㉢ 질문은 상담자가 내담자의 문제를 탐색할 때 가장 많이 사용하는 기술이나, 그 방법과 분량, 적절한 시기 등을 고려하여 사용해야 한다.

㉣ 질문은 내담자로 하여금 이야기를 계속하도록 하여 자기탐색을 중단하지 않도록 유도하기 위해 또는 내담자의 자기이해를 돕기 위해 수행하는 명료화나 직면의 한 기법으로써 사용될 때 이상적이다.

㉤ 상담은 심리치료가 아니므로 상담자가 심문자나 조사관의 역할을 수행해서는 안 된다.

㉥ '왜' 질문, 유도질문 등은 내담자의 문제해결에 도움이 되지 못하며, 오히려 내담자로 하여금 상담자의 역할과 상담의 성격을 오해하게 만들 소지가 있다.

> **🔆 더 알아두기 🔍**
>
> **상담자의 질문**
> • 상담자는 자신이 질문을 하고 있는 입장이라는 것을 인지하여야 한다.
> • 해당 질문이 바람직한 것인지 생각하고 질문한다.
> • 가능한 질문과 즐겨 사용하는 질문 유형을 검토한다.
> • 다른 방법으로 질문할 수 있을지 검토한다.
> • 내담자가 상담자의 질문을 어떤 의미로 받아들이는지 파악한다.

② 탐색적 질문

㉠ 상담자가 자신의 관심을 충족시키기 위해 하는 질문이 아니라, 내담자로 하여금 자기 자신과 자신의 문제를 자유롭게 탐색하도록 함으로써 내담자의 이해를 증진시키는 개방적 질문이다.

㉡ 상담자는 탐색적 질문을 위해 다음의 사항들에 주의하여야 한다.

• 질문은 "예/아니오"로 답할 수 없는 개방형 질문이어야 한다.

• 질문은 내담자로부터 정보를 얻기 위한 것이기보다는 내담자의 감정을 이끌어내기 위한 것이어야 한다.

③ 개방형 질문과 폐쇄형 질문

   ㉠ 개방형 질문
- 질문의 범위가 포괄적이다.
- 내담자에게 가능한 한 많은 대답을 선택할 기회를 제공한다.
- 내담자로 하여금 시야를 보다 넓히도록 유도한다.
- 바람직한 촉진관계를 열어놓는다.
- 개방형 질문은 상담 초기에 유용하게 사용될 수 있으나, 익숙지 않은 내담자에게 오히려 답변에 대한 부담감을 줄 수 있다.

     예 "당신은 현재 상담 진행 중인 상담자에 대해 어떻게 생각합니까?"

   ㉡ 폐쇄형 질문
- 질문의 범위가 매우 좁고 한정되어 있다.
- 내담자가 대답할 수 있는 범위를 '예/아니오' 또는 다른 단답식 답변으로 제한한다.
- 내담자의 시야를 좁게 만든다.
- 바람직한 촉진관계를 닫아놓는다.
- 폐쇄형 질문은 위기상황에서 내담자를 위한 신속한 대응에 유리하다.

     예 "당신은 현재 상담 진행 중인 상담자에 대해 만족합니까?"

④ 상담 시 유용한 질문

   ㉠ 기적질문

    문제가 해결된 상태를 상상해보는 것으로, 해결을 위한 요구사항들을 구체화·명료화하는 데 도움을 준다.

    예 "잠자는 동안 기적이 일어나 당신을 여기에 오게 한 그 문제가 극적으로 해결됩니다. 아침에 일어나서 지난 밤 기적이 일어나 모든 문제가 해결되었다는 것을 어떻게 알 수 있을까요?"

   ㉡ 예외질문

    문제해결을 위해 우연적이며 성공적으로 실행한 방법을 찾아내어 이를 의도적으로 실행하도록 하는 것이다.

    예 "문제가 발생하지 않은 때는 언제인가요?"

   ㉢ 척도질문

    숫자를 이용하여 내담자에게 자신의 문제, 문제의 우선순위, 성공에 대한 태도, 정서적 친밀도, 자아존중감, 치료에 대한 확신, 변화를 위해 투자할 수 있는 노력, 진행에 관한 평가 등의 수준을 수치로 표현하게 하는 것이다.

    예 "폭력을 행사하는 아버지가 어느 정도 싫은지 0점에서 10점까지 점수로 표현할 수 있을까요?"

   ㉣ 대처질문

    어려운 상황에서의 적절한 대처 경험을 상기시키도록 함으로써 내담자로 하여금 스스로의 강점을 발견하도록 돕는 것이다.

    예 "그렇게 힘든 과정 속에서 어떻게 지금의 상태를 유지할 수 있었나요?"

ⓜ 관계성질문

내담자와 중요한 관계에 있는 사람들의 관점에서, 그들이 내담자 자신의 문제에 대해 어떻게 생각할지 추측해 보도록 하는 것이다.

ⓔ "만약 당신의 아버지가 지금 여기에 있다고 가정할 때, 당신의 아버지는 당신의 문제가 해결될 경우 무엇이 달라질 거라 말씀하실까요?"

(3) 승인

① 내담자의 생각이나 행동에 대한 지지, 승인, 안심, 강화를 나타내는 것이다.

② 적절한 승인은 상담을 진척시키는 데 도움을 줄 수 있다.

③ 지나친 승인의 남용은 상담이 너무 지지적으로 되어 내담자의 성장에 방해가 될 수 있다.

(4) 직접적 지도

① 내담자에게 어떠한 것을 하도록 지시, 제안하거나 조언하는 것을 의미한다.

② 대부분의 상담에서는 직접 지도를 통한 조언을 바람직한 반응 양식이라고 여기지 않으므로 자주 사용하지 않는 것이 좋다.

(5) 정보제공

① 사실, 자료, 의견 등의 형태로 제공된다.

② 내담자의 문제와 관련된 실질적이고 분명한 정보를 전달하는 것이 중요하다.

③ 내담자가 부정적인 감정을 회피하는 수단으로 정보를 추구하는지 살펴볼 필요가 있다.

(6) 요약

① 내담자가 표현했던 중요한 내용과 상담 회기의 일부 또는 전부에 대한 진행사항을 상담자의 언어로 간략하게 정리하여 표현하는 것이다.

② 이를 통해 내담자는 생각을 정리·통합하고, 자신의 생각과 느낌을 탐색할 수 있게 된다.

(7) 자기노출(자기개방)

① 상담자의 사생활을 내담자에게 노출하는 것을 의미한다.

② 상담자의 자기노출은 내담자와의 라포형성에 도움을 줄 수 있다.

(8) 기타

침묵, 재진술, 반영, 해석, 직면 등도 상담자의 언어적 반응기술에서 활용된다.

> **💡 더 알아두기 🔍**
>
> **내담자의 침묵의 의미와 이를 다루는 방법**
> • 내담자 침묵의 의미
>   – 부끄러움 혹은 두려움의 표시
>   – 더 이상 생각나는 게 없음
>   – 상담자에 대한 적대감 혹은 저항의 표시
>   – 방금 대화에 대한 계속되는 생각
>   – 감정적 처리를 위한 시간
>   – 말로 표현하기 어려운 감정을 느낌
>   – 상담자의 재확인이나 해석에 대한 기다림
> • 상담자의 내담자의 침묵에 대한 태도
>   – 침묵의 의미를 판단한 후 침묵을 깰지 혹은 기다릴지를 결정
>
> ※ 상담자의 침묵도 적절히 사용하면 내담자에게 생각할 수 있는 시간을 주거나 통찰을 유도거나 혹은 언어적 반응을 유도하는 상담기법이 될 수 있다.

제 3 절   상담의 성과에 영향을 미치는 요인

1 상담자 요인

(1) 자아인식과 이해력

① 자아통찰로 자신이 하고 있는 것은 무엇인지, 왜 하고 있는지 이유를 인식한다.

② 어떤 점이 상담자 자신의 문제이고 어떤 점이 내담자의 문제인지를 구별한다.

(2) 심리적 건강

① 상담자는 내담자의 행동 모델이므로 심리적으로 건강하여야 한다.

② **상담자가 심리적으로 건강하지 못한 경우**: 내담자의 불안이 가중되고, 상담자 스스로의 문제에 몰입하여 내담자와 소통하는 데 문제의 소지가 있다.

(3) 민감성

① 상담자가 내담자의 자원, 대처양식, 약점에 대하여 인식하여 내담자가 자신의 문제에 충분히 도전할 수 있게 하는 것을 말한다.

② 민감성을 가진 상담자는 내담자의 비언어적 메시지와 언어적 메시지를 잘 해석한다.

③ 민감성을 가진 상담자는 적절한 상담기법을 선택하여 적용하고 상담자 자신과 내담자 사이의 상호관계를 잘 인식할 수 있다.

(4) 개방성

① 고정관념 혹은 편견에서 벗어나 내담자를 객관적으로 바라볼 수 있도록 하는 힘이다.
② 개방성을 가진 상담자는 스스로의 신념과 가치체계를 잘 인식하고 있다.
③ 개방성을 가진 상담자는 자신의 신념과 가치체계를 내담자에게 무리하게 강요하지 않는다.

(5) 객관성

① 객관성을 가진 상담자는 내담자의 문제와 내담자 간 관계를 정확히 꿰뚫어 본다.
② 이는 상담자가 내담자에게 감정이입을 하는 상태에서 일어난다.

(6) 능력감

① 상담자가 상담을 이끌어나가는데 필요한 지식, 정보, 기술의 정도를 의미한다.
② 효과적인 상담자는 학문적 지식, 상담기술 등에서 뛰어나다.

(7) 진솔성

① 내담자를 위협하거나 위험에 빠뜨리는 행동이나 반응을 피할 수 있는 능력이다.
② 진솔성을 가진 상담자는 정직하고 신뢰할 수 있다.
③ 진솔성을 가진 상담자는 자신이 할 수 없는 것에 대하여 약속하지 않고 약속한 것은 반드시 지킨다.

(8) 인간적 매력

효과적인 상담자는 인간적인 매력을 지니고 있어 내담자에게 많은 영향을 끼치고 신뢰감을 형성할 수 있다.

> **더 알아두기**
>
> **스트롱(Strong)이 주장한 상담자의 주요한 특성**
> • E(Expertness) : 높은 수준의 전문성
> • A(Attractiveness) : 사람을 끄는 친근감
> • T(Trustworthiness) : 믿음을 주는 신뢰감
>
> **상담자의 바람직한 자세 및 역할**
>
> | 진실성 | • 상담자는 한계를 가진 순수한 존재로 모든 것이 진실되어야 한다.
• 상담자의 진실된 태도는 내담자 자신의 가치를 느끼게 하며, 상담관계를 강화함으로써 상담을 효과적으로 이끌 수 있다. |
> | --- | --- |

공감적 이해	• 상담자는 내담자와 함께 있는 것이다. • 공감의 의미는 내담자가 경험하는 방식으로 내담자의 세계를 경험하는 것이다.
무조건적 긍정적 존중	• 내담자를 판단하지 않고 온전하게 받아들이는 것이다. • 내담자를 가치 있는 인간으로 수용하고 상담자의 가치를 내담자에게 전가하지 않는다.
경청하기	• 경청은 내담자로 하여금 생각이나 감정을 자유롭게 표현할 수 있도록 북돋아 준다. • 상담자가 내담자의 말을 주목하여 듣고 있음을 전달하는 것이 중요하다. • 상담자의 언어행동이 내담자 진술의 흐름을 방해하지 않도록 한다.
반영하기	• 반영은 내담자의 말과 생각 등을 상담자의 말로 요약, 반응해 줌으로써 내담자 감정 의 의미를 명료화해 주는 것이다. • 상담자의 감정 반영이 내담자에게 감정표현의 모델이 될 수 있다. • 반영은 내담자에게 이해받는다는 느낌을 주므로 촉진적 상담관계에 유용하다.
직면하기	• 직면은 내담자가 모르고 있거나 인정하기를 거부하는 생각과 느낌에 대해서 주목하도 록 하는 방법이다. • 내담자가 스스로 깨닫지 못한 자신의 말이나 행동의 불일치를 지적할 수 있다. • 직면 시 주의할 점은 내담자가 미처 깨닫지 못했거나 사용하지 않은 능력과 자원을 지적하여 주목하게 하는 것이다.
해석하기	• 해석은 내담자가 보이는 행동들 간의 관계 및 의미에 대한 가설을 제시하는 것이다. 내담자로 하여금 과거의 생각과 다른 각도에서 자기의 행동과 내면세계를 파악하게 하는 것이다. • 내담자의 행동과 생활방식에 대한 새로운 이해의 틀을 제공한다. • 효과적인 해석은 내담자를 통찰로 이끌어 감정의 정화, 행동의 변화를 유발하고, 자 기 통제를 촉진하는 효과가 있다. • 해석의 형식은 잠정적 표현, 점진적 진행, 반복적 제시, 질문 형태의 제시, 감정몰입 을 위한 해석 등이 있다.

2 내담자 요인

(1) 내담자의 상담에 대한 기대

내담자가 기대한 상담 방식과 다르거나 다른 방식에 대하여 무언의 기대를 할 경우 상담은 비효율
적으로 진행될 수 있기 때문에 내담자의 기대를 분명하게 하는 것이 중요할 수 있다.

(2) 내담자 문제의 심각한 정도

내담자 문제의 정도가 심각할수록 상담의 효과는 낮아질 수 있다.

(3) 내담자의 상담에 대한 동기

상담에 대한 동기가 높은 내담자가 상담의 효과도 높은 경향이 있다.

(4) 내담자의 인지 능력 혹은 지능

인지 능력이 뛰어난 내담자일수록 상담자의 의도를 잘 파악하고 문제를 분석·통합하는 것에서 더 낫다.

(5) 내담자의 정서 상태

높은 불안을 느끼는 내담자일수록 변화에 대한 동기가 강하고 상담에 대한 준비가 더 잘 되어 있다.

(6) 내담자의 자아강도

자아강도는 탄력성이라고도 하며 역경에 유연하게 대처할 수 있는 능력을 의미한다. 이것이 높은 내담자일수록 상담 효과가 높을 수 있다.

(7) 내담자의 방어적 태도

방어 수준이 높은 내담자일수록 상담 시 문제의 원인을 탐색하거나 직면하지 않으려는 경향이 강하기 때문에 상담 효과가 떨어질 수 있다.

(8) 기타

과거의 상담 경험, 교육 수준, 경제적 수준, 참여의 자발성 등도 상담 효과에 영향을 줄 수 있는 내담자 요인이다.

> **더 알아두기**
>
> **상담자와 내담자의 상호작용 요인**
> - 상담자와 내담자 사이에 안전하고 든든한 관계를 형성한다.
> - 내담자가 상담을 받는 사실이나 상담실을 이용하는 것이 외부로 드러나지 않도록 하여 낙인을 방지한다.
> - 평소 자연스러운 관계를 맺어 내담자가 상담에 대한 거부감이나 불편감 없이 자연스럽게 상담에 참여하고, 상담관계를 형성하게 한다.

01 상담의 구조화는 초기에 이루어지지 않으면 상담과정과 목표가 혼란에 빠질 수 있다.

02 ① 구조화는 상담자가 내담자에게 상담에 대해 전체적으로 안내하는 일종의 오리엔테이션으로서 상담을 통해 서로 간의 기대를 맞추어가는 과정이다.
③ 구조화는 상담 첫 회기에 한 번만 이루어지는 것이 아니라 상담의 전 과정에서 필요에 따라 진행될 수 있다.
④ 상담자는 내담자가 편안한 느낌을 가질 수 있도록 구조화를 최소한으로 줄이는 것이 바람직하다.

03 초기에 설정된 상담목표는 고정된 것이 아니라 상담 진행과정에서 변화될 수 있다.

01 상담의 구조화는 상담과정 중 어느 단계에서 이루어져야 하는가?

① 초기단계
② 중기단계
③ 종결단계
④ 사후단계

02 다음 중 상담과정으로서 구조화에 대한 설명으로 가장 옳은 것은?

① 상담자가 내담자에게 상담의 전과정을 체계적으로 지도·지시하는 것이다.
② 상담 여건의 구조화, 상담관계의 구조화, 비밀보장의 구조화로 구분된다.
③ 상담의 첫 회기에 한 번 이루어진다.
④ 내담자의 상담 문제에 대한 모호성을 해소하기 위해 구조화를 최대한으로 늘리는 것이 바람직하다.

03 상담목표에 대한 설명으로 옳지 <u>않은</u> 것은?

① 상담목표는 상담과정의 초기단계에서 설정된다.
② 상담목표는 내담자와의 협의를 통해 설정된다.
③ 상담목표는 상담종결과 관련된다.
④ 상담목표는 고정되어 있다.

정답 01① 02② 03④

04 다음 중 상담의 바람직한 목표설정 방향과 가장 거리가 먼 것은?

① 목표는 구체적이어야 한다.
② 목표는 실현 가능해야 한다.
③ 목표는 상담자의 의도에 맞추어야 한다.
④ 목표는 내담자가 원하고 바라는 것이어야 한다.

05 다음 중 제시문 속 상담자가 소홀히 하고 있는 것은?

> 내담자가 심리상담실에 찾아와서 자신이 어떻게 행동해야 할지(예를 들면, 무슨 말을 해야 하는지, 휴대폰을 어떻게 해야 하는지, 오늘은 언제까지 심리상담이 진행되는 것인지 등)를 모르고 불안해한다.

① 수용   ② 해석
③ 구조화   ④ 경청

06 문제해결모형의 2단계인 원하는 시나리오의 하부 단계에 해당하는 것은?

① 이야기
② 변화 계획
③ 가능한 행동들
④ 최적의 전략 선택

04 상담의 바람직한 목표설정 방향
• 구체적이어야 한다.
• 실현 가능해야 한다.
• 내담자가 원하고 바라는 것이어야 한다.

05 상담의 구조화는 상담자와 내담자가 상담에 대한 기본적인 기대를 맞추어 가는 과정으로, 이를 통해 내담자는 상담에 대한 모호함과 불안감을 경감시킬 수 있다.

06 문제해결모형은 다음과 같이 크게 세 단계로 되어 있으며 각 단계는 다시 세 가지 하부 단계로 구성되어 있다.
• 1단계 : 현재의 시나리오
  ㉠ 이야기
  ㉡ 맹점
  ㉢ 다루어야 할 문제 또는 기회 선택
• 2단계 : 원하는 시나리오
  ㉠ 보다 나은 미래의 가능성
  ㉡ 변화 계획
  ㉢ 변화 추구
• 3단계 : 행동전략
  ㉠ 가능한 행동들
  ㉡ 최적의 전략 선택
  ㉢ 계획 수립

정답   04 ③   05 ③   06 ②

07 공감지향모형의 상담과정 단계
- 1단계: 상담자-관심주기, 내담자-참여하기
- 2단계: 상담자-반응하기, 내담자-탐색하기
- 3단계: 상담자-내담자에게 초점맞추기, 내담자-이해하기
- 4단계: 상담자-문제해결을 위한 행동을 주도하기, 내담자-실행하기

07 공감지향모형의 상담과정 3단계에서의 상담자의 역할은?

① 참여하기
② 반응하기
③ 내담자에게 초점 맞추기
④ 이해하기

08 접수면접은 상담의 본 회기 전에 이루어지는 것으로 안내의 형식을 띈다.

08 다음 중 접수면접의 주요 목적이 <u>아닌</u> 것은?

① 내담자를 병원이나 진료소에 의뢰할지 고려한다.
② 제공되는 서비스에 대한 내담자의 질문에 대답한다.
③ 내담자에게 신뢰, 라포 및 희망을 심어주려고 시도한다.
④ 내담자가 자신이나 다른 사람을 해칠 중대한 위험 상태에 있는지 결정한다.

09 초기 접수면접에서 면접자가 확인해야 할 가장 중요한 정보는 내담자의 호소 문제, 즉 주요 문제이다. 주요 문제에는 내담자의 말을 통해 표현되는 표면적 문제와 함께 표정, 태도 등으로 표현되는 심층적 문제가 포함된다. 면접자는 내담자가 언어적 또는 비언어적 표현으로 제시한 문제의 양상, 즉 문제의 발생 빈도 및 발생 시기, 지속 시간, 최근에 경험한 스트레스 사건, 문제의 심각성 정도 등을 파악해야 한다.

09 다음 중 초기 접수면접에서 확인해야 할 가장 중요한 정보는?

① 주요 문제
② 가족력
③ 성격 특성
④ 핵심 정서

정답 07 ③ 08 ④ 09 ①

10 상담 사례를 관리하는 절차에서 접수면접에 대한 설명으로 옳지 <u>않은</u> 것은?

① 접수면접은 상담 신청과 정식 상담의 다리 역할을 하는 절차이다.

② 접수면접 시 진단명과 예후에 대해 분명하게 알려 준다.

③ 접수면접에서 다루는 내용은 상담신청서의 내용과 연계적으로 이루어진다.

④ 내담자의 옷차림, 두발 상태, 표정, 말할 때의 특징, 시선의 적절성 등에 관한 관찰이 포함된다.

> **10** 내담자에게 진단명과 예후에 대해 알려주는 것은 상담과정의 중기에 이루어진다. 중기단계에서는 내담자의 다양한 심리적 문제가 표면화되며, 내담자가 방어기제를 사용하기도 한다. 접수면접은 기본 정보, 내담자의 호소 문제, 내담자의 최근 기능 상태, 스트레스의 원인, 개인사 및 가족관계, 외모 및 행동, 면접자의 소견 등을 그 내용으로 한다.

11 접수면접에서 초점을 두는 관심사가 <u>아닌</u> 것은?

① 내담자의 요구와 상담장면에 대한 기대

② 상담장면의 특징에 대한 소개

③ 상담의 동기와 대안적인 방법

④ 내담자의 정신병리에 대한 깊은 이해

> **11** 내담자의 정신병리에 대한 깊은 이해는 상담 과정에서 다루어져야 할 내용에 해당된다.

12 상담 초기단계에서 사용하기에 가장 적합한 기법은?

① 경청

② 자기개방

③ 피드백

④ 감정의 반영

> **12** 경청은 상담을 이끄는 주요 요인으로, 내담자의 이야기를 주의 깊게 귀담아 듣는 태도로 내용뿐만 아니라 말하려는 의도와 심정을 주의 깊게 듣는 것을 의미한다. 경청은 내담자에게 생각이나 감정을 자유롭게 표현할 수 있도록 북돋아 주며, 자신의 방식으로 문제를 탐색하게 하며, 상담에 대한 책임감을 느끼게 한다.

> **정답**   10 ②   11 ④   12 ①

checkpoint 해설 & 정답

13 ① 충고하기에 대한 설명이다.
② 걸러서 듣기에 대한 설명이다.
④ 자기만 옳다고 주장하기에 대한 설명이다.

14 내담자의 말이 대수롭지 않은 것이라고 생각되더라도 내담자가 심각하게 말하는 내용에 대해 그렇게 받아들인다.

15 촉진적 경청은 가장 높은 수준의 경청으로서, 상대방과의 충분한 공감이 이루어진 상태에서 그의 진정한 동기나 의도, 무의식적인 내용 등 평소 깨닫지 못한 부분까지 포착함으로써 문제에 대한 해법을 스스로 찾을 수 있도록 돕는다.

정답 13 ③ 14 ② 15 ④

13 다음 중 경청을 방해하는 요인을 가장 올바르게 연결한 것은?

① 걸러서 듣기 – 상대방 말의 일부만 듣고 모든 것을 파악한 것처럼 조언을 한다.
② 미리 판단하기 – 상대방의 말을 자신의 기준에 따라 선택적으로 받아들인다.
③ 마음 읽기 – 상대방 말의 내용에 주의를 기울이기보다는 상대방의 의중을 파악하려고 한다.
④ 자기 경험과 관련시키기 – 상대방의 주장을 받아들이기보다는 자신의 말과 행동을 합리화하며 끊임없이 변명한다.

14 내담자와의 상담에서 중요한 기법 중 하나인 경청에 대한 설명과 가장 거리가 먼 것은?

① 반응하기에 앞서 내담자가 말할 충분한 시간을 준다.
② 대수롭지 않은 내용을 말할 때는 도움이 될 만한 충고를 생각하며 듣는다.
③ 내담자와 자주 눈을 맞추고 주의를 기울인다.
④ 가능한 한 내담자의 말을 끊고 반응하는 행동을 하지 않는다.

15 다음 중 가장 높은 수준의 경청은?

① 선택적 경청
② 적극적 경청
③ 공감적 경청
④ 촉진적 경청

16 다음 중 폐쇄형 질문에 해당하는 것은?

① 우리가 지난 번에 같이 이야기를 나눈 후에 어떻게 지냈어요?
② 구체적인 예를 들어보시겠어요?
③ 이전에 심리상담을 받은 적이 있나요?
④ 현재 상담 진행 중인 상담사에 대해 어떻게 생각하세요?

16 '네', '아니요' 또는 한두 마디의 짧은 답변을 하게 하는 폐쇄형 질문에 해당한다.

17 면접 시 상담자가 어떻게 질문을 하느냐에 따라 내담자로부터 유용한 정보를 얻을 수 있느냐가 결정된다. 다음의 질문 형태 중 내담자로부터 많은 정보를 얻어내는 데 효과적인 질문 방식으로만 짝지어진 것은?

> A. 개방형 질문
> B. 폐쇄형 질문
> C. 간접형 질문
> D. 직접적 질문

① A, B　　　　　② A, C
③ B, C　　　　　④ B, D

17 A. 개방형 질문은 질문의 범위가 포괄적이며, 내담자에게 가능한 한 많은 대답을 선택할 기회를 제공한다. 폐쇄형 질문이 위기상황에서의 신속한 대응에 유리한 측면이 있으나, 내담자로 하여금 시야를 보다 넓히도록 유도하고 상담자와 내담자 간의 바람직한 촉진관계를 형성하여 내담자로부터 보다 많은 정보를 얻어내기 위해서는 개방형 질문이 더욱 효과적이다.
C. 간접형 질문은 직접적 질문의 역기능으로 나타나는 내담자의 방어적 태도를 방지하기 위한 효과적인 질문 방식이다. 상담자는 '왜' 질문 등 직접적인 방식으로 내담자에게 어떠한 행동의 이유나 원인을 캐어 물음으로써 마치 비난하는 듯한 인상을 주기보다는 '무엇'이나 '어떻게' 등에 초점을 두어 간접적인 방식으로 질문하는 것이 바람직하다.

18 다음 중 상담에서의 질문기법에 대한 내용으로 가장 옳은 것은?

① 질문은 개방적이어야 하며, 폐쇄적이어서는 안 된다.
② 유도질문은 내담자의 문제 행동에 대한 질문에 매우 유용하다.
③ 모호한 질문은 한 번에 두 가지 이상의 내용을 질문하는 것이다.
④ '왜' 질문은 내담자의 반발심을 유발할 수 있다.

18 ① 상황별로 두 가지를 골고루 사용한다.
② 유도질문은 내담자에게 특정한 방향으로의 응답을 유도하는 질문으로 바람직하지 않은 질문 방법이다.
③ 한 번에 두 가지 이상의 내용을 질문하는 것은 이중질문에 해당한다.

정답　16 ③　17 ②　18 ④

checkpoint 해설 & 정답

19 한 번에 하나만 묻는 단일질문은 상담에서 권장되는 질문 유형이다.

19 다음 중 상담 시 피해야 할 질문의 유형에 해당하지 <u>않는</u> 것은?

① 유도질문
② 모호한 질문
③ 단일질문
④ '왜' 질문

20 가장 높은 수준의 공감적 이해는 내담자의 표면적인 감정은 물론 내면적인 감정에 대해 정확하게 반응하며, 내담자의 내면적인 자기 탐색과 동일한 몰입 수준에서 내담자가 표현한 의미와 정서를 추가하여 의사소통이 이루어지는 것이다.

20 다음 중 가장 높은 수준의 공감적 표현 방법은?

① 내담자의 표현에 중점을 두어 질문한다.
② 내담자가 표현한 것에 정확한 의미와 정서를 추가한다.
③ 이해하기 위해 노력하고 내담자의 단어로 반응한다.
④ 내담자의 감정을 정확히 반영한다.

21 반영은 내담자가 전달하고자 하는 의사의 본질을 스스로 볼 수 있도록 내담자의 말과 행동에서 표현되는 감정·생각·태도를 상담자가 다른 참신한 말로 부연하는 기술을 말한다. 반영을 할 때는 말로 표현된 내용 자체보다는 그것의 밑바탕에 깔려 있는 감정을 그대로 되돌려주기 위해 노력해야 한다.

21 다음에서 제시된 내담자의 진술에 대한 상담자의 반응 중 반영에 해당하는 것은?

> 내담자 : 저는 지난 밤 너무도 기이한 꿈을 꾸었어요. 아버지와 함께 숲으로 사냥을 나섰는데요. 사냥감에 온통 주의를 기울이느라 깊숙한 곳까지 다다르게 되었죠. 그런데 갑자기 바위 뒤편에서 커다란 물체가 튀어나오는 거예요. 저는 순간 사슴인줄 알고 방아쇠를 당겼지요. 어렴풋이 그 물체가 쓰러진 듯이 보였고, 저는 두근거리는 가슴을 부여잡은 채 서서히 다가갔어요. 가까이 가보니 그 물체는 사슴이 아닌 아버지였어요. 아버지가 숨을 쉬지 않은 채 죽어 있더라고요. 저는 너무도 황당하고 두려워서 잠에서 깨어났는데요. 등에서는 식은 땀이 줄줄 흐르더라구요.

① 당신은 지난 밤 꿈으로 인해 정말 많이 놀랐나보군요.
② 황당하고 두려웠다는 것은 구체적으로 어떤 죄책감이 들었다는 의미인가요?
③ 평소 아버지를 미워했나요?
④ 아버지에 대한 적개심이 총을 오작동하도록 만든 것은 아닌가요?

정답 19 ③ 20 ② 21 ①

해설 & 정답 checkpoint

22 상담자가 내담자의 말을 경청하고 있다고 느끼도록 하는 가장 좋은 방법은?

① 경청하기
② 상담에 대한 동기 부여하기
③ 감정 반영하기
④ 무조건적인 긍정적 존중하기

22 감정의 반영은 내담자의 감정에 대한 명확한 파악을 포함하여 내담자의 진술을 재표현해서 내담자에게 전달해 주는 것으로, 상담자가 내담자의 말을 경청하고 있음을 느끼도록 도와준다.

23 다음 상담과정에서 사용된 상담기술은?

> 내담자 : 정말 믿을 수 없어요. 엄마랑 전화했는데 이제 내가 대학에 들어갔으니 엄마, 아빠는 이혼하시겠대요.
> 상담자 : 당신의 부모님이 곧 이혼하실 거라는 소식을 지금 들었군요.

① 재진술
② 통찰
③ 감정의 반영
④ 해석

23 재진술은 환언 또는 부연하기라고도 하며, 내담자의 메시지에 표현된 핵심 인지 내용을 되돌려주는 것으로 내담자가 표현한 바를 상담자의 언어로 뒤바꾸어 표현하는 것이다.

정답 22 ③ 23 ①

안심Touch

checkpoint 해설 & 정답

24 불일치에 대한 상담자 반응의 예
- 언어적 진술 간의 불일치 : 당신은 아무런 문제가 없다고 말합니다. 그런데 그 사람이 당신에게 화가 났다고 말하고 있군요.
- 말과 행동 간의 불일치 : 당신은 좋은 성적을 받고 싶다고 하면서 정작 대부분의 시간을 친구들과 노는 데 활용하고 있군요.
- 행동과 행동 간의 불일치 : 지금 당신은 웃는 표정을 보이지만 이를 악물고 있군요.
- 감정과 감정 간의 불일치 : 당신은 어머니에게 화가 나 있으면서도 어머니의 지금 모습에 대해 안타까워하고 있군요.
- 자아와 경험 간의 불일치 : 당신은 아무도 당신을 좋아하지 않는다고 말합니다. 그런데 일전에 당신이 누군가에게서 식사 초대를 받았다고 말하지 않았나요?
- 이상과 실제 간의 불일치 : 당신은 시험에 합격하고 싶다고 말하면서 자신이 떨어질 거라고 이야기하는군요.

25 해석의 제시 형태 : 잠정적 표현, 점진적 진행, 반복적 제시, 질문 형태의 제시, 감정몰입을 위한 해석

26 해석은 내담자가 새로운 방식으로 자신의 문제들을 돌아볼 수 있도록 사건들의 의미를 설정해 주고, 자신의 문제를 새로운 각도에서 이해할 수 있도록 그의 생활 경험과 행동, 행동의 의미를 설명해 주는 것이다.

---

24 다음은 내담자의 어떤 불일치에 대한 상담자의 반응이라고 할 수 있는가?

> 당신은 좋은 성적을 받고 싶다고 하면서 정작 대부분의 시간을 친구들과 노는 데 활용하고 있군요.

① 언어적 진술 간의 불일치
② 말과 행동 간의 불일치
③ 행동과 행동 간의 불일치
④ 감정과 감정 간의 불일치

25 다음 중 상담기술로써 해석의 제시 형태에 해당하지 <u>않는</u> 것은?

① 점진적 진행
② 잠정적 표현
③ 감정몰입을 위한 해석
④ 직접적 제시

26 다음 상담치료에서 사용된 상담기술은?

> 내담자 : 당신은 나에 대해 모든 것을 아는 것처럼 행동하지만, 당신은 아무 것도 몰라요.
> 상담자 : 내가 당신의 아버지를 기억나게 하는 것은 아닌지 의문스럽군요. 당신은 아버지가 모든 것을 아는 것처럼 행동한다고 말했었지요.

① 재진술
② 직면
③ 해석
④ 감정 반영

정답 24 ② 25 ④ 26 ③

27 다음 중 상담기법에서 해석의 제시 형태로 가장 적합한 표현 양식은?

① 나는 당신이 ~하기를 원합니다.
② 당신은 ~라고 생각하는 것 같군요.
③ 내가 당신이라면 ~게 하겠는데요.
④ ~하지 않는다면 당신은 후회할 거예요.

27 해석을 할 때에는 상담자가 판단한 내용을 단정적으로 해석해 주기보다는 암시적이거나 잠정적인 표현을 사용한다.

28 상담을 성공적으로 이끄는 상담자 요인에 해당되지 <u>않는</u> 것은?

① 자아인식과 이해력
② 자아강도
③ 민감성
④ 심리적 건강

28 자아강도는 내담자 요인이다.

29 내담자에게 자신의 메시지를 정교화하도록 도울 뿐만 아니라 상담자가 그 메시지를 이해하고 있다는 것을 확실히 하기 위하여 사용되는 의사소통 기법은?

① 요약
② 명료화
③ 라포 형성
④ 부연 설명

29 명료화 또는 명확화는 내담자의 말 중에서 모호한 점이나 모순된 점이 발견될 때 이를 명확히 이해하고 넘어가기 위해 다시 그 점을 상담자가 질문함으로써 내담자가 그 의미를 명백하게 하는 기술이다. 상담자는 명료화를 통해 내담자가 자신의 생각이나 감정을 분명하게 표현할 수 있도록 격려하며, 상담자가 그것을 잘 이해하고 있음을 입증한다. 명료화는 상담자가 내담자의 말을 정확히 이해하기 위해서도 필요하고, 내담자가 스스로의 의사와 감정을 구체화하여 재음미하도록 하기 위해서도 필요하다. 내담자에게 명료화를 요청할 때는 상담자가 내담자에게 도움을 주기 위해 질문하고 있다는 인상을 주도록 유의한다.

정답 27 ② 28 ② 29 ②

안심Touch

30 내담자의 입장을 고려하는 공감적 이해를 통한 경청은 바람직한 경청법이다.

30 다음 중 적극적 경청을 방해하는 요인이 <u>아닌</u> 것은?

① 비교하기
② 마음읽기
③ 충고하기
④ 공감적 경청

31 ① 상담자는 자주 다른 곳을 보거나 내담자를 뚫어지게 보는 것을 피하여야 한다.
② 상담자는 팔짱을 끼지 말고 정면으로 내담자를 마주하여야 한다.
④ 상담자는 내담자와 너무 가깝거나 너무 멀리 있지 않는다.

31 다음 중 적극적 경청을 위한 상담자의 바람직한 자세는?

① 내담자를 뚫어지게 본다.
② 팔짱을 꽉 끼고 있는다.
③ 내담자와 같은 언어 스타일을 사용한다.
④ 최대한 가까이 앉는다.

32 ①은 비언어적 반응기술에 해당한다.

32 다음 중 언어적 반응기술에 해당하지 <u>않는</u> 것은?

① 소리로 감정 표현하기
② 최소의 촉진적 반응
③ 침묵
④ 자기노출

정답 30 ④ 31 ③ 32 ①

33 다음 중 투사적 성격 검사의 단점에 해당하지 <u>않는</u> 것은?

① 신뢰도, 타당도 검증이 어렵다.

② 문항 내용 및 응답의 범위가 제한된다.

③ 검사자의 채점 및 해석에 높은 전문성이 요구된다.

④ 검사자나 상황 변인의 영향을 받아 객관성이 결여된다.

33 ② 객관적 검사의 단점이다. 투사적 검사는 수검자의 풍부한 심리적 특성 및 무의식적인 요인이 반영된다.

34 내담자 문제의 평가에 대한 다음 설명 중 옳지 <u>않은</u> 것은?

① 상담자는 내담자의 현재 문제를 그가 처한 환경적 맥락에서 이해하여야 한다.

② 내담자에 대한 이해는 상담의 초기단계에 마쳐야 한다.

③ 내담자의 현재 문제의 발생 배경을 파악하면 상담에서 초점을 두어야 할 문제증상을 명확히 할 수 있다.

④ 다양한 심리검사를 통해 내담자를 종합적으로 평가해야 한다.

34 내담자의 현재 문제에 대한 이해는 주로 상담의 초기단계에 이루어지지만 내담자에 대한 이해는 상담의 전 과정을 통해 이루어진다.

35 초기단계의 면접에서 행하는 목표탐색 및 명료화 과정에 관한 설명으로 옳지 <u>않은</u> 것은?

① 상담자와 내담자 모두 목표에 동의하여야 한다.

② 목표가 구체적이어야 한다.

③ 자기 파괴적인 행동에 관련된 것이 아니어야 한다.

④ 목표가 성취지향적이어야 한다.

35 자기 파괴적인 행동에 관련된 것이어야 한다.
[문제 하단의 박스 참고]

>>>〇

> **목표탐색 및 명료화 과정**
> • 상담자와 내담자 모두 목표에 동의하여야 한다.
> • 목표가 구체적이어야 한다.
> • 자기 파괴적인 행동에 관련된 것이어야 한다.
> • 목표가 성취지향적이어야 한다.
> • 목표가 측정가능한 목표여야 한다.
> • 행동적이고 관찰가능한 목표여야 한다.
> • 목표는 이해되고 분명하게 재진술될 수 있어야 한다.

정답   33 ②   34 ②   35 ③

안심Touch

36 상담 종결단계의 상담자 역할
- 상담성과를 평가하고 점검한다.
- 내담자의 행동변화 요인(상담자 요인, 내담자 요인 등)을 평가한다.
- 종결과 관련된 내담자의 감정을 파악한다.
- 내담자가 이전 단계에서 얻은 통찰을 실행으로 옮길 수 있도록 돕는다.
- 추수상담에 대해 조언한다.

36 상담 종결 시 다루어야 할 내용을 모두 고른 것은?

> ㄱ. 상담목표의 달성정도 파악
> ㄴ. 상담 종결 관련 내담자의 감정 다루기
> ㄷ. 향후 계획에 대한 논의
> ㄹ. 상담성과가 미진한 이유에 대한 평가

① ㄱ, ㄴ
② ㄱ, ㄷ
③ ㄴ, ㄷ, ㄹ
④ ㄱ, ㄴ, ㄷ, ㄹ

✓ 주관식 문제

01
정답 투사적 검사

01 다음 설명에 해당하는 검사 방법은 무엇인가?

> 비구조적인 검사 과제를 통해 개인의 독특성을 최대한 이끌어내려는 데 목적이 있다. 개인의 다양한 반응을 도출시키기 위해 가능한 한 간단한 지시 방법을 사용하며, 검사 자극 또한 불분명하고 모호한 특징을 지니고 있다.
> → 종류: Rorschach 검사, TAT, CAT, DAP, HTP, BGT, SCT 등

정답 36 ④

02 종결단계의 과정에서 다음 각 빈칸에 들어갈 말은?

> 상담성과에 대한 평가 및 점검 → (㉠) → (㉡) → 추수상담에 대한 논의

02
[정답] ㉠ 심리검사의 실시
㉡ 문제해결력 점검 및 작별의 감정 다루기

03 다음 각 빈칸에 들어갈 말은?

> 로저스(Rogers)는 상담을 효과적으로 진행하기 위해서는 상담자에게 (㉠), (㉡) 그리고 무조건적인 긍정적 존중이 필요하다고 하였다.

03
[정답] ㉠ 진실성
㉡ 공감적 이해

안심Touch

여기서 멈출 거예요? 고지가 바로 눈앞에 있어요.
마지막 한 걸음까지 시대에듀가 함께할게요!

제 **4** 장

상담의 실제와 적용

제1절   활용 무대별 상담
제2절   발달 연령별 상담
제3절   문제 유형별 상담
실제예상문제

I wish you the best of luck

독학사 심리학과 3단계

혼자 공부하기 힘드시다면 방법이 있습니다.
시대에듀의 동영상강의를 이용하시면 됩니다.
www.sdedu.co.kr ➜ 회원가입(로그인) ➜ 강의 살펴보기

상담의 실제와 적용

활용 무대별 상담

1 집단상담

(1) 집단상담의 의의 및 특징

① 집단상담은 집단성원들로 하여금 자기 이해 및 자기 수용, 발달과업의 성취 등을 실현할 수 있도록 돕는 과정이다.

② 집단성원 개개인 자체에 초점을 두어 그들의 실제적인 행동상의 변화를 이끌어내는 것을 목적으로 한다.

③ 집단성원들 간의 상호작용을 통해 개인의 부적응행동과 문제에 접근하며, 주로 개인적·정서적인 문제의 해결에 주력한다.

④ 과거 부정적 행동의 원인보다는 현재의 문제를 해결하는 데 관심을 기울인다.

⑤ 집단치료가 성격장애 등의 심각한 문제를 다루는 데 반해, 집단상담은 태도나 상황의 변화, 직업선택 등 비교적 쉬운 갈등을 다룬다.

⑥ 집단상담의 규모는 집단의 특성 및 상황에 따라 다르나 보통 5~15명 또는 6~12명 정도이며, 대체로 5~8명 정도가 적당한 것으로 알려져 있다.

(2) 집단의 일반적인 조건

① **심리적 유의성**

㉠ 집단은 집단성원들에게 심리적으로 의미 있는 특성을 지녀야 한다.

㉡ 집단성원들이 심리적 유의성을 가지기 위해서는 집단이 최소한 자기지도(Self-guidance)의 능력을 갖춘 사람들로 구성되어야 한다. 여기서 자기지도 능력이란 자율적·독립적인 생활을 영위할 수 있을 정도의 지적 수준과 정신 상태, 기본적인 위생관리 능력 등을 말한다.

② **직접적인 의사소통**

㉠ 집단 내의 의사소통은 간접적으로 이루어지는 것이 아닌 집단성원 당사자들 간에 면대면(Face-to-face) 상태에서 직접적인 방식으로 이루어진다.

㉡ 의사소통은 보통 제한된 시간 내에 이루어지며, 집단성원들에게 심리적인 의미를 부여하는 역할을 한다. 따라서 주어진 시간 내에 집단성원들이 생산적인 대화를 나눌 수 있도록 돕는 것이 집단상담자의 중요한 임무가 된다.

③ 유의미한 상호작용

  ㉠ 집단은 일정한 사회체제를 갖춘 집단성원들 사이에 유의미한 상호작용(Significant Interaction)이 있어야 한다.

  ㉡ 집단성원들 간의 심리적 상호작용은 그들이 어떤 구분된 전체에 속해 있다는 느낌, 즉 '우리(We-ness)'라는 집단의식을 전제로 한다. 여기서 집단의식은 집단성원들이 공통적으로 가지고 있는 문제들을 해결하기 위해서는 물론 개인적인 요구를 충족시키기 위해서도 필요하다.

④ 역동적 상호관계

  ㉠ 집단성원들은 자발적이고 적극적인 태도로 집단에 참여함으로써 상호신뢰를 바탕으로 역동적 상호관계를 형성하게 된다.

  ㉡ 역동적 상호관계는 구성원들의 명확한 위치와 역할관계를 토대로 구성되며, 각 성원의 행동을 조절하는 일련의 가치관이나 규준이 있는 집단의 구조에서 형성된다.

⑤ 생산적 상호의존

  ㉠ 집단은 두 명 이상의 상호독립적인 사람들 간의 상호의존적(Interdependent) 관계에서 비롯된다.

  ㉡ 집단에서는 상호의존적인 관계 속에서 공통 목적을 가지고 있는 여러 사람들이 함께 모여 지속적으로 생산적인 변화를 시도하는 활동을 펼치게 된다.

(3) 집단상담의 형태

① 지도집단 또는 가이던스집단(Guidance Group)

  ㉠ 토론의 내용이 정의적이거나 심리적인 집단토의 장면으로 이루어지는 비교적 구조적인 형태의 집단상담이다.

  ㉡ 집단지도자(집단상담자)가 집단성원들의 개인적 요구나 관심사에 따라 교육적·직업적·사회적 정보들을 제공하는 것을 주된 목표로 한다.

② 상담집단(Counseling Group)

  ㉠ 상담집단은 지도집단과 달리 어떠한 주제나 문제보다는 사람에게 초점을 둔다. 즉, 개인의 성장과 발달뿐만 아니라 성장에 방해요소를 제거시키거나 자기인식에 초점을 둔다.

  ㉡ 집단지도자는 집단성원들로 하여금 사적인 문제들을 편안하게 나눌 수 있도록 안정감과 신뢰감이 있는 집단 분위기를 조성하는 데 주력한다.

③ 치료집단(Therapy Group)

  ㉠ 제2차 세계대전 중 정신질환자의 치료를 담당할 전문가의 부족으로 발달하게 되었으며, 치료를 주된 목표로 한다.

  ㉡ 집단지도자는 전문적인 훈련을 받고 전문적인 기술을 습득한 사람으로서, 주로 정상적인 기능을 할 수 없는 환자들을 대상으로 집중적인 심리치료를 적용한다.

④ 자조집단(Self-help Group)

  ㉠ 서로 유사한 문제나 공동의 관심사를 가진 사람들이 자발적으로 구성하여 각자의 경험을 공유하는 형태의 집단상담이다.

  ㉡ 개인이 각자 자신의 문제 상황에 대처할 수 있도록 하며, 자신에 대한 긍정적인 느낌과 함께 자신의 삶에 책임감을 가지도록 하는 것을 목표로 한다.

⑤ **감수성집단 또는 감수성훈련집단(Sensitivity Group)**

ㄱ 집단의 목표는 심리사회적 문제나 정신적 장애의 해결보다는 집단성원들의 의식화 또는 일정한 훈련을 통한 효과에 있다.

ㄴ 집단성원들로 하여금 자기 자신은 물론 타인에 대한 인식을 증진하도록 하며, 보다 효율적인 상호작용 패턴을 구축할 수 있도록 돕는다.

⑥ **T집단(Training Group)**

ㄱ 소집단을 통한 훈련이 프로그램의 핵심을 이루므로 '훈련집단'이라고 부르며, 실험실 교육프로그램의 방법을 활용하므로 '실험실적 접근'이라고도 부른다.

ㄴ 집단 활동을 관찰·분석·계획·평가하고 집단성원으로서의 역할을 학습하는 등의 보다 직접적인 경험을 통해 집단의 전반적인 과정에 대해 학습하며, 커뮤니케이션 및 피드백의 구체적인 행동기술을 습득하는 것을 주된 목표로 한다.

⑦ **참만남집단 또는 대면집단(Encounter Group)**

ㄱ T집단의 한계를 보완하기 위한 것으로, 동시대의 실존주의와 인도주의 사상을 도입한 것이다. 특히 개별성원들로 하여금 다른 사람과의 의미 있는 만남을 통해 인간관계 및 인간실존에 대해 자각하도록 돕는다.

ㄴ 개인의 성장과 함께 개인 간 의사소통 및 대인관계의 발전을 도모함으로써 궁극적으로 자아실현에 이를 수 있도록 하는 것을 1차적인 목표로 한다. 또한 개인의 성장 및 변화를 통해 그가 소속한 조직의 풍토를 변혁하는 것을 2차적인 목표로 한다.

(4) 집단상담과 개별상담

① **집단상담이 필요한 경우**

ㄱ 내담자가 여러 사람들을 보다 잘 이해하고, 다른 사람이 자기를 어떻게 보는지 알아야 할 필요성이 있는 경우

ㄴ 내담자가 자신과 성격이나 생활배경 등이 다른 사람들에 대해 배려와 존경심을 습득할 필요성이 있는 경우

ㄷ 내담자가 다른 사람과의 의사소통이나 대인관계 등 사회성 향상을 위한 기술을 습득할 필요성이 있는 경우

ㄹ 내담자가 다른 사람과의 유대감, 소속감, 협동심을 향상할 필요가 있는 경우

ㅁ 내담자가 자신의 관심사나 문제에 대한 다른 사람의 반응 및 조언을 필요로 하는 경우

ㅂ 동료나 타인의 이해와 지지가 내담자의 행동 변화에 도움이 되리라고 판단되는 경우

ㅅ 내담자가 자신의 문제에 대한 검토나 분석을 기피하거나 유보하기를 원하고, 자기노출에 대해 필요 이상의 위협을 느끼는 경우

② **개별상담이 필요한 경우**

ㄱ 내담자가 처한 문제가 위급하고, 원인과 해결방법이 복잡하다고 판단되는 경우

ㄴ 내담자 및 관련 인물들의 신상을 보호할 필요가 있는 경우

ㄷ 내담자의 심리검사 결과를 해석해 주는 면담의 경우

ㄹ 내담자가 집단에서 공개적으로 발언하는 것에 대해 심한 불안공포를 가지고 있는 경우

ㅁ 내담자가 상담집단의 동료들로부터 수용될 수 없을 정도로 대인관계가 좋지 못한 경우

      Ⓗ 내담자의 자기 자신에 대한 탐색 및 통찰력이 극히 제한되어 있는 경우

      Ⓘ 내담자가 상담자나 다른 사람들에게서 주목과 인정을 강박적으로 요구할 것으로 판단되는 경우

      Ⓙ 내담자가 폭행이나 비정상적인 성적 행동을 나타내 보일 가능성이 있는 경우

(5) 집단상담(집단치료)의 치료적 요인(Yalom)

① **희망의 고취(Instillation of Hope)**

집단은 집단성원들에게 문제가 개선될 수 있다는 희망을 심어주는데, 이때 희망 그 자체가 치료적 효과를 가질 수 있다.

② **보편성(Universality)**

참여자 자신만 심각한 문제, 생각, 충동을 가진 것이 아니라 다른 사람들도 자기와 비슷한 갈등과 생활경험, 문제를 가지고 있다는 것을 알고 위로를 얻는다.

③ **정보전달(Imparting Information)**

집단성원들은 집단상담자에게서 다양한 정보를 습득함으로써 자신의 문제에 대해 보다 명확하게 이해하며, 동료 참여자에게서 직·간접적인 제안, 지도, 충고 등을 얻는다.

④ **이타심(Altruism)**

집단성원들은 위로, 지지, 제안 등을 통해 서로 도움을 주고받는다. 자신도 누군가에게 도움을 줄 수 있고, 타인에게 중요할 수 있다는 발견은 자존감을 높여준다.

⑤ **1차 가족집단의 교정적 재현(The Corrective Recapitulation of the Primary Family Group)**

집단은 가족과 유사한 점이 있다. 다시 말해 집단상담자는 부모, 집단성원은 형제자매가 되는 것이다. 집단성원은 부모형제들과 교류하면서 집단 내에서 상호작용을 재현하는데, 그 과정을 통해 그동안 해결되지 못한 갈등상황에 대해 탐색하고 도전한다.

⑥ **사회기술의 발달(Development of Socializing Techniques)**

집단성원으로부터의 피드백이나 특정 사회기술에 대한 학습을 통해 대인관계에 필요한 사회기술을 개발한다.

⑦ **모방행동(Imitative Behavior)**

집단상담자와 집단성원은 새로운 행동을 배우는 데 좋은 모델이 될 수 있다.

⑧ **대인관계학습(Interpersonal Learning)**

집단성원과의 상호작용을 통해 자신의 대인관계에 대한 통찰과 자신이 원하는 관계형성에 대한 아이디어를 가질 수 있으며, 대인관계 형성의 새로운 방식을 시험해 볼 수 있는 장이 된다.

⑨ **집단응집력(Group Cohesiveness)**

집단 내에서 자신이 인정받고, 수용된다는 소속감은 그 자체로 집단성원의 긍정적인 변화에 영향을 미친다.

⑩ **정화(Catharsis)**

집단 내의 비교적 안전한 분위기 속에서 집단성원은 그동안 억압되어온 감정을 자유롭게 발산할 수 있다.

⑪ **실존적 요인들(Existential Factors)**

집단성원과의 경험 공유를 통해 자기 자신이 다른 사람에게 아무리 많은 지도와 후원을 받는다고 해도 자신의 인생에 대한 궁극적인 책임은 스스로에게 있다는 것을 배운다.

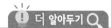

집단상담과 개인상담의 내담자 비교

집단상담	개인상담
• 여러 사람들을 보다 잘 이해하고, 다른 사람이 자신을 어떻게 보는가를 알아야 할 것으로 판단되는 내담자 • 자신과 성격, 생활 배경 등이 다른 사람들에 의해 배려와 존경심을 습득해야 할 것으로 판단되는 내담자 • 다른 사람과의 대화를 포함한 사회적 기술의 습득이 필요한 내담자 • 다른 사람과의 유대감, 소속감 및 협동심의 향상이 필요한 내담자 • 자신의 관심사나 문제에 대해 다른 사람의 반응 및 조언이 필요한 내담자 • 동료나 타인의 이해와 지지가 도움이 되리라고 판단되는 내담자 • 자신의 문제에 관한 검토·분석을 기피하거나 유보하기를 원하고, 자기노출에 대해 필요 이상의 위협을 느끼는 내담자	• 문제가 위급하고, 원인과 해결 방법이 복잡하다고 판단되는 내담자 • 자기 자신과 관련 인물들의 신상을 보호할 필요가 있는 내담자 • 심리검사 결과를 해석해 주는 면담이 필요한 내담자 • 집단에서 공개적으로 발언하는 것에 대해 심한 불안 공포가 있는 내담자 • 상담집단의 동료들로부터 수용될 수 없을 정도로 대인관계가 좋지 못한 내담자 • 자기 자신에 대한 탐색, 통찰력이 극히 제한되어 있는 내담자 • 상담자나 다른 사람들로부터의 주목과 인정을 강박적으로 요구할 것으로 판단되는 내담자 • 폭행이나 비정상적인 성적 행동을 취할 가능성이 있는 내담자

집단상담이 부적합한 경우
• 내담자가 위기에 처했을 경우
• 내담자 보호를 위해 비밀이 철저하게 보장되어야 하는 경우
• 자아개념과 관련된 검사를 해석할 경우
• 내담자가 비정상적으로 말하는 것에 두려움을 가지고 있는 경우
• 내담자의 대인관계 기술이 극도로 효율적이지 못한 경우
• 내담자가 자신의 감정, 동기, 행동에 대한 인식이 매우 부족할 경우
• 일탈적인 성적 행동의 가능성을 가지고 있는 경우
• 주의집중에 대한 내담자의 요구가 집단에서 다루어지기 어려운 경우

(6) 집단상담의 일반적인 효과

① 시간 및 비용의 절감
집단상담은 상담자가 다수의 내담자들과 접촉하므로 시간 및 비용 측면에서 효과적이다.

② 편안함 및 친밀감
집단상담은 상담자와의 1대1 개인상담보다 집단성원들 간의 친밀감을 통해 여러 가지 문제를 더욱 쉽게 다룰 수 있다.

③ 구체적 실천의 경험
집단상담은 현실적이고 실제 생활에 근접한 사회장면을 제공하므로 새로운 행동을 검증하거나, 문제해결 행동을 구체적으로 실천할 수 있는 경험을 가질 수 있다.

④ **현실검증의 기회 제공**

집단상담에서 개인은 외적인 비난이나 처벌에의 두려움 없이 새로운 행동을 시험해 보며, 현실을 검증해 볼 수 있는 기회를 제공해 준다.

⑤ **소속감 및 동료의식**

집단상담에서는 동료들 간에 서로의 관심사나 감정들을 터놓고 이야기할 수 있으므로 소속감과 동료의식을 발전시킬 수 있다.

⑥ **풍부한 학습경험**

집단상담에서는 다양한 구성원들을 접할 수 있으므로 개인상담이 줄 수 없는 여러 가지 풍부한 학습경험을 제공한다.

⑦ **지도성의 확대**

집단성원들은 상호 간에 경청하고 수용하고 지지하고 대면하고 해석해 주는데, 이와 같은 행동을 통해 서로 상담자로서의 역할을 하게 된다.

⑧ **관찰 및 경청**

집단상담에서 집단성원들은 다른 사람들의 이야기나 행동을 경청하고 관찰하면서 함께 생각하고 느낄 수 있다.

⑨ **개인상담으로의 연결**

내담자가 개인상담을 기피하는 경우 우선 집단상담을 통해 개인상담의 필요성을 느끼도록 하며, 내담자로 하여금 용기를 얻어 개인상담에 응하도록 유도할 수 있다.

(7) 집단상담의 장점(이장호)

① **경제성**

㉠ 집단상담은 개인상담과 달리 한 명 혹은 소수의 상담자가 여러 내담자들에게 동시에 상담서비스를 제공하므로 시간과 노력을 절약할 수 있다.

㉡ 집단상담은 한정된 시간에 더욱 많은 내담자들을 상담할 수 있으므로 효율적(Efficient)이고, 비용이 적게 소요되므로 경제적(Economical)이며, 학교나 기업 또는 다양한 임상장면에서 널리 활용할 수 있으므로 실용적(Practical)이다.

② **다양한 자원 획득**

㉠ 집단상담은 여러 사람들과의 상호작용을 통해 서로 간의 사고, 행동, 생활양식 등을 탐색해 보는 기회를 가짐으로써 인간적 성장의 기틀을 마련할 수 있다.

㉡ 연령, 배경, 사회경제적 지위, 문제 및 관심사 등이 서로 다른 성원들로 구성되는 경우, 폭넓은 성격을 가진 사람들과의 접촉을 통해 다양한 피드백을 얻을 수 있다.

③ **인간적 성장 환경 제공**

㉠ 개인의 자아(Ego)가 집단 속에서 성장하고 발전한다는 점에서, 집단은 자연스럽게 자아 성장을 위한 환경을 제공한다.

㉡ 집단성원은 신뢰로운 관계 속에서 다른 성원들의 경험, 감정, 관심 등에 대해 알게 되어 간접경험을 통한 학습을 하게 되며, 자기 자신에 대해 관찰해 봄으로써 자신에 대해 보다 심도 있게 탐색하고 이해할 수 있게 된다.

④ 실생활의 축소판

     ⊙ 집단은 실생활의 축소판으로 지지적·수용적·양육적인 대리가족(Vicarious Family)을 제공한다.

     ⓒ 집단성원들은 집단 참여를 통해 그동안 누적되었던 감정을 해소하고 자신의 입장과 처지에 대해 공감적 이해를 받게 되며, 이를 통해 기꺼이 변화를 시도하고자 하는 동기와 자신감을 얻게 된다. 이 과정에서 습득한 적응 능력과 기술을 자신의 실생활에 적용함으로써 더욱 생산적인 삶을 영위할 수 있게 된다.

⑤ 문제 예방

     ⊙ 집단성원들은 집단상담을 통해 잠재적인 문제가 악화되거나 발생하기 전에 그에 대한 사전 대처기술을 습득할 수 있다.

     ⓒ 집단의 수용적·지지적인 환경은 집단성원들로 하여금 새로운 행동을 시도하는 데 자신감을 불어넣어 주며, 발달상의 문제를 겪고 있는 사람에게 그것이 자신만의 문제가 아닌 보편적인 문제임을 깨닫도록 함으로써 심리적 고통으로부터의 해방감을 안겨 준다. 또한 집단에의 소속감을 통해 외로움, 고립감, 무기력감 등 정서적인 문제들을 해소할 수 있도록 한다.

⑥ 상담에 대한 긍정적 인식의 확대

     ⊙ 집단상담은 상담에 대해 잘 알지 못하거나 막연하게 부정적인 인식을 가지고 있는 사람에게 집단경험을 통해 긍정적인 인식을 가지도록 할 수 있다.

     ⓒ 집단에 대한 긍정적인 인식을 가지게 된 사람은 필요한 경우 자연스럽게 상담서비스를 요청할 가능성이 그만큼 높아진다.

(8) 집단상담의 단점(이장호)

① 비밀보장의 한계

     ⊙ 집단장면에서는 집단성원의 비밀보장(Confidentiality)에 한계가 있다. 따라서 집단상담자는 집단성원들에게 집단에서 노출된 다른 성원들의 사적인 정보에 대한 비밀유지의 중요성을 수시로 강조해야 한다.

     ⓒ 집단의 비밀보장원칙은 다른 사람의 사적인 정보를 집단 밖으로 유출하는 행위는 물론 집단 회기 중에 나누었던 대화 내용을 집단 밖에서 언급하는 행위에도 적용된다.

     ⓒ 집단상담자는 집단 초기에 비밀보장의 한계를 설명해 줌으로써 집단성원들이 자기개방을 할 때 적정한 한계를 설정하도록 도와야 한다.

② 개인에 대한 관심 미약

     ⊙ 집단상담은 한두 사람의 집단상담자가 동시에 여러 명의 집단성원들을 상대하게 되므로, 개인 상담에 비해 집단성원 개개인에 대해 주의를 기울여 그를 수용하고 이해하는 데 한계가 있다.

     ⓒ 집단상담자가 한정된 시간에 특정 성원에게 집중하는 경우 나머지 성원들의 개인적인 문제가 자칫 등한시되기 쉽다.

     ⓒ 지나치게 소극적이고 소심하며, 집단 상황에서 제대로 기능을 발휘하지 못하는 사람의 경우 집단상담보다는 개인상담이 더욱 효과적이다. 즉, 집단상담은 상담자의 개인적인 관심이나 보살핌이 더욱 필요한 사람, 보다 집중적인 치료적 접근이 요구되는 사람에게는 적합하지 않다.

③ **대상의 부적합성에 따른 역효과의 가능성**
　　㉠ 집단상담은 집단성원의 성격적 특징이나 집단 활동에의 부적응 등에 따라 예상치 못한 부정
　　　적인 결과를 초래할 수 있다.
　　㉡ 집단 참여를 원하지 않았거나 집단 활동을 위한 준비가 되어 있지 않은 상태로 집단에 참여
　　　하게 된 사람은 오히려 개인적인 문제로 집단의 분위기를 해치거나 다른 사람들의 집단 경
　　　험을 방해할 수 있다.
　　㉢ 집단상담에 적합하지 않거나 집단의 분위기를 해칠 가능성이 높은 사람의 경우, 개인상담이
　　　나 다른 형태의 정신건강 전문가에게 의뢰하는 것이 바람직하다.

④ **집단 압력의 가능성**
　　㉠ 집단상담은 집단 내 개별성원들로 하여금 집단의 규준과 기대치에 부응해야 한다는 미묘한
　　　압박감을 유발할 수 있다.
　　㉡ 집단 내 다른 성원들과 매우 다른 특성이나 배경을 가진 성원의 경우, 집단의 지배적인 소집
　　　단 구성원들의 가치관에 동조해야만 할 것 같은 압력을 받을 수 있다.
　　㉢ 집단 내 개별성원이 다른 성원들의 피드백을 무조건 받아들이게 되는 경우, 자신의 행동을
　　　면밀히 탐색하거나 다른 대안을 고려해 보지 않은 채 다수의 의견을 자신의 개인적인 목표
　　　로 설정할 수도 있다.

⑤ **변화에 따른 부작용**
　　㉠ 집단상담은 독특한 감정표현과 사고방식을 조장하는 경향이 있다. 특히 집단상담이 내담자
　　　개인의 생활양식 및 가치관의 변화를 초래하기도 하는데, 이는 내담자 개인으로 하여금 안정
　　　감 상실과 개인생활에서의 균열의 문제를 야기할 수 있다.
　　㉡ 왜곡된 집단경험은 현실에 대한 불안을 증가시키고 부적응 행동을 초래하기도 한다.

⑥ **목적전치**
　　㉠ 어떤 사람은 집단상담의 이해와 수용을 오용하여 자신의 문제를 집단에 풀어놓기만 한 채
　　　행동변화에는 관심을 두지 않는 경우도 있다.
　　㉡ 집단성원이 집단상담 경험에 도취되어 집단경험 자체를 목적으로 삼는 경우, 오히려 현실 도
　　　피의 기회를 제공할 우려가 있다.

⑦ **지도자의 전문성 부족**
　　㉠ 집단상담에서 상담자의 역할은 개인상담에서의 역할보다 더욱 복잡하다. 그럼에도 불구하고
　　　정식 훈련을 받지 않은 사람이 집단을 지도하는 경우가 있다.
　　㉡ 집단지도에 대한 관심의 증가로 인해 적절한 훈련이나 경험 없이 집단상담지도자가 되는 경
　　　우가 있는데, 이는 부적절한 지도성의 문제를 야기할 수 있다.

(9) 동질집단과 이질집단의 장점

동질집단	• 보편성의 경험에 의해 공감하기 쉬우며, 상호 간에 즉각적인 지지가 이루어질 수 있다. • 집단 내 갈등이 비교적 적으며, 출석률이 상대적으로 높다. • 집단의 응집력과 소속감이 빠르고 강하게 발달하는 경향이 있다.
이질집단	• 다양한 대인 간 상호작용이 가능하므로 서로 간에 의미 있는 자극을 주고받을 수 있다. • 서로 간의 차이점을 발견하고 이해하게 된다. • 현실검증의 기회가 풍부하다.

2 가족상담

(1) 가족상담의 이해

① 가족상담과 개인치료의 차이
㉠ 문제 초점의 차이
- 개인치료는 내담자를 별개의 독립된 존재로 본다.
- 문제의 원인을 개인에게 두고 정신내면의 과정, 행동, 특성 등을 파악하는 데 관심을 기울이며, 내담자가 맺고 있는 관계나 맥락은 일차적인 초점이 아니다.
- 가족상담은 내담자를 다른 사람 또는 체계와 상호작용하는 관계의 망에 속해 있다고 본다.
- 문제나 증상은 그가 속한 가족이나 관계의 역기능과 직접적으로 연관된다고 보기 때문에 가족관계나 맥락을 일차적으로 고려한다.

㉡ 치료개입 대상의 차이
- 개인치료는 개인에게 집중한다.
- 가족상담은 가족체계를 치료대상으로 삼는다.

㉢ 치료의 단위
- 개인치료는 개인을 치료의 단위로 삼는다.
- 체계의 많은 구성원이 가족상담의 단위가 된다.
- 가족상담이라고 해서 반드시 모든 가족이 다 참석해야 하는 것은 아니다. 현재 어려움을 가진 문제에 영향을 끼쳐서 그 과정을 바꾸는 데 꼭 필요한 가족성원을 필요로 한다.

㉣ 치료기간의 차이
- 개인치료는 개인이 가진 과거의 경험에 기초한 내면의 갈등을 해결하고자 하므로 1년 이상의 많은 시간을 필요로 하기도 한다.
- 가족상담은 가족성원과의 관계 속에서 여기와 지금에 초점을 둠으로써 6개월 이하의 단기 치료를 추구하는 경향이 있다.

㉤ 내담자에 대한 시각
- 개인치료는 내담자를 수동적이고 반응적인 존재로 본다.
- 가족상담은 내담자를 능동적으로 선택할 수 있는 존재로 본다.

ⓑ 인과관계를 보는 시각
- 개인치료는 문제의 원인과 결과를 직선적 인과론으로 본다(A → B → C).
  과거에 초점을 두고 증상과 행동의 원인을 파악하기 위해 이전의 발달단계를 추적해 나간다.
- 가족상담은 인과관계를 순환적이고 회귀적인 것으로 본다(A ⇄ B).
- 원인을 추적하기보다는 '여기와 지금'에서 '무엇'이 일어나고 있는지와 상호작용의 패턴을
  파악하는 데 초점을 둔다.
ⓐ 문제의 진단과 해결과정에서 차이
- 개인치료는 기계론적 세계관에 기초한다.
- 내담자의 문제를 객관적이고 정확하게 진단하고 평가할 수 있다고 본다.
- 가족상담은 유기체적 세계관에 기초한다.
- 자신이 처한 상황이나 맥락에 따라 반응과 행동이 다르므로 문제를 정확하게 진단하는 것
  보다는 내담자의 인식행위에 초점을 둔다.

② **가족상담과 집단상담의 차이**
ⓐ 가족상담과 집단상담의 공통점
    개인상담에 비해 여러 사람이 참여하여 상담자와 내담자의 관계형성이 단순하지 않고 사회
    적 현실과 같이 내담자 상호 간에 반응이 나타난다.
ⓑ 가족상담과 집단상담의 차이점
- 집단상담은 낯선 사람들로 구성되고 동등한 존재로 참여하며 스트레스를 주는 환경에서 분
  리되어 있다.
- 가족상담은 친밀한 사람들로 구성되고 문제의 공유에 있어 관련도가 높고 스트레스 상황자
  체가 치료대상이 되며 권력과 지위가 동등하지 않다.

[가족상담, 개인상담, 집단상담의 특성 비교]

유형	상담목표	초점	상담자 역할	주요 문제
가족상담	가족기능 향상	• 가족의사소통 • 연합과 역할 • 행동유형 • 상호작용패턴 • 가족체계 • System	적극적 참여관찰자	• 부부문제 • 부모–자녀갈등 • 고부갈등 • 가족불화 • 가족정서행동문제

개인상담	• 성격의 재구조화
	• 행동수정
	• 증상제거
	• 인지변화
		• 무의식
		• 감정전이
		• 방어기제
		• 행동학습
		• 인지, 사고
		• 개인
			• 비지시적·소극적
			• 적극적·지시적
			• 참여관찰자
				• 성격의 무의식적
				  갈등
				• 방어기제의 부적응
				  적 유형
				• 스트레스관련불안
				• 정서행동문제

집단상담	사회적 기능 향상	• 집단참여 • 피드백 • 집단역동 • Group	유동적 촉진자	• 대인관계문제 • 부적응 • 불안 • 행동문제

③ **기능적인 가족의 지표**

㉠ 부부관계의 특성 : 의사소통, 정서적 협력, 갈등

원만한 의사소통이 이루어지고 있는지, 관계에 있어서 정서적 협력, 서로가 얼마나 조화를 이루고 있는지의 문제 등은 부부관계의 특성을 파악하는 열쇠가 된다.

㉡ 가족 내의 권력통제 : 가족 내의 리더십

어느 한쪽 부모에 의해서 독점될 수도 있으며, 두 사람이 공유하는 형태로 존재할 수도 있다. 세력에 대한 합의가 없다면 끊임없는 갈등이 일어나게 되어, 불안정한 가족 양상과 무질서 상태를 초래할 수도 있다.

㉢ 가족응집력의 양과 유형

가족응집력이란 가족성원들이 그 집단에 매력을 느끼고 그 안에 머무르도록 작용하는 자발적인 힘의 총체를 말한다. 즉, 가족이 어떻게 응집성과 개별성 양쪽의 조화를 이루면서 추진하느냐는 중요한 문제이다.

㉣ 가족 내의 의사소통

의사소통방식을 결정하는 요인에는 명백한 대화를 격려하는지, 가족이 자발적으로 대화하는지, 서로 말하도록 기회를 주는지 등을 포함한다.

㉤ 문제해결 능력

가족이 어떻게 위기에 접근하여 효과적인 과정을 통해 문제를 해결하는지를 파악해야 한다.

㉥ 감정을 다루는 방법

한 개인이 건강하게 살아가기 위해서는 자신과 다른 사람에 대하여 보고, 듣고, 느낀 것을 분명하게 말할 수 있어야 한다.

㉦ 자존감의 형성

자신을 존중하는 사람만이 다른 사람도 존중할 수 있다.

㉧ 친밀함과 자립성

다른 사람과 친밀한 관계를 가질 수 있는가의 여부는 사람을 사랑할 수 있는지와 직결되기 때문에 가정생활에 있어서 중요한 요소이다. 자립성이란 자신의 두발로 서며 필요하다면 타인에게 기댈 수 있는 능력까지 포함하는 개념으로 자율과 의존이 조화를 이룬 상태이다.

④ **기능적 가족과 역기능적 가족의 특성 비교**

기능적 가족	역기능적 가족
하위체계의 경계선이 명확하지만 이것은 가족의 요구에 따라 변할 수 있다.	하위체계의 경계선이 경직되거나 혼란되어 있으며 가족의 요구에도 변화하지 않는다.
• 가족규칙은 명확하며 공평하게 이루어진다. • 규칙은 가족상황에 따라 변할 수 있다.	• 가족규칙이 명확하지 않으며 경직되어 있다. • 가족의 행동이나 방법에 규칙을 갖고 있지 않다.
가족성원 자신들의 역할을 명확히 이해한다.	역할은 경직되거나 명확하지 않아서 가족성원은 자신에게 요구되는 기대가 무엇인지 잘 알지 못한다.
각 개인의 자율성이 존중되면서도 전체로서의 가족이 유지된다.	개인의 자율성은 가족 전체를 위해 희생되거나 반대로 가족이 통합되지 못해 지나친 자율성이 요구된다.
의사소통은 자유롭고 명확하며 직접적이다.	의사소통은 애매하고 간접적이고 권위적이다.

(2) 가족상담의 주요 문제

① 가족상담에서 다루는 문제

    ㉠ 가족상담의 적용 범위

- 가족이 가진 모든 심리적 문제는 가족상담의 대상이 될 수 있다.
- 가족상담은 누구에게, 언제, 어떻게 적용하는가의 범위에 대해서는 유동적이다.
- 상담에 참여하는 사람의 인원 수에 관계없이 가족 전체를 사정과 개입의 대상으로 삼는다.
- 가족에게 역기능이 존재하거나 또는 그러한 역기능이 주된 호소문제와 관련이 있다고 판단 될 때 가족상담을 권유한다.
- 가족상담을 적용하기 위한 지표
  - 어떤 증상이 역기능적인 가족관계에 얽혀 있다고 판단될 경우
  - 도움을 구하는 사람의 호소가 특정 가족 개인의 문제보다도 가족 간의 관계 변화에 있 다고 판단될 경우
  - 가족이 서로 분리되는 것에서 어려움을 겪는 경우

    ㉡ 가족상담에서 다루는 문제

- 부부 간의 문제
  - 결혼 : 원가족과의 관계에 변화(새로운 관계의 정체감 확립 필요)
  - 부부 문제 상담은 공동으로 이루어지는 부부상담이 바람직하다.
- 맞벌이의 문제
  - 경제적 압박, 자아실현으로 인한 여성 취업 증가로 맞벌이 부부 증가
  - 문제 : 사회생활 속에서의 남녀평등, 가사분담, 자녀양육
- 아동양육의 문제
  - 확대가족 → 핵가족의 변화, 자녀양육에 대한 부부 간의 의견 불일치
- 청소년기 자아정체감의 문제
  - 문제 : 심리적, 신체적 불안으로 인한 지나친 압박감, 우울, 자살시도, 폭력, 등교거부, 신경성식욕부진, 인터넷 게임중독 등
  - 청소년들은 상담에 대한 동기가 낮음
- 집 떠나는 성인 자녀와의 문제
  - 부모들의 이중적인 메시지 : 성인자녀가 자율적이기를 원함 vs 독립적으로 성공적인 삶 을 살 수 없을 것이라는 불안
  - 부모자녀관계를 분리시키고, 부모가 자녀에게 하던 투자를 부부관계로 돌리도록 변화 를 도움
- 연로한 부모 돌보기
  - 고령화 사회 진입 : 부모의 부양책임 증가(가족상담에 연로한 부모들을 참여시킬 수 있음)
  - 가족 전체가 적응상의 중요한 도전에 직면하게 되면서 방향의 재설정 및 재조직이 필요함
- 한부모 또는 재혼가족의 문제
  - 이혼율의 증가로 한부모 가정이 증가 : 자녀의 양육, 경제적 도움, 다른 한쪽의 부모와 의 만남유지 등(긴장 및 스트레스 발생)

- 재혼가족 : 한쪽 부모의 죽음이나 이혼으로 인한 상실을 경험, 더욱 복잡하게 얽힌 가족 관계로 인해 더욱 복잡한 문제를 파생시킬 수 있음
- 가정 내의 학대문제
  - 아동학대 : 가족상담을 통해 부모들이 자신의 분노를 조절하는 방법을 습득, 부모의 분노를 유발하는 아동의 행동에 대한 적절한 지도 필요
  - 아내 구타 : 가족해체 측면 → 폭력가정의 가족보존의 관점으로 개입하는 것이 바람직함
- 약물과 알코올중독의 문제
  - 가족구성원의 약물남용 문제는 나머지 가족들도 영향을 받기 때문에 당사자와 더불어 그 가족에 대한 정서적인 도움을 주어야 함

② **가족 스트레스**

㉠ 가족 스트레스
- 생활스타일을 만들어 갈 때 생활체계로써 가족에게 어떤 자극요인이 더해짐으로써 종래의 생활양식이 혼란을 초래하고 기존의 대처양식이나 문제해결방식으로는 평형을 유지할 수 없는 위기에 도달하는 상황 또한 그것을 극복하려는 노력과 결과까지를 포함하는 능동적인 과정을 의미하는 용어이다.
- 지금까지 형성된 기존의 역할체계나 문제해결능력으로 대응할 수 없는 가족생활체계에 어떤 변동이 생기는 과정이라고 본다.

㉡ 가족 스트레스 연구
- 가족은 생활주기에 따른 발달단계의 스트레스를 필연적으로 경험한다.
- 가족구성원은 각기 다른 방식으로 스트레스를 경험하며 각기 다르게 반응한다.
- 스트레스는 각 가족의 연령, 그들이 속해 있는 생활주기에 따라 다양하다.
- 상담자는 가족생활주기(가족의 형성, 성장, 성숙, 그리고 소멸에 이르기까지 시간의 흐름에 따른 가족구조의 변화와 소비 패턴 등을 일컫는다)를 이해함으로써 상담의 준거틀을 마련하게 된다.
- 스트레스요인

수직적 스트레스요인	• 가족의 태도·기대·규칙 등 세대에 따라 전수되는 관계와 기능 양상을 포함한다. • 원가족에서 파생되는 가족이미지·가족신화·가족규칙 등이 이에 속한다.	
수평적 스트레스요인	발달적 스트레스요인	자녀의 출산·입학·결혼처럼 대부분의 가족이 발달하면서 겪게 되는 사건과 같이 가족이 예측할 수 있는 것으로 구성된 생활주기상의 변화이다.
	외적 스트레스요인	실직, 사고에 의한 죽음처럼 예측할 수 없는 사건들로 이루어져 있다.

③ **가족의 역동성 이해**

㉠ 가족 역동성
- 가족은 구성원들 간에 다양한 방식으로 영향을 주고받는 역동적인 체계이다.
- 가족은 복잡한 감정이 얽혀있는 가족 역동체계를 가지고 있다.
- 가족 역동성은 가족구조 내의 가족성원 간에 발생하는 상호작용을 의미한다.
- 가족구조, 가족관계, 권력구조, 역할구조 등이 가족의 상호작용에 영향을 준다.

ⓛ 3R
- 가족의 규칙(Family Rules)
  - 한 가족의 규칙은 무의식적으로 각 가족의 구성원들에게 각인되므로, 성인이 되어 살면서 자신이 진정으로 원하는 것과 상반되는 경우에도 그것에 의해 영향을 받을 수밖에 없다.
  - 가정마다 여러 가지 규칙들이 있지만 자신에게 중요한 영향을 미치는 규칙의 목록에 어떤 것들이 있는지 파악하는 것이 무엇보다 중요하다.
- 가족역할(Family Roles)
  - 문제해결사, 희생양, 구조대원, 코미디언, 중재자, 치유자, 비밀유지자
  - 자신의 가정 내의 역할을 찾아보고 다른 가족들의 역할을 함께 비교하여 보면 자신의 분명한 역할을 알 수 있게 된다.
  - 가족 내에서 자신의 역할에 만족한다면 좀 더 자신 있게 그 역할을 해야 하지만 필요에 따라 현실적인 역할을 선택하고 만들어가야 한다.
- 가족관계(Family Relationship)
  - 인간관계에 대한 가족 내에서의 학습방법 : 보고 그대로 따라하기
  - 어떻게 느끼고, 생각하고, 행동해야 하는지 아이들은 감각적으로 경험한 것을 그대로 따라함
  - 어린 시절 배운 것들이 성인이 된 후의 대인관계 패턴으로 나타남
  - 가정에서 전수받은 관계 패턴은 무엇인가?
  - 애정과 갈등 해소법에 대해 어떤 것을 배웠는가?
  - 현재 나에게 가족관계와 대인관계에 어떤 영향을 미치고 있는가?
ⓒ 상호작용 패턴 인지
- 과거 가족관계와 대인관계의 상호작용 패턴을 아는 것이 중요하다.
- 내담자 대부분이 자신의 문제에 대한 원인이 과거에 경험한 부모와의 상호작용의 결과임을 안다.
- 상호작용 패턴을 알기만 하고 거기서 멈춘 경우
  - 운명론적 사고
  - 자신의 삶은 가정의 결과가 아닌 자신의 의지로 만들어가는 것이다.
- 상호작용 패턴을 알고 원망하거나 비난하는 경우
  - 알고 체념하는 경우보다 훨씬 위험하다.
  - 가족이 전수해 준 것, 전수해 주지 않은 것에 대해 가족을 원망하게 된다.
  - 부모에게 배운 좋은 경험을 간직하여 발전시키고, 나쁜 경험은 그것을 통해 새로운 의미를 알고 성장할 수 있어야 한다.

(3) 가족상담 과정

① 가족상담 초기과정

ㄱ 접수상담
- 전화상담 및 방문접수 상담, 타기관 의뢰상담
- 상담을 의뢰한 사람의 이름, 주소, 연락처 알아보기

- 가족문제가 무엇인지, 문제의 성격과 지속시간, 가족의 대처방법 등을 확인
- 가족체계 특성과 문제와의 관련성 관찰
- 가족성원의 상담동기와 참가 가능성 높은 사람 파악
- 전에 상담이나 치료경험 있는지, 있다면 어떤 문제로 상담 받았고 효과는 어느 정도였는지 파악
- 첫 면접상담에 참가할 사람과 날짜, 시간, 장소 정하기
ⓛ 치료적 관계형성
- 면접상담 첫 회기는 이후 상담의 방향과 성공여부를 결정짓는 중요한 단계이다.
- 상담자 자신이 편안하고 차분한 자세를 지니면서 온화한 표정으로 대하여야 하며 가족성원들의 생각과 감정은 물론 자신의 감정변화에도 민감해야 한다.
- 개개인을 포괄하는 가족체계를 관찰하면서 자연스럽게 그 안에 합류하여 가족성원들과 친밀감과 유대감을 형성하는 것이 중요하다.
ⓒ 상담의 구조화
- 치료적 관계를 바람직한 방향으로 안정시키기 위하여 상담에서 성취 가능한 범위와 제한점을 가족에게 교육하는 것이다.
- 제한점은 최소한도로 줄이고 상담시간, 가족의 행동 규범 등에 관하여 구체적으로 정하는 것이 좋다.
- 상담자 역할의 범위와 한계를 정한다.
- 내담자의 행동과 역할을 구조화한다(상담시간의 제한, 상담비용과 지불방법의 안내 등).
ⓔ 가족사정
- 초기과정에서는 치료적 관계형성 작업과 함께 문제파악과 목표설정에 초점을 둔다.
- 중기과정에서는 가족의 상호작용방식, 의사소통방식, 관계패턴, 가족성원의 견해 차이, 가족성원의 노력과 변화 등을 파악한다.
- 종결과정에서는 변화된 가족체계와 관계패턴을 확인하고 상담목표 달성 정도를 파악한다.
ⓜ 문제의 명료화 및 상담목표 합의
- 가족이 포괄적으로 말하는 문제를 구체적이고 해결 가능한 문제로 바꾸고 가족이 바라는 대안과 이를 성취하기 위한 변화나 기술들을 구체화하고 명료화한다.
- 상담목표를 설정할 때는 잠정적 가설을 세우고 가족의 문제해결에 중요하면서 가족이 원하는 것들을 가족과 합의하여 최종목표를 정한다.
- 가족상담의 최종목표는 가족관계의 기능과 자율성을 증진시키는 것이고 결과목표는 제시된 문제를 해결하는 것이며, 과정목표는 의사소통 촉진, 역할의 융통성 증진, 기능적 대처방식의 습득, 감정표현 등이 있다.
ⓗ 상담계약
- 상담계약은 가족성원이 지속적으로 상담에 오도록 구체적 사항에 대하여 계약을 맺는 것이다.
- 첫 회기 상담 종결 전에 이루어진다.
- 상담목표, 상담형태와 시간, 상담 간격, 상담비, 참가자 등에 대해 계약서를 작성하여 서명하기도 한다.

② **가족상담 중기과정**

　　㉠ 이 단계는 변화를 위한 주된 작업이 이루어지는 실행과정이다.

　　㉡ 가족의 특성과 문제의 성격, 상담자의 능력과 전문적인 판단에 따라 설정된 상담목표 달성을 위해 적절한 이론과 기법을 선택하고 적용하게 된다.

　　㉢ 가족은 문제에 대한 자각이 늘어나고 표면적인 문제행동이 완화되며 문제해결을 위한 동기가 커지고 다른 사람을 수용하며 기능적인 방식의 상호작용이 증가하게 된다.

　　㉣ 상담자는 변화를 촉진하는 역할을 담당하며 가족이 긍정적인 변화를 자각하고 자율적인 문제해결 능력을 습득하도록 돕는다.

　　㉤ 가족에게 퇴행현상이나 변화에 대한 저항이 나타나는 것에 대한 고려가 필요하다.

③ **가족상담 종결과정**

　　㉠ 종결시기 판단 기준

　　　• 제시된 문제가 해결되고 증상이 완화되거나 소멸된 경우

　　　• 초기에 설정한 상담목표가 이루어진 경우

　　　• 가족성원들이 상담을 통하여 새롭게 습득한 대처방식이나 행동방식을 계속 유지하는 경우

　　　• 가족성원 간의 의사표현이 솔직하고 갈등을 협상할 수 있는 능력을 가지게 된 경우

　　　• 미래에 비슷한 문제가 발생하더라도 잘 처리할 자신감을 보이며 자발적인 활동이 증가하는 경우

　　　• 상담의 진행이 부진하거나 가족성원이 상담에 소극적으로 된 경우

　　㉡ 종결과정에서 가족사정

　　　• 제시된 문제의 해결 정도

　　　• 가족 상호작용의 개선 정도

　　　• 가족성원의 정서 만족

　　　• 미래에 대한 자신감

　　㉢ 종결준비와 종결과정

　　　• 도입단계

　　　• 변화확인단계

　　　• 종결단계

　　　• 추후면접단계

　　㉣ 조기종결

　　　• 가족이 조기종결을 제안하는 경우

　　　• 조기종결로 가는 표시가 나타나는 경우

　　　• 상담자의 능력을 벗어나는 문제인 경우

3 사이버상담

(1) 정의

컴퓨터와 통신 기술이 결합되어 컴퓨터를 매개로 한 통신이 이루어지는 가상의 공간에서 이루어지는 전문상담을 의미하는 것으로 내담자의 문제를 해결하고 생각·감정·행동상의 성장을 위해 노력하는 상담과정을 사이버 공간에서 수행하는 것이다.

(2) 인터넷을 이용한 사이버상담의 필요성

① 인터넷 보급이 확대되어 간편하고 저렴하며 활용이 용이하다.

② 내담자의 익명성이 보장되어 보다 솔직한 대화와 감정 표현이 가능하며, 내담자의 불안, 죄의식, 망설임을 감소시킨다.

③ 내담자가 청소년인 경우 전화나 면접보다 인터넷 상담에 더욱 친밀감을 느낀다.

④ 가명을 사용하여 상담 사례를 소개할 수 있으며, 그에 대한 대처 방안을 제시할 수 있다.

⑤ 내담자가 자신의 문제를 해결하는 데 도움이 될 수 있는 자료들을 쉽게 찾아볼 수 있다.

⑥ 내담자로 하여금 시간적인 여유를 두고 생각을 정리한 후 반응하는 것을 허용하므로 자기 성찰능력을 향상시킬 수 있다.

(3) 사이버상담의 특징

① **단회성**

인터넷상담 또는 사이버상담은 대면상담과 달리 단회로 끝나는 경우가 많다.

② **신속성**

실시간 상담의 경우 상담이 신속히 이루어질 수 있다.

③ **문자 중심의 상호작용**

상담과정이 구두에 의한 대화보다는 문자나 채팅에 의해 이루어진다.

④ **익명성**

내담자의 익명성이 보장되므로 보다 솔직한 대화 및 감정 표현이 가능하다.

⑤ **자발성·주도성**

상담과정에서 내담자의 자발적·주도적 참여가 이루어진다.

⑥ **시·공간의 초월성**

시간 및 공간상의 제약이 다른 방법에 비해 상대적으로 적다.

⑦ **개방성**

사이버 공간에 게시된 정보는 모든 사람이 열람할 수 있다.

⑧ **경제성**

내담자가 상담실을 방문하는 데 드는 비용, 상담자가 상담의 제반 여건을 갖추는 데 드는 비용 등을 절감할 수 있다.

⑨ **자기성찰의 기회 제공**

내담자로 하여금 시간적인 여유를 두고 생각을 정리한 후 반응하는 것을 허용하므로 자기성찰 능력을 향상시킨다.

(4) 장·단점

① **장점**

㉠ 개인의 지위, 연령, 신분, 권력 등을 짐작할 수 있는 사회적 단서가 제공되지 않으므로 전달 되는 내용 자체에 많은 주의를 기울이고 의미를 부여할 수 있다.

㉡ 대면상담에 비해 내담자의 자발적 참여로 상담이 진행되는 경우가 압도적으로 많으므로 내 담자들의 문제해결에 대한 동기가 높다.

㉢ 대면상담에 비해 비용면에서 효율적이며, 그로 인해 상담료 또한 저렴한 편이다.

㉣ 상담자와 직접 얼굴을 마주하지 않기 때문에 내담자는 자신의 행동이나 감정에 대한 즉각적 인 판단이나 비판을 염려하지 않아도 된다.

㉤ 상담 내용의 저장, 유통, 가공, 검색, 재검토 등이 용이하다.

② **단점**

㉠ 주로 문자 등의 시각적 자료에 의존해야 하므로 대면상담에 비해 깊이 있는 의사소통을 기 대하기 어려우며, 내담자의 복잡한 정서적 내용을 파악하기 어렵다.

㉡ 상담자의 입장에서 내담자의 신상과 상담 내용을 신뢰하기 어려우며, 내담자와의 라포 형성 이 쉽지 않다.

㉢ 내담자가 자신의 정보를 선택적으로 공개할 수 있으며, 언제든지 상담을 중단해 버릴 수 있다.

㉣ 기본적으로 컴퓨터 시스템이 필요하며, 네트워크 상의 불안정성 등의 문제에 영향을 받는다.

㉤ 익명성에 따른 부적절한 대화 예절, 노골적인 성적 표현 등의 문제가 제기될 수 있다.

㉥ 내담자가 여러 개의 아이디를 사용하여 현재 자신의 문제와 관련 없는 과거의 부정적인 경 험 등을 제시함으로써 단순한 역할 시험의 장으로 오용될 수 있다.

㉦ 자구적인 노력이나 책임감 없이 습관적으로 상담 요청을 할 수 있다.

(5) 사이버상담의 효과

① **풍부하고 용이한 정보 획득**

내담자가 자신의 문제해결에 도움이 되는 풍부한 자료를 용이하게 찾아볼 수 있다. 사이버상담 을 통한 풍부한 정보 획득은 내담자로 하여금 보다 넓은 조망을 가질 수 있도록 한다.

② **신속한 상담관계 형성**

대면상담의 경우 신뢰감을 형성하는 데 오랜 시간이 걸리지만, 사이버상담을 통한 익명성은 내담 자가 상담자를 의식하지 않고 자신의 의견을 보다 자유롭고 솔직하게 표현할 수 있는 장점이 있 어 상담자와 내담자의 상담관계에 효과적인 면을 제공한다. 따라서 사이버상담에서는 대면상담에 서보다 관계 형성에 시간과 노력을 덜 기울이고도 기본적인 상담관계가 쉽게 맺어질 수 있다.

③ 감정 정화 기능

감정 정화란 억압된 감정이나 심리적 에너지가 충분히 표현되고 방출되어 긴장이 완화되는 상태를 말한다. 사이버상담은 익명적인 특성이 있어서 상대방이나 주위 환경의 방해를 받지 않고 자신의 감정과 생각을 있는 그대로 표현할 수 있기 때문에 내담자가 가지고 있는 부정적인 정서를 쉽게 다루는 것이 가능하다.

④ 내담자의 자발적인 참여

사이버상담에서는 내담자가 익명으로 문자를 통해서 상담에 응하기 때문에 대면상담에서 만나는 내담자보다 상담과정에서 더 많은 통제력과 주도성을 갖게 된다. 이런 점에서 사이버상담에서의 내담자들은 높은 상담동기를 가진 경우가 많으며, 특히 대면상담에 억지로 참여하는 경우가 대부분인 청소년의 경우 스스로 문제의식을 가지고 자신의 어려움을 해결하기 위해 자발적으로 사이버상담을 찾는 경우가 많다.

⑤ 시간적·공간적 제약의 극복

사이버상담은 언제, 어디서나 상담을 받기가 용이하다. 인터넷이 가능한 컴퓨터만 있다면 언제든지 상담을 받을 수 있다.

(6) 사이버상담의 한계

① 의사소통의 제약

내담자가 컴퓨터를 이용하여 자신의 문제를 일방적이고 제한적으로 공개하고 상담자가 추후에 그 내용만을 토대로 답변을 하는 방식으로 이루어지므로 양방향 커뮤니케이션이 이루어지지 않는다.

② 긴급 상담 시 적극적인 대처의 어려움

내담자가 긴급하고 심각한 문제 상황에 처해 있어도 적극적으로 개입하기 어렵다.

③ 신뢰 문제

사이버상담은 익명성이 보장된 반면, 내담자가 이를 이용해 자신에 대한 정보의 일부 또는 전부를 드러내지 않거나 바꿀 수 있어 내담자의 상담 내용의 진위 여부를 확인할 수 없다.

(7) 사이버상담의 구조

① 첫 인사

상담자의 첫 인사를 통해 자신의 속마음을 털어놓고 해결 방안을 의논한 내담자를 적극적으로 환영하고 반갑게 맞아들인다는 의미를 전달한다.

② 문제의 명료화 및 공감

내담자의 상담 내용이 명확하지 않을 때에는 내담자의 문제의 초점을 진술하고 명료하게 정리하는 기법을 사용하거나 내담자의 감정에 대한 공감을 통해 상담관계를 형성하도록 하는 방법을 사용한다.

③ 상담 구조화 및 목표설정

상담에서 제공되는 서비스의 한계를 분명히 인식할 수 있도록 구조화하고, 내담자가 작성한 상담 내용을 기초로 상담목표를 설정한다.

④ **정보 제공**

내담자가 객관적인 자료를 근거로 현명한 판단을 내릴 수 있도록 신뢰할 수 있는 정보를 제공한다. 정보 탐색이 추가적으로 요구되는 경우, 해당 정보를 탐색할 수 있는 방법을 제시하여 정보탐색력을 향상하도록 조력한다.

⑤ **결론**

내담자의 호소 문제에 대해 객관적인 입장에서 가능한 여러 가지 대안을 제공하나, 의사결정 및 선택권은 내담자 스스로에게 있음을 인식시킨다. 또한 사이버상담은 대부분 단회로 끝나는 경우가 많지만 재상담도 가능함을 알리고 언제든지 다시 방문할 수 있다는 것을 안내한다.

⑥ **끝 인사**

희망과 용기를 주는 말로써 지지와 격려를 보내면서 마무리한다.

제 2 절 발달 연령별 상담

1 아동상담과 치료

(1) 아동상담의 정의

① 상담자가 아동의 적응을 도우면서 문제해결능력을 향상시키는 전문적인 활동을 의미한다.

② 도움이 필요한 내담자가 전문적인 훈련을 받은 상담자와의 관계를 통해 자신의 생활과정상의 문제를 해결하고 사고·감정·행동적 측면의 인간적 성장을 위해 노력하는 학습과정을 의미한다.

> **❗ 더 알아두기 🔍**
>
> **아동상담과 성인상담의 차이점**
> • 아동상담의 대상은 사회적 또는 법률적 미성년자이다.
> • 아동의 심리적 문제는 발달과정에서 일시적으로 나타나는 경우도 있고, 발달과정을 거치는 동안에 의도적 노력 없이 수정되는 경우도 있다.
> • 상담자는 아동의 부모와 접촉하게 되는 경우가 많다.
> • 심리적 문제를 아동 자신보다는 부모나 학교가 더욱 절실하게 느끼기 때문에 치료에 대한 필요가 부모나 학교에 달려 있는 경우가 많다.
> • 성인보다 아동은 놀이나 비언어적 수단을 통해서 내적 감정이나 갈등을 더 잘 표현하는 경우가 있다.
> • 문제해결의 수준이 발달수준에 따라서 제각기 다르다.

(2) 아동상담의 목적

① 아동의 사회적, 정서적 문제를 해결하고 잘 발달하여 적응할 수 있도록 돕는 것이다.

② 세부 목표

　㉠ 아동의 고통스러운 정서적인 문제를 다룬다.

　㉡ 아동의 사고와 행동이 어느 정도 일치되게 하도록 한다.

　㉢ 아동이 자신에 대해 긍정적인 감정을 가지도록 한다.

　㉣ 아동이 자신의 한계를 인정하되 그것을 긍정적으로 받아들일 수 있도록 한다.

　㉤ 아동이 부정적인 결과를 가져오는 행동을 변화시킬 수 있도록 한다.

　㉥ 아동이 환경에 잘 적응할 수 있도록 한다.

　㉦ 아동이 발달단계에 맞춰 성장할 수 있도록 많은 기회를 준다.

(3) 아동의 발달적 특성

① 신체 발달 특성

이 시기의 아이들은 대근육과 소근육의 기능 수행이 서투르며, 가만히 있지를 못해 관심이나 흥미의 집중도가 10~15분 정도에 그친다. 어릴 적 모습이 점차 사라지고 신체적 활동이 활발해지지만, 아직 자립심이 없고 수동적이기 때문에 부모나 교사의 정신적 지지를 받아야 한다. 또한 여자아이는 10세~12세, 남자아이는 14세~16세 경에 사춘기를 맞아 신체상의 변화를 겪게 된다.

② 사회 발달적 특성

혼자서 시간을 즐기기도 하고 많은 시간을 공상을 하며 보내기 때문에 조용한 활동 기회를 제공해 주는 것이 바람직하다. 한편, 친구가 매우 중요한 부분을 차지하기 때문에 가족보다 친구의 영향을 더 받으며, 또래집단의 일부가 되어 타인을 모방하기도 한다. 이 시기에는 아동의 정체감 형성을 위하여 긍정적인 역할 모델과 확고하고 일관성 있는 가르침이 필요하다.

③ 정서 발달 특성

아동은 인정받고 비판받는 것에 민감하기 때문에 타인이 자신을 좋아할 수 있도록 행동하려고 한다. 이때 긍정적 강화는 아동이 바람직한 태도로 행동하도록 이끌어주기 때문에 긍정적 자아존중감의 발달을 강화시킬 수 있다. 또한 아동은 또래집단의 영향을 많이 받으며, 유치한 감정을 나타내고, 무서운 이야기나 상처 등에 두려움을 느낀다. 이런 아동들에게 자신의 감정을 표현하는 바람직한 방법을 가르쳐주고, 사랑 받고 있음을 확신시켜주는 것이 필요하다.

④ 인지 발달 특성

아동은 매우 호기심이 많아 모험을 즐기고, 바깥세상을 배우고 싶어 하며, 독서를 통해 적극적으로 정보를 축적시키려고 한다. 이러한 호기심을 충족시키기 위해서는 구체적인 경험과 추상적인 경험이 모두 필요하다. 또한 아동은 독립심이 증가하기 시작하여 자기 스스로 계획하고 행동하기를 즐기며, 이를 통해 성취감이 발달하게 된다.

(4) 아동상담의 주요 내용

① 성 문제

아동은 성에 대해 학교에서 배운 내용이나 텔레비전 같은 매체를 통해 본 것을 질문하게 된다. 연령이 낮을수록 질문 내용이 단순하고 직접적이며, 상담자의 말과 태도를 통해 성에 대한 이미지를 형성하기 때문에 아동이 이해할 수 있는 수준에서 정확하게 가르쳐 주는 것이 필요하다.

② 정보 문제

아동은 성인이 생각하기에 어이없거나 당연하다고 여겨지는 것들에 대해서 다양한 질문들을 하는데, 이 질문에 대해 성실하게 답해 주고 아동의 호기심을 격려해 주는 것이 아동의 상상력과 사고력을 길러 주는 데 도움이 된다. 또한 상담자가 진지하게 경청하고 대답해 주는 모습에서 자신이 존중받고 사랑받고 있음을 느끼며, 이는 아동의 자존심 형성에 큰 영향을 미친다.

③ 또래 문제

아동에게 또래 친구는 모방의 대상이며, 힘의 상징이다. 따라서 아동에게도 인간관계는 성인 못지않게 중요한 문제이며, 관계형성에 어려움을 겪는 아동은 생활 전반에서 힘을 잃고 주눅이 들게 된다. 상담자는 이런 아동이 상대방의 입장에서 생각할 수 있는 기회를 제공하고, 친구를 사귀는 방법을 함께 모색해 줌으로써 아동의 생기를 되찾아 줄 수 있다.

④ 성격 문제

아동의 성격상 문제는 아동 자신이 문제를 느끼기보다는 주변에서 그 아동을 평가할 때 나타난다. 아동의 성격 문제는 근원적인 문제가 무엇인지를 살펴보아야 하는데, 부모의 문제가 그 배경일 때가 대부분이다. 따라서 단순히 아동과의 상담만으로 문제를 해결하려 할 것이 아니라 부모와의 상담을 진행하여야 한다.

⑤ 이성 문제

부모에게 말할 수 없는 고민 중 하나가 이성교제에 관한 것이다. 아동은 자기에게 무관심한 이성에게 호감을 표시하고 가까워질 수 있는 방법을 묻는 것에서부터 이성에게 관심을 끌 수 있는 방법에까지 다양한 질문을 한다.

⑥ 학습 문제

아동은 성적 하락, 공부와 관련되어 갖는 부모와의 갈등, 시험 전의 불안, 공부를 잘 할 수 있는 방법 등에 대하여 스트레스를 받으며, 공부를 못하는 아이들은 매사에 자신감을 잃고 소극적인 태도를 취하게 된다. 자신의 능력에 대해서 신뢰하지 못하며, 자신을 아무 데에도 쓸모없는 사람이라고 생각하게 된다. 상담자는 이런 아동의 장점을 발견하여 칭찬해 주고, 스트레스를 해소할 수 있는 방법을 찾도록 도와주어야 한다.

⑦ 가정 문제

부모 사이의 불화, 형제 간 차별 대우, 부모의 학대와 이혼 등의 문제로 가정이 불안하면 아동은 눈치를 보게 되고 우울해지거나 숨기는 것이 많아진다. 가정 문제는 드러나지 않는 경우가 많으므로 상담자와 어느 정도 신뢰가 형성되지 않은 단계에서 아동이 자발적으로 이야기하기 어려운 경우가 대부분이다. 상담자는 아동이 말하고 싶어 하지 않는 것이나 피하는 것이 무엇인지 민감하게 살피고, 아동의 상처에 조심스럽게 다가갈 수 있어야 한다.

⑧ 행동 문제

잦은 PC방 출입, 거짓말 등 비교적 사소한 문제 행동을 보이는 아동들과 도벽, 폭력, 가출 등 심각한 문제 행동을 보이는 아동들의 경우, 상담자는 부모와의 긴밀한 관계를 통하여 아동의 문제 원인이 무엇인지를 찾아 해결하려는 노력이 필요하다.

⑨ 신체 문제

비만, 키, 목소리, 얼굴 생김새 등 신체에 대한 불만은 아동이 자신감을 잃도록 만들어 사람들 앞에 나서기를 꺼리게 만들고 부정적인 자아상을 형성하게 한다. 상담자는 아동이 표정, 인상 또는 아름다운에 대한 기준을 새롭게 형성할 수 있도록 도와주고, 외모가 아닌 아동만의 매력을 찾아 개발할 수 있도록 조력한다.

(5) 문제를 겪고 있는 아동의 특성

① 우울증을 겪고 있는 아동

㉠ 악몽에 시달리거나 불면증을 겪고 있다.

㉡ 혼자 있으려고 한다.

㉢ 학교에 가기를 싫어한다.

㉣ 원인 모를 병에 시달리고, 사고를 잘 낸다.

㉤ 심리적으로 자살이나 죽음에 대한 망상을 가지고 있다.

㉥ 비현실적인 책임감이나 자격지심을 보인다.

㉦ 소망이 없다.

㉧ 눈물이 많고, 의지가 약하다.

② 학대를 겪고 있는 아동

㉠ 주위 사람을 피한다.

㉡ 나이에 어울리지 않게 행동하며, 부정적이다.

㉢ 친구들과 다툼이 잦다.

㉣ 신체 외관상 상처가 있다.

㉤ 공격적이며, 과격하다.

㉥ 가출을 한다.

㉦ 친구를 신뢰하지 않아 어울리는 친구가 자주 바뀐다.

㉧ 내성적이며, 우울해 한다.

③ 자폐증을 겪는 아동

㉠ 어른과 눈을 마주치지 않는다.

㉡ 동일한 행동을 반복한다.

㉢ 공부를 잘하거나 못한다.

㉣ 부적절한 반응을 보인다.

㉤ 아기 같은 행동을 한다.

(6) 아동상담의 주의사항

① 비밀 유지

성인과 마찬가지로 아동 역시 자신의 문제가 자신에게 있어 가장 중요한 일이다. 따라서 아동 문제 역시 상담의 기본 윤리인 비밀 유지가 잘 지켜지지 않는다면 신뢰관계가 깨어진다. 아동상담의 경우, 상담의 내용에 대해 부모 혹은 보호자가 알 권리 또한 명시되어 있다.

② 부모 상담

아동에 대한 일차적인 책임은 부모와 가정에 있으므로, 부모의 문제가 해결되지 않는다면 아동의 문제는 해결되기 힘들다. 상담자는 아동과의 충분한 신뢰관계가 형성되고 상담이 이루어지는 과정에서 부모와 도움을 주고받을 수 있어야 한다. 만약 아동이 상담자와 나눈 이야기를 부모에게 알리고 싶어 하지 않는다면, 부모와 아동의 관계를 알아보아야 할 것이다.

③ 훈계, 지시 등 피하기

가정이나 학교에서의 지시, 명령, 훈계에 익숙해져 있는 아동은 자신의 이야기를 중간에 끊거나 비난하거나 윽박지르지 않고 끝까지 들어주는 사람을 신뢰하게 된다. 상담자는 고개를 끄덕이는 등 적절한 반응을 보여 아동이 자신이 받아들여지고 있다고 느끼게 하여야 한다.

(7) 아동상담기법

① 아동중심놀이치료

⊙ 기본 가정
- 아동에 있어 자연스러운 자기표현 방법은 놀이이다.
- 아동은 유기체로, 하나의 조직된 전체로 반응한다.
- 아동의 '여기와 지금(Here & Now)' 어떻게 생각하고 느끼는지가 행동을 결정하게 된다.
- 아동의 내부에는 내적 성장력이 존재하며, 스스로를 발전적으로 이끌어가는 자기안내 능력도 존재한다.
- 내적 성장력의 전제조건은 공감적이고 수용적인 치료적 관계이다.

ⓛ 치료적 관계
- 일치: 진솔한 태도
- 무조건적 수용
- 공감: 민감한 이해

ⓒ 치료 목표
- 긍정적 자아개념 고양
- 책임감 고양
- 자기조절감 향상
- 문제에 대한 대처능력 향상
- 내적 평가기준 발달
- 자기신뢰의 증진
- 자발성 고양
- 자기수용 증대

- 자존감 향상
- 자발적 의사결정 능력 향상

② 아동중심놀이치료에서 초점을 두는 요인
- 문제보다는 사람
- 과거보다는 현재
- 사고나 행동보다는 감정
- 설명보다는 이해
- 교정보다는 수용
- 상담자의 훈육보다는 아동의 안내
- 상담자의 지식보다는 아동의 지혜

⑩ 치료자 역할
- 수용적 반응 : 반영
  - 행동이 아닌 감정에 초점을 두기
  - 무조건적으로 일관되게 수용하기
  - 아동이 말없이 행동할 때 언어적으로 그 행동을 읽어주기
  - 아동 스스로 선택하고 결정하게 함으로써 아동에게 책임감 느끼게 하기
  - 아동이 하기 힘들어하는 부분도 대신하지 않기
  - 질문은 최소화하여 개방적으로 하기
- 치료의 제한 설정 : 아동의 책임감과 자기통제능력을 향상하기 위하여 필요하다.
  - 1단계 : 아동의 바람이나 감정을 수용하는 단계
  - 2단계 : 제한을 구체적으로 정확히 설명하는 단계
  - 3단계 : 수용 가능한 대안을 제시하는 단계

⑪ 아동중심놀이치료의 상담자와 내담자 간 상호작용 원칙
- 상담자는 진실되게 아동에게 관심을 가지면서 따뜻하고 보호적인 관계를 발전시켜야 한다.
- 상담자는 아동이 무조건적인 수용을 경험할 수 있도록 하며 아동의 변화에 대해 기대하지 않아야 한다.
- 상담자는 아동이 책임감 있게 행동하고 자신의 문제를 해결할 수 있는 능력이 있다는 점을 존중하며 아동이 그렇게 하도록 허용한다.
- 상담자는 아동의 내적 지시를 신뢰하여 모든 방면에서 관계를 형성하는 것을 허용하며 아동의 놀이나 대화를 지시하거나 하는 등의 강요 행위를 하지 않아야 한다.
- 상담자는 치료가 점진적으로 진행되는 것을 인정하며 서두르지 않아야 한다.
- 상담자는 아동이 개인적이고 적절한 관계를 책임지도록 하는 데 도움이 될 때에만 치료적 제한을 설정하여야 한다.
- 상담자는 아동이 안전하고 허용적으로 느낄 수 있게 하고 충분히 자유롭게 자신을 탐색하고 표현할 수 있도록 해야 한다.
- 상담자는 아동의 감정에 민감하고 이를 반영하여 아동 스스로 자신의 감정을 이해할 수 있도록 해야 한다.

      ⓐ 치료 절차
- 부모와의 초기면담
- 평가 및 치료계획
- 놀이치료단계

② **발달놀이치료**

     ⊙ 기본 가정
- 신체적 자아가 먼저 발달한 뒤에 심리적 자아(Sense of I-Ness) 혹은 자기(Self)가 발달한다.
- 자아의 출현은 타인을 만나는 것으로 볼 수 있다.
- 출생 후 신체를 통해서 최초로 타인에게 '보여지는 경험'을 하며, 이 경험의 질이 신체자아의 발달에 영향을 미친다.
- 신체적 자아에 대한 인식은 신체접촉을 통해서 형성된다.
- 안정된 애착형성이 건강한 인성을 발달시킨다.
- 안정된 애착형성은 부모의 양육태도에 달려 있다.

     ○ 치료 목표
- 신체접촉을 통해 긴밀한 애착관계를 형성한다.
- 긴밀한 애착관계 형성을 바탕으로 다른 사람과 관계 맺는 능력을 향상시킨다.
- 아동과 양육적인 신체접촉을 갖는 등 즐겁게 상호작용함으로써 아이에게 건강한 애착형성 관계를 재경험하게 한다.

     © 발달놀이치료에서 초점을 두는 요인
- 접촉을 통하여 자아감(Sense of Self)을 발달시킨다.
- 접촉을 경험한 사람만이 치료적인 접촉을 제공한다.
- 학대경험이 있는 아동에게는 서서히 접촉을 시도하여야 한다.
- 접촉을 통해 아동은 자신이 관심의 대상임을 경험할 수 있다.
- 접촉은 상담자 등의 성인이 시작해야 한다.

     ② 치료자 역할
- 아동이 접촉을 인식하고 이를 수용하는 접촉점을 찾아낸다.
- 아동의 반응을 보고 이에 따라 접촉하는 방법을 선택할 수 있도록 한다.

     ⑩ 치료 기법(Brody)
- 안고 흔들기
- 신체접촉하고 노래하기
- 안아주기, 뽀뽀하기, 말하기, 노래하기
- 제한 설정
- 발달놀이게임

③ **치료놀이**

     ⊙ 기본 가정
- 애착이론, 대상관계이론, 자아심리학 등을 기초로 한다.
- 발달놀이치료와 유사하게 신체접촉이 치료의 주요 기법이다.

  ⓛ 치료 목표

   애착의 증진으로 궁극적으로 관계 맺는 능력의 향상이다.

  ⓒ 치료놀이에서 초점을 두는 요인 : 4가지 차원으로 범주화된 건강한 모자 상호작용 활동

   • 구조화(Structuring)

   • 함께 참여하기(Engagement)

   • 양육(Nurturing)

   • 도전(Challenging)

  ⓔ 치료자 역할

   • 발달놀이치료와 유사한 점이 있다.

   • 치료자가 주도적으로 활동을 이끌어 가야 한다.

   • 아동이 활동을 거부하는 경우에는 치료자가 이를 이끌어야 한다.

   • 치료자는 아동이 내적 성장력을 지닌 유능하고 가치 있는 존재임을 믿어야 한다.

④ **인지행동치료**

  ㉠ 기본 가정

   인지치료이론과 행동주의이론을 통합한 기법으로 두 이론의 기본적 가정을 따른다.

   • 인지치료이론 : 내담자의 신념, 가치관, 사고방식 등의 인지적 요인을 변화시킴으로써 행동을 변화시키고자 하며, 부적응적 행동은 잘못된 사고에서 비롯된 것으로, 왜곡된 사고를 변화시켜 행동을 변화시킬 수 있다.

   • 행동주의이론 : 환경을 조작하여 행동을 직접 변화시키고자 하며, 부적응적 행동은 일상생활에서 학습된 것으로, 잘못 학습된 것을 수정하고 적응 행동을 재학습시킬 수 있다.

  ㉡ 치료 목표

   • 인지적 목표

   심리적, 행동적 문제는 인지적 요인의 내용이나 방식이 잘못되어서 나타난 것으로 보고 인지의 내용과 방식을 재구성하여 변화하도록 한다.

   • 행동적 목표

   훈련 및 교육을 통해 부적응적 행동을 감소시키고 적응적 행동을 습득하도록 한다.

  ㉢ 치료자 역할

   • 치료관계의 형성

   • 지시적인 역할

  ㉣ 치료 기법

   • 인지치료 기법

    - 자기검열(Self-monitoring)

    - 역기능적 사고의 발견

    - 인지변화전략

    - 독서치료

- 행동치료 기법
  - 고전적 조건형성 원리에 근거한 체계적 둔감법
  - 조작적 조건형성 원리에 근거한 유관성 관리 : 정적 강화(Positive Reinforcement), 자극 변별 학습(Stimulus Discrimination Learning), 소거(Extinction), 처벌(Punishment)
  - 사회학습이론 원리에 근거한 관찰학습 : 모델링, 역할놀이
- ⑩ 치료 절차
  - 인지치료 : ABCDE 모델
    - A(Activating Events ; 선행사건) : 내담자의 감정을 동요시키거나 내담자의 행동에 영향을 미치는 사건을 의미한다.
    - B(Belief ; 비합리적 신념체계) : 선행사건에 대한 내담자의 비합리적 신념체계나 사고체계를 의미한다.
    - C(Consequence ; 결과) : 선행사건을 경험한 후 자신의 비합리적 신념체계를 통해 그 사건을 해석함으로써 느끼게 되는 정서적·행동적 결과를 말한다.
    - D(Dispute ; 논박) : 내담자가 가지고 있는 비합리적 신념이나 사고에 대해 그것이 사리에 부합하는 것인지 논리성·실용성·현실성에 비추어 반박하는 것으로, 내담자의 비합리적 신념체계를 수정하기 위한 것이다.
    - E(Effect ; 효과) : 논박으로 인해 나타나는 효과로서, 내담자가 가진 비합리적인 신념을 철저하게 논박하여 합리적인 신념으로 대체한다.
  - 행동치료
    - 상담목표의 설정
    - 행동의 평가
    - 치료기법의 적용
    - 종료

⑤ **모래놀이치료**
  - ㉠ 기본 가정
    - 아동에 있어 놀이는 자연스러운 것이다.
    - 놀이를 통해 아동에게 치료적으로 다가갈 수 있다.
    - 아동은 놀잇감을 통해 깊은 사고 및 감정을 표현할 수 있다.
  - ㉡ 치료 목표
    - 모래놀이치료는 비언어적이고 비이성적인 형태의 기법으로 정신의 언어 이전 수준에 다다르게 하고자 한다.
    - 아동의 무의식적인 문제가 모래상자로 나오고 갈등이 내적인 세계에서 외적인 세계로 이동되어 모래상자에서 이를 시각적으로 볼 수 있게 한다.
  - ㉢ 치료자 역할
    - 모래놀이치료 절차에 대하여 이해하고 이를 시행한다.
    - 모래놀이치료에서의 전이와 역전이, 공동전이에 대하여 파악한다.

2 청소년 상담

(1) 청소년 상담의 목표

① 행동 변화의 촉진

청소년으로 하여금 문제 행동의 제거와 바람직한 행동의 강화를 통해 보다 건강하고 생산적인 생활을 해 나가도록 돕는다.

② 적응 기술의 증진

청소년기에 경험하는 여러 가지 변화 과정 속에서 잘 적응할 수 있도록 도우며, 그에 파생되는 부적응 행동이나 갈등해결을 돕는다.

③ 의사결정 기술의 함양

청소년기에 당면하는 여러 가지 결정에서 합리적이고 올바른 선택을 할 수 있도록 돕는다.

④ 인간관계의 개선

청소년기에 경험하는 부모와의 갈등, 또래와의 문제, 이성문제 등을 건설적으로 해결할 수 있게끔 대인관계 능력 및 기술을 증진하도록 돕는다.

⑤ 잠재력의 개발

청소년의 적성·흥미·능력·가치관 등의 탐색을 통해 자신의 내재된 특성과 잠재력을 이해하고 개발할 수 있도록 돕는다.

⑥ 자아정체감 확립

청소년으로 하여금 자신에 대한 이해, 삶의 목적 및 의미 추구, 성정체감 확립 등을 돕는다.

⑦ 긍정적 자아개념

청소년기에 경험하는 여러 가지 문제나 부적응으로 인한 열등감이나 자신감 부족 등의 부정적 자아개념을 긍정적인 방향으로 변화시킬 수 있도록 돕는다.

⑧ 건전한 가치관 확립

가치관 혼란 및 갈등을 경험하는 청소년에게 올바른 가치관을 가질 수 있도록 돕는다.

⑨ 문제해결

청소년기의 발달 과업, 환경적 여건 혹은 사회문화적 변화 조건 등에 의해 제기되는 독특한 문제들을 잘 수행하고 해결해 나갈 수 있도록 돕는다.

⑩ 치료

청소년의 정신과적 질환을 치료하고, 각종 심리적 장애를 치료한다.

⑪ 예방

청소년기의 중도 탈락, 비행, 약물남용, 자살 등의 심각한 문제들을 예방하기 위해 잠재적인 위험을 가진 청소년 및 일반 청소년들에게 위기 상황의 극복, 문제해결능력이나 갈등해결기술 등을 가르쳐 줌으로써 문제를 예방한다.

⑫ 발달

청소년이 인간 특성의 모든 분야에 걸쳐 고른 성장과 성숙을 이루도록 인간으로서의 기본적인 자질을 골고루 갖추고 적성과 소질을 개발할 수 있도록 돕는다.

⑬ 탁월성

청소년의 잠재적 능력들을 탐색·발견·개발함으로써 모든 청소년들에게 내재된 고유한 탁월성을 발휘할 수 있도록 돕는다.

(2) 청소년 상담의 특수성

① **교육적 역할의 강조**

청소년 상담은 일반 성인과 다른 청소년의 고유한 발달적 특성 및 문제들과 관련하여 성장 및 발달을 촉진하는 교육적 활동이 강조된다. 따라서 상담자의 역할에 있어서 교정과 치료보다는 교육적 역할, 주변 환경에의 적극적인 개입을 통해 변화 및 협조를 도모하는 중재 역할이 요구된다.

② **구체적인 사고, 행동의 변화에 초점**

전통적인 정서 중심의 통찰이나 인식을 강조하는 접근보다는 구체적인 사고나 행동의 변화를 돕는 보다 적극적이고 융통적인 전략의 적용이 요구된다.

③ **청소년기 특성을 반영한 체험 활동, 집단 활동**

언어표현 능력 및 성찰 능력의 부족, 또래관계 등의 청소년기 특성을 반영하여 전통적인 대화 중심, 치료 중심의 전략보다는 체험 활동, 집단 활동 등의 효과를 추가하는 것이 바람직하다.

④ **문제 환경의 변화를 위한 상담·중재·조정의 역할**

청소년을 둘러싼 가족이나 보호자, 또래 친구, 교사 등을 포함하여 청소년의 환경이 바람직한 방향으로 변화할 수 있도록 도와야 한다. 이를 위해 상담자는 문제 환경의 변화를 위한 상담, 중재, 조정의 역할을 하여야 한다.

⑤ **문제해결을 위한 다각적인 개입**

표면적으로 드러나거나 호소되는 문제뿐만 아니라 그 문제와 연관된 가족관계, 학교생활, 교우관계, 거주환경 등에 대한 포괄적인 이해를 토대로 문제해결을 위한 다각적인 개입이 요구된다.

(3) 상담에서 청소년 발달 이해의 필요성

발달단계에 대한 정보는 일반적인 청소년의 발달과정에 대한 규준적 정보를 제공하므로 상담자로 하여금 지나친 진단이나 미흡한 진단의 가능성을 방지한다. 또한 한 개인의 발달단계에 대한 객관적인 이해는 상담자는 물론 아동 및 청소년이나 그들의 양육자인 부모에게도 도움이 된다. 상담자가 발달단계나 주요 발달과업에 대한 지식을 가지고 있음으로써 발달단계나 발달과업의 수행에서 부진한 영역을 발견하고 그 부분의 회복을 위해 노력할 수 있다. 한 개인의 발달단계와 그의 과업 수행 정도를 평가하는 것은 상담의 필요성 여부를 결정하거나 상담의 목표 혹은 상담의 양식을 결정하는 데 도움이 된다. 상담자는 내담자의 영역별 발달 수준, 발달이 뛰어난 영역과 부진한 영역, 성취한 발달과업 등을 고려하여 상담을 할 수 있다.

(4) 청소년기의 인간관계가 가지는 의미와 중요성

① **사회적·인지적 발달**

청소년은 가정, 학교, 직장을 중심으로 하는 인간관계, 즉 가족, 친구, 교사, 직장동료들로부터 살아나가는 데 필요한 새로운 기술과 능력, 지식, 태도, 가치관을 배운다.

② **자아개념의 확립**

청소년 주변의 사람들이 그를 어떻게 바라보고 어떤 피드백과 평가를 부여하느냐에 따라 청소년 자신의 특성이나 능력 등에 관한 자기개념에 큰 영향을 미치게 된다.

③ **현실세계와의 접촉 및 적응**

청소년에게 있어서 인간관계는 자신의 생각이나 느낌 등을 검증해 보는 도구이다. 청소년으로 하여금 자기 중심의 사고에서 점차 벗어나서 보다 현실적이고 보편적인 사고로 확대, 성장할 수 있도록 한다.

④ **신체적·심리적 건강에의 영향**

청소년이 나타내는 불안, 우울, 분노, 소외감 등의 정서적인 문제와 생활 부적응은 청소년의 인간관계 특성과 밀접하게 연관되어 있다.

(5) 청소년과 부모의 갈등해결을 돕는 상담전략

① **부모와 청소년 간의 갈등해결을 위한 확고한 원칙을 정한다.**

상담자는 부모와 청소년이 갈등 상태에서 상담에 임할 때 부모와 청소년 모두 공평하게 서로를 존중해 가며 문제에 대해 토론할 것을 합의하도록 한다.

② **부모와 청소년 간의 상호이해를 돕는다.**

상담자는 부모와 청소년이 각자 문제에 대해 설명하고, 그 문제와 관련된 생각 및 감정을 자유롭게 말할 기회를 제공한다. 이때 토론은 상대방의 인격이 아닌 문제와 사실 중심으로 이야기하도록 한다.

③ **갈등해결에 대한 여러 가지 방법들을 탐색한다.**

상담자는 부모와 청소년으로 하여금 각자 문제해결을 위한 방안들을 어떠한 비판이나 평가 없이 가능한 한 많이 생각해보도록 요구한다.

④ **제시된 해결책에 대해 합의를 하도록 한다.**

상담자는 제시된 해결책들 중 한 두 가지의 가능한 해결 방안에 대해 부모와 청소년이 일치하는 해결책을 찾도록 한다.

⑤ **합의된 방법을 기록하도록 한다.**

상담자는 부모와 청소년 간의 합의된 타협안을 공식적으로 기록함으로써 행동계약을 통해 부모와 청소년이 이를 실행에 옮기도록 동기와 결단을 유도한다.

⑥ **합의된 내용의 실천 여부에 대하여 추수 대화를 하도록 한다.**

상담자는 부모와 청소년이 각자 합의된 내용을 잘 이행하고 있는지 점검하며, 새로운 변화에 대한 느낌을 서로 이야기할 수 있도록 기회를 마련한다.

3 노인상담

(1) 노인상담의 정의

① 노인을 내담자로 하는 상담활동이다.

② 도움을 필요로 하는 노인이 전문적인 훈련을 받은 상담자와의 상호작용을 통해 개인적·가족적· 경제적 문제를 해결하는 것이다.

③ 노인은 상담을 통해 감정적·사고적·행동적 측면에서 성장을 경험하여 성공적인 노년생활을 영위하기 위하여 노력한다.

(2) 노인상담의 목적

① **1차적 사회관계망의 역할 수행**

노인상담은 노인들에게 정서적 지지와 지원, 문제해결과 예방의 역할을 객관적으로 대행해 줌으로써 현대 사회에서 상대적인 박탈감을 경험하고 소외감을 느끼는 노인들에게 1차적 사회관계망의 역할을 수행한다.

② **새로운 정보 제공자의 역할 수행**

노인상담은 노인들로 하여금 변화하는 현대 사회에 기능적으로 잘 대처할 수 있도록 새로운 정보 제공자의 역할을 수행한다.

③ **노인문제의 예방과 치료**

노인상담은 노인들의 숨은 욕구와 필요에 대한 실증적인 탐색을 가능하게 하여 그에 대한 현실적인 해결 방안을 모색할 수 있게 한다. 즉, 그들의 욕구와 필요를 듣고 이해하여 노인들의 문제를 예방·치료함으로써 노인들이 인생 후반기를 원만하고 만족스럽게 지낼 수 있도록 지원한다.

④ **가족 원조자의 역할 수행**

노인상담은 노인뿐만 아니라 노인을 부양하고 있는 가족 구성원들로 하여금 노인에 대한 이해를 도모하고, 가족 구성원들에게는 정서적 지지와 정보를 제공하는 등 가족 원조자의 역할도 수행한다.

(3) 노인상담의 특징

① 노인 내담자는 신체적, 사회심리적 노화 과정을 겪고 있는 사람이다. 따라서 더 많은 인내심과 기술, 그리고 내담자 중심의 이해력과 수용을 요한다.

② 사고 및 감정 배경의 탐색과 행동 변화의 추구보다는 '여기와 지금'의 생활 향상에 대한 지지 과정에 우선적 중점을 둔다.

③ 노인상담의 접근 기법 면에서는 직면, 도전 등의 직접형 접근 방법보다 경청, 명료화적 질문 및 해설식 언급 등의 완만한 간접형 접근법이 바람직하다.

④ 노인의 보수적인 가치관을 이해하고 존중하여야 하며, 노인의 삶과 정서를 지지하여야 한다.

⑤ 타 연령층에 비해 임종 및 의료, 요양시설에 입원하는 경우가 많으므로 상담의 종결과정에서 변화에의 불안완화 등 세심한 배려와 종결 후 추수 점검의 노력이 필요하다.

(4) 노인상담자의 자세

① 노인의 신체적 변화에 대한 지식을 습득하여야 한다.

② 노인의 심리적 특성을 이해하고 있어야 한다.

③ 노인의 사회적 특성을 이해하고 있어야 한다.

④ 노인상담에는 상담자의 인내심과 조심성이 특히 요구된다. 청력 및 시력 등의 저하로 반복적 질문이 필요하다.

> **🔍 더 알아두기 🔍**
>
> **노인상담자가 갖추어야 할 개인적 특성**
> • 국부적인 초점의 개입보다는 넓은 배경 접근의 위로가 필요하다.
> • 고령 노인의 건강 및 안녕에서의 사회적 요인들을 고려한다.
> • 노인층 내담자와의 접촉에서 소요되는 시간 및 관련된 복합적 속성들에 대해 인내한다.
> • 노인 가족의 자기중심적 젊은 세대와 상담자 자신의 경험 부족에 접했을 때 당황하지 않는다.
> • 가족 및 다른 노인 도우미들과의 협동적 활동 및 상호지지의 준비가 되어 있다.
> • 노인의 생존적 측면보다는 삶의 질, 재활 및 기능 향상에 초점을 맞춘다.
> • 잠재력을 가진 내담자로서 노인을 인식하고, 성장 가능성과 강점을 볼 수 있는 자세가 필요하다.
> • 노인 문제에 대한 편견을 배제하여야 한다.

(5) 노인상담의 지침

① 반복되는 호소에 대해 충분한 시간적·심리적 여유와 참을성을 가져야 한다.

② 역전이 문제를 잘 살펴야 한다.

③ 방어기제와 전이에 대하여 일반상담보다 더 관대하게 다루어야 한다.

④ 체면 손상을 하지 않기 위해 철저히 비밀 보장을 하여야 한다.

⑤ 구체적이고 현실적인 정보와 교육을 하여야 한다.

⑥ 노인의 생리학적·사회문화적 다양성과 이질성을 인식하여야 한다.

⑦ 주도권과 결정권을 최대한 노인이 갖도록 하여 통제력과 독립성을 유지하도록 조력한다.

⑧ 초기 면접에 보다 많은 시간을 투자하여 노인의 구체적 욕구를 명확히 파악한다.

⑨ 노인의 언어적·비언어적 메시지를 명확하게 이해한다.

⑩ 상담자의 메시지는 간단하고 반복적으로 전달한다.

⑪ 노인의 건강에 대하여 구체적인 충고를 한다.

⑫ 노인의 정서적 고통은 신체적 질병, 경제적 곤란, 은퇴와 사별, 역할 상실 등의 구체적 사건을 반영하는 경우가 많으므로 구체적인 삶을 다루어야 한다.

⑬ 따뜻하고, 지지적이며, 구체적이고, 적극적인 자세를 취한다.

⑭ 노인의 이야기를 진지하게 경청하고, 노인의 고통을 잘 이해하고 공감하고 있음을 분명하게 전달하여야 한다.

⑮ 상담에 대한 의존성이 큰 경우가 많으므로 상담의 종결을 신중하게 다루어야 한다.

⑯ 노인과의 연령 차이 및 경험의 폭 차이에 영향을 받지 않아야 한다.

(6) 노인상담의 기법

① 의사소통기법

　　㉠ 내담자가 편안한 마음으로 자유롭게 자신의 내면을 상담자에게 드러낼 수 있도록 하는 기법이다.

　　㉡ 일반적인 상담기술 : 언어적·비언어적 커뮤니케이션 기법, 질문하기와 경청하기, 공감과 자기노출, I-message 등

② 진단기법

　　㉠ 내담자의 심리적 특성을 파악한다.

　　㉡ 심리 상태를 진단할 수 있는 기술을 갖추고 있어야 한다.

　　㉢ 다양한 심리검사를 실시하고 해석할 수 있는 능력을 갖추고 있어야 한다.

　　㉣ 비표준화된 검사법인 면접, 관찰 등도 활용할 수 있어야 한다.

③ 동기유발기법

　　㉠ 내담자의 행동 및 태도를 변화시키고자 하며 이에 대한 내담자의 동기를 유발하고자 한다.

　　㉡ 상담자는 내담자의 동기를 자극시키는 단서에 민감하게 반응하여야 한다.

　　㉢ 상담자는 내담자에게 관심을 보이고 공감반응을 잘 하여야 한다.

④ 회상기법

　　㉠ 내담자에게 지난날을 회상하면서 늙어가는 과정을 수용하게 하고 자아존중감을 유지할 수 있게 한다.

　　㉡ 자신의 과거를 평가하여 현재를 수용하고 태도를 변화시킬 수 있는 노력을 할 수 있다.

　　㉢ 시간 소요가 많고 회한에 젖어 실망감에 빠질 수 있는 단점이 있다.

⑤ 기타

노인상담에서도 일반 상담에 사용되는 조각기법, 문장완성기법, 심리극기법, 미술상점기법, 빈의자기법, 이중자아기법, 죽음과 재생의 장면기법, 심판의 장면기법, 등보이기기법, 공유기법, 역할기법, 적극적 경청, 직면, 요약, 의사소통 훈련, 매체학습 등의 방법이 활용될 수 있다.

제 3 절　문제 유형별 상담

1 학습문제 상담

(1) 학습문제의 유형

① 학습부진(Underachievement)

　　㉠ 내재적 또는 환경적 원인으로 인해 학습성취 수준이 현저히 떨어지거나 잠재적인 지적 능력에도 불구하고 기대되는 수준에 미치지 못하는 상태를 말한다.

ⓛ 학습장애가 뇌의 기능장애나 인지상의 결함과 같은 기질적인 문제를 원인으로 하는 데 반해, 학습부진은 주의력결핍, 비효율적 학습습관, 가정환경이나 교우관계에서의 스트레스 등 개인의 정서나 환경상의 문제를 원인으로 한다.

ⓒ 지능이 평균보다 낮은 편이며, 어휘력과 표현력, 기억력이 부족하다. 또한 학교학습이 가능하지만 주의집중력이 떨어지고 과잉행동을 보임으로써 부적응적인 양상을 보이기도 한다.

② **학습장애(Learning Disability)**

ㄱ 정신지체, 정서장애, 환경 및 문화적 결핍과는 관계없이 듣기, 말하기, 쓰기, 읽기 및 산수 능력을 습득하거나 활용하는 데 한 분야 이상에서 어려움을 나타낸다.

ⓛ 보통 개인의 능력발달에서 분야별 불균형이 나타나며, 지각장애, 지각-운동장애, 신경체계의 역기능 및 뇌손상과 같은 기본적인 정보처리 과정의 장애로 인해 나타난다.

ⓒ 학습지진과 달리 정상적인 지능 수준을 보이며, 특히 과잉행동, 주의력결핍, 충동성을 주된 증상으로 하는 주의력결핍 및 과잉행동장애(ADHD) 아동의 경우 50% 이상이 학습장애를 보인다.

③ **학습저성취(Low Achievement)**

ㄱ 넓은 의미에서 학습장애와 학습부진을 포함하는 개념으로, 특히 학습부진과 중복되어 사용되기도 한다. 일반적으로 하위 5~20%의 낮은 성취 수준을 나타내는 경우를 포괄적으로 지칭한다.

ⓛ 개인이 가진 일반능력에 비해 현저하게 낮은 학업성취도를 나타내 보이며, 학교 수업을 올바르게 수행할 수 있는 잠재력을 가지고 있으면서도 이를 제대로 발휘하지 못한다.

ⓒ 보통 학습장애, 주의력결핍, 열악한 가정환경, 부적절한 교우관계, 학교생활에의 부적응, 공부에 대한 개인적 가치관, 비효율적 학습습관 등으로 인해 나타난다.

④ **학습지진(Slow Learner)**

ㄱ 선천적으로 기억력 등의 지적 능력이 낮은 수준을 보임으로써 학업수행능력이 떨어지는 경우를 말한다.

ⓛ 지능 수준 하위 3~25% 정도로 지능지수가 대략 70~89 정도에 해당하며, 정신지체는 아니지만 그 수준에 근접한 '경계선 지능'에 해당한다.

ⓒ 학습장애와 달리 모든 교과목에서의 학업성취도가 낮은 수준을 보이며 언어, 운동능력, 공간능력 등 대부분의 영역에서 발달이 저조하다.

(2) 학습부진의 일반적인 원인

① 선행학습의 부족
② 학습동기의 결핍
③ 시험불안
④ 부모와의 관계 악화
⑤ 또래집단의 영향
⑥ 주의집중의 어려움
⑦ 비효율적 학습방법
⑧ 평균 이하의 지능 수준

(3) 학습상담에 대한 올바른 이해

① **학습문제는 개인의 심리적인 문제와 연결되어 있다.**

학습문제는 한두 가지의 원인에 의해 발생하는 경우가 드물다. 따라서 학습문제의 원인에 대한 전반적인 탐색이 이루어져야 하며, 특히 지능검사, 학습태도검사, 학습방법검사 등을 포함한 다양한 심리검사를 통해 내담자의 현재 상태를 파악해야 한다.

② **학습문제와 관련된 내담자의 감정을 이해하고 격려해야 한다.**

청소년 내담자의 학습문제는 실패에 대한 두려움과 좌절감을 동반하는 경우가 대부분이다. 따라서 상담자는 내담자의 감정을 이해하고 격려해야 하며, 내담자로 하여금 성취감과 자신감을 회복할 수 있도록 지지해야 한다.

③ **현실성 있는 상담목표를 설정해야 한다.**

상담목표는 학습의 방향, 즉 상담의 방향을 제시하는 것이다. 목표설정은 상담에 있어서 상담자와 내담자의 행동표적이 되므로, 명료하고 구체적이어야 하며 현실적으로 실현가능해야 한다.

④ **상담 과정에서 내담자의 장점 및 자원 등을 적절히 활용할 필요가 있다.**

학습상담은 내담자가 학습을 효과적으로 하지 못하는 이유와 함께 그러한 현상이 발생한 배경적 원인, 그리고 그로 인해 나타나는 다양한 문제들을 검토하는 절차가 필요하다. 특히 학습상담은 다른 상담에 비해 처방적인 성격이 강하므로, 이를 효과적으로 해결하기 위해 내담자의 장점과 자원 등을 최대한 활용해야 한다.

(4) 학습상담에서 상담자가 갖추어야 할 자질

① 학습문제와 연관된 다양한 요인들을 체계적으로 고려해야 한다.

② 학습문제의 발생 원인에 대한 정확한 진단과 함께 학습성취, 학습과정상의 이해를 토대로 학생 개인 및 그 가족이 학습문제를 어떻게 다루어 왔는지 살펴보아야 한다.

③ 학생으로 하여금 자발적이고 창의적인 학습방법을 익히도록 적절한 교육과 훈련을 실시해야 한다.

④ 아동 및 청소년에 대한 심리적·발달적 전문지식과 함께 이를 적절히 활용할 수 있는 전략을 준비해야 한다.

(5) 효과적인 학습전략

① **조직화전략**

㉠ 단순 암기식의 비효율적인 학습에서 탈피하여 독서능력의 신장과 장기기억의 효율성을 높인다.

㉡ 'SQ3R'의 학습방법, 즉 개관(Survey), 질문(Question), 읽기(Read), 암송(Recite), 복습(Review)으로 진행된다.

② **주의집중전략**

㉠ 집중력 부족의 원인을 파악하여 학습과 학습 이외의 관심이나 욕구들이 서로 충돌하지 않도록 조정한다.

㉡ 간단하고 쉬운 내용부터 시작하고 집중 시간을 점차적으로 늘리는 등 학습계획 및 공부 규칙을 체계적으로 실행해 나간다.

③ **기억전략**

    ㉠ 기억을 학습의 중요한 요소로 보고, 심도 있는 정보처리가 이루어지도록 함으로써 기억이 오랫동안 지속되도록 한다.

    ㉡ 효과적인 기억을 위해 기억할 내용을 재구성·재구조화하고 이미지와 관련지어 조직화하며, 능동적으로 암송을 반복한다.

④ **시간관리전략**

    ㉠ 체계적인 시간 관리를 통해 제한된 시간을 효율적으로 활용함으로써 최대의 학습효과를 거두기 위한 것이다.

    ㉡ 학습목표를 구체적이고 측정 가능하도록 세우며, 중요도에 따라 우선순위를 부여하여 실행해 나간다.

⑤ **시험전략**

    ㉠ 시험 전에는 합리적이고 효율적인 학습계획표를 작성하고 학습 난이도에 따라 시간을 적절히 배분한다.

    ㉡ 시험 중에는 문제를 전체적으로 훑어보고 가급적 쉬운 문제를 우선적으로 풀며, 문제를 모두 푼 후에는 전체를 세심하게 검토한다.

    ㉢ 시험 후에는 실수로 풀지 못한 문제와 공부하지 못했던 문제를 반드시 확인하는 등 원인을 분석한다.

2 진로문제 상담

(1) 진로 및 직업상담

① **진로상담(Career Counseling)**

    ㉠ 인생 전반에 걸친 진로선택과 연관된 모든 상담활동을 의미하며, 그 대상은 어린아이부터 은퇴한 70세 이상의 노인까지 포함한다.

    ㉡ 개인의 진로발달을 촉진시키거나 진로계획, 진로 및 직업의 선택·결정·실천, 직업적응, 진로 변경 등의 과정을 돕기 위한 활동이다.

② **직업상담(Vocational Counseling)**

    ㉠ 진로상담에 비해 좁은 의미를 내포하는 것으로서, 직업선택과 준비, 직업생활, 은퇴기 등에 제공되는 상담을 말한다.

    ㉡ 선택 가능한 직업의 결정, 각 직업의 조건들, 취업에 필요한 조건, 취업절차 등 보다 구체적인 수준에서 취업을 돕는 활동이다.

③ **진로지도(Career Guidance)**

    ㉠ 사람들이 활동하는 생애 동안 그들의 진로발달을 자극하고 촉진하기 위해 전문상담자나 교사 등과 같은 전문인이 여러 다양한 장면에서 수행하는 활동을 의미한다.

    ㉡ 진로상담이나 직업상담에 비해 더욱 포괄적인 의미를 지닌 것으로, 진로계획, 의사결정, 적응문제 등에 조력하는 등 다양한 방법들이 존재한다.

④ **직업지도(Vocational Guidance)**

　　㉠ 아동·청년이 적극적인 이해와 흥미를 가지고 스스로 적합한 직업을 선택하여 종사할 수 있도록 능력을 기르는 동시에 적합한 안내와 조언을 함으로써 복잡하고, 다양한 직업생활에 올바르게 적응시키는 지도를 말한다.

　　㉡ 직업의 선택과 원활한 적응을 기하기 위해 학교나 직업소개 기관을 중심으로 실시되는 신규취업자 등에 대한 교육활동을 의미한다.

⑤ **진로발달(Career Development)**

　　㉠ 각 개인이 자기가 설정한 진로목표에 접근해 가고 그 목표를 달성해 가는 과정을 의미한다.

　　㉡ 신체적·정신적 발달과 마찬가지로 직업에 대한 지식, 태도, 기능이 어려서부터 발달하기 시작하여 죽을 때까지 계속된다는 의미를 포함한다.

(2) 진로 및 직업상담의 문제 유형에 따른 3가지 상담 유형

① **진학상담**

상급학교에의 진학을 목표로 하는 학생들을 대상으로 졸업 후의 취업 문제를 다룬다.

② **취업상담**

최초 취업을 준비하는 학생들(졸업자)과 재취업이 요구되는 사람들(실직자)을 대상으로 내담자 자기 자신과 직업세계에 대한 이해를 확장시키도록 돕는다.

③ **직업적응상담**

직업선택의 문제라기보다는 취업 후 발생하는 적응과정상의 문제들을 다룬다.

(3) 직업상담의 주요 유형

① **구인·구직 상담**

상담자는 구직자가 희망하는 구인처에 대한 요구사항을 분석하면서 구직자의 진로경로 개척을 위해 생애설계를 하도록 조언하며, 진로경로 및 구직자에 관한 정보들을 체계화하여 구인처와 구직자의 연결을 돕는다.

② **직업적응 상담**

상담자는 신규 입직자나 직업인을 대상으로 조직문화, 인간관계, 직업예절, 직업의식과 직업관 등에 관한 정보를 제공하고 필요 시 직업지도 프로그램에 참여하도록 유도한다.

③ **직업전환 상담**

상담자는 실업·실직 위기상황에 있거나 전직의 의도가 있는 직업인을 대상으로 직업경로 사항, 요구되는 전문지식, 직업전환을 위한 준비상태 등에 관한 정보를 수집 및 제공한다.

④ **경력개발 상담**

상담자는 주로 직업인을 대상으로 경력사다리(Career Ladder)를 제시하여 구체적인 경력개발 계획을 작성하고 이를 실천할 수 있도록 하며, 현장훈련, 위탁훈련, 향상훈련 등을 실시하는 기관 및 교육일정, 참여방법 등에 관한 정보를 제공한다.

(4) 진로 및 직업상담의 일반적인 목표

① 진로상담은 내담자가 이미 결정한 직업적인 선택과 계획을 확인하는 과정이다.

② 진로상담은 개인의 직업적 목표를 명백히 해 주는 과정이다.

③ 진로상담은 내담자로 하여금 자아와 직업세계에 대한 구체적인 이해 및 새로운 사실의 발견을 촉진하는 과정이다.

④ 진로상담은 내담자에게 진로 및 직업선택 관련 의사결정 능력을 길러주는 과정이다.

⑤ 진로상담은 내담자에게 직업선택 및 직업생활에서의 능동적인 태도를 함양하도록 돕는 과정이다.

(5) 진로 및 직업상담의 기본 원리

① 진학선택 및 직업선택에 초점을 맞추어 전개하여야 한다.

② 상담자와 내담자 간의 라포(Rapport)가 형성된 관계 속에서 이루어져야 한다.

③ 개인의 진로결정에 있어서 핵심적인 요소이므로, 내담자로 하여금 합리적인 진로의사결정 과정 및 기법을 체득할 수 있도록 도와야 한다.

④ 진로발달이론에 근거하여 진로발달이 진로선택에 영향을 미친다는 사실을 인식해야 한다.

⑤ 변화하는 직업세계에 대한 이해와 함께 진로정보활동을 토대로 개인과 직업을 효율적으로 연계시키기 위한 합리적인 방법을 활용·모색해야 한다.

⑥ 각종 심리검사 결과를 토대로 합리적인 결정을 이끌어낼 수 있도록 도와주는 역할을 해야 한다.

⑦ 내담자에 대한 차별적 진단(분류) 및 차별적 지원(처치)의 자세를 견지해야 한다.

⑧ 상담윤리강령에 따라 전개되어야 한다.

(6) 청소년의 직업발달에 영향을 미치는 요인

① 가정적 배경

부모의 직업, 가정의 구조, 부모의 사회적·경제적 지위 등

② 학교와 친구집단

학교와 교사의 관계, 또래집단 등

③ 성역할의 사회화

진로의식화와 직업결정에 영향 등

④ 일(근로)의 경험

아르바이트, 실습체험, 시간제 취업 등

(7) 진로교육을 실시하기 위한 일반적인 지도단계

① 제1단계 : 진로인식단계

㉠ 대략 6~12세의 초등학교 수준에서 이루어진다.

㉡ 일의 세계와 일의 소중함에 대한 인식과 함께, 일과 사회에 대한 기초적인 가치관을 형성한다.

㉢ 자신의 흥미와 소질을 직업과 연관시키며, 일에 대한 태도와 장래 계획에 대해 생각한다.

② **제2단계** : 진로탐색단계

㉠ 대략 12~15세의 중학교 수준에서 이루어진다.

㉡ 자신의 능력과 적성에 대해 이해하며, 잠정적으로 장래의 직업계획을 수립한다.

㉢ 산업 및 직업을 분류하고 현대사회와 직업의 관계를 파악하며, 바람직한 직업선정의 조건을 탐색한다.

③ **제3단계** : 진로준비단계

㉠ 대략 15~22세의 고등학교와 대학교 수준에서 이루어진다.

㉡ 자신의 흥미와 소질, 취미와 적성을 정확히 파악하여 이를 통해 진로계획을 수립·실천한다.

㉢ 잠정적으로 선택한 직업군을 토대로 취업에 필요한 능력과 기술을 습득한다.

④ **제4단계** : 취업

㉠ 대략 18세 또는 22세 이후의 실업계 또는 인문계 고등학교 졸업 후, 전문대학교 또는 일반 대학교 졸업 후 수준에서 이루어진다.

㉡ 성공적인 직업수행을 위해 힘쓰며, 직업을 통해 자아실현에 이르고자 한다.

3 성 상담

(1) 성 관련 장애

① 성기능장애

㉠ 의의

성기능장애 또는 성기능부전은 원활한 성행위를 방해하는 기능적 문제를 의미하는 것으로서, 성적 욕구의 장애와 함께 성 반응의 주기를 특징짓는 정신·생리적 변화상의 장애를 특징으로 한다. 성기능장애는 성 반응 주기 중 마지막 해소단계를 제외한 한 단계 이상에서 비정상적인 반응을 보이는 경우에 해당한다. 성기능장애는 개인보다는 부부를 주된 상담 대상으로 하며, 상담에 선행하여 신체적 검사와 심리적 검사를 통해 증상과 관련된 요인들을 다각적으로 평가하게 된다.

㉡ 원인

- 즉시적 원인
  - 성적 수행에 대한 두려움 : 성행위 시 자신이 성기능을 제대로 발휘하지 못하여 상대방을 실망시킬 수 있다는 두려움
  - 관찰자적 역할 : 성행위 시 행위 자체에 몰두하기보다는 상대방의 성적 반응을 살피는데 집중하는 태도
- 역사적 원인
  - 종교적 신념 : 성을 죄악시하는 종교적 신념
  - 충격적 성 경험 : 어린 시절의 성추행이나 성폭행 경험으로 인한 성적 외상
  - 동성애적 성향 : 이성과의 성관계 및 결혼생활에 부정적인 영향을 미치는 동성애 성향
  - 잘못된 성 지식 : 성장 과정에서 부적절하게 습득된 성에 대한 왜곡된 지식
  - 과도한 음주 : 성적 흥분 감소, 발기 곤란 등을 야기하는 부적절한 음주 습관

– 신체적 문제 : 신체적 질병, 약물 복용, 폐경, 성병 등에 의한 성적 욕구 감퇴
– 사회문화적 요인 : 성이나 성 역할에 대해 왜곡된 신념으로 성에 대한 갈등을 유발하는 사회문화적 환경

ⓒ 유형
- 지루증 또는 사정지연
  남성이 사정에 어려움을 겪으면서 성적 절정감을 느끼지 못하는 경우이다.
- 발기장애
  성행위의 욕구가 있음에도 불구하고 음경이 발기되지 않아 성교에 어려움을 겪는 경우이다.
- 여성 절정감장애 또는 여성 극치감장애
  여성이 적절한 성적 자극이 주어졌음에도 불구하고 절정감을 느끼지 못하는 경우이다.
- 여성 성적 관심 또는 흥분장애
  여성의 성적 욕구가 현저히 저하되어 있거나 성적인 자극에도 불구하고 흥분을 느끼지 못하는 경우이다.
- 생식기(성기)-골반 통증 또는 삽입장애
  성교 시 지속적으로 생식기(성기)에 통증을 느끼는 경우이다.
- 남성 성욕감퇴장애
  남성이 성적 욕구를 느끼지 못하거나 성욕이 현저히 저하되어 스스로 고통스럽게 생각하거나 부부관계 혹은 이성관계에서 어려움을 겪는 경우이다.
- 조루증 또는 조기사정
  여성이 절정감을 느끼기도 전에 남성이 사정을 하는 경우가 빈번히 나타나는 경우이다.

② **성도착장애**
ⓐ 의의
성도착은 변태성욕을 의미하는 것으로, 성적 욕구를 충족시키는 대상이나 방식, 행위나 상황에서의 비정상적인 양상을 특징으로 한다. 성도착장애는 인간이 아닌 동물이나 물건 등을 성행위 대상으로 하거나, 아동을 포함한 동의하지 않은 사람을 대상으로 성행위를 하려고 하거나, 자기 자신 또는 상대방의 고통이나 굴욕감에서 성적 욕망을 느끼는 등의 방식으로 나타난다. 즉, 성도착장애는 부적절한 대상이나 목표에 대해 강렬한 성적 욕망을 느끼면서 성적 상상이나 행위를 반복적으로 나타내는 것이다. 성도착장애는 문화권에 따라 수용되는 성적 행위 및 대상이 다르므로 진단에 있어서 사회문화적 요인이 고려되어야 한다.

ⓑ 유형
- 관음장애
  다른 사람이 옷을 벗거나 성행위를 하는 모습을 몰래 훔쳐보면서 성적 흥분을 느끼는 경우이다. 이때 관찰 대상과의 성행위를 상상하기는 하지만 실제로 그와 성행위를 하는 경우는 극히 드물다.
- 노출장애
  낯선 사람에게 자신의 성기를 노출시키거나 혹은 노출시켰다는 상상을 하면서 자위행위를 하는 경우이다. 다만, 이와 같은 노출증적 행동에도 불구하고 낯선 사람과 성행위를 하려고 시도하는 경우는 거의 없다.

- 접촉마찰장애 또는 마찰도착장애

  동의하지 않은 사람에게 자신의 성기나 신체 일부를 반복적으로 접촉하거나 문지르는 행위를 하는 경우이다. 이와 같은 행위는 보통 사람들이 붐비는 곳에서 행해진다.

- 성적 피학장애

  상대방에게 굴욕을 당하거나 매질을 당하거나 묶이는 등 고통을 당하는 행위를 통해 성적 흥분을 느끼거나 혹은 성적 행위를 반복하는 경우이다. 이때 고통을 당하는 행위는 실제적인 것일 수도 가상적인 것일 수도 있다.

- 성적 가학장애

  성적 피학장애와 반대되는 경우로, 상대방에게 굴욕감을 주거나 고통을 가하여 성적 흥분을 느끼거나 혹은 성적 행위를 반복하는 경우이다. 가학적 상상이나 행위는 상대방에 대한 가해자의 우월성을 상징하는 행동들로 나타난다.

- 아동성애장애 또는 소아애호장애

  사춘기 이전의 아동을 대상으로 성적 공상이나 성행위를 6개월 이상 반복적으로 나타내는 경우이다. 행위자의 연령은 최소한 16세 이상이어야 하며, 성애 대상 아동과는 최소한 5세 이상 연상이어야 진단된다.

- 성애물장애 또는 물품음란장애

  여성의 속옷, 스타킹, 신발 등 무생물인 물건에 대해 성적 흥분을 느끼면서 집착하는 경우이다. 이와 같은 성애물은 성적 흥분을 위해 필요하며, 성애물이 없는 경우 발기부전이 일어나기도 한다.

- 의상전환장애 또는 복장도착장애

  이성의 옷을 수집하여 바꿔 입음으로써 성적 흥분을 느끼는 경우이다. 이성애적인 남성에서만 보고되고 있으며, 성불편증으로 인해 이성의 옷을 입는 경우는 의상전환장애로 진단되지 않는다.

③ **성불편증**

성불편증은 자신의 생물학적·해부학적 성과 성역할에 대해 지속적이고 심각한 불편감을 호소하며, 반대의 성에 대해 자신을 동일시하거나 반대의 성이 되기를 희망하는 경우를 말한다. 성불편증을 가진 사람은 대부분 사회로부터 고립되어 있으며, 부모와의 관계 또한 심각하게 손상되어 있다.

(2) 성폭력 상담

① **성폭력의 의의**

  ㉠ 성폭력은 궁극적으로 성적 자기결정권의 침해이다.

  ㉡ 성폭력은 강간은 물론 추행, 성적 희롱, 성기 노출 등 타인을 대상으로 가해지는 모든 신체적·정신적·언어적 폭력을 포괄한다.

  ㉢ 성폭력에 대해 공포나 불안감을 가지게 하는 행위 또는 그로 인한 행동 제약도 간접적인 성폭력에 해당한다.

ㄹ 성폭력은 다음과 같이 추행, 간음, 강간 등으로 구분한다.

- 추행 : 성욕의 흥분, 자극 또는 만족을 목적으로 하는 행위로서, 건전한 일반인의 성적 수치, 혐오의 감정을 느끼게 하는 일체의 행위
- 간음 : 남자의 성기를 여자의 성기에 삽입케 하는 것
- 강간 : 폭행, 협박으로 상대방의 반항을 제압하고 간음하는 것

② **성폭력 피해 후 피해자의 심리적 단계**

ㄱ 제1단계 : 충격과 혼란

- 성폭력 충격으로 인해 자신에 대한 무력감과 타인에 대한 불신감을 가진다.
- 자신의 성폭력 사실을 알려야 할지 혹은 숨겨야 할지 양가감정을 가진다.

ㄴ 제2단계 : 부정

- 자신의 성폭력 피해 사실을 인정하지 않으려 한다.
- 외견상 적응된 것 같은 모습을 보이면서 상담을 받지 않으려는 경향이 있다.

ㄷ 제3단계 : 우울과 죄책감

- 자신에 대해 수치스러워 하면서 스스로를 비난한다.
- 피해자의 잘못된 분노 표출은 삶에 대한 절망감으로 이어지기도 한다.

ㄹ 제4단계 : 공포와 불안

- 자신이 앞으로 건강한 삶을 살 수 없다는 불안감을 느끼면서 악몽을 꾸기도 한다.
- 자신이 커다란 약점을 가지게 되었다는 부적절한 생각으로 인해 다른 사람과 만나지 않으려고 한다.

ㅁ 제5단계 : 분노

- 가해자는 물론 자기 자신, 상담자, 주변사람들에 대해서도 분노를 느낀다.
- 다른 사람들에 대한 분노감은 남성이나 사회에 대한 불신으로까지 이어진다.

ㅂ 제6단계 : 재수용

- 성폭력 피해에 대한 재조명을 통해 성폭력이 자신의 잘못에 의해 발생한 것이 아님을 인식한다.
- 성폭력 경험에 대한 동화와 함께 자아개념을 회복하기 시작하며, 자신을 소중한 존재로 인정하게 된다.

③ **성문제 상담의 일반 지침**

ㄱ 성에 관한 상담자 자신의 태도 인식

상담자는 내담자의 성문제를 다루기 전에 먼저 자신의 성에 대한 태도를 자각하고 있어야 한다. 이는 가정과 사회의 기대 및 성장 과정에서의 학습과 경험을 통해 개개인의 이성관과 성적 욕구에 대한 반응 양식이 형성되기 때문이다.

ㄴ 개방적인 의사소통

상담자는 내담자의 성에 관계된 불안이 더 이상 증가하지 않도록 하며, 더 나아가 그 불안을 감소시킬 수 있을 만큼 충분하게 생각과 언어 사용에 있어서 융통성을 가지고 있어야 한다. 성문제에 관한 효과적인 상담은 개방성, 침착성, 솔직성 등을 필요로 하므로, 상담자는 내담자에게 성에 관한 용어 사용에서 전혀 거리낌이 없어야 하고, 성에 관한 한 개방적인 논의가 가장 바람직하다는 것을 알려주어야 한다.

ⓒ 내담자의 성지식에 관한 가정

상담자는 일단 내담자가 성과 성적 욕구, 특히 이성의 성에 대해 거의 아는 바가 없다고 가정하는 것이 안전하다. 이는 성에 관한 비상식적이고 왜곡된 지식이 널리 퍼져 있기 때문이다.

ⓔ 상담자의 기본적인 성지식

상담자는 인간의 성에 대한 올바르고 기본적인 지식을 가지고 있어야 한다. 특히 짧은 시간 내에 어떤 의사결정을 내려야 하는 경우 상담자가 미리 필요한 정보나 지식을 가졌다면, 내담자의 긴장과 불안을 해소하고 내담자로 하여금 보다 유익한 방향으로 행동할 수 있도록 도움을 줄 수 있다.

ⓜ 전문가에 의뢰

상담자는 성에 관한 상담 과정에서 자신의 한계를 인식하며, 그와 같은 한계를 넘어서 상담을 하지 않도록 하여야 한다. 특히 성문제가 상담자의 영역을 넘어설 때 다른 성문제 전문가에게 의뢰한다.

ⓗ 내담자의 회피적인 태도의 처리

상담자는 내담자의 위장적 태도에 적절히 대처할 수 있어야 한다. 만약 내담자가 회피적인 태도로 자신의 성문제를 드러내려 하지 않는 경우, 상담자는 성에 관한 일반적인 화제를 가지고 면접을 시작하는 것이 바람직하다.

④ 성폭력 피해자 상담 원리

ⓐ 상담자는 성폭력 피해자의 치유 가능성을 확신한다.

ⓑ 피해자의 말을 진지하게 경청하며, 있는 그대로 수용하고 존중한다.

ⓒ 상담자 스스로 자신의 성에 대한 가치관이 왜곡된 것은 아닌지, 성폭력이나 학대받은 경험이 극복되지 않은 상태로 남아 있는지 검토해 본다.

ⓔ 상담자는 자신의 한계를 인정하고 필요한 경우 피해자가 보다 전문적인 상담자나 기관의 도움을 받을 수 있도록 배려한다.

ⓜ 피해의 원인을 피해자의 부주의나 무저항으로 돌리지 않으며, 설령 쾌감을 느꼈더라도 모든 피해의 책임이 전적으로 가해자에게 있음을 주지시킨다.

ⓗ 가해자의 폭력 유무, 피해자의 외상 유무를 떠나 성폭력 사건을 결코 개인화하거나 과소평가하지 않는다.

⓼ 피해자에게 가해자에 대한 이해와 용서를 구하거나 이를 공공연히 암시하지 않는다.

ⓞ 상담자는 피해 이후에 나타날 수 있는 피해자의 심리적 방어기제, 신체적·정신적 후유증, 치유의 과정 및 단계 등을 명확히 알고 있어야 한다.

ⓩ 피해자의 고통이나 분노에 의한 격정적인 감정은 지극히 당연한 것이므로, 이를 억제하지 말고 외부로 표출할 수 있도록 용기를 북돋운다.

⑤ 성폭력 피해자 심리상담의 단계별 유의사항

ⓐ 초기단계

• 피해자인 내담자와 신뢰할 수 있는 관계를 유지함으로써 치료관계 형성에 힘써야 한다.

• 내담자에게 상담 내용의 주도권을 줌으로써 현재 상황에서 표현할 수 있는 내용에 대해서만 이야기할 수 있도록 배려해야 한다.

• 내담자의 비언어적인 표현에 주의를 기울이며, 그에 대해 적절히 반응해야 한다.

- 내담자의 성폭력 피해로 인한 합병증 등을 파악해야 한다.
- 내담자가 성폭력 피해의 문제가 없다고 부인하는 경우 일단 수용하며, 언제든지 상담의 기회가 있음을 알려주어야 한다.

ⓒ 중기단계
- 내담자의 성폭력 피해에 대한 부인에도 불구하고 일단 상담관계를 형성한 경우 문제에 조심스럽게 접근하여 직면할 수 있도록 돕는다.
- 내담자가 성폭력 피해 사실을 이야기하는 것에 대한 두려움을 인지하며, 내담자로 하여금 자신의 억압된 감정을 표출하도록 유도한다.
- 내담자의 성폭력 피해 사실에 따른 수치심이나 죄책감이 전적으로 가해자로 인한 것임을 확신시킨다.
- 간결하고 정확하게 질문하며, 내담자가 쉽게 대답할 수 있는 것부터 시작하여 점차적으로 질문의 난이도를 높인다.
- 내담자의 잘못된 죄의식을 수정하도록 돕고, 자기존중감을 가질 수 있도록 배려한다.

ⓒ 종결단계
- 성폭력 피해자 심리상담에서는 상담자에 대한 내담자의 의존도가 높게 나타난다.
- 상담자는 내담자가 상담의 종결에 따라 버림받은 느낌이나 상실감 등을 가지지 않도록 사전에 체계적으로 종결계획을 세운다.
- 상담자는 상담 시간 및 기간의 간격을 점차적으로 늘려나간다.
- 내담자에게서 정서상·행동상 변화가 나타나는 경우 상담자는 상담의 결과를 밝히며, 내담자에게 상담 과정에서의 아쉬운 점 등을 이야기하도록 한다.
- 상담자는 종결에 따른 아쉬움과 이별의 감정을 다루며, 상담의 종결이 완전한 결별이 아니므로 언제든 다시 상담할 수 있음을 인식시킨다.

4 비행청소년 상담

(1) 아노미이론(Anomie Theory)

① 의의 및 특징
ⓐ 청소년의 일탈행동에 대한 아노미이론은 뒤르켐(Durkheim)에 의해 시작되어 머튼(Merton)에 의해 일반 이론으로 정립되었다.
ⓑ '아노미(Anomie)'는 규범이 없는 상태를 말하는 것으로서, 사회규범의 약화나 부재 또는 상반된 규범의 대립으로 인해 개인 간 욕구를 조정할 수 없으므로, 사회가 중심적인 방향을 상실한 채 혼란 상태에 빠지는 것이다.
ⓒ 뒤르켐은 사회적 분업으로 인한 병리적 양상에 대해 연구하였으며, 분업화된 사회에서 성원들 간의 유대감이 형성되지 못함으로써 사회연대가 실패로 돌아가는 것은 물론 그로 인해 사회혼란과 사회해체까지 나타날 수 있다고 주장하였다.

머튼은 뒤르켐의 아노미 개념을 독창적으로 수정하여 사회체계를 '문화적 목표(Cultural Goal)'와 '제도화된 수단(Institutionalized Means)'으로 구분하고, 이들 간의 괴리현상에 의해 아노미가 나타난다고 주장하였다. 이때 '문화적 목표'는 권력이나 금전 등 사회의 대다수 구성원들에 의해 바람직한 것이자 소유하고 싶은 것으로 간주되고 있는 이상이나 가치를 말하며, '제도화된 수단'은 교육이나 근면 등 문화목표를 달성하기 위한 합법적 경로 및 방법을 의미한다.

② **머튼의 아노미 상태에 대한 5가지 적응양식**

　㉠ 정상적인 사회에서는 문화적 목표와 제도화된 수단이 어느 정도 일치를 보인다.

　㉡ 한 사회에서 문화적 목표나 제도화된 수단 가운데 어느 하나가 강조되는 경우, 그 사회 내의 계층에 따라 문화적 목표나 제도화된 수단의 관계가 상이한 경우 부적응의 양상이 나타난다.

　㉢ 예를 들어, 사회적으로 하류층에 속한 사람이 상류층의 재산과 명예를 원하는 경우 문화적 목표는 수용하는 것이 되나 제도화된 수단이 결여됨으로써 아노미 상태에 이르게 된다. 만약 이때 그 하류층의 사람이 제도화된 수단을 거부한 채 비합법적인 방식으로라도 문화적 목표를 달성하고자 하는 경우 결국 일탈행위를 저지르게 된다.

유형	문화적 목표	제도화된 수단
동조형(Conformity)	수용	수용
혁신형(Innovation)	수용	거부
의례형(Ritualism)	거부	수용
도피형(Retreatism)	거부	거부
반역형(Rebellion)	대체	대체

• 동조형 : 문화적 목표와 제도화된 수단 양자를 모두 수용한 형태로서 정상적 행위유형을 말한다. 이 동조형을 제외한 나머지 네 가지 유형은 모두 일탈행위로 규정한다.

• 혁신형 : 문화적 목표는 수용하지만 제도화된 수단을 거부하는 것으로서, 일탈자의 전형적인 형태이다. 화이트칼라의 탈세·횡령·수뢰 및 문서위조 등을 예로 들 수 있다.

• 의례형 : 문화적 목표를 거부하고 제도화된 수단을 수용하는 일탈유형이다. 절차적 규범 또는 규칙의 준수에 몰두한 나머지 자기 일의 목표를 망각하고 무사안일로 행동하는 관료를 예로 들 수 있다.

• 도피형 : 문화적 목표와 제도화된 수단을 모두 거부하고 사회로부터 후퇴 내지 도피하는 경우를 말한다. 이 유형은 합법적 수단을 통한 목표성취 노력의 계속적 실패와 도덕적 규범의 내면화에 따른 양심의 가책으로 인해 위법적 수단을 사용할 능력이 없으므로 나타나는 약물중독이나 알코올중독 등의 반응을 예로 들 수 있다.

• 반역형 : 기존의 문화적 목표와 제도화된 수단은 모두 거부하는 동시에 새로운 목표와 수단으로 대체하려는 경우를 말한다. 이들은 보수파의 이데올로기에 반항해 현존 사회구조의 욕구불만 원인을 규명하고 욕구불만이 없는 새로운 사회구조를 건설하려고 한다. 사회운동가, 혁명집단, 히피족 등을 예로 들 수 있다.

(2) 차별접촉이론(Differential Association Theory)

① 의의 및 특징

㉠ 서덜랜드(Sutherland)는 '차별접촉이론' 또는 '차별적 교제이론'을 통해 일탈의 원인을 사회 구조에서 찾기보다 일탈이 전달되는 과정에 주목하였다.

㉡ 일탈행동을 사회화 관점과 학습된 행위로 이해한 최초의 이론으로, 일탈이 일탈적 환경 속에서 일탈자들과 접촉하여 그들의 문화를 학습함으로써 전달된다고 본다.

㉢ 청소년은 일탈행동을 직접적 또는 간접적으로 자주 접하게 되는 경우 문제청소년이 될 수 있다. 즉, 일탈행동은 사람들 사이의 상호작용에 의해 학습되는 행위로서 전반적으로 사회·문화가 일탈행동에 대해 무감각하거나 우호적인 분위기를 형성할 때 일탈행동이 학습되고 시도된다.

② 일탈행동의 사회화와 관련된 9가지 기본명제

㉠ 일탈행동은 유전이나 심리적 특성에 의한 것이 아닌 학습된 것이다.

㉡ 일탈행동은 타인과의 상호작용, 특히 언어적 의사소통 과정에서 학습된다.

㉢ 일탈행동의 학습은 주로 친밀한 사적 관계에서 비롯된다.

㉣ 일탈행동 학습의 내용에는 일탈행동의 기술뿐만 아니라 일탈행동과 관련된 충동, 동기, 태도, 합리화도 포함된다.

㉤ 일탈행동의 동기와 태도의 방향은 법이나 규범에 대한 생태적 환경의 방향에 의해 결정된다.

㉥ 일탈행동을 격려·고무하는 분위기가 억제·반대하는 분위기를 압도할 때 일탈행동이 시도된다.

㉦ 일탈행동을 하느냐, 하지 않느냐는 일탈행동 접촉빈도, 지속시간, 우선성 및 강도에 따라 결정된다.

㉧ 차별접촉에 의한 일탈행동의 학습은 단순한 흉내나 모방과는 달리 복잡한 학습과정이다.

㉨ 일탈행동의 동기나 동인이 항상 물질적 부나 사회적 명성과 같은 인간 누구나 추구하는 일반적인 욕구 충족에 있는 것은 아니다.

(3) 중화이론(Neutralization Theory)

① 의의 및 특징

㉠ 마차(Matza)는 거의 모든 사람들이 완전한 자유나 구속 상태에 있는 것이 아닌 그 사이의 연속선상에 있다고 보았다.

㉡ 비행청소년은 자신의 행위를 자유롭게 선택하는 것도, 강요에 의해 수행하는 것도 아니며, 단지 부주의하게 일시적으로 그러한 행위를 하게 된다.

㉢ 중화이론은 일탈이 청소년의 내적·외적 통제가 약화되는 경우 나타난다고 본다.

㉣ 청소년은 자신의 부적절한 행위를 보편적으로 나쁜 행위로서 인정하지만, 특수한 상황의 경우 정당하거나 나쁘지 않다고 합리화함으로써 사회적 규범이나 전통을 중화시킨다.

㉤ 중화이론은 계층 간에 다른 규범 및 가치가 있다는 하위문화이론을 거부하고, 일탈행동을 수행하는 청소년도 전통적 가치를 수용하고 있으나 중화를 통해 내적 통제가 약화되어 일탈행동을 일으킨다고 본다.

② **중화의 구체적인 방법**

책임의 부인 (Denial of Responsibility)	자신의 일탈행위에 대한 책임을 다른 상대방이나 상황으로 돌린다. 예 "술에 취해서 그랬을 뿐이야."
상해의 부인 (Denial of Injury)	자신이 저지른 행위가 다른 사람에게 아무런 해를 미치지 않는다고 주장한다. 예 "난 그 사람 물건을 훔친 게 아니야. 단지 빌려 쓴 것뿐이라고."
피해자에 대한 부인 (Denial of Victim)	피해자가 징벌을 받아 마땅한 사람이므로 자신의 행동은 정당하다고 주장한다. 예 "그 놈이 맞을 짓을 했으니까 때린 것뿐이라고."
비난자에 대한 비난 (Condemnation of the Condemners)	자신을 비난하는 사람들에게서 잘못을 찾아내어 오히려 자신의 잘못보다 더 나 쁘다고 주장한다. 예 "그 국회의원은 국민의 세금을 수억이나 빼돌린 놈이야. 난 고작 몇 푼 가져 간 것뿐이라고."
더 높은 충성심에의 호소 (Appeal to Higher Loyalties)	더 높은 충성심 또는 더 고차적인 원칙을 위해 기존의 규범을 어겼다고 주장한다. 예 "내가 그 놈을 때린 건 내 친구와의 의리를 지키기 위해서야."

(4) 비행하위문화이론(Delinquent Subculture Theory)

① 코헨(Cohen)은 비행하위문화를 사회적 하류층에 속하는 청소년이 자신의 지위욕구에 불만을 가
진 채 중산층의 지배문화에 대항하는 것으로 보았다.

② 사회체계 내에는 연령이나 성별, 사회경제적 계층 등에 따른 상이한 역할과 함께 그에 따라 상
황을 바라보는 준거틀이 존재한다. 그러나 이러한 준거틀은 그것을 인정하지 않으려는 집단으로
부터 강한 반발을 받게 되며, 그 과정에서 새로운 하위문화가 탄생된다.

③ 비행하위문화이론은 특히 미국의 하류층 청소년들의 비행문화를 설명하기 위해 제시된 것으로,
청소년이 중산층의 기준을 획득하기가 어렵다는 사실을 인식함으로써 그들의 기준을 좇기보다
는 자신들에게 유리한 새로운 기준을 집단적으로 구축한다는 것이다.

④ 비행하위문화는 주류문화에 반대하는 문화적 가치를 추구하는 과정에서 기존의 지배적인 규범
에 대항하기 위해 일탈행동을 일삼기도 한다.

⑤ 비행하위문화는 비공리적·악의적·부정적·단기쾌락적인 양상을 보인다.

(5) 낙인이론(Labeling Theory)

① 낙인이론은 일탈을 행위의 속성이 아닌 '사회적 정의(Social Definition)'의 산물로 본다. 즉, 특
정 행위의 일탈 여부가 그 행위를 바라보는 다른 사람이나 전체 사회의 반응에 달려 있다는 것
이다.

② 일탈은 상대적인 것이므로 어떠한 행위도 본질적인 일탈은 아니라고 본다. 따라서 '정상'과 '일
탈'을 명확히 구분하는 것은 근거가 없다.

③ 문제청소년으로 낙인찍히는 것은 그가 부적절한 행위를 했기 때문이 아니라 그의 행위가 다른
사람들의 가치 기준에 벗어나 다수의 사람들의 일탈행동으로 명명되었기 때문이다.

④ 비행이나 일탈행동은 사회의 권력이나 지위를 가지고 있는 사람들이 그들의 기준에 따라 잘못된 것으로 명명한 것에 불과하다.

⑤ 베커(Becker)는 일탈자라는 낙인이 하나의 사회적 지위와 같으며, 개인이 가지고 있는 여러 가지 지위 중 대표되는 지위가 된다고 주장하였다. 일탈자는 처음에는 이를 거부하나 계속적인 사회적 반응이 그로 하여금 스스로 일탈자라는 자아개념을 갖도록 만든다는 것이다.

⑥ 레머트(Lemert)는 일탈자로 낙인찍힌 사람이 자신을 스스로 일탈자로 인정하는 경우 제2의 일탈을 저지르게 된다고 주장하였다. 1차적 일탈은 다양한 맥락에서 일어날 수 있으나 2차적 일탈의 중요한 원인은 낙인이라는 것이다. 레머트는 더 나아가 일탈자로 낙인찍힌 사람이 자신의 일탈행동을 정상적인 것으로 재낙인하기에 이르며, 이와 같이 자신의 일탈을 '정상화(Normalization)'하는 가운데 3차적 일탈이 나타난다고 보았다.

(6) 와이너(Weiner)의 비행 분류

① 사회적 비행

㉠ 심리적인 문제없이 반사회적 행동기준을 부과하는 비행하위문화의 구성원으로서 비행을 저지른다. 특히 청소년은 집단문화에 동조하기 위한 수단으로써 비행을 저지르는 경향이 있다.

㉡ 심리적인 문제가 비교적 적으므로 자신이 속한 하위집단 내에서의 대인관계에서는 비교적 정상적으로 행동하는 것이 보통이다.

㉢ 소속된 비행하위집단 내에서 통용되는 삶의 방식들은 제한적이고 편파적인 경우가 대부분이므로 장기적인 측면에서 적응적 행동양식이라고 볼 수 없다.

② 심리적 비행

㉠ 성격적 비행 : 비행이 반사회적인 성격구조, 자기통제 능력의 부재, 충동성, 타인무시 등에 의한 행위의 문제로 나타난다. 특히 유아기나 아동기에 거절당한 경험으로 인해 타인에 대한 공감 능력 및 동일시 능력이 부족하며, 아동기 후기의 부적절하거나 일관적이지 못한 훈육 및 감독으로 인해 자신의 충동을 통제할 수 있는 능력이 부족하다.

㉡ 신경증적 비행 : 자신의 요구가 거절되었을 때 급작스럽게 자신의 욕구를 표현하는 행위의 문제로 나타난다. 타인으로부터 인정 및 조력을 받고 싶어 하는 핵심적 욕구에서 비롯되는 것으로, 비행은 주로 단독으로 급작스럽게 혹은 우발적으로 일어난다. 이러한 비행에는 심리적 갈등이나 좌절을 유발하는 환경적 스트레스 요인이 있다.

㉢ 정신병적(기질적) 비행 : 비행이 행동을 통제하기 어려운 정신분열증이나 두뇌의 기질적 손상 등에 의해 나타난다. 뇌기능장애, 주의집중장애 및 충동조절장애, 낮은 자아존중감 등을 가진 청소년에게서 나타난다.

(7) 기타 청소년 문제 : 청소년 자살

① 청소년 자살의 특징

㉠ 외부 자극의 변화에 민감하게 반응함으로써 충동적으로 일어나는 경향이 있다.

㉡ 사소한 일에도 심각한 충격을 받음으로써 자살하는 경향이 있다.

㉢ 자신의 현재와 미래에 대해 오랫동안 심사숙고하기 보다는 다분히 감정적이고 순간적으로 자살을 선택하는 경향이 있다.

ⓔ 다른 자살자들의 행동을 따라 모방자살을 하는 경향이 있다.
ⓜ 자신의 심적인 고통을 자살의 방법을 통해 외부에 알리고자 하는 제스처형 또는 호소형 자살이 많다.
ⓗ 가정의 불화를 자신의 탓으로 간주함으로써 죄책감에 사로잡혀 자살하는 경향이 있다.
ⓢ 또래친구와의 동일시에 의해 집단자살을 하는 경향이 있다.
ⓞ 학교생활이나 학교성적과 관련된 문제로 인해 자살하는 경우가 많다.

② **청소년 자살의 위험인자**
ㄱ 공격적이고 충동적이며 약물남용 병력이 있는 행동장애의 경우
ㄴ 과거 치명적 방법으로 자살을 시도한 경우
ㄷ 주요 우울증, 조울증 등 정신질환이 함께 있는 경우
ㄹ 일기장이나 친구에게 죽음에 관한 내용을 자주 이야기하는 등 지속적인 자살사고를 가지고 있는 경우
ㅁ 가족 중 자살을 시도하거나 실제 자살을 한 경우
ㅂ 임신하였거나 음독 이외의 방법을 쓰는 경우
ㅅ 가족성원 간의 심한 불화로 인해 서로 상대방을 비난하는 경우

5 학교 폭력 상담

(1) 학교 폭력의 정의

① 자기보다 약한 처지에 있는 청소년에게 학교 안이나 밖에서 신체적, 심리적 폭력을 행사하거나 이를 반복적으로 실시하는 청소년들 간의 행동(청소년보호위원회, 1998)을 말한다.
② 학교 내외에서 학생 간에 발생한 폭력·협박·따돌림 등에 의하여 신체·정신 또는 재산상의 피해를 수반하는 행위로서 상해, 폭행, 감금, 협박, 약취·유인, 추행, 명예훼손·모욕, 공갈, 재물손괴 및 집단따돌림 그 밖에 피해자의 의사에 반하는 행위를 가하거나 하게한 행위를 말한다(학교폭력예방 및 대책에 관한 법률, 2004).

(2) 학교 폭력의 유형

① 폭행
② 금품갈취
③ 왕따(집단따돌림)
④ 괴롭힘
⑤ 사이버 폭력
⑥ 위협·협박
⑦ 언어폭력
⑧ 재물손괴 등

학교 폭력의 유형	사례
폭행	발로 차거나 주먹으로 때리는 행위
금품갈취	금전 혹은 물건을 강압적으로 요구하여 빼앗는 행위
왕따(집단따돌림)	집단적으로 괴롭히는 행위
괴롭힘	원치 않는 행동 혹은 태도로 특정인에게 지속적·반복적으로 고통을 주는 행위
사이버 폭력	인터넷을 통한 비방, 욕설, 허위사실유포 등으로 특정인에게 정신적 피해를 주는 행위
위협·협박	해를 줄 것처럼 말하거나 그런 태도를 취함으로써 겁을 주는 행위
언어폭력	언어를 통하여 심리적인 모욕감을 느끼게 하거나 명예훼손적 행위를 가하는 경우
재물손괴	물건을 가져가서 돌려주지 않는 행위

(3) 학교 폭력 상담

① 피해학생 상담

○ 상담과정

- 상담을 요청한 용기에 대해 적극적으로 칭찬하면서 시작한다.
- 라포형성을 위해 정서적인 공감대를 형성하도록 한다.
- 피해상황을 정확하고도 구체적으로 파악한다.
  - 피해상황에 대한 구체적인 사실관계 파악
  - 신체적 피해정도 파악 → 피해자의 정서 상태 파악 → 심리 상태에 따른 개입
  - 피해자가 의견을 당당히 주장할 수 있도록 지지
- 피해의 원인을 탐색한다.
- 가해학생으로부터 보호되리라는 것에 대한 확신을 주고 추후 또 다른 학교폭력을 당하지 않도록 피해학생이 취할 수 있는 방법을 탐색한다.
- 피해학생의 부모에게 사실을 알리고 주변의 도움을 요청하도록 한다.
- 피해사실에 대한 증거자료를 충분히 준비하여 도움을 요청할 수 있도록 한다.

○ 주의사항

- 은폐하거나 축소하지 않고 있는 그대로 알리는 것이 중요함을 이해시킨다.
- 피해학생이 입은 심리·정서적 피해에 대한 심리상담이 위주가 되어야 하며 피해후유증이 치유될 수 있도록 돕는다.
- 피해학생 자신이 문제가 있어서 피해를 당했다는 생각에서 벗어날 수 있도록 돕는다.
- 심리적인 피해가 아주 심각한 상황일 경우 필요한 심리검사를 실시하여 결과에 따라 전문 상담을 권유하는 등 더 전문적인 조치를 취하도록 한다.

② 가해학생 상담

○ 상담과정

- 가해 당사자로서 상담요청을 한 사실에 대한 용기를 칭찬하면서 시작한다.
- 가해 상황을 구체적으로 파악한다.
- 가해학생이 상담을 통해 어떠한 도움을 얻고자 하는지 파악한다.

ⓛ 주의사항
- 일방적으로 피해학생 한 쪽의 말만 듣고 가해학생을 단정 지어서는 안 된다. 지목당한 가해학생을 불러서 그런 사실이 있는지에 대해 답변할 기회를 주어 반드시 피·가해 사실을 객관적으로 확인하는 절차를 거친다.
- 가해학생이 확인된 경우 가해의 원인을 파악하면서 이 학생의 심리 내적, 외적 요인들을 면밀히 탐색하며 듣고, 지속적인 상담을 위한 라포형성을 위해 부분적으로 공감해 준다. 훈계나 행위에 대한 평가는 역효과를 줄 수 있으므로 비난하거나 심문조의 상담을 해서는 안 된다.
- 있는 그대로 인정하고 자신의 잘못에 대해 책임을 지는 것의 긍정적인 측면을 강조하여 이해시킬 수 있도록 한다.
- 가해학생은 사건을 숨기려고 하거나 인정하지 않는 경우가 많기 때문에 상담자의 태도는 지지적이면서 부드럽게 하는 반면 단호하고 직접적으로 가해학생이 저지른 행동과 그 결과에 대해 알려 주어야 한다.
- 어떤 과정에 따른 조치를 취하게 되는지 현실적인 처벌부분도 직시하도록 한다.
- 폭력성의 근본적 원인을 탐색하고 내재된 분노가 많은 가해학생의 경우 분노표출과 분노조절에 초점을 맞추는 등 가해행동의 원인 해결에 초점을 두고 상담을 진행한다.
- 가해행동의 원인이 가족체계의 문제로 파악될 경우 부모상담과 가족치료적 접근을 통해 근본적으로 치료할 수 있도록 한다.

③ **학교폭력 당사자(피해자 측, 가해자 측, 학교 측)의 공통적인 대처방법**
ⓛ 이성적이고 객관적으로 해결하도록 한다.
ⓛ 사건을 은폐하거나 확대하지 않고 객관화, 공식화하도록 한다.
ⓒ 사건과 관련된 증거 자료를 충분히 확보하도록 한다.
ⓛ 학교폭력 관련법과 제도, 절차 등 사건해결을 위해 필요한 정보를 참고하여 절차 및 내용을 숙지한다.
ⓜ 상담 후 실현할 대처방법 및 태도 등에 대해 함께 탐색하고 최종결정은 내담자가 스스로 하도록 한다.

실제예상문제

01 다음 중 집단상담의 특징을 잘못 설명한 것은?

① 집단상담은 정상 범위의 적응 수준에 속하는 사람을 대상으로 한다.

② 집단상담은 집단 안에서 병든 마음을 치유하기 위한 것이다.

③ 집단상담은 구성원 간의 상호교류를 통해 개인의 변화를 가져온다.

④ 집단상담은 자신을 노출할 수 있는 안전한 분위기가 마련되어야 한다.

01 집단상담의 초점은 생활상의 적응이나 개인의 성장에 있는 것이지, 비정상적인 성격을 고치거나 병든 마음을 고치기 위한 것은 아니다.

02 다음 중 집단상담자의 역할과 가장 거리가 먼 것은?

① 느낌보다는 지적인 측면에 관심을 불러일으킨다.

② 집단 활동의 시작을 돕는다.

③ 집단의 방향을 제시하고 집단 규준을 발달시킨다.

④ 의사소통 및 상호작용을 촉진시킨다.

02 집단상담자는 집단구성원들로 하여금 현재의 느낌과 생각을 자각하고 이를 표현할 수 있도록 해야 하며, 지적인 측면보다는 느낌이나 마음을 소중히 다루어야 한다.

03 집단상담을 준비할 때 상담자가 고려해야 할 사항과 가장 거리가 먼 것은?

① 상담의 목적에 따라 내담자의 성, 연령, 배경 등을 고려해야 한다.

② 집단의 크기는 일반적으로 15~20명 정도가 적합하다.

③ 모임의 빈도는 일주일에 한 번 혹은 두 번 정도 만나는 것이 좋다.

④ 집단상담을 하는 장소는 너무 크지 않고, 외부로부터 방해 받지 말아야 한다.

03 집단의 크기는 보통 5~15명 또는 6~12명 정도이며, 대체로 5~8명 정도가 적당한 것으로 알려져 있다.

정답   01 ②   02 ①   03 ②

안심Touch

04 집단의 구조화는 집단의 목적과 상담자의 역할, 기본 규칙 및 과정에 대해 설명함으로써 집단과정을 촉진시키는 뼈대를 세우는 과정으로, 도입단계에서 해야 할 과업 중의 하나이다.

04 다음 중 집단상담의 도입단계에서 주의할 사항이 <u>아닌</u> 것은?

① 집단구성원들의 예기 불안을 노출하는 것이 도움이 된다.
② 도입단계에서 집단을 구조화하는 것은 분위기를 경직되게 할 수 있으므로 피한다.
③ 비교적 간결하게 말하여 집단구성원들이 지루함을 느끼지 않게 하여야 한다.
④ 일정한 형식 없이 산만하게 시작하면 집단에 대한 부정적인 인상을 줄 수 있다.

05 '여기와 지금'에 초점을 맞추는 집단의 경우, 활기차고 응집력이 높은 경향이 있다.

05 집단상담에서의 집단응집력에 관한 설명으로 옳지 <u>않은</u> 것은?

① 응집력이 높은 집단은 자기 개방을 많이 한다.
② 응집력은 집단상담의 성공에 매우 중요한 요소가 된다.
③ 응집력이 낮은 집단은 '여기와 지금'에서의 사건이나 일에 초점을 맞춘다.
④ 응집력이 높은 집단은 집단의 규범이나 규칙을 지키지 않는 다른 집단구성원을 제지한다.

06 구조화된 집단은 상담자가 집단의 목표와 과정 등을 정해 놓고 집단을 주도적으로 이끌어 가는 형태이고, 비구조화 집단은 집단의 목표와 과정 등을 미리 정해놓지 않고 내담자의 욕구에 맞춰 스스로 정해 나가는 형태이다. 스트레스 대응 훈련, 잠재력 개발 훈련, 대인관계 훈련은 구조화된 집단의 훈련프로그램이다.

06 다음 중 비구조화된 집단의 특징으로 옳지 <u>않은</u> 것은?

① 집단의 목표나 활동 방법에 대해 미리 정해놓지 않는다.
② 집단의 심리적 관계가 중요한 작업 대상이 된다.
③ T집단은 대표적인 비조직적인 집단이다.
④ 스트레스 대응 훈련, 잠재력 개발 훈련, 대인관계 훈련 등을 주로 한다.

정답 04② 05③ 06④

07 다음 중 집단상담의 유형에 해당하지 <u>않는</u> 것은?

① 지도집단
② 치료집단
③ 자조집단
④ 전문집단

07 **집단상담의 주요 유형**
• 지도집단
• 상담집단
• 치료집단
• 자조집단
• 감수성집단
• T집단
• 참만남집단

08 다음 중 T집단에 대한 설명으로 옳지 <u>않은</u> 것은?

① 비조직적인 작은 집단에서 집단구성원 모두가 직접 참여한다.
② 허용적인 분위기에서 새로운 행동을 실험할 수 있도록 한다.
③ '여기와 지금'의 감정과 행동에 초점을 둔다.
④ 허용적인 집단이지만 집단규준은 처음부터 명확히 정하고 시작한다.

08 T집단의 규범은 집단상담자에 의해 미리 정해진 것이 아니라 그 집단 내에서 집단구성원들에 의해 서서히 발전되고 채택된다.

09 다음 중 효과적인 집단상담을 위해 고려해야 할 사항이 <u>아닌</u> 것은?

① 집단 발달 과정 자체를 촉진시켜주기 위해 의도적으로 게임을 활용할 수 있다.
② 매 회기가 끝난 후 각 집단구성원에게 경험 보고서를 쓰게 할 수 있다.
③ 집단 내의 리더십을 위해 집단상담자는 반드시 1인이어야 한다.
④ 집단상담 장소는 가능하면 신체 활동이 자유로운 크기가 좋다.

09 집단상담의 효과성을 위해 협동상담 또는 공동지도력을 활용하는 것도 좋다. 공동지도력은 둘 혹은 그 이상의 집단상담자가 협력해서 함께 상담하는 것을 의미한다.

정답 07 ④ 08 ④ 09 ③

안심Touch

10 상담과정에서 저항 및 방어적 태도가 나타날 때에는 격려와 지지가 필요하다. 변화의 노력을 보일 때 격려와 지지가 없다면 결코 변화를 가져오지 못할 것이다.

10 **집단상담의 기법에 대한 설명으로 옳지 않은 것은?**

① 집단구성원의 변화와 성장을 돕기 위해 불일치나 모순을 지적해 주는 것을 직면시키기라고 한다.
② 집단상담자는 집단구성원이 지나치게 질문만 계속할 때에는 행동을 제한해야 한다.
③ 상담과정에서 저항 및 방어적 태도가 나타날 때 격려와 지지를 해주면 불편한 심정을 단순히 강화해 주는 것이 되기 때문에 좋지 않다.
④ 모임의 초반에 화제가 초점 없이 흘러갈때 상담자의 주도적 행동이 필요하다.

11 집단의 목표달성을 위해 모임 회기를 집단 진행과정 중 서로 협의 하에 조정해 나갈 수도 있으나, 단순히 참여자의 만족도를 높이기 위해 인위적으로 늘리는 것은 바람직하지 않다.

11 **집단을 구성하는 단계에서 고려할 내용으로 옳지 않은 것은?**

① 목표달성을 위해 집단 모임의 기간을 정한다.
② 상호작용을 촉진하기 위해 집단 크기를 고려한다.
③ 참여자 만족도를 높이기 위해 모임 회기를 늘린다.
④ 공감대 형성을 위해 동질적인 구성원들로 구성한다.

12 기능적 가족의 의사소통은 자유롭고 명확하며 직접적이다.

12 **다음 중 기능적 가족의 특성으로 보기 어려운 것은?**

① 가족구성원이 자신들의 역할을 명확히 이해한다.
② 각 개인의 자율성이 존중되면서도 전체로서의 가족이 유지된다.
③ 하위체계의 경계선이 명확하지만, 이것은 가족의 요구에 따라 변할 수 있다.
④ 의사소통이 애매하고 간접적이고 권위적이다.

정답 10 ③ 11 ③ 12 ④

13 다음 중 기능적 가족의 특성에 대한 설명이 <u>아닌</u> 것은?

① 가족규칙이 명확하지 않으며 경직되어 있다.

② 규칙은 가족상황에 따라 변할 수 있다.

③ 가족성원 자신들의 역할을 명확히 이해한다.

④ 의사소통은 자유롭고 명확하며 직접적이다.

>>>〇

기능적 가족	• 하위체계의 경계선이 명확하지만 이것은 가족의 요구에 따라 변할 수 있다. • 가족규칙은 명확하며 공평하게 이루어진다. • 규칙은 가족상황에 따라 변할 수 있다. • 가족성원 자신들의 역할을 명확히 이해한다. • 각 개인의 자율성이 존중되면서도 전체로서의 가족이 유지된다. • 의사소통은 자유롭고 명확하며 직접적이다.
역기능적 가족	• 하위체계의 경계선이 경직되거나 혼란되어 있으며 가족의 요구에도 변화하지 않는다. • 가족규칙이 명확하지 않으며 경직되어 있다. • 가족의 행동이나 방법에 규칙을 갖고 있지 않다. • 역할은 경직되거나 명확하지 않아서 가족성원은 자신에게 요구되는 기대가 무엇인지 잘 알지 못한다. • 개인의 자율성은 가족 전체를 위해 희생되거나 반대로 가족이 통합되지 못해 지나친 자율성이 요구된다. • 의사소통은 애매하고 간접적이고 권위적이다.

14 다음 중 가족상담의 적용 범위에 대한 내용으로 옳지 <u>않은</u> 것은?

① 가족이 가진 문제 중 극히 한정된 부분만 가족상담의 대상이 될 수 있다.

② 가족상담은 누구에게, 언제, 어떻게 적용 하는가의 범위에 대해서는 유동적이다.

③ 상담에 참여하는 사람의 인원수에 관계없이 가족 전체를 사정과 개입의 대상으로 삼는다.

④ 가족에게 역기능이 존재하거나 또는 그러한 역기능이 주된 호소문제와 관련이 있다고 판단될 때 가족상담을 권유한다.

해설 & 정답   checkpoint

13 가족규칙이 명확하지 않으며 경직되어 있는 것은 역기능적 가족의 특징이다.
[문제 하단의 표 참고]

14 가족이 가진 모든 심리적 문제는 가족상담의 대상이 될 수 있다.

정답 13 ① 14 ①

checkpoint 해설 & 정답

15 가족사정의 중기과정에서는 가족의 상호작용방식, 의사소통방식, 관계패턴, 가족성원의 견해 차이, 가족성원의 노력과 변화 등을 파악한다.

16 3R은 가족의 규칙(Family Rules), 가족역할(Family Roles), 가족관계(Family Relationship)로 구성된다.

17 사이버상담에서는 내담자의 익명성이 보장되므로 보다 솔직한 대화 및 감정 표현이 가능하다.

15 ( ) 안에 들어갈 말로 적합하지 <u>않은</u> 것은?

> • 가족사정의 초기과정에서는 치료적 관계 형성 작업과 함께 문제파악과 목표설정에 초점을 둔다.
> • 가족사정의 중기과정에서는 ( ) 등을 파악한다.

① 가족상담의 목표
② 의사소통방식
③ 관계패턴
④ 가족성원의 견해 차이

16 다음 중 3R에 속하지 <u>않는</u> 것은?

① 가족참조(Family Reference)
② 가족의 규칙(Family Rules)
③ 가족역할(Family Roles)
④ 가족관계(Family Relationship)

17 사이버상담의 특징 중 '보다 솔직한 대화 및 감정표현이 가능한 것'과 관련된 것은?

① 단회성
② 익명성
③ 신속성
④ 경제성

정답 15 ① 16 ① 17 ②

18 다음 중 사이버상담의 장점에 속하지 <u>않는</u> 것은?

① 여러 사람들과의 상호작용을 통해 서로 간의 사고, 행동, 생활 양식 등을 탐색해 보는 기회를 가짐으로써 인간적 성장의 기틀을 마련할 수 있다.

② 개인의 지위, 연령, 신분, 권력 등을 짐작할 수 있는 사회적 단서가 제공되지 않으므로 전달되는 내용 자체에 많은 주의를 기울이고 의미를 부여할 수 있다.

③ 비용면에서 효율적이며, 그로 인해 상담료 또한 저렴한 편이다.

④ 상담 내용의 저장, 유통, 가공, 검색, 재검토 등이 용이하다.

18 ①은 집단상담의 장점에 속한다.

19 가족상담자의 역할로 적절하지 <u>않은</u> 것은?

① 객관적인 지각자 역할

② 환경조정자의 역할

③ 안내자 또는 지도자 역할

④ 학생의 역할

19 가족상담자는 객관적인 지각자의 역할, 교사의 역할, 환경조정자의 역할, 안내자 혹은 지도자의 역할을 수행한다.

20 다음 중 아동상담에 대한 설명으로 옳지 <u>않은</u> 것은?

① 아동의 심리적 문제는 발달 과정에서 일시적으로 나타나는 경우도 있고, 발달과정을 거치는 동안에 의도적 노력 없이 수정되는 경우도 있다.

② 상담자는 아동의 부모와 접촉하게 되는 경우가 많다.

③ 문제해결의 수준이 발달 수준에 따라서 제각기 다르다.

④ 아동 스스로가 상담의 필요성을 절감하여 상담 회기에 참가하게 되는 경우가 많다.

20 아동상담의 경우 심리적 문제를 아동 자신보다는 부모나 학교가 더욱 절실하게 느끼기 때문에 치료에 대한 필요가 부모나 학교에 달려 있는 경우가 많다.

정답   18 ①   19 ④   20 ④

21 사이버상담의 장점으로는 익명성, 신속성, 자발성 및 주도성, 시·공간의 초월성, 경제성, 자기성찰의 기회제공 등이 있다.

21 다음 중 사이버상담의 장점으로 가장 적합한 것은?

① 라포 형성이 쉽다.
② 내담자의 정보를 얻기 쉽다.
③ 상담공간과 시간이 용이하다.
④ 상담과정이 원활하다.

22 지문의 내용은 아동중심놀이치료의 기본 가정에 해당된다.

22 다음에서 설명하고 있는 아동상담기법은 무엇인가?

> • 아동에 있어 자연스러운 자기표현 방법은 놀이이다.
> • 아동은 유기체로, 하나의 조직된 전체로 반응한다.
> • 아동의 '여기와 지금(Here & Now)' 어떻게 생각하고 느끼는지가 행동을 결정하게 된다.

① 발달놀이치료
② 아동중심놀이치료
③ 인지행동치료
④ 모래놀이치료

23 자폐증을 겪는 아동의 특성으로, 자폐증은 사회적 상호작용, 언어 및 의사소통 등 전반적인 영역에서 현저한 결함을 보이는 질환이다.

23 다음의 특성을 보이는 아동은 어떤 상태일 가능성이 있는가?

> • 어른과 눈을 마주치지 않는다.
> • 동일한 행동을 반복한다.
> • 공부를 잘하거나 못한다.
> • 부적절한 반응을 보인다.
> • 아기 같은 행동을 한다.

① 우울증을 겪고 있는 아동
② 학대를 겪고 있는 아동
③ 정신지체를 겪고 있는 아동
④ 자폐증을 겪는 아동

정답 21 ③ 22 ② 23 ④

24 아동을 상담할 때 일반적으로 고려해야 할 사항과 가장 거리가 먼 것은?

① 아동에게 치료 중 일어난 일은 성인의 경우와 마찬가지로 부모 등에게는 반드시 비밀로 유지되어야만 한다.

② 아동은 놀이를 통해 자신의 생각과 감정을 표현하기 때문에 놀이의 기능을 중요하게 다루어야 한다.

③ 아동은 발달과정에 있기 때문에 생활조건을 변화시키는 데 있어 거의 무력하다.

④ 아동은 부모에게 의존적 상태에 있기 때문에 상담자는 가족의 역동을 이해하고 변화시키는 것이 바람직하다.

24 부모는 자녀의 법적 보호자로서 자녀의 치료과정상 발견된 중요한 정보에 대해 알 권리가 있다.

25 청소년상담에서 특히 고려해야 할 요인과 가장 거리가 먼 것은?

① 일반적인 청소년의 발달과정에 대한 규준적 정보

② 한 개인의 발달단계와 과업 수행 정도

③ 내담자 개인의 영역별 발달 수준

④ 내담자의 이전 상담 경력과 관련된 사항

25 ① 발달단계에 대한 정보는 청소년의 일반적인 발달 과정에 대한 규준적 정보를 제공하므로 상담자로 지나친 진단이나 미흡한 진단을 할 가능성을 방지한다.
② 한 개인의 발달단계와 그의 과업 수행 정도를 평가하는 것은 상담의 필요성 여부를 결정하거나 상담목표 혹은 상담 양식을 결정하는 데 도움이 된다.
③ 상담자는 내담자의 영역별 발달 수준, 발달이 뛰어난 영역과 부진한 영역, 성취한 발달과업 등을 고려하여 상담을 할 수 있다.

26 청소년기 자살 위험인자와 가장 거리가 먼 것은?

① 공격적이고 충동적이며 약물남용 병력이 있는 행동장애의 경우

② 과거 치명적 방법으로 자살을 시도한 경우

③ 부모에 대한 이유 없는 반항이나 저항을 보이는 경우

④ 일기장이나 친구에게 죽음에 관한 내용을 자주 이야기하는 경우

26 가족구성원 간의 심한 불화, 즉 가정 불화는 청소년 자살의 위험인자이나, 부모에 대한 이유 없는 반항이나 저항을 보이는 것을 자살의 위험인자로 단정하기는 어렵다.

정답 24 ① 25 ④ 26 ③

27 노년기에는 사고에 있어서 보수성과 경직성이 증가한다.

27 노년기의 일반적인 성격 변화에 해당하지 <u>않는</u> 것은?

① 사고의 융통성과 개방성이 증가한다.
② 변화에 대한 두려움이 커진다.
③ 내향성과 수동성이 증가한다.
④ 통제력에 대한 자신감이 감소한다.

28 노년기가 되면 감각기관 등 신체 기능이 퇴화되며, 수면의 감소 및 문제 해결과 정보 처리를 위한 심리적 반응 속도 둔화, 성적 기능의 감퇴 등이 나타난다. 또한 지능 저하와 기억력 감퇴, 사고의 경직성과 내향성이 증가하며, 주위 환경과의 관계에서도 과거보다 소극적인 태도를 보이게 된다.

28 노년기 발달에 관한 설명과 가장 거리가 <u>먼</u> 것은?

① 우울증 경향이 증가한다.
② 내향성 경향이 높아진다.
③ 경직성 경향이 강해진다.
④ 기존의 성역할이 강화된다.

29 학습부진(Underachievement)의 특징

• 내재적 또는 환경적 원인으로 인해 학습 성취수준이 현저히 떨어지거나 잠재적인 지적 능력에도 불구하고 기대되는 수준에 미치지 못하는 상태를 말한다.
• 학습장애가 뇌의 기능장애나 인지상의 결함과 같은 기질적인 문제를 원인으로 하는 데 반해, 학습부진은 주의력결핍, 비효율적 학습습관, 가정환경이나 교우관계에서의 스트레스 등 개인의 정서나 환경상의 문제를 원인으로 한다.
• 지능이 평균보다 낮은 편이며, 어휘력과 표현력, 기억력이 부족하다. 또한 학교 학습이 가능하지만 주의집중력이 떨어지고 과잉행동을 보임으로써 부적응적인 양상을 보이기도 한다.

29 다음은 학습문제의 유형 중 무엇에 대한 설명인가?

> 내재적 또는 환경적 원인으로 인해 학습성취 수준이 현저히 떨어지거나 잠재적인 지적 능력에도 불구하고 기대되는 수준에 미치지 못하는 상태를 말한다.

① 학습부진(Underachievement)
② 학습장애(Learning Disability)
③ 학습저성취(Low Achievement)
④ 학습지진(Slow Learner)

정답 27① 28④ 29①

30 학습상담에서 만날 수 있는 다음 사례의 적절한 명칭은?

> 정신지체, 정서장애, 환경 및 문화적 결핍과는 관계없이 듣기, 말하기, 쓰기, 읽기 및 산수 능력을 습득하거나 활용하는 데 한 분야 이상에서 어려움을 나타낸다. 일반적으로 개인의 능력 발달에서 분야별 불균형이 나타나는 특징이 있으며, 지각 장애, 지각–운동 장애, 신경 체계의 역기능 및 뇌 손상과 같은 기본적인 정보처리과정의 장애로 인해 나타난다.

① 학습지진
② 학습장애
③ 학습부진
④ 학업지체

31 다음 내용에 해당하는 학습전략으로 가장 옳은 것은?

> • 시험 전: 합리적이고 효율적인 학습계획표를 작성한다.
> • 시험 후: 틀린 문제와 풀지 못한 문제를 확인하며, 그 원인을 분석한다.

① 조직화전략
② 시간관리전략
③ 주의집중전략
④ 시험전략

해설 & 정답 checkpoint

30 학습장애와 학습부진은 학습지진과 달리 정상적인 지능 범위 내에 있으면서도 학습에 대한 어려움을 느끼며, 학업 성취도가 낮은 경우에 해당한다. 한편, 학습부진이 특히 불안 및 우울 등 개인의 정서적 요인이나 가정불화 및 부적절한 교우관계 등 환경적 요인에 의한 것인 반면, 학습장애는 특히 대뇌의 특정 영역에서의 발달적인 기능 장애에 의해 나타나는 것으로 알려져 있다.

31 ④ 시험전략: 시험 전에는 합리적이고 효율적인 학습계획표를 작성하고, 학습 난이도에 따라 시간을 적절히 배분한다. 시험 중에는 문제를 전체적으로 훑어보고 가급적 쉬운 문제를 우선적으로 풀며, 문제를 모두 푼 후에는 전체를 세심하게 검토한다. 시험 후에는 실수로 풀지 못한 문제와 공부하지 못했던 문제를 반드시 확인하는 등 원인을 분석한다.
① 조직화전략: 단순 암기식의 비효율적인 학습에서 탈피하여 독서 능력의 신장과 장기기억의 효율성을 높인다. 'SQ3R'의 학습방법, 즉 개관(Survey), 질문(Question), 읽기(Read), 암송(Recite), 복습(Review)으로 진행된다.
② 시간관리전략: 체계적인 시간 관리를 통해 제한된 시간을 효율적으로 활용함으로써 최대의 학습효과를 거두기 위한 것이다. 학습목표를 구체적이고 측정 가능하도록 세우며, 중요도에 따라 우선순위를 부여하여 실행해 나간다.
③ 주의집중전략: 집중력 부족의 원인을 파악하여 학습과 학습 이외의 관심이나 욕구들이 서로 충돌하지 않도록 조정한다. 간단하고 쉬운 내용부터 시작하고 집중 시간을 점차적으로 늘리는 등 학습계획 및 공부 규칙을 체계적으로 실행해 나간다.

정답 30 ② 31 ④

32 효과적인 학습을 위한 조직화전략의
    과정 : 개관 → 질문 → 읽기 → 암
    송 → 복습

32 다음 중 효과적인 학습을 위한 조직화전략의 과정을 순서대로
올바르게 나열한 것은?

① 읽기 → 개관 → 질문 → 암송 → 복습
② 읽기 → 질문 → 암송 → 개관 → 복습
③ 개관 → 질문 → 읽기 → 암송 → 복습
④ 개관 → 읽기 → 암송 → 질문 → 복습

33 학습 문제는 개인의 심리적인 문제
    와 연결되어 있으며, 이는 한두 가지
    의 원인에 의해서가 아닌 다양한 원
    인들에서 비롯된다. 따라서 학습 문
    제의 원인에 대한 전반적인 탐색이
    이루어져야 하며, 특히 지능검사, 학
    습태도 검사, 학습방법 검사 등을 포
    함한 다양한 심리검사를 통해 내담
    자의 현재 상태를 파악해야 한다.

33 학습상담과정에 대한 설명과 가장 거리가 먼 것은?

① 현실성 있는 상담목표를 설정해서 상담한다.
② 학습 문제와 관련된 내담자의 감정을 이해하고 격려한다.
③ 내담자의 장점, 자원 등을 학습상담과정에 적절히 활용한다.
④ 학습 문제와 무관한 개인의 심리적 문제는 회피한다.

34 진로상담은 내담자로 하여금 직업
    선택 및 직업생활에서의 능동적인
    태도를 함양할 수 있도록 돕는 과정
    이다.

34 다음 중 진로상담의 목표와 가장 거리가 먼 것은?

① 진로상담은 내담자가 이미 결정한 직업적인 선택과 계획을 확
  인하는 과정이다.
② 진로상담은 개인의 직업적 목표를 명백히 해주는 과정이다.
③ 진로상담은 내담자로 하여금 자아와 직업 세계에 대한 구체적
  인 이해와 새로운 사실을 발견하도록 해준다.
④ 진로상담은 직업 선택과 직업생활에서의 순응적인 태도를 함
  양하는 과정이다.

정답   32 ③   33 ④   34 ④

35 진로교육을 실시하기 위한 일반적인 지도 단계를 순서대로 바르게 나열한 것은?

> A. 진로탐색 단계
> B. 진로인식 단계
> C. 진로준비 단계
> D. 취업

① A → B → C → D
② B → A → C → D
③ B → C → A → D
④ A → C → B → D

35 진로교육을 실시하기 위한 지도는 일반적으로 '진로인식 → 진로탐색 → 진로준비 → 취업'의 단계로 이루어진다.

36 진로상담의 일반적인 원리와 가장 거리가 <u>먼</u> 것은?

① 만성적인 미결정자의 조기 발견에 특히 유념해야 한다.
② 경우에 따라서 심리상담을 병행하면 더욱 효율적이다.
③ 최종 결정과 선택은 상담자가 분명하게 정해 주어야 한다.
④ 내담자에 대한 기본적인 신뢰와 공감적 이해는 진로상담에서도 중요하다.

36 진로상담은 각종 심리검사의 결과를 기초로 내담자가 합리적인 결과를 끌어낼 수 있도록 도와주는 역할을 하는 것이다.

37 다음 중 성기능장애에 해당되지 <u>않는</u> 것은?

① 조루증
② 의상전환장애
③ 남성 성욕감퇴장애
④ 남성 발기장애

37 의상전환장애는 성도착장애에 해당된다.

정답 35 ② 36 ③ 37 ②

38 성기능장애의 원인
• 즉시적 원인
  – 성적 수행에 대한 두려움
  – 관찰자적 역할
• 역사적 원인
  – 종교적 신념
  – 충격적 성경험
  – 동성애적 성향
  – 잘못된 성지식
  – 과도한 음주
  – 신체적 문제
  – 사회문화적 요인

38 다음 중 성기능장애의 즉시적 원인에 해당하는 것은?

① 성에 대한 왜곡된 지식
② 어린 시절의 충격적인 성경험
③ 성적 수행에 대한 두려움
④ 성을 죄악시하는 종교적 신념

39 ① 노출증적 행동을 나타내는 노출장애는 낯선 사람과 성행위를 하려고 시도하는 경우는 거의 없다.
② 의상전환장애 또는 복장도착장애는 주로 이성애적인 남성에게서만 보고되고 있다.
④ 아동성애장애 또는 소아애호장애는 행위자의 연령이 최소한 16세 이상이어야 하며, 성애 대상 아동보다 최소한 5세 이상 연상이어야 한다.

39 다음 중 성도착장애의 하위 유형에 대한 설명으로 가장 옳은 것은?

① 노출장애 : 노출증적 행동을 나타내는 경우에 대개 낯선 사람과 성행위를 하려고 시도한다.
② 의상전환장애 : 주로 이성애적인 여성에게서 나타난다.
③ 성적 피학장애 : 고통을 당하는 행위는 실제적인 것일 수도 가상적인 것일 수도 있다.
④ 아동성애장애 : 행위자의 연령은 최소한 20세 이상이어야 한다.

40 성폭력 피해자 심리상담에서는 상담자가 아닌 내담자가 상담 내용의 주도권을 가지고 있어야 한다.

40 성폭력 피해자 심리상담의 초기단계에서의 유의사항으로 옳지 않은 것은?

① 치료관계 형성에 힘써야 한다.
② 상담자는 상담 내용의 주도권을 가져야 한다.
③ 성폭력 피해로 인한 합병증이 있는지 묻는다.
④ 성폭력 피해의 문제가 없다고 부정을 하면 일단 수용해준다.

정답 38 ③ 39 ③ 40 ②

41 다음 중 성폭력 심리상담 시 유의사항으로 옳은 것은?

① 상담자는 내담자에게 현재 상황에서 표현할 수 있는 내용에 대해서만 이야기하도록 한다.

② 상담자는 내담자가 성폭력 피해의 사실을 부인하는 경우 직면을 통해 현실을 직시하도록 한다.

③ 상담자는 내담자의 성폭력 피해 사실에 따른 수치심이나 죄책감이 일부 자신에 의한 것임을 인식시킨다.

④ 상담자는 내담자의 의존을 감소시키기 위해 내담자로 하여금 완전한 종결을 준비시킨다.

41 ② 상담자는 내담자의 성폭력 피해에 대한 부인에도 불구하고 일단 상담관계를 형성한 경우, 문제에 조심스럽게 접근하여 직면할 수 있도록 돕는다.
③ 상담자는 내담자의 성폭력 피해 사실에 따른 수치심이나 죄책감이 전적으로 가해자로 인한 것임을 확신시킨다.
④ 상담자는 종결에 따른 아쉬움과 이별의 감정을 다루며, 상담의 종결이 완전한 결별이 아니므로 언제든지 다시 상담할 수 있음을 인식시킨다.

42 다음 중 와이너의 비행 분류에 관한 설명으로 옳지 <u>않은</u> 것은?

① 비행자의 심리적인 특징에 따라서 사회적 비행과 심리적 비행을 구분한다.

② 심리적 비행에는 성격적 비행, 신경증적 비행, 정신병적 비행이 속한다.

③ 신경증적 비행은 행위자가 타인의 주목을 끌 수 있는 방식으로 비행을 저지르는 경우가 많다.

④ 소속된 비행 하위집단 내에서 통용되는 삶의 방식들은 자존감과 소속감을 가져다주므로 장기적으로 적응적이라고 할 수 있다.

42 소속된 비행 하위집단 내에서 통용되는 삶의 방식들은 제한적이고 편파적인 경우가 대부분이므로 장기적인 측면에서 볼 때 적응적 행동 양식이라고 할 수 없다.

정답   41 ①   42 ④

checkpoint 해설 & 정답

01

정답 ⊙ 자조집단
 ⓒ T집단

✅ **주관식** 문제

01 다음은 집단상담의 형태에 대한 설명이다. 각 빈칸에 들어갈 말을 순서대로 쓰시오.

- (⊙) : 서로 유사한 문제나 공동의 관심사를 가진 사람들이 자발적으로 구성하여 각자의 경험을 공유하는 형태의 집단상담이다. 개인이 각자 자신의 문제 상황에 대처할 수 있도록 하며, 자신에 대한 긍정적인 느낌과 함께 자신의 삶에 책임감을 가지도록 하는 것을 목표로 한다.
- (ⓒ) : 소집단을 통한 훈련이 프로그램의 핵심을 이루므로 '훈련집단'이라고 부르며, 실험실 교육프로그램의 방법을 활용하므로 '실험실적 접근'이라고도 부른다. 집단 활동을 관찰·분석·계획·평가하고 집단성원으로서의 역할을 학습하는 등 보다 직접적인 경험을 통해 집단의 전반적인 과정에 대해 학습하며, 커뮤니케이션 및 피드백의 구체적인 행동 기술을 습득하는 것을 주된 목표로 한다.

02 다음 설명에 해당하는 이론을 쓰시오.

> 일탈행동을 사회화 관점과 학습된 행위로 이해한 최초의 이론으로, 일탈이 일탈적 환경 속에서 일탈자들과 접촉하여 그들의 문화를 학습함으로써 전달된다고 본다. 일탈의 원인을 사회구조에서 찾기보다 일탈이 전달되는 과정에 주목한 이론이다. 일탈행동을 하느냐, 하지 않느냐는 일탈행동 접촉빈도, 지속시간, 우선성 및 강도에 따라 결정된다.

02
정답 차별접촉이론(차별적 교제이론)

여기서 멈출 거예요? 고지가 바로 눈앞에 있어요.
마지막 한 걸음까지 시대에듀가 함께할게요!

최종모의고사

제1회 최종모의고사
제2회 최종모의고사
제1~2회 정답 및 해설

I wish you the best of luck

독학사 심리학과 3단계

합격의 공식
온라인 강의

잠깐!

혼자 공부하기 힘드시다면 방법이 있습니다.
시대에듀의 동영상강의를 이용하시면 됩니다.
www.sdedu.co.kr ➡ 회원가입(로그인) ➡ 강의 살펴보기

제한시간: 50분 | 시작 ___시 ___분 – 종료 ___시 ___분

➡ 정답 및 해설 353p

01 정상인을 대상으로 하며 교육적, 상황적 문제 해결과 의식 과정의 자각에 주력하고 설명, 정보 제공, 조언 및 지시를 더 많이 하는 것은?

① 생활지도
② 심리치료
③ 상담
④ 생활교육

02 상담심리학의 발전 과정에 대한 설명으로 옳지 않은 것은?

① 심리학의 이론적 바탕의 마련은 프로이트의 심리학에서 시작하여 왓슨의 행동주의심리학으로 이어졌다.
② 제2차 세계대전의 영향으로 상담심리학이 독립된 응용심리학의 한 분야로 자리 잡게 되었다.
③ 1952년 상담심리학자를 위한 공식적인 조직이 결성되면서 상담심리학이라는 명칭이 사용되기 시작했다.
④ 1970년대 아이젱크가 전통적인 심리치료의 효과에 대한 의문을 제기하면서 상담 및 심리치료의 과정 및 효과에 관한 연구가 활발해졌다.

03 다음 중 심리검사 결과해석에 대한 내용으로 옳지 않은 것은?

① 전문적인 자질과 경험을 갖춘 사람이 해석을 하여야 한다.
② 다른 검사나 관련 자료를 함께 고려하여 결론을 내려야 한다.
③ 수검자에게 명령을 내리거나 낙인을 찍어서는 안 된다.
④ 응답자의 채점에서 얻어지는 원점수에 따라 해석한다.

04 다음 중 객관적 심리검사의 단점이 아닌 것은?

① 신뢰도, 타당도를 검증하기가 어렵다.
② 피검자가 자신의 의견을 자유롭게 표현할 수 없다.
③ 사회적 바람직성 요인에 의해 영향을 많이 받는다.
④ 무의식적 요인을 평가하기 어렵다.

05 프로이트와 에릭슨이 주장하는 인간발달에 관한 관점의 차이만을 바르게 짝지은 것은?

> ㉠ 초기 경험이 성격발달에 중요하다.
> ㉡ 성격은 단계에 따라 발달한다.
> ㉢ 성격은 전 생애를 통해 발달한다.
> ㉣ 성격발달의 사회문화적 요인을 강조한다.

① ㉠, ㉡
② ㉡, ㉢
③ ㉢, ㉣
④ ㉠, ㉢

06 인간중심이론에서 말하는 '충분히 기능하는 사람'에 대한 설명으로 옳지 <u>않은</u> 것은?

① 현재 자신의 자아를 완전히 지각하는 사람이다.
② 계속적으로 변화하는 사람으로 과정 중에 있는 사람이다.
③ 경험의 개방성, 실존적인 삶, 자신의 유기체에 대한 신뢰, 자유로움, 창조성은 이들이 가진 특성이다.
④ 환경과 문화에 영향을 받지 않는 사람이다.

07 파블로프의 굶주린 개에게 종소리를 들려주어 조건형성을 시키는 시험에서 무조건 자극에 해당하는 것은?

① 먹이
② 종소리
③ 침
④ 불빛

08 다음 설명은 어떤 강화계획에 관한 설명인가?

> • 특정한 행동이 일정한 수만큼 일어났을 때 강화물을 준다.
> • 빠른 반응을 보이지만 지속성은 약하다.
> • 옷 공장에서 옷 100벌을 만들 때마다 1인당 10만 원의 성과금을 주기로 했다.

① 변동비율강화계획
② 고정비율강화계획
③ 변동간격강화계획
④ 고정간격강화계획

09 다음 내용과 연관된 이론으로 적절한 것은?

> • 현상학적 장
> • 자아실현 경향
> • 공감적 이해와 경청
> • 충분히 기능하는 사람

① 정신분석상담
② 인간중심상담
③ 행동수정상담
④ 분석심리상담

10 엘리스의 합리적 정서행동치료의 ABCDEF 과정을 바르게 나열한 것은?

> ㉠ 신념체계　　㉡ 선행사건
> ㉢ 결과　　　　㉣ 효과
> ㉤ 논박　　　　㉥ 감정

① ㉠ – ㉡ – ㉢ – ㉣ – ㉤ – ㉥
② ㉡ – ㉠ – ㉢ – ㉣ – ㉥ – ㉤
③ ㉡ – ㉠ – ㉢ – ㉤ – ㉣ – ㉥
④ ㉠ – ㉡ – ㉢ – ㉥ – ㉤ – ㉣

11 인지행동치료이론의 자동적 사고에 관한 설명으로 옳지 <u>않은</u> 것은?

① 자발적인 것으로 경험된다.
② 당위성을 가진 말로 표현된다.
③ 개인에 따라 독특하게 나타난다.
④ 자신의 의지에 따라 중단할 수 있다.

12 게슈탈트이론에서 강조하는 것이 <u>아닌</u> 것은?

① 여기와 지금
② 내담자의 억압된 감정에 대한 해석
③ 미해결 과제와 회피
④ 환경과의 접촉

13 현실치료상담이론의 5가지 원리에 속하지 <u>않는</u> 것은?

① 인간은 욕구와 바람을 달성하도록 동기화되어 있다.
② 인간의 모든 행동은 행위, 사고, 느낌, 생물학적 행동으로 구성되며 목적이 있다.
③ 행위, 사고, 느낌, 생물학적 행동은 서로 분리될 수 없고, 외부로부터 생성되며 선택에 의한 것이다.
④ 인간은 지각체계를 통해서 세상을 본다.

14 다음 중 집단응집력에 대한 설명으로 옳지 <u>않은</u> 것은?

① 응집력이 높은 집단은 집단의 기능을 촉진시킨다.
② 응집력이 높은 집단은 집단에 대한 만족도가 크다.
③ 응집력이 낮은 집단은 상대방의 의견에 나의 의견을 맞추려는 경향이 강해진다.
④ 응집력이 낮은 집단은 특정 집단구성원 간의 대화나 파벌을 형성한다.

15 상담목표설정 시 지켜야 할 기준에 대한 설명으로 옳지 <u>않은</u> 것은?

① 목표는 결과보다는 행동으로 진술되어야 한다.
② 목표는 가시적이고 실제적인 차이로 나타나는 것이어야 한다.
③ 목표는 내담자의 가치에 적절한 것이어야 한다.
④ 목표는 그 도달을 위한 현실적인 기간이 설정되어야 한다.

16 다음 중 접수면접의 목적에 대한 설명으로 가장 적합한 것은?

① 내담자의 심리적 기능 수준과 망상, 섬망 또는 치매와 같은 이상정신현상의 유무를 선별하기 위해 실시한다.

② 가장 적절한 치료나 중재계획을 권고하고 내담자의 증상이나 관심을 더 잘 이해하기 위해 실시한다.

③ 내담자가 중대하고 외상적이거나 생명을 위협하는 위기에 있을 때 그 상황에서 구해내기 위해 실시한다.

④ 내담자가 보고하는 증상들과 문제들을 진단으로 분류하기 위해 실시한다.

17 다음 상황에서 직면기법에 가장 가까운 반응은 어느 것인가?

> 집단 모임에서 여러 명의 집단 구성원들로부터 부정적인 피드백을 받은 한 집단구성원에게 다른 집단구성원이 그의 느낌을 묻자 아무렇지도 않다고 하지만 그의 얼굴표정이 몹시 굳어 있을 때, 상담자가 이를 직면하고자 한다.

① "○○씨, 지금 느낌이 어떤가요?"

② "○○씨가 방금 아무렇지도 않다고 하는 말이 어쩐지 믿기지 않는군요."

③ "○○씨, 내가 만일 ○○씨처럼 그런 지적을 받았다면 기분이 몹시 언짢겠는데요."

④ "○○씨는 아무렇지도 않다고 말하지만, 지금 얼굴이 아주 굳어 있고 목소리도 떨리는군요. 내적으로 지금 어떤 불편한 감정이 있는 것 같은데, ○○씨의 반응이 궁금하군요."

18 다음 중 가족상담에 대한 설명으로 적절하지 <u>않은</u> 것은?

① 가족상담은 내담자를 능동적으로 선택할 수 있는 존재로 본다.

② 가족상담 시 모든 가족이 참석하는 것이 필수적이다.

③ 가족 관계에서의 부정적인 감정을 노출시키기보다는 바람직하지 못한 심리를 이해하는 방향으로 진행되어야 한다.

④ 가족상담은 원인을 추적하기보다는 '여기와 지금'에서 '무엇'이 일어나고 있는지와 상호작용의 패턴을 파악하는 데 초점을 둔다.

19 다음 중 가족관계의 정서적인 측면을 대상물의 배열로 나타내는 것은?

① 가족그림

② 가족조각

③ 가계도

④ 생태도

20 사회학습이론의 관점에서 내담자가 진로 선택을 효율적으로 할 수 있도록 돕기 위해 상담자가 해야 할 일은?

① 직업에서 요구하는 직무내용은 항상 변화할 수 있음을 예측하고 대비한다.

② 내담자가 행동하도록 격려하는 것은 진로 상담자의 업무 범위가 아님을 인식한다.

③ 내담자가 현재의 특성을 벗어나는 진로를 선택하지 않도록 한다.

④ 내담자가 제기한 문제 이외의 또 다른 의문을 제기하지 않는다.

21 다음 중 성폭력 피해자 후유증의 단계를 순서대로 올바르게 나열한 것은?

① 충격과 혼란 → 부정 → 우울과 죄책감 → 공포와 불안 → 분노 → 재수용
② 충격과 혼란 → 공포와 불안 → 부정 → 분노 → 우울과 죄책감 → 재수용
③ 충격과 혼란 → 부정 → 공포와 불안 → 분노 → 우울과 죄책감 → 재수용
④ 충격과 혼란 → 우울과 죄책감 → 부정 → 공포와 불안 → 분노 → 재수용

22 가족상담모델과 상담목표의 연결로 옳지 않은 것은?

① 다세대 가족치료 – 불안수준의 감소
② MRI모델 – 증상제거 및 행동변화
③ 구조적 가족상담 – 가족의 재구조화
④ 해결중심모델 – 무의식적 상호작용의 의식화

23 다음의 상담자와 아동의 대화에 나타난 이야기치료 기법은?

• 상담자 : 네 말을 더듬게 하는 게 대체 뭘까?
• 아동 : 말더듬이 도깨비요.

① 모방
② 공명하기
③ 스캐폴딩
④ 외재화하기

24 수퍼(D. Super)의 진로발달 아치웨이 모형에서 자기개념 형성에 영향을 미치는 환경적 요인에 해당하지 않는 것은?

① 가족
② 문화
③ 학교
④ 또래집단

✅ **주관식 문제**

01 정신분석이론의 성격의 삼원구조에 대한 설명이다. 다음 빈칸에 들어갈 말을 순서대로 쓰시오.

• (㉠) : '쾌락의 원칙'에 따라 일차과정의 사고를 하고 본능에 따라 무의식적으로 이루어지는 과정이다. 욕구 실현을 위한 사고가 아닌 비논리적이고 맹목적인 욕구 충족을 꾀한다.
• (㉡) : 쾌락보다는 완벽, 현실보다는 이상을 추구하며 도덕에 위배되는 원초아의 충동을 억제하고 자아의 현실적 목표를 도덕적이고 규범적인 기준에 맞추어 이상적인 목표를 세우도록 요구한다.

02 게슈탈트 이론에 관한 설명이다. 다음 괄호에 들어갈 말을 순서대로 쓰시오.

> (㉠)은/는 게슈탈트의 형성을 촉진하여 명료한 전경으로 떠올리는 행위이고, (㉡)은/는 게슈탈트의 해소를 증진하기 위해 환경과 상호작용하는 행위를 의미한다.

03 구조적 가족치료 기법에 대한 설명이다. 다음 빈칸에 들어갈 말을 순서대로 쓰시오.

> - (㉠) : 가족의 역기능을 바꾸기 위해 사용하는 기법으로, 여기에는 불공평하고 비민주적이라고 생각되는 방법들이 포함되며, 상담자에 의해 가족의 위기가 촉발되어 가족의 현재상태가 깨지고, 새로운 가족구조를 형성시키려 할 때 사용되는 기법이다.
> - (㉡) : 가족성원 각자가 체계 내에서 적절한 위치에 있도록 가족 내 세대 간 경계를 분명히 유지하게 하는 것으로, 가족구조의 경계를 변화시키는 데 목적이 있으며 가족들이 앉는 자리의 이동을 통하여 가족문제를 재구조화함으로써 역할을 재인식하여 가족의 경계선을 만들 수 있다.

04 상담의 기본 원리에 대한 설명이다. 빈칸에 들어갈 말을 쓰시오.

> - (㉠)의 원리 : 상담은 상담자가 내담자 개인의 가치와 존엄성을 존중하고 내담자 자신의 힘으로 문제를 해결해 나갈 수 있다는 신념에서 시작되어야 하며, 내담자는 어떠한 지도와 충고가 있더라도 이에 무조건 응하기보다는 자신의 판단을 토대로 자기 방향과 태도를 결정해야 한다.
> - (㉡)의 원리 : 내담자는 죄책감, 열등감, 불만, 고독감 등을 가지고 있기 때문에 타인의 비판에 예민하여 방어하는 태도로 안전을 추구하려는 경향이 있다. 따라서 상담자는 내담자의 행동, 태도, 가치관 등을 객관적으로 평가하며, 어떠한 문제에 대해 일방적인 판단이나 비판을 하지 않도록 한다.

제한시간: 50분 | 시작 ___시 ___분 – 종료 ___시 ___분

⤷ 정답 및 해설 356p

01 다음 중 인간중심상담이론의 상담목표를 서술하고 있는 것은?

① 무의식을 의식화하여 개인의 성격구조를 수정하고 자아의 기능을 강화한다.

② 바람직하지 않은 행동은 감소시키고 바람직한 행동은 증가시킨다.

③ 자아와 경험 간의 불일치를 제거하고 방어기제를 내려놓게 함으로써 충분히 기능하는 사람이 되도록 돕는다.

④ 자동적 사고를 변화시키고 인지도식을 재구성하여 새롭고 합리적인 사고를 하도록 돕는다.

02 다음 내용과 연관된 내담자의 이해와 평가로 가장 적절한 것은?

> • 상담자에게 강한 전이감정을 보이는가?
> • 상담장면에 저항하고 있는가?
> • 상담자에게 지나치게 의존하는가?
> • 지나치게 말이 많은가?

① 내담자 탐색을 통한 평가
② 환경적 특성
③ 심리검사를 통한 평가
④ 내담자의 자원평가

03 상담과정에서 나타나는 현상과 가장 거리가 먼 것은?

① 내담자는 상담자가 아무런 요구 없이 인간으로서의 관심을 베푼다는 것을 경험한다.

② 상담관계에서 내담자는 처음부터 적응적인 방식으로 반응하고 행동하게 된다.

③ 상담장면에서는 일반적이고 추상적인 자료보다는 그 상황에서의 실제행동을 다룬다.

④ 치료유형에 차이가 있음에도 불구하고 심리치료에는 공통요인이 작용한다.

04 상담자가 지켜야 할 내담자에 대한 비밀보장에 관한 설명으로 옳지 않은 것은?

① 일반적으로 상담과정에서 내담자에 대해 알게 된 사실을 다른 사람들에게 말하면 안 된다.

② 아동 내담자의 경우에도 아동에 관한 정보를 부모에게 알려서는 안 된다.

③ 자살 우려가 있는 경우 내담자의 비밀을 지키는 것보다는 가족에게 알려 자살예방조치를 취하는 것이 더 중요하다.

④ 상담 도중 알게 된 내담자의 중요한 범죄 사실에 대해서는 비밀을 지킬 필요가 없다.

안심Touch

05 다음 중 프로이트의 정신분석이론에서 성격의 3요소에 대한 설명으로 옳은 것은?

① 원초아는 현실의 원리에 따른다.
② 자아는 성격의 의사결정 요소에 해당한다.
③ 초자아는 사회규범과 규칙을 고려하여 행동을 결정한다.
④ 방어기제는 원초아가 불안에 대처할 때 작동하는 심리적 기제이다.

06 에릭슨의 심리사회적 단계에서 초기 성인기에 겪는 위기는?

① 신뢰감 대 불신감
② 정체감 대 혼란
③ 친밀감 대 고립감
④ 생산성 대 침체감

07 다음 중 로저스가 제시한 '충분히 기능하는 사람'의 특징으로 옳지 않은 것은?

① 개방적으로 체험한다.
② 타인의 유기체에 대해 신뢰한다.
③ 매 순간의 삶에 충실하다.
④ 실존적인 삶을 추구한다.

08 인간중심상담기법에서는 내담자의 심리적 부적응, 부조화된 행동 그리고 이해할 수 없는 행동의 가장 중요한 원인이 어디에서 비롯되는 것으로 보는가?

① 무의식적 갈등
② 자각의 부재
③ 현실의 왜곡과 부정
④ 자기와 경험 간의 불일치

09 고전적 조건형성과 조작적 조건형성을 비교한 내용으로 옳은 것은?

① 고전적 조건형성은 자극에 대한 반응을 다루는데 조작적 조건형성은 도구적 행위를 다룬다.
② 고전적 조건형성에서 인간은 능동적이고, 조작적 조건형성에서는 수동적이다.
③ 파블로프와 손다이크는 고전적 조건형성을 설명하는 대표적인 학자이고, 스키너와 왓슨은 조작적 조건형성을 설명하는 대표적인 학자이다.
④ 고전적 조건형성은 강화이론이라고도 하며, 조작적 조건형성은 변별이론이라고 한다.

10 행동수정상담의 과정을 순서대로 바르게 나열한 것은?

> ㉠ 관계 형성
> ㉡ 내담자의 상태 파악
> ㉢ 문제 행동 규명
> ㉣ 기술 적용
> ㉤ 목표설정
> ㉥ 결과평가 및 종결

① ㉠ → ㉡ → ㉢ → ㉣ → ㉤ → ㉥
② ㉠ → ㉢ → ㉡ → ㉤ → ㉣ → ㉥
③ ㉠ → ㉢ → ㉡ → ㉣ → ㉤ → ㉥
④ ㉠ → ㉡ → ㉤ → ㉢ → ㉣ → ㉥

11 다음 중 인지행동상담에 관한 설명으로 옳지 않은 것은?

① 공포상황에서의 노출과 같은 행동기법이 인지기법에 동반되어 사용된다.
② 역기능적인 도식과 기대를 기능적으로 수정하는 데 치료목표를 둔다.
③ 세계에 대한 개인의 지각과 자신의 경험 세계를 강조하여 자기실현의 추구를 가정한다.
④ 자동적 사고의 탐지와 평가가 중요한 초점이 된다.

12 게슈탈트상담이론에서 내담자가 억압과 회피의 감정들과 만나게 하는 기법은?

① 욕구와 감정의 자각
② 자기 부분들 간의 대화
③ 빈의자기법
④ 꿈작업

13 현실치료상담이론에서 인간의 기본적인 다섯 가지 욕구에 해당되지 않는 것은?

① 자아실현의 욕구
② 생존의 욕구
③ 즐거움의 욕구
④ 자유의 욕구

14 상담과정에서 저항이 일어나는 일반적인 이유와 가장 거리가 먼 것은?

① 내담자가 변화를 원할지라도 내담자의 삶에 중요한 영향을 미치는 타인들이 현상태를 유지하도록 방해할 수 있기 때문이다.
② 부적응적 행동을 유지함으로써 얻는 이차적 이득을 내담자가 포기하기 어렵기 때문이다.
③ 익숙한 행동을 변화시키려는 시도가 내담자에게 위협을 주기 때문이다.
④ 내담자가 가진 가치나 태도가 내담자에게 위협적이기 때문이다.

15 다음 중 효과적인 경청과 가장 거리가 먼 것은?

① 내담자가 심각한 듯 얘기를 하지만, 상담자가 보기에는 그렇게 보이지 않을 때에는 중단시킨다.
② 상담자는 반응을 보이기에 앞서 내담자가 스스로 말할 시간을 충분히 주려고 한다.
③ 상담자는 내담자에게 주의를 많이 기울인다.
④ 내담자가 문제점을 피력할 때 가로막지 않고, 문제점에 관한 논쟁을 피하지 않는다.

16 다음 중 상담 시 질문기법으로 바람직한 예는?

① 당신의 행동이 잘못됐다고 생각해 보지는 않았나요?

② 당신은 어렸을 때 친구들과 어떻게 지냈나요?

③ 당신은 선생님께는 어떻게 말했고, 부모님께는 어떻게 말했나요?

④ 왜 당신은 상담 받기를 꺼려 하나요?

17 집단상담에 대한 설명으로 가장 적합한 것은?

① 집단의 크기, 기간, 성격, 프로그램 등을 미리 결정해야 한다.

② 집단상담에서는 개인상담에 있는 접수면접과 같은 단계는 생략된다.

③ 집단상담에서 상담자는 조언을 사용해서는 안 된다.

④ 만성적 우울증을 가진 내담자로 이루어진 집단은 자조집단에 어울린다.

18 집단상담자는 집단구성원이 비생산적 행위를 할 때 이러한 행위를 저지 또는 제한할 수 있다. 집단구성원의 비생산적 행위에 해당하지 않는 것은?

① 여러 명이 한 명에게 계속 감정을 표출한다.

② 특정 집단구성원에게 개인적 정보를 캐묻는다.

③ 자기 드러내기를 시도한다.

④ 사회현상에 대한 자신의 의견을 늘어놓는다.

19 가족상담의 중기과정에 대한 설명으로 틀린 것은?

① 치료적 관계 형성 작업과 함께 문제파악과 목표설정에 초점을 둔다.

② 이 단계는 변화를 위한 주된 작업이 이루어지는 실행과정이다.

③ 가족의 특성과 문제의 성격, 상담자의 능력과 전문적인 판단에 따라 설정된 상담목표 달성을 위해 적절한 이론과 기법을 선택하고 적용하게 된다.

④ 상담자는 변화를 촉진하는 역할을 담당하며 가족이 긍정적인 변화를 자각하고 자율적인 문제해결능력을 습득하도록 돕는다.

20 다음 중 노인상담의 목적에 해당되지 않는 것은?

① 1차적 사회관계망의 역할 수행

② 행동 변화의 촉진

③ 새로운 정보 제공자의 역할 수행

④ 가족 원조자의 역할 수행

21 다음 중 학습문제와 관련된 변인에 대한 설명으로 옳지 않은 것은?

① 선행학습의 결손이 누적되는 경우 학습에 대한 흥미가 하락한다.

② 지능 수준이 낮은 경우 학습동기가 높더라도 학업성취도가 저조하게 나타난다.

③ 적정 불안수준은 학습량의 증가를 야기한다.

④ 가정의 불화는 학업성취도를 저해한다.

22 성불편증에 대한 설명으로 가장 거리가 먼 것은?

① 성인의 경우 반대 성을 지닌 사람으로 행동하며 사회에서 그렇게 받아들여지기를 강렬하게 소망한다.

② 자신의 생물학적 성과 성역할에 대해 지속적으로 불편감을 느낀다.

③ 아동에서부터 성인에 이르기까지 다양한 연령대에서 나타날 수 있다.

④ 동성애자들이 주로 보이는 장애이다.

23 긴즈버그(E. Ginzberg)의 진로발달이론에 관한 설명으로 옳지 않은 것은?

① 진로발달은 인간발달의 한 측면이다.

② 진로발달은 환상기, 확립기, 현실기의 단계를 거친다.

③ 진로선택은 한 번에 끝나는 의사결정이 아니라 일종의 발달과정이다.

④ 환상기에는 객관적이고 합리적인 정보에 근거하기보다는 상상 속에서 일과 관련된 역할을 인식한다.

24 다음에서 상담자가 시도하고 있는 개입 기법은?

> • 내담자 : 동생들을 돌보아야 해서 제 공부에 집중할 수가 없어요. 앞으로도 상황이 좋아질 것 같지 않아요.
> • 상담자 : 그렇게 힘든 상황인데도 어떻게 지금까지의 성적을 유지할 수 있었을까?

① 대처질문

② 척도질문

③ 예외질문

④ 기적질문

✔ 주관식 문제

01 '사회인지진로이론'에서 진로발달의 결정요인을 2가지 이상 쓰시오.

02 다음 설명에서 각 빈칸에 들어갈 말을 순서대로 쓰시오.

> 상대적으로 초보 집단상담자가 실시하기에 용이한 집단상담의 형태는 '구조적 집단, (㉠) 집단, (㉡) 집단'이다.

03 다음 설명에 해당하는 개념을 쓰시오.

> • 내담자로부터 얻은 단편정보를 상담자가 통합하여 이해와 문제 해결에 활용하는 기술로 핵심적인 문제를 파악하고 문제 해결을 위해 상담목표와 구체적 전략 수립, 행동특성을 특정지식의 이론적 기초와 연결하는 것이다.
> • 문제의 핵심이 무엇인지 심리적 차원에서 생각한다.
> • 문제가 생긴 경로나 원인, 특정사건이나 계기, 그리고 그 사건이 내담자에게 끼친 영향을 파악한다.
> • 문제를 지속시키는 내적인 역동과 역기능적 사고, 신념, 감정, 행동특성, 방어기제와 외적 역동, 즉 주변사람들의 반응과 주변 환경을 살펴본다.
> • 내담자가 진술하는 내용에서 반복적으로 나타나는 공통주제나 패턴을 파악한다.
> • 위의 여러 정보를 근거로 가설을 세우고, 정보가 추가됨에 따라 그 가설을 계속해서 수정·보완한다.

04 다음 설명에서 빈칸에 들어갈 말을 순서대로 쓰시오.

> 긴즈버그(Ginzberg)의 직업발달이론 3단계는 '환상기 – (㉠) – (㉡)'이다.

정답 및 해설

최종 모의고사

제1회

01	02	03	04	05	06	07	08	09	10	11	12
③	①	④	①	③	④	①	②	②	③	④	②

13	14	15	16	17	18	19	20	21	22	23	24
③	③	①	②	④	②	②	①	①	④	④	②

주관식 정답

01	㉠ 원초아, ㉡ 초자아
02	㉠ 알아차림, ㉡ 접촉
03	㉠ 균형 깨뜨리기(불균형 기법), ㉡ 경계선 만들기
04	㉠ 자기결정, ㉡ 비판적 태도 금지

01 **정답** ③

① 생활지도는 학생들이 학교 내외에서 당면하는 적응, 발달상의 문제를 돕기 위해 마련되는 교육적·사회적·도덕적·직업적 영역의 계획적 지도활동이다.

② 심리치료는 환자를 대상으로 증상을 다루며, 심층분석적 문제해결과 무의식적 동기의 통찰에 역점을 둔다.

④ 생활교육은 학습자를 주체적 생활자로 인정하고 학습자 자신의 경험을 통하여 실생활에 필요한 지식, 기능, 태도 등을 습득·형성시키려는 교육을 의미한다.

02 **정답** ①

① 상담심리학의 이론적 바탕의 마련은 1879년 분트의 실험심리학에서 시작하여 왓슨의 행동주의심리학으로 이어졌다.

03 **정답** ④

④ 대부분의 심리검사는 원점수를 이용하는 것이 아닌 규준집단 점수 분포상에서의 상대적인 위치를 나타내는 전환점수 또는 변화점수를 사용한다.

04 **정답** ①

① 객관적 검사는 투사적 검사에 비해 검사 제작 과정에서 신뢰도와 타당도 검증이 이루어지며, 신뢰도와 타당도가 충분한 검사가 표준화되기 때문에 검사 신뢰도와 타당도가 상대적으로 높다.

05 **정답** ③

③ ㉢, ㉣은 에릭슨의 인간발달에 관한 관점으로 옳은 내용이다.

㉢ 프로이트는 인간의 성격 구조가 만 5세 이전의 경험에 의해 결정된다고 본 반면, 에릭슨은 전 생애를 통해 발달한다고 보았다.

㉣ 프로이트는 환경으로서 사회문화적 요인이 성격발달의 추진력으로 작용하지 않는다고 본 반면, 에릭슨은 성격발달에 있어서 사회문화적 요인을 강조하였다.

06 **정답** ④

④ 환경과 문화에 영향을 받지 않는 사람은 매슬로우의 인본주의 성격이론에서 자기실현을 한 사람의 예이다.

07 정답 ①

① 파블로프의 굶주린 개에게 종소리를 들려주어 조건형성을 시키는 실험에서 무조건자극은 먹이이다. 먹이를 넣어줄 때 나오는 침은 선천적이고 무조건적인 반사이다.

08 정답 ②

① 변동비율강화계획은 강화물을 받기 위해 시행되는 반응의 수가 항상 같지 않다. 몇 번을 반응해야 강화물을 받을 수 있을지 예측할 수 없다. 카지노의 슬롯머신, 복권 등을 예로 들 수 있다.

③ 변동간격강화계획은 시간 간격이 불규칙하게 강화되는 경우이다. 강화를 받고 즉시 다시 보상을 받을 수도 있고, 한참이 지난 후에 받을 수도 있다. 성과급 보수제도를 그 예로 들 수 있다.

④ 고정간격강화계획은 일정한 시간 간격이 지난 다음에 그 반응에 대하여 강화하는 것이다. 주급, 월급, 일당, 정기적인 시험 등을 예로 들 수 있다.

09 정답 ②

② 로저스의 인간중심상담은 이 세상이 개인적 현실, 즉 현상학적 장만이 존재한다고 보았다. 그리고 인간은 누구나 자기 자신을 향상시켜 나아가려는 자아실현의 동기를 타고났다고 한다. 아이가 무조건적인 긍정적 관심을 받을 때 아이는 스스로를 가치 있는 존재로 인식하며, 자신의 욕구와 자아실현 경향에 따라 행동함으로써 충분히 기능하는 사람으로 발전할 수 있다고 한다.

10 정답 ③

엘리스의 합리적 정서행동치료 ABCDEF 모델

ⓒ : 내담자에게 의미 있는 선행사건(Activating Event) – ㄱ : 문제 장면에 대한 내담자의 신념체계(Belief System) – ⓓ : 정서적·행동적 결과(Consequence) – ⓜ : 비합리적 신념에 대한 치료자의 논박(Dispute) – ㄹ : 논박한 결과로 나타난 효과(Effect) – ㅂ : 효과 때문에 나타나는 새로운 감정(Feeling)

11 정답 ④

④ 자동적 사고는 자신의 의지에 따라 중단할 수 있는 것이 아니므로, 중단하기가 쉽지 않다.

12 정답 ②

② 내담자의 무의식에 내재된 억압된 감정을 해석하는 것은 정신분석이론에 해당한다.

13 정답 ③

현실치료의 5가지 원리

• 인간은 욕구와 바람을 달성하도록 동기화되어 있다.
• 인간은 자신이 바라는 것과 환경으로부터 얻고 있다고 지각하는 것과의 불일치로 인해 각자에게 필요한 구체적인 행동을 수행하게 된다.
• 인간의 모든 행동은 행위, 사고, 느낌, 생물학적 행동으로 구성되며 목적이 있다.
• 행위, 사고, 느낌, 생물학적 행동은 서로 분리될 수 없고, 내부로부터 생성되며 선택에 의한 것이다.
• 인간은 지각체계를 통해서 세상을 본다.

14 정답 ③

③ 응집력이 높은 집단에서 다른 사람에게 긍정적으로 반응하므로 상대방의 의견에 나의 의견을 맞추려는 경향이 강해진다.

15 정답 ①

① 목표는 행동보다는 결과 또는 성취로 진술되어야 한다.

16 정답 ②

② 접수면접은 내담자가 도움을 받고자 방문했을 때 방문한 기관에 대한 소개 및 내담자의 상담동기에 대하여 면접하는 절차이다.

17 정답 ④

④ 직면은 내담자에게 말과 행동 사이의 불일치나 모순을 직접적으로 지적하는 기술이다. 직면을 사용할 경우 내담자에 대해 평가하거나 비판하는 인상을 주지 않도록 해야 하며, 이를 위해 내담자가 보인 객관적인 행동과 인상에 대해 서술적으로 표현하는 것이 바람직하다.

18 정답 ②

② 가족상담이라 해서 반드시 모든 가족이 다 참석해야 하는 것은 아니다. 현재 어려움을 가진 문제에 영향을 끼쳐서 그 과정을 바꾸는 데 꼭 필요한 가족성원을 필요로 한다.

19 정답 ②

② 가족구성원이 말을 사용하지 않은 채 대상물의 공간적 관계나 몸짓 등으로 의미 있는 표상을 만드는 것은 가족조각이다.

20 정답 ①

① 직업에서 요구하는 직무내용은 사회학습이론에서 제시하는 진로선택에 영향을 미치는 요인 중 환경적 요인에 해당한다. 환경적 요인은 또 다시 개인의 타고난 특질과 연관된 유전적 요인 및 특별한 능력, 환경조건 및 사건으로 구분되며, 직무내용은 그 중 환경조건과 사건에 포함된다. 환경적 요인은 진로선택과 관련하여 개인에게 영향을 미치나 개인의 통제 능력 밖에 있으므로 변화가 불가능하다. 다만, 그 변화 양상을 예측하여 사전에 준비 또는 대비하는 것은 가능하다.

21 정답 ①

① 성폭력 피해 후 피해자의 심리적 단계 : 충격과 혼란 → 부정 → 우울과 죄책감 → 공포와 불안 → 분노 → 재수용

22 정답 ④

④ 해결중심모델의 상담목표는 내담자 중심의 문제해결이다. '무의식적 상호작용의 의식화'는 정신역동적 가족상담의 상담기법 중에서 '해석'에 대한 설명이다.

23 정답 ④

④ 외재화하기 : 이야기치료의 상담기법으로 외재화 작업을 통해 내담자로 하여금 자신과 문제가 동일한 것이 아님을 깨닫도록 하며, 개인과 문제 사이에 일정한 공간을 만들어 냄으로써 내담자가 자신과 문제 사이의 관계를 재조명하고 수정할 수 있는 기회를 만들어주는 것이다.

① 모방 : 치료자가 가족의 행동유형, 속도, 감정을 판토마임처럼 모방하는 것으로서 구조적 가족치료기법의 하나이다.

② 공명하기 : 내담자의 특정한 이야기나 표현을 들었을 때, 내 삶의 경험 가운데 어떤 것이 떠올랐는지 이야기하는 것으로, 이야기치료의 한 방법인 정의예식 중 행할 수 있는 방법이다.

③ 스캐폴딩 : 문제의 이야기가 강하게 대두된 것처럼, 대안적인 이야기가 문제이야기의 권위에 대항할 수 있도록 충분히 튼튼한 줄거리를 전개해야 한다. 대안적인 이야기나 대항줄거리는 영향력 알아보기 질문(Mapping-the-Influence Question)을 사용함으로써 나타나는데, 이러한 질문을 통하여 보다 나은 경험들, 번뜩이는 순간들, 예외적인 결과들을 얻을 수 있다.

24 정답 ②

진로발달 아치웨이(Archway) 모형은 인간발달의 생물학적·지리학적 면을 토대로 한 것으로, 아치웨이 모형 기둥은 발달단계와 삶의 역할을 의미한다. 개인(심리적 특징)을 왼쪽 기둥, 사회(경제자원, 경제구조, 사회구조 등)를 오른쪽 기둥으로 세우고, 상층부 중심에는 자기(Self)를 배치하였다.

- 왼쪽 기둥 : 흥미, 가치, 욕구, 적성, 지능 등
- 오른쪽 기둥 : 노동시장, 사회, 경제, 또래집단, 가족, 학교, 사회 등

주관식 해설

01 정답
　　㉠ 원초아, ㉡ 초자아

02 정답
　　㉠ 알아차림, ㉡ 접촉

03 정답
　　㉠ 균형 깨뜨리기(불균형 기법), ㉡ 경계선 만들기

04 정답
　　㉠ 자기결정, ㉡ 비판적 태도 금지

제2회

01	02	03	04	05	06	07	08	09	10	11	12
③	①	②	②	②	③	②	④	①	②	③	④

13	14	15	16	17	18	19	20	21	22	23	24
①	④	①	②	①	③	①	②	②	④	②	①

	주관식 정답
01	자기효능감, 성과기대(결과기대), 목표, 진로장벽 (2가지 이상 쓰면 정답임)
02	㉠ 폐쇄, ㉡ 동질적
03	사례개념화
04	㉠ 잠정기, ㉡ 현실기

01 정답 ③
　　① 정신분석이론의 상담목표이다.
　　② 행동수정이론의 상담목표이다.
　　④ 인지상담이론의 상담목표이다.

02 정답 ①
　　① 지문의 내용은 내담자 탐색을 통한 평가에 속한다.

03 정답 ②
　　② 상담관계에서 내담자가 처음부터 적응적인 방식으로 반응하고 행동하는 것은 아니다. 내담자는 생활상의 사건이나 신체적·심리적 문제를 가지고 있으면서도 문제를 표현하는 데 어려움을 느낄 수 있으며, 자신의 문제가 외부로 노출되는 것에 대해 거부감을 가질 수도 있다.

04 정답 ②
　　② 아동상담과 같이 미성년자인 아동을 대상으로 하는 경우, 비밀보장의 원칙은 '아동에게 무엇이 최선인가'에 따라 상담자가 결정을 내리는 것이 일반적이다. 그럼에도 불구하고 법적인 보호자로서 부모의 알 권리 또한 부정할 수 없으므로 이 경우 사전에 비밀보장에 대한 한계를 부모와 아동에게 알려주며, 아동의 동의 하에 정보를 부모에게 제공하는 것이 바람직하다.

05 정답 ②
　　① 원초아는 쾌락의 원리에 따른다.
　　③ 성격의 의사결정 요소로 사회규범과 규칙을 고려하여 행동을 결정하는 것은 자아에 해당한다.
　　④ 방어기제는 자아가 불안에 대처할 때 작동하는 심리적 기제이다.

06 정답 ③

에릭슨의 심리사회적 단계에서의 위기
- 유아기 : 기본적 신뢰감 대 불신감
- 초기 아동기 : 자율성 대 수치심·회의
- 학령 전기 또는 유희기 : 주도성 대 죄의식
- 학령기 : 근면성 대 열등감
- 청소년기 : 자아정체감 대 정체감 혼란
- 성인 초기 또는 청년기 : 친밀감 대 고립감
- 성인기 또는 중년기 : 생산성 대 침체감
- 노년기 : 자아 통합 대 절망

07 정답 ②

② 충분히 기능하는 사람은 자신이라는 유기체에 대해 신뢰한다.

08 정답 ④

④ 인간중심상담의 창안자인 로저스는 개인의 심리적 부적응이나 부조화된 행동이 개인의 자기 구조와 현재 경험 간의 불일치에 의해 발생한다고 보았다. 즉, 자기구조와 주관적 경험이 일치할 경우 적응적이고 건강한 성격을 가지게 되는 반면, 이들 간의 불일치가 심할 경우 부적응적이고 병적인 성격을 가지게 된다는 것이다.

09 정답 ①

① 손다이크와 스키너로 대표되는 조작적 조건형성이론에서 인간은 원하는 결과를 끌어내기 위해 환경을 능동적으로 조작한다. 유기체는 스스로 우연한 행동을 하게 되고 그 결과 정적 보상을 받게 되면 후에 그와 비슷한 행동을 반복하여 나타낸다는 것이다. 이처럼 보상을 얻을 수 있도록 함으로써 반응률을 높이는 과정을 강화라고 하고, 그 이론을 강화이론이라고 한다.

10 정답 ②

② 행동수정 상담과정 : 상담관계 형성 → 문제 행동 규명 → 내담자의 현재 상태 파악 → 상담목표 설정 → 상담기술 적용 → 상담결과 평가 → 상담종결

11 정답 ③

③ 로저스의 인간중심상담의 내용에 해당한다.

12 정답 ④

④ 꿈작업은 꿈을 내담자의 욕구나 충동, 감정이 외부로 투사된 것으로 보고, 내담자에게 꿈의 각 장면을 연기하게 하여 투사된 부분들과 접촉하게 함으로써 억압과 회피의 감정들과 만나게 한다.

13 정답 ①

① 현실치료상담이론에서 인간의 기본 다섯 가지 욕구는 소속감의 욕구, 힘의 욕구, 즐거움의 욕구, 자유의 욕구, 생존의 욕구이다.

14 정답 ④

④ 저항은 내담자 자신의 내밀한 감정이나 억압된 생각이 의식에 의해 각성되거나 외부로 표출되는 것에 대해 불안을 느낌으로써 나타난다.

15 정답 ①

① 상담자는 내담자의 말이 대수롭지 않은 것이라고 생각되더라도 내담자가 심각하게 말하는 내용에 대해 그렇게 받아들인다.

16 정답 ②

① 유도질문에 해당한다.
③ 이중질문에 해당한다.
④ '왜' 질문에 해당한다.

17 정답 ①

① 집단을 시작하기 전에 집단의 목적 및 성격, 그에 따른 프로그램과 크기, 기간 등을 결정하는 것이 바람직하다.

18 정답 ③

③ 집단상담에서 집단 구성원들의 자기노출 또는 자기드러내기는 성공적인 상담을 위해 필수적이다. 다만, 상담자의 자기노출은 특수한 상황에서 내담자와의 공감적인 분위기를 형성하기 위해 제한적으로 사용한다.

19 정답 ①

①은 가족상담의 초기과정에서 이루어져야 한다.

20 정답 ②

노인상담의 목적
- 1차적 사회관계망의 역할 수행
- 새로운 정보 제공자의 역할 수행
- 노인문제의 예방과 치료
- 가족 원조자의 역할 수행

21 정답 ②

② 지능 수준이 낮더라도 학습동기가 높은 학생의 경우 비교적 학업성취도가 양호하게 나타나는 반면, 지능 수준은 높지만 학습동기가 낮은 학생의 경우 학업성취도가 저조하게 나타난다.

22 정답 ④

④ 성불편증은 동성의 사람에 대해 성적인 흥분을 느끼거나 성적인 욕구를 충족시키기 위해 성행위를 하는 동성애와 구분되어야 한다.

23 정답 ②

긴즈버그(E. Ginzberg)의 진로발달단계
- 환상기 : 자기가 원하는 직업이면 무엇이든 하고 싶고, 하면 된다는 식의 환상 속에서 비현실적인 선택을 하는 경향을 갖는다.
- 잠정기 : 개인은 자신의 흥미, 능력, 취미에 따라 직업 선택을 하려는 경향을 갖는다.
- 현실기 : 직업에서 요구하는 조건과 자신의 개인적 요구와 능력을 고려하여 현명한 선택을 하고자 한다.

24 정답 ①

① 대처질문 : 어려운 상황에서는 가족에게 약간의 성공감을 갖도록 하는 대처방법에 관한 질문을 말한다. 대처질문은 어려운 상황에서 잘 견뎌내고 더 나빠지지 않은 것을 강조하며, 이를 확대해서 자신의 경험을 활용하여 새로운 힘을 갖게 한다.
② 척도질문 : 문제의 심각성 정도나 치료 목표, 성취정도의 측정 등을 수치로 표현하도록 하는 질문이다.
③ 예외질문 : 일상생활에서 성공적으로 잘하고 있으면서도 의식하지 못하는 것을 발견하고, 성공했던 행동을 의도적으로 하도록 강화시키는 기법이다.
④ 기적질문 : 문제가 해결된 상황을 상상해 보도록 함으로써 해결하기 원하는 것을 구체화·명료화하는 데 도움이 된다.

주관식 해설

01 정답

자기효능감, 성과기대(결과기대), 목표, 진로장벽 (2가지 이상 쓰면 정답임)

02 정답

㉠ 폐쇄, ㉡ 동질적

03 정답

사례개념화

04 정답

㉠ 잠정기, ㉡ 현실기

난도 전공심화과정인정시험 답안지(객관식)

컴퓨터용 사인펜만 사용

★ 수험생은 수험번호와 응시과목 코드번호를 표기(마킹)한 후 일치여부를 반드시 확인할 것.

전공분야

성명

3	수험번호
(1)	
(2) ① ● ② ④	

※ 감독관 확인란

관리번호 (연번)

(응시자수)

답안지 작성시 유의사항

1. 답안지는 반드시 컴퓨터용 사인펜을 사용하여 다음 <보기>와 같이 표기할 것.
   <보기> 잘된표기: ●
   잘못된 표기: ◐ ⊗ ◑ ○ ◖◗ ◯◗
2. 수험번호 (1)에는 아라비아 숫자로 쓰고, (2)에는 "●"과 같이 표기할 것.
3. 과목코드는 뒷면 "과목코드번호"를 보고 해당과목의 코드번호를 찾아 표기하고,
   응시과목란에는 응시과목명을 한글로 기재할 것.
4. 교시코드는 문제지 전면 의 교시를 해당란에 "●"와 같이 표기할 것.
5. 한번 표기한 답은 긁거나 수정액 및 스티커 등 어떠한 방법으로도 고쳐서는
   아니되고, 고친 문항은 "0"점 처리함.

[이 답안지는 마킹연습용 모의답안지입니다.]

과목코드 | 교시코드

응시과목

1	① ② ③ ④	14	① ② ③ ④
2	① ② ③ ④	15	① ② ③ ④
3	① ② ③ ④	16	① ② ③ ④
4	① ② ③ ④	17	① ② ③ ④
5	① ② ③ ④	18	① ② ③ ④
6	① ② ③ ④	19	① ② ③ ④
7	① ② ③ ④	20	① ② ③ ④
8	① ② ③ ④	21	① ② ③ ④
9	① ② ③ ④	22	① ② ③ ④
10	① ② ③ ④	23	① ② ③ ④
11	① ② ③ ④	24	① ② ③ ④
12	① ② ③ ④		
13	① ② ③ ④		

과목코드

응시과목

1	① ② ③ ④	14	① ② ③ ④
2	① ② ③ ④	15	① ② ③ ④
3	① ② ③ ④	16	① ② ③ ④
4	① ② ③ ④	17	① ② ③ ④
5	① ② ③ ④	18	① ② ③ ④
6	① ② ③ ④	19	① ② ③ ④
7	① ② ③ ④	20	① ② ③ ④
8	① ② ③ ④	21	① ② ③ ④
9	① ② ③ ④	22	① ② ③ ④
10	① ② ③ ④	23	① ② ③ ④
11	① ② ③ ④	24	① ② ③ ④
12	① ② ③ ④		
13	① ② ③ ④		

절취선

[이 답안지는 마킹연습용 모의답안지입니다.]

★ 수험생은 수험번호와 응시과목 코드번호를 표기(마킹)한 후 일치여부를 반드시 확인할 것.

년도 전공심화과정
인정시험 답안지(주관식)

전공분야

성명

수험번호

교시코드 ① ② ③ ④

과목코드

답안지 작성시 유의사항

1. ※란은 표기하지 말 것.
2. 수험번호 (2)란, 과목코드, 교시코드는 반드시 컴퓨터용 싸인펜으로 표기할 것.
3. 교시코드는 문제지 전면 의 교시를 해당란에 컴퓨터용 싸인펜으로 표기할 것.
4. 답란은 반드시 흑·청색 볼펜 또는 만년필을 사용할 것. (연필 또는 적색 필기구 사용불가)
5. 답안을 수정할 때에는 두줄(=)을 긋고 수정할 것.
6. 답안이 부족하면 해당답란에 "뒷면기재"라고 쓰고 뒷면 '추가답란'에 문제번호를 기재한 후 답안을 작성할 것.
7. 기타 유의사항은 객관식 답안지의 유의사항과 동일함.

※ 감독관 확인란 (인)

응시과목

※1차확인 ※1차점수 ※2차확인 ※2차점수

2차채점 1차채점

문호: 1 2 3 4 5

절취선

컴퓨터용 사인펜만 사용

난도 전공심화과정인정시험 답안지(객관식)

★ 수험생은 수험번호와 응시과목 코드번호를 표기(마킹)한 후 일치여부를 반드시 확인할 것.

전공분야

성명

과목코드				응시과목
				1 ① ② ③ ④
				2 ① ② ③ ④
				3 ① ② ③ ④
				4 ① ② ③ ④
				5 ① ② ③ ④
				6 ① ② ③ ④
				7 ① ② ③ ④
				8 ① ② ③ ④
				9 ① ② ③ ④
				10 ① ② ③ ④
				11 ① ② ③ ④
				12 ① ② ③ ④
				13 ① ② ③ ④

| 14 ① ② ③ ④ |
| 15 ① ② ③ ④ |
| 16 ① ② ③ ④ |
| 17 ① ② ③ ④ |
| 18 ① ② ③ ④ |
| 19 ① ② ③ ④ |
| 20 ① ② ③ ④ |
| 21 ① ② ③ ④ |
| 22 ① ② ③ ④ |
| 23 ① ② ③ ④ |
| 24 ① ② ③ ④ |

교시코드 ① ② ③ ④

답안지 작성시 유의사항

1. 답안지는 반드시 컴퓨터용 사인펜을 사용하여 다음 (보기)와 같이 표기할 것.
   (보기) 잘된표기: ● 잘못된 표기: ⊗ ⊙ ◑ ◐ ⊝
2. 수험번호 (1)에는 아라비아 숫자로 쓰고, (2)에는 " ● "와 같이 표기할 것.
3. 과목코드는 뒷면 "과목코드번호"를 보고 해당과목의 코드번호를 찾아 표기하고,
   응시과목란에는 응시과목명을 한글로 기재할 것.
4. 교시코드는 문제지 전면의 교시를 해당란에 " ● "와 같이 표기할 것.
5. 한번 표기한 답은 긁거나 수정액 및 스티커 등 어떠한 방법으로도 고쳐서는
   아니되고, 고친 문항은 "0"점 처리됨.

[이 답안지는 마킹연습용 모의답안지입니다.]

수험번호

3

	①	①	①	①	①
	②	②	②	②	②
	③	③	③	③	③
	④	④	④	④	④
	⑤	⑤	⑤	⑤	⑤
	⑥	⑥	⑥	⑥	⑥
	⑦	⑦	⑦	⑦	⑦
	⑧	⑧	⑧	⑧	⑧
	⑨	⑨	⑨	⑨	⑨
	⑩	⑩	⑩	⑩	⑩

④ ● ② ①

과목코드				응시과목
				1 ① ② ③ ④
				2 ① ② ③ ④
				3 ① ② ③ ④
				4 ① ② ③ ④
				5 ① ② ③ ④
				6 ① ② ③ ④
				7 ① ② ③ ④
				8 ① ② ③ ④
				9 ① ② ③ ④
				10 ① ② ③ ④
				11 ① ② ③ ④
				12 ① ② ③ ④
				13 ① ② ③ ④

| 14 ① ② ③ ④ |
| 15 ① ② ③ ④ |
| 16 ① ② ③ ④ |
| 17 ① ② ③ ④ |
| 18 ① ② ③ ④ |
| 19 ① ② ③ ④ |
| 20 ① ② ③ ④ |
| 21 ① ② ③ ④ |
| 22 ① ② ③ ④ |
| 23 ① ② ③ ④ |
| 24 ① ② ③ ④ |

※ 감독관 확인란

(인)

관리번호 (연번)

(응시자수)

절취선

[이 답안지는 마킹연습용 모의답안지입니다.]

년도 전공심화과정
인정시험 답안지(주관식)

전공분야

성명

과목코드			

과목코드
① ② ③ ④ ⑤ ⑥ ⑦ ⑧ ⑨ ⓪
① ② ③ ④ ⑤ ⑥ ⑦ ⑧ ⑨ ⓪
① ② ③ ④ ⑤ ⑥ ⑦ ⑧ ⑨ ⓪
① ② ③ ④ ⑤ ⑥ ⑦ ⑧ ⑨ ⓪
① ② ③ ④ ⑤ ⑥ ⑦ ⑧ ⑨ ⓪

교시코드
① ② ③ ④

수험번호

(1) ① ② ● ④
3 | - | - |

(2)
① ② ③ ④ ⑤ ⑥ ⑦ ⑧ ⑨ ⓪
① ② ③ ④ ⑤ ⑥ ⑦ ⑧ ⑨ ⓪
① ② ③ ④ ⑤ ⑥ ⑦ ⑧ ⑨ ⓪
① ② ③ ④ ⑤ ⑥ ⑦ ⑧ ⑨ ⓪
① ② ③ ④ ⑤ ⑥ ⑦ ⑧ ⑨ ⓪
① ② ③ ④ ⑤ ⑥ ⑦ ⑧ ⑨ ⓪

★ 수험생은 수험번호와 응시과목 코드번호와 코드번호를 표기(마킹)한 후 일치여부를 반드시 확인할 것.

답안지 작성시 유의사항

1. ※란은 표기하지 말 것.
2. 수험번호 (2)란, 과목코드, 교시코드는 반드시 컴퓨터용 싸인펜으로 표기할 것
3. 교시코드는 문제지 전면 의 교시를 해당란에 컴퓨터용 싸인펜으로 표기할 것.
4. 답란은 반드시 흑·청색 볼펜 또는 만년필을 사용할 것. (연필 또는 적색 필기구 사용불가)
5. 답안을 수정할 때에는 두줄(=)을 긋고 수정할 것.
6. 답란이 부족하면 해당답란에 "뒷면기재"라고 쓰고 뒷면 '추가답란'에 문제번호를 기재한 후 답안을 작성할 것.
7. 기타 유의사항은 객관식 답안지의 유의사항과 동일함.

※ 감독관 확인란

(인)

문 호	※1차 점수	※1차 채점	※1차확인	응 시 과 목	과 목	※2차확인	※2차 채점	※2차 점수
1	⓪ ① ② ③ ④ ⑤ ⑥ ⑦ ⑧ ⑨ ⑩							⓪ ① ② ③ ④ ⑤ ⑥ ⑦ ⑧ ⑨ ⑩
2	⓪ ① ② ③ ④ ⑤ ⑥ ⑦ ⑧ ⑨ ⑩							⓪ ① ② ③ ④ ⑤ ⑥ ⑦ ⑧ ⑨ ⑩
3	⓪ ① ② ③ ④ ⑤ ⑥ ⑦ ⑧ ⑨ ⑩							⓪ ① ② ③ ④ ⑤ ⑥ ⑦ ⑧ ⑨ ⑩
4	⓪ ① ② ③ ④ ⑤ ⑥ ⑦ ⑧ ⑨ ⑩							⓪ ① ② ③ ④ ⑤ ⑥ ⑦ ⑧ ⑨ ⑩
5	⓪ ① ② ③ ④ ⑤ ⑥ ⑦ ⑧ ⑨ ⑩							⓪ ① ② ③ ④ ⑤ ⑥ ⑦ ⑧ ⑨ ⑩

절취선

절취선

컴퓨터용 사인펜만 사용

년도 전공심화과정인정시험 답안지(객관식)

★ 수험생은 수험번호와 응시과목 코드번호를 표기(마킹)한 후 일치여부를 반드시 확인할 것.

전공분야

성 명

(1)	3	수 험 번 호								

(2)

※ 감독관 확인란

관 리 번 호

(연번)

(응시자수)

과목코드

과목코드		교시코드

응시과목

	응시과목												
1	① ② ③ ④		14	① ② ③ ④
2	① ② ③ ④		15	① ② ③ ④
3	① ② ③ ④		16	① ② ③ ④
4	① ② ③ ④		17	① ② ③ ④
5	① ② ③ ④		18	① ② ③ ④
6	① ② ③ ④		19	① ② ③ ④
7	① ② ③ ④		20	① ② ③ ④
8	① ② ③ ④		21	① ② ③ ④
9	① ② ③ ④		22	① ② ③ ④
10	① ② ③ ④		23	① ② ③ ④
11	① ② ③ ④		24	① ② ③ ④
12	① ② ③ ④			
13	① ② ③ ④			

답안지 작성 시 유의사항

1. 답안지는 반드시 컴퓨터용 사인펜을 사용하여 다음 보기와 같이 표기할 것.
   보기 잘된 표기: ● 잘못된 표기: ⊘ ⊗ ◑ ◐ ○ ◒ ●
2. 수험번호 (1)에는 아라비아 숫자로 쓰고, (2)에는 " ● "과 같이 표기할 것.
3. 과목코드는 뒷면 "과목코드번호"를 보고 해당과목의 코드번호를 찾아 표기하고,
   응시과목란에는 응시과목명을 한글로 기재할 것.
4. 교시코드는 문제지 전면 의 교시를 해당란에 " ● "과 같이 표기할 것.
5. 한번 표기한 답은 긁거나 수정액 및 스티커 등 어떠한 방법으로도 고쳐서는
   아니되고, 고친 문항은 "0"점 처리됨.

[이 답안지는 마킹연습용 모의답안지입니다.]

절취선

년도 전공심화과정
인정시험 답안지(주관식)

전공분야

성명

수		험		번		호		응		시			
3	-		-										
(1)	①②●④												
(2)	①②③④⑤⑥⑦⑧⑨⑩	①②③④⑤⑥⑦⑧⑨⑩	-	①②③④⑤⑥⑦⑧⑨⑩	①②③④⑤⑥⑦⑧⑨⑩	-	①②③④⑤⑥⑦⑧⑨⑩	①②③④⑤⑥⑦⑧⑨⑩	①②③④⑤⑥⑦⑧⑨⑩	-	①②③④⑤⑥⑦⑧⑨⑩	①②③④⑤⑥⑦⑧⑨⑩	

답안지 작성시 유의사항

1. ※란은 표기하지 말 것.
2. 수험번호 (2)란, 과목코드, 교시코드 표기는 반드시 컴퓨터용 싸인펜으로 표기할 것
3. 교시코드는 문제지 전면의 교시를 해당란에 컴퓨터용 싸인펜으로 표기할 것.
4. 답란은 반드시 흑·청색 볼펜 또는 만년필을 사용할 것.
   (연필 또는 적색 필기구 사용불가)
5. 답안을 수정할 때에는 두줄(=)을 긋고 수정할 것.
6. 답란이 부족하면 해당답란에 "뒷면기재"라고 쓰고
   뒷면 추가답란에 문제번호를 기재한 후 답안을 작성할 것.
7. 기타 유의사항은 객관식 답안지의 유의사항과 동일함.

※ 감독관 확인란

(인)

★ 수험생은 수험번호와 응시과목 코드번호를 표기(마킹)한 후 일치여부를 반드시 확인할 것.

과목코드

①②③④⑤⑥⑦⑧⑨⑩	①②③④⑤⑥⑦⑧⑨⑩	①②③④⑤⑥⑦⑧⑨⑩	①②③④⑤⑥⑦⑧⑨⑩

교시코드

①②③④

문번호	※1차 점수	※1차 채점	※1차확인	응 시 과 목	코드확인	※2차채점	※2차 채점	※2차 점수
1	⓪①②③④⑤ ⑥⑦⑧⑨⑩							⓪①②③④⑤ ⑥⑦⑧⑨⑩
2	⓪①②③④⑤ ⑥⑦⑧⑨⑩							⓪①②③④⑤ ⑥⑦⑧⑨⑩
3	⓪①②③④⑤ ⑥⑦⑧⑨⑩							⓪①②③④⑤ ⑥⑦⑧⑨⑩
4	⓪①②③④⑤ ⑥⑦⑧⑨⑩							⓪①②③④⑤ ⑥⑦⑧⑨⑩
5	⓪①②③④⑤ ⑥⑦⑧⑨⑩							⓪①②③④⑤ ⑥⑦⑧⑨⑩

[이 답안지는 마킹연습용 모의답안지입니다.]

참고문헌

1. 노안영, 『상담심리학의 이론과 실제』, 학지사, 2009.

2. 천성문 외, 『상담심리학의 이론과 실제』, 학지사, 2015.

3. 이장호, 『상담심리학』, 박영사, 2010.

4. 이재연 외, 『아동상담과 치료』, 양서원, 1990.

5. 김영숙 외, 『아동을 위한 상담이론과 방법』, 교육과학사, 1993.

6. 이장호 외, 『노인상담 경험적 접근』, 시그마프레스, 2006.

7. 『청소년 상담의 기초』, 한국청소년상담원, 2002.

8. 이상희 외, 『또래상담』, 학지사, 2003.

9. 문용린, 『학교 폭력 예방과 상담』, 학지사, 2005.

10. 『사이버상담 안내서』, 교육인적자원부, 2005.

11. 이재연, 서영숙, 이명조 역, 『아동상담과 치료』, 양서원, 1990.

12. 김영숙, 이재연 역, 『아동을 위한 상담이론과 방법』, 교육과학사, 1993.

13. 이장호, 김영경, 『노인상담 경험적 접근』, 시그마프레스, 2006.

14. SD 청소년 상담사 수험연구소, 『청소년 상담사 3급 한권으로 끝내기』, 2021.

좋은 책을 만드는 길
독자님과 함께하겠습니다.

도서나 동영상에 궁금한 점, 아쉬운 점, 만족스러운 점이
있으시다면 어떤 의견이라도 말씀해 주세요.
시대고시기획은 독자님의 의견을 모아 더 좋은 책으로 보답하겠습니다.

www.sidaegosi.com

시대에듀 독학사 심리학과 3단계 상담심리학

개정5판1쇄 발행	2022년 04월 15일 (인쇄 2022년 02월 22일)
초 판 발 행	2017년 08월 10일 (인쇄 2017년 06월 16일)
발 행 인	박영일
책 임 편 집	이해욱
편 저	독학학위연구소
편 집 진 행	송영진·양희정
표지디자인	박종우
편집디자인	차성미·박서희
발 행 처	(주)시대고시기획
출 판 등 록	제10-1521호
주 소	서울시 마포구 큰우물로 75 [도화동 538 성지 B/D] 9F
전 화	1600-3600
팩 스	02-701-8823
홈 페 이 지	www.sidaegosi.com
I S B N	979-11-383-1521-0 (13180)
정 가	27,000원

※ 이 책은 저작권법의 보호를 받는 저작물이므로 동영상 제작 및 무단전재와 배포를 금합니다.
※ 잘못된 책은 구입하신 서점에서 바꾸어 드립니다.